奋进的脚步

大庆油田第一采油厂典型经验汇编

《奋进的脚步》编写组 编著

石油工业出版社

图书在版编目（CIP）数据

奋进的脚步 /《奋进的脚步》编写组编 . —北京：石油工业出版社 , 2020.9

ISBN 978-7-5183-4205-1

Ⅰ . ①奋… Ⅱ . ①奋… Ⅲ . ①石油企业 – 人事管理 – 文集 ②中国共产党 – 石油企业 – 党的建设 – 文集 Ⅳ . ① F426.22-53 ② D267.1-53

中国版本图书馆 CIP 数据核字（2020）第 163090 号

奋进的脚步——大庆油田第一采油厂典型经验汇编

《奋进的脚步》编写组　编著

出版发行：石油工业出版社

（北京安定门外安华里 2 区 1 号楼　100011）

网　　址：www.petropub.com

编辑部：（010）64523611　64523691

图书营销中心：（010）64523731　64523633

经　　销：全国新华书店

印　　刷：北京晨旭印刷厂

2020 年 9 月第 1 版　2020 年 9 月第 1 次印刷

710×1000 毫米　开本：1/16　印张：25.75

字数：460 千字

定价：108.00 元

（如出现印装质量问题，我社图书营销中心负责调换）

版权所有，翻印必究

《奋进的脚步》编委会

主　　　任：方　庆　陈广玉

副 主 任：宣伟东

成　　　员：宋传修　李新宇　李克敏　董增有
　　　　　　王亚明　张玉生　刘建发　朱　焱

编写组组长：张忠福　常　江　王谷冰

编写组成员：吴志英　张宜秀　于海燕　蔡　旭
　　　　　　彭　月　郭琳琳　王　楠

前言

　　60载砥砺奋进，一甲子春华秋实。回望大庆油田第一采油厂（以下简称一厂）60年发展历程，我们始终信念坚定，栉风沐雨，不懈奋斗，实现了累计产油6.3亿吨、1000万吨以上稳产40年，培育形成了岗位责任制、"三老四严""四个一样"等会战优良传统，创造了巨大的物质财富和宝贵的精神财富。这些光辉历史饱含着迎难而上、为油奉献的家国情怀，凝聚着勇攀高峰、创新实践的智慧结晶，谱写着科学求实、攻关进取的奋斗之歌。

　　60载光辉历程证明，崇高的事业需要榜样引领。触摸跳动的历史脉搏，无数英模似面面旗帜飘扬在油田上空。他们彰显时代精神，引领时代风范，书写时代故事。他们中有怀揣赤子之心、兢兢业业工作的领导干部，有矢志油田开发、叩响地宫之门的科技工作者，有始终把员工装在心里、无怨无悔付出的各级管理者，有弘扬优良传统、爱岗敬业奉献的优秀员工，有直面困难挑战、主动创新担当的技术能手，有把青春热血挥洒岗位、用才智回报油田的青年典型。他们的事迹感人至深，令人鼓舞，催人奋进。

　　60载光辉历程证明，不朽的丰碑需要实践锻造。伴随时代而生的鲜活经验，记录发展的轨迹，书写奋进的豪情，是一厂人挑战极限、勇于创新的生动写照。从首创岗位责任制、全面质量管理到集中化验、"一体两翼"大维修，管理创新始终步履铿锵；从一人一事的思想政治工作、党员一体化管理到党建协作区建立，党的建设始终亮点纷呈；从塑造"三老四严，永创一流"企业形象到践行"三老四严立身，原油稳产立功"责任使命，优良传统始终薪火相传。

60载光辉历程证明，发展的基石需要科技浇灌。回顾一厂开发建设过程，就是一部爬坡过坎、披荆斩棘的攀登史。从笼统开采到分层开采，从自喷采油到机械采油，从二次采油到三次采油，广大科技人员发扬敢于超越权威、超越前人、超越自我的精神，发扬会战光荣传统，坚持做强科技优势，走出了一条独具特色的开发之路，淬炼了一把精准高效的科技标尺，为转型升级高质量发展插上了腾飞之翼。

"眠云机尚在，未忍负初心。"在庆祝建厂60周年之际编撰此系列丛书，旨在总结60年来为一厂发展做出贡献的英模人物、英模集体、典型经验和科技成果。其中，《飘扬的旗帜——大庆油田第一采油厂英模人物、英模集体事迹汇编》收录英模人物和集体事迹91篇；《奋进的脚步——大庆油田第一采油厂典型经验汇编》收录管理、党群、文化方面典型经验73篇；《攀登的标尺——大庆油田第一采油厂油田开发技术回顾》收录油田开发科技论述7篇23章；《攀登的标尺——大庆油田第一采油厂优秀技术革新成果汇编》收录"十二五"以来技术革新成果205项。这些事迹、经验和成果启迪思想，开阔思路，指引未来，必将激励我们在新的伟大实践中矢志不渝、全力前行。

新时代承接新使命，新使命呼唤新担当。站在实现"两个一百年"中国梦的历史节点，面对实现转型升级高质量发展的崭新征程，回望60载峥嵘岁月，我们既倍感光荣与自豪，也备受激励和鼓舞，更要承载使命，努力攀登求索，在新时代续写新辉煌。希望广大干部员工把这套丛书作为弘扬传统的教科书、提升能力的理论书、推进工作的参考书，从中得到启发、找到方法、获得力量，大力弘扬大庆精神铁人精神，不忘初心，继续前进，全力推进转型升级高质量发展，在"当好标杆旗帜、建设百年油田"伟大实践中再谱华章。

管理篇

北二注水站首创岗位责任制纪实	3
"四个一样"的形成	6
溯源"三老四严"	9
百问十小将	12
坚持"两论"起家基本功　确保油田长期稳产高产	14
第一采油厂高产稳产靠什么?	21
加强全面质量管理工作　走出一条具有采油企业特色的质量管理路子	38
积极推广项目管理　确保油田持续稳产	46
以油田稳产为中心　靠真抓实干上水平	55
充分发挥效能监察监督职能　确保第一采油厂管理水平和经济效益的提高	59
政企联手　拆管结合　拆除违法违章建筑取得明显成效	64
开拓创新　精细核算　努力降低油气生产成本	69
从"四个一样"到"四个不一样"　在继承中赋予大庆精神新内涵	75
解放思想夯基础　创新创效谱新篇	84
更新观念　优化运营　构建效益型设备管理新模式	90
大力推进管理创新　为创建百年油田做贡献	96

建立"七班两库" 整合修旧资源 努力建设节约型采油矿　　103
突出实践特色 构建"萨中模式" 努力实现老区油田高效开发　　109
创新厂务公开工作 强化企业民主管理 服务原油持续稳产
　　全力推进科学发展　　113
传承"三老四严"作风 创新安全管理方法 筑牢基层安全生产基石　　118
改善生态 绿色发展 努力建设环境优美的萨中油田　　122
过渡带上立标杆 第一采油厂全力打造效益型采油队　　126
构建化验集中管理新模式 服务油田精准开发大格局　　130
构建"一体两翼"大维修工作格局 为原油生产提供高质量
　　高效益保障　　134
"两册"立标准 岗位见传承 推进新时代岗位责任制建设　　139

党群篇

发挥思想政治工作优势 努力培养严细成风的工作作风　　145
以党员为骨干 扎扎实实做好一人一事的思想政治工作　　150
充分发挥党支部的战斗堡垒作用　　155
议大事 管本行 充分发挥党组织在企业中的保证监督作用　　166
发挥领导班子的群体作用 把信访工作落到实处　　171
加强领导班子建设 充分发挥整体功能　　176
充分发挥职工的聪明才智 广泛开展以原油生产为中心的合理化建议
　　活动　　183
深化党员责任区活动 逐步建立党员管理一体化机制　　188
以稳油控水为中心 充分发挥思想政治工作的服务和保证作用　　193
认真做好新时期的统战工作 努力为油田经济建设服务　　199

有针对性开展创建活动　不断提高文明单位创建水平	204
立足岗位　提高素质　引导青工为稳油控水建功立业	211
以新时期党员标准大讨论为载体　深入扎实地开展党员学习活动	217
加强后备干部队伍建设　为油田二次创业提供人才储备	224
抓好新形势下的思想政治教育　引导党员不断加强世界观的改造	230
坚持"三观定本""三讲立身"　争做二次创业带头人	235
适应现代企业制度需要　着力加强企业党建工作	238
深入开展"建小家"竞赛活动　促进基层整体工作上水平	243
适应发展　探索创新　建立思想政治工作新机制	247
以开展"六廉"活动为切入点　努力培养一支勤廉兼优的干部队伍	255
持之以恒做好稳定工作　为百年油田营造和谐的发展环境	259
进一步完善学习制度　努力建设学习型党员队伍	265
构建长效机制　推进基层建设　在创建百年油田中发挥主力作用	270
探索构建油田思想政治工作心理疏导长效机制	276
用大庆精神育人铸魂	283
育科技人才　强发展实力　为建设百年大厂提供强劲支撑	288
承载使命　提升能力　打造堪当重任的基层领导班子	291
创建"2+1"民主管理模式　提高基层党建工作水平	295
创新"两型五级"模式　坚持"五个一"领路　激发导师带徒工作新活力	301
坚持"三个引导"　优化载体建设　努力为老同志传播正能量创造有利条件	304
执纪律利剑　擎思政法宝　把思想政治工作融入监督执纪问责全过程	308
传承"三老四严"　当好标杆旗帜	312
围绕项目抓党建　抓好党建促发展	315

文化篇

塑造"三老四严，永创一流"形象　依靠文化创新促进企业发展	321
导入人才培养理念　大力实施能力关怀战略	329
培育亲情关爱文化　实现企业与员工发展共赢	334
树立"三超"理念　以特色文化推动企业可持续发展	339
建设以"三不"为核心的行为文化　塑造大庆油田"忠诚卫士"形象	345
创建"三标"行为文化　努力培养高素质的员工队伍	350
秉承"斗硬"传统　打造铁人式队伍	355
事事关己　服务到底	360
继承发扬大庆精神　永做油田精品联合站	363
关于推进文化大厂建设的指导意见	370
用诚信文化打造井下作业创新管理品牌	376
以"四百"文化引领新时期队伍创新发展	383
"三老四严立身，原油稳产立功"文化研究	388
传承"钢铁四队"文化　打造钢筋铁骨、无坚不摧的铁军队伍	392
匠心铸效　创建效益型联合站	396
后记	400

管理篇

北二注水站首创岗位责任制纪实

1962年6月21日，北二注水站迎来了建站以来最激动的一天。

这天，新创建的岗位责任制刚贴到墙上，敬爱的周恩来总理就身穿灰布制服，风尘仆仆地来到北二注水站视察。周总理详细地看着墙上的岗位责任制，高兴地对带班班长说："好啊，你们这样做很好！"看到站上职工人人自觉地按照岗位责任制的要求去做，周总理又满意地说："你们的岗位很重要啊。"周总理表扬的话，是对北二注水站职工所创建的岗位责任制的充分肯定。

北二注水站是1962年4月1日建成投产的。建站初期，全站共有4台国产Y-8-3注水泵、4台380千瓦电动机、2台100马力锅炉、1座1000立方米水罐、7座配水间、3口注水井以及相应的管道附属设备，日注水能力5000吨。全站116名职工来自全国48个单位，只有4个人搞过注水工作，在人员素质上，年轻人多、门外汉多。面对庞大的电动设备，真有"老虎吃天，无处下口"的感觉。当时，每个班8个人，只有工种的区别，没有明确的岗位分工和职责，很多工作没人管，有些工作又大家都管。因此，设备没有做到正常的维修保养，一号注水泵投产后不到一个月，在剧烈的震动下，8条固定螺丝断的断、松的松，最后断了连杆，造成事故停泵8天，影响了油田注水。

随着站上油田注水和生产管理的矛盾越来越尖锐，职工们心里非常着急，迫切地想要改变这种被动局面。1962年5月份，中一注水站就由于管理不善，发生了一场严重的火灾事故。为了吸取这个教训，会战工委召开了现场事故分析会，并提出了"从大量的、细小的、常见的工作入手，全面管好生产"的号召。北二注水站全站职工围绕着"一把火烧出来的问题"进行讨论，对照中一注水站的火灾事故，联系本站一号泵断连杆的问题进行讨论，并充分认识到：党有党章，国有国法，厂有厂规，管好生产必须要有一套科学的规章制度。就在这时，会战工委生产办公室派来工作组，到北二注水站蹲点，和职工们一起制定岗位责任制。

创建岗位责任制从哪里入手呢？大家感到最突出的困难是，每个人对在岗位上究竟应该管几样东西？具体做什么工作？心中无数。站里设备、工具一大堆，究竟有多少？家底不清。站长罗政均发动大家从查物点数入手，摸清了全站15台设备上共有231个闸门、5783个螺丝、136件工具、55只仪表、18张图纸等，硬是把家底摸得一清二楚。家底摸清了，怎样才能管起来呢？罗政均看到张洪洲班把每样东西、每项工作，由谁管、负什么责，都具体地落实到了个人，觉得这个办法好。于是，就根据他们的经验，把全站要管的东西和工作，按照生产工艺和工作量的大小划分成5个区、8个岗位，明确地规定了每个岗位的职责，做到了人人有专责、事事有人管、办事有标准、工作有检查，形成了岗位专责制。

注水站是一个由多种机器设备协同工作的地方。虽然岗位明确了，工作职责清楚了，但每个岗位具体在什么时间检查哪些部位还不明确。有同志提出：田发林班没有出过事故是因为他们干活时有个路数，从不丢三落四的。工作组和站上的领导就亲自到田发林班跟班劳动，进行调查研究，发现老工人田发林把工作重点放在容易出问题的部位上，规定了检查点，每隔一定的时间，按照一定的顺序进行检查，不漏一点一项，能及时发现问题。工作组发动大家结合田发林班定点划线的经验，把全站划分为64个检查点，规定了检查内容和要求，定出了一条比较科学的检查路线和顺序，形成了巡回检查制度。

北二注水站是24小时连续生产单位，怎样使上下班之间衔接好生产呢？苗安安班的工人们，每次接班时都提前半个小时上站，这里看看，那里摸摸，把生产情况问明白才接班。苗安安说："情况问清楚了，心里才踏实。生产情况不明，怎么能管好生产？"上一班如果丢了一件工具，下一班就不接班，直到工具找回来为止。同志们认为这个办法好，于是，就根据苗安安班的经验，拟定出了"八不交接"的交接班制度。同时，还吸取一号泵断连杆的教训，拟定了设备维修保养制。又针对过去注水水质化验分析数据不全不准的情况，拟定了注水水质化验质量负责制。

在充实和完善岗位责任制的过程中，北二注水站的同志们从实际出发，从需要入手，先后派出42人到兄弟单位参观学习。在学习兄弟单位先进经验的同时，不断地修改完善自己所创建的岗位责任制，先后大改4次、小改5次，群众开会讨论30多次。以班长巡回检查点为例，直到改为现在所执行的、切合实际的43个点，才算基本上定型。最初的5大制度逐步发展完善成为岗位责任制、交接班制、巡回检查制、设备维修保养制、水质化验质量负责制、岗位练兵制、安全生产制、班组经济核算制等8大制度。

1962年七、八两个月，岗位责任制经过工作组的认真总结提炼成型后，会战工委在北二注水站召开现场会，介绍他们创建岗位责任制的经验。自此，岗位责任制在战区推广，受到了油田上下干部工人的欢迎。

岗位责任制形成文字，张贴上墙后，怎样才能始终如一、严细认真地贯彻执行好呢？北二注水站的干部们认为，岗位责任制的灵魂是岗位责任心。为了增强职工们执行好岗位责任制的自觉性,每天下午的一个半小时被定为岗位责任制的活动时间:一是组织学习"三要十不"精神,学习王进喜的先进事迹,增强责任感、事业心;二是考试,每天抽查一名职工问答岗位责任制中的某一条,使全站职工人人都把岗位责任制背得滚瓜烂熟;三是定期交流心得体会,总结岗位责任制中的好做法和好经验;四是检查执行情况,开展群众性的批评表扬。此外,北二注水站还坚持班班评比、例行检查制度。班长班班检查,站长天天检查,群众互相检查,并和月末的"五好"评比插红旗等工作紧密地结合在一起。有一次,化验工小王深夜到大罐取水样时,从一人高的蒿草丛中突然跳出一只兔子,把小王吓得拎着样桶跑回值班房。心惊胆战的小王为了应付取样,照抄了上一班的数据。这一切被泵工祝良云看在眼里。他带着小王取回油样,进行化验,填下了真实的化验数据。指导员秦时栋知道这件事以后,提出填写假资料的现象,说明个别职工执行制度不够认真,关键还是责任心不强,很有必要进行帮助教育。因此,在晚间的职工大会上,组织职工进行讨论,使全站职工认识到,制定岗位责任制不能图形式、走过场,不论在什么情况下,都要以高度的主人翁责任感,严细认真地执行好岗位责任制。从此全站职工人人都自觉地按照岗位责任制要求去做。在第一次岗位责任制大检查中,根据多次明察暗访,没有一个违反岗位责任制的,北二注水站投产当年就被会战工委评为"五好红旗标杆单位"。自1962年4月1日建成投产到1989年8月17日,北二注水站实现了安全生产10000天。

(摘自《油海创业之路》,原载于《大庆油田英雄谱》)

"四个一样"的形成

基层普遍推广岗位责任制以后，从矿到指挥部机关也都按照军队查岗、查哨的做法，建立了定期检查制。一到夜间，值班的领导就到基层抽查工人执行制度的情况，有的还故意把工具藏起来，然后躲在农田里看工人如何处理。这种方法，被称为"明察暗访"。有一次，会战指挥部召开岗位责任制执行情况汇报会，采油二矿党委书记李光明汇报，他躲在苞米地内看到工人执行岗位责任制是"四个不一样"。即：领导在和领导不在不一样；好天气和坏天气不一样；黑夜和白天不一样；有人检查和没人检查不一样。听完汇报，会战总指挥康世恩大笑起来。他说："你这个李光明啊，干事不光明。检查工人执行制度是必要的，我们军队就有查岗、查哨的制度。但你躲在苞米地里就没有必要。我们的队伍能战胜国民党，一靠制度，二靠觉悟；只有群众的觉悟提高了，才能自觉地贯彻执行制度。你能让工人把'四个不一样'变成'四个一样'，才说明你党委书记有本领哩！"康世恩的话对李光明启发很大，汇报会结束后，他注意总结群众经验，树立出了北八队65井组"四个一样"的典型。

北八队65井组于1961年7月成立。井长李天照，副井长杨正培，全井组11名职工，管理5排64、65、66三口自喷井，值班室设在65井，故名为65井组。

井组成立时，人员来自五湖四海。除李天照是1956年毕业于玉门技校，受过正规技术教育和当过五年采油工外，其余人员有的是部队复员军人，有的来自地方支援，都没有搞过石油工作。油井交到手上，他们心里总是沉甸甸的，感到工作光荣又艰巨，不知怎样管理才算完成党和人民交给自己的任务。建立岗位责任制后，井长李天照对大家说："制度贴在墙上了，但制度是死的，而人是活的，只有把岗位责任制变成我们工人的岗位责任心，提高我们的工人阶级主人翁责任感，才能自觉地、始终如一地执行岗位责任制，才能管好生产。"副井长杨正培说："井长说得对。我是共产党员，要以党性保证执行制度，把管好生产和实现共产主义远大理想结合起来，从大量的、常见的、细小的工作中，考验自己是否真的全心全意为人民服务。"就是在这种思想指导下，65井组逐步地在执行岗位责任制中实现了"四个一样"。

65井岗位刚投产，井组同志还不掌握运行规律。冬天，一到夜晚气管线和干线加热炉的放空闸门常常冻结，影响生产。有一天清晨，周世亮去接李润纪的班。上岗一检查，发现气管线冻了，放空闸门也不通了。周世亮不接班，李润纪说："这是老毛病，我有啥办法？"晚上，全井组的人聚在一起讨论，井长李天照问大家："为什么油井一样，干线回压也一样，白天上班从未发生过冻管线的事故，偏偏夜里问题接二连三地发生，特别是放空闸门经常冻结，这老毛病的原因在哪里？"这一问，大家七嘴八舌议论开了，有的同志检讨说："自己夜里值班累了，打瞌睡，执行制度马马虎虎，没有按时放空，因而造成了生产事故。"也有的同志反映情况说："白天人来人往瞧得见，值班人员能够按规定做到一小时检查放空一次，所以没有出差错。夜深人静，值班的人就从思想上放松了，往往做不到在规定的时间内检查和放空，这还有不出毛病的？"通过讨论，大家认识到，干工作只有黑夜和白天一个样，才能避免发生事故，保证油井正常生产。

　　时隔不久，周世亮上零点班。第二天一早，刘玉智踩着厚厚的积雪去接班。走进值班房，发现周世亮在工作记录本上写着："昨夜风雪太大，没有清蜡。"刘玉智一见，很不高兴地说道："不行！你不按规定清蜡，我不能接班。"周世亮不在乎地说："昨天夜里风雪那么大，我一个人忙不过来，你早晨清一下蜡，有什么了不起的大事？"结果俩人争吵起来。这时，李天照也来到井上，问清原委后说："好吧！小周，你也先别下班，咱们一起清蜡，看看油井有没有什么变化。"说完，李天照和刘玉智、周世亮三人一起动手清蜡。平时，刮蜡片从井口下到井底，再起上来，只需一个小时，这次下刮蜡片却用了四个小时。65井是结蜡比较严重的井，一般迟一个小时清蜡，井筒结蜡就增厚一些，时间越长结蜡越严重，会影响原油生产，甚至发生掉刮蜡片事故。这件事不仅对周世亮教育很深，而且使井组全体同志认识到了：不管刮风下雪，落雨打雷，都应做到坏天气和好天气干工作一个样。

　　会战初期，原油从井口输送到转油站，加热用的一种保温炉子叫"热风吹"。这种"热风吹"有一个弊病，就是风向对头时燃烧良好，要是风向一变，炉火就需要不断调节。否则，"热风吹"被风刮灭，就会变成"冷风吹"，造成管线冻结，原油停喷。为解决这个问题，采油北八队队长白永刚亲自到65井组蹲点劳动，摸索经验。那一阵子周世亮和白队长一个班，于是他俩一起摸索出了加热炉规律：吹西风时开东边的进风口，吹东风时开西边的进风口；风大口小，风小口大。这样按自然条件改变"热风吹"的进风量，果然能保证了加热炉的火不会熄灭。转眼半个月过去了，白队长离开了65井组。这天夜里，周世亮值零点班，又是风狂雪大之夜，"热风吹"一次又一次地被刮灭，小周点了这个灭了那个，气得他抬腿就往队里跑，边跑边骂道："这败家炉子净跟我作对，干脆找井长来解决吧！"

他到了队里，半夜叫醒井长，说明情况，李天照二话没说，拉着小周急步赶到了井场。此刻寒风更加凛冽了，刮得人站都站不稳。可是李天照全然不顾，一个炉子一个炉子地调整，终于点燃了所有的"热风吹"。管线温度正常了，原油在管线里哗哗地奔流，李天照笑眯眯地看着小周说："小周呀！只要我们干活有责任心，这个'热风吹'就不犯老毛病了。"一席话说得周世亮低下了头，深刻检讨说："井长，我知道错了。前几天白队长在我们井上，我为了表现，能够认真工作；这阵子，白队长不在我们井组，怕苦怕累思想冒了尖，遇到困难就想上交。这说明我的工作目的还不够明确，有一种工作给领导看的成分。今后不管领导在不在场都要干工作一个样。"

刚建立岗位责任制那会儿，会战工委为了让制度内化为广大职工的自觉行为，每月二十五日都要组织检查团深入到井队、班组检查工作。刚开始出现了检查前几天，工人们白天黑夜地连轴转，拼死拼活地争夺一类井站；检查一结束，就松了一口气，工作劲头下降，油井上的低标准、脏乱差情况又出现了。针对这个问题，65井组讨论了好几次，认识到：发生问题的原因，除主观动机上有一种为应付检查而工作的错误认识外，另一个原因是没有把日常应做的工作纳入规章制度，基础不牢，突击不断。为此，他们重新健全了岗位责任制度，把大量的突击工作，化解为日常工作，经过试行，果然很有效。大家高兴地说："我们干工作，不管有人检查还是没人检查，都是一个样。"

李光明抓住了65井组执行岗位责任制从原来的"四个不一样"逐渐变为"四个一样"的典型，在全矿进行推广，并上报采油指挥部。同时，他对自己和亲属也严格要求。当时，矿里规定了开会不准迟到的制度。有一次，他的爱人魏超兰迟到了一分钟，他硬是不讲情面，罚魏超兰站在门口，会后又向爱人解释说："领导亲属不遵守制度，今后怎能号令大家呢？"康世恩知道了李光明抓65井组"四个一样"的典型和严格要求亲属的事情，非常高兴。在一次会上他表扬李光明说："二矿李光明书记工作中从积极方面入手，变不利为有利，又能以身作则，从自己亲属严格要求抓起，很有水平。李光明的前途会更加光明！"

后来，65井组严格按照"四个一样"贯彻执行岗位责任制，安全生产两千零四十五天没发生任何大小事故，累计录取资料上万个无一差错，管理设备一千八百六十个部件不松、不锈、不渗、不漏，井场清洁平整规格化，被评为石油部"四个一样"的典型，李天照被评为会战"五好标兵"。

（摘自《创业轶事》）

溯源"三老四严"

> 对待革命事业,要当老实人,说老实话,办老实事;干革命工作,要有严格的要求,严密的组织,严肃的态度,严明的纪律。
>
> ——三老四严

"三老四严"是大庆优良传统,是大庆精神的重要组成部分,发源于大庆油田第一采油厂三矿中四队。

1962年8月,随着油田建设的不断扩大和发展,为了适应石油大会战的发展需要,第三油矿中四队(当时称为三矿四队)成立,由1952年随石油师转业的辛玉和任队长,李中和任指导员,管理西区新开发的油水井。

油井投产后的一天,细心的队长辛玉和踩着厚厚的积雪,到西六排二号井去检查,途中,发现新来的学徒工小孙手里拎着一个崭新的刮蜡片。他心想:"刮蜡片前几天还是好端端的,怎么今天又去领新的?"于是,返身走向材料库问材料员。材料员拿出一只变了形的刮蜡片说:"小孙今天早上清蜡后,没有检查刮蜡片是否起到井口就去关清蜡闸门,结果,把刮蜡片挤扁了。刚才拿来换时,还让我替他保密呢!"听完材料员的报告,他又急忙赶到西六排二号井,见小孙刚接完新刮蜡片,正在用破毛毡擦手。辛玉和开门见山地问:"小孙,你刚才为啥又换了个新的刮蜡片?"小孙低下头,红着脸,支支吾吾地回答:"原来那个刮蜡片不好用,就换掉了。"辛玉和耐心启发:"小孙呐,要干好工作,没有一个老实的态度是不行的,对任何工作,错就是错,对就是对。对待革命事业要忠诚老实……"没等辛玉和说完,小孙就诚恳地说:"辛队长,我错了,办了错事还说了假话。刮蜡片是我操作不小心挤变形的,以后在工作中一定注意。"

按说,挤坏一个刮蜡片,又没掉到井里,这种小事情,工人做了检讨也就可以了,但辛玉和没有因为这件小事麻痹大意,回到队部和指导员李中和商量。李中和是1960年从部队转业的指导员,做思想工作有较丰富的经验,听了小孙隐瞒事故的经过,也认为"小洞不补,大洞尺五",必须通过小孙换刮蜡片这件事,来个"小题大做",培养好全队的思想作风。

第二天,队党支部就在小孙管理的那口井上召开"事故分析现场会"。会上大家你一言我一语地帮助小孙分析事故的原因、带来的危害。小孙越听越坐不住，当即站起来，眼含热泪，激动地表示：要把那个变形的刮蜡片挂在自己管的井上，经常看一看，时刻不忘这个教训。听完大家的发言和小孙的话，辛队长站起来语重心长地说："干部是带队伍的人，我们怎么带，队伍就怎么走。如果我们不能严格要求自己和别人，队伍也就不可能具有高度的革命自觉性。"辛队长拿起那只变形的刮蜡片说："应该把它挂在队上，让全队所有的干部和工人天天看到，从而让我们时时想到：对待革命事业，要当老实人，说老实话，办老实事；干革命工作，要有严格的要求，严密的组织，严肃的态度，严明的纪律，只有这样才能管好我们井。"

会议结束后的当天夜里，党支部成员继续开会，学习毛泽东主席的《矛盾论》，边学边联系实际讨论。经过学习讨论，大家认为：共产党员的先锋作用和模范作用是十分重要的。队伍作风过硬，首先要解决干部以身作则的问题。当晚，党支部就定出了"干部上岗，工人监督；要求工人做到的，干部首先要做到"的制度，并得到了全队职工的拥护。

1962年底，三矿四队发动全队职工对所管辖的油水井和泵站进行详细认真的检查。技术员傅孝余负责逐点验收，等到他验收到最后一口井时，已经是夜里九点多钟了，突然发现这口井套管法兰缺少一个螺丝。为了不让这口井低标准过年，他从这口井找到那口井，从材料库找到维修队，终于找到一个适用的螺丝，然后回到井上把它安装好。此时，已是万家灯火，钟表指向零点，新的一年到了。然而这一夜，三矿四队的五名干部和所有党员，都上班顶岗，没有一个人在家过年……

在干部的带领下，"三老四严"的作风已成为职工的自觉行为。全队职工对每盘长达一千五百米的清蜡钢丝都用放大镜一寸一寸地检查，确认合格后才使用。在交接班时，发现刮蜡片直径差0.2毫米，生产报表错一个字，设备上有一点灰尘，工具摆得稍微不整齐，都要交班人一一改正才能接班。1963年年底，三矿四队所取资料无一差错，在用设备台台完好，井站标准达到一类，被评为油田标杆单位。1964年2月20日，石油工业部召开了全国电话会议，让他们介绍经验。同年2月24日，会战工委做出了"向三矿四队学习"的决定，接着，全战区立即掀起了"学四队、赶四队"的热潮。"三老四严"成为当时油田人的行为规范和精神动力，也得到了国家领导人的充分肯定。邓小平同志在《邓小平文选》中两次提到了"三老四严"；江泽民同志在给石油工业的批示中，把"三老四严"概括为"三老四严"的求实精神。

时光流逝。第三油矿中四队职工换了一茬又一茬,然而,"三老四严"这一"传家宝"在中四队、第三油矿、第一采油厂及整个大庆油田,被一代又一代继承下来。

(摘自《中国石油企业文化故事集》)

百问十小将

——记大庆油田采油一部一次岗位练兵现场会

1977年2月22日,大庆油田采油一部召开了一次"百问十小将"的岗位练兵现场会议。10名平均工龄只有4年的采油工人,现场回答了参加会议的老采油工、井长、队长和技术干部向他们提出的401个问题。他们个个对答如流,回答准确无误,博得了全场的热烈掌声。

这10名小将都是大庆油田采油一部一大队的2级采油工,平均年龄24岁。在这次现场会上,他们被提问的问题包括大庆会战17年来坚持"两论"起家的基本功,在与反革命集团坚决斗争的战斗历程,大庆油田开发和建设的基本经验,油田地质情况、采油专业技术,以及他们本人所管理的油水井的基本数据、采油过程中可能遇到的疑难问题,等等。人们向年轻的女采油工徐美银提出了101个问题,她一一做了准确的回答,做到了"百问不倒"。她回答完毕,全场掌声雷动。屠碧芳、周杭等4名小将,分别在一二分钟内,一口气回答了本人所管理的油水井的26个基本数据,博得了全场的热烈掌声。有17年采油经验的老工人董修兰,向其中一名小将提出了一个复杂的油井分析判断和处理的问题,得到了满意的答复,他情不自禁地高喊:"嘿,真行!"

这批小将所以能在现场会上取得这样好的成绩,体现了他们几年来在大庆党委的领导下,顶着压力,坚持学政治、学文化、学技术的丰硕成果。徐美银当采油工4年来,已通读马列著作20多本,写了20多万字的读书笔记。在帽子满天飞、棍子到处打的那段日子,她坚决响应大庆党委的号召,始终坚持为革命学政治、学文化、学技术,勤学苦练,精益求精。她每天挤出1小时钻研技术,整理出1万多字的技术笔记,积累了115条油水井管理经验。4年来,她认真执行岗位责任制度,没有迟到一次,没有误过一次巡回检查。她取的103000个资料数据全部准确、无一差错。其他9名小将在钻研技术、管好油水井方面也都有许多先进事迹。就在会议前一天,大庆党委负责同志专门到这些小将管理的油井进行了考察,发现从地面到地下都管理得井井有条。有的油井的采油树上挂着白毛巾,任凭怎么擦,毛巾仍然雪白。

岗位练兵制是大庆油田岗位责任制8项内容之一。近几年来,大庆党委始终贯彻执行岗位练兵制度。大庆党委常委坚持每周一次业务技术学习，全油田办起了1190多所红专夜校，经常举行各工种的技术表演，年年召开大型油田技术座谈会。广大职工结合本职工作，干什么，学什么，缺什么，补什么，坚持"严格训练，严格要求"，从严、从难、从实际需要出发，采取"官教兵，兵教官，兵教兵"的群众练兵方法，为革命钻研技术。广大生产工人通过实践锻炼和技术学习，懂得了设备结构、设备原理、设备性能和工艺流程，做到会操作、会维修、会排除故障，涌现了一大批的技术练兵能手和先进井、站，有力地推动了生产的发展。

在这次岗位练兵现场会上，大庆生产总调度室4名调度员和大庆党委1名负责同志，也先后登台接受了大家的提问，并准确无误地回答了职责范围内的几十个问题，受到大家的赞扬。参加现场会的1300多名优秀采油工、井长、队长、技术干部，也从小将们的成长中受到极大鼓舞。大庆会战初期的第一任采油队长、著名老标兵薛国邦参加这次现场会后激动地说："看看我们这些青年工人吧，他们为革命学政治、学文化、学技术，摧不垮、压不倒，取得了多么可喜的成果。"

（摘自《油海创业之路》，原载于1977年8月《黑龙江日报》）

坚持"两论"起家基本功
确保油田长期稳产高产

第一采油厂党委

第一采油厂于1960年成立，共有职工13213人，管理面积161.25平方千米，现有油水井4078口，各种站（库）135座，计量站295座，固定资产原值15.8亿元，净值10.17亿元。

30年来，累计生产原油2.51亿吨，工业总产值276.1亿元。1974年原油年产量上1000万吨以来，已进入了第16个年头，1989年将达到1453万吨，1991年预计达到生产最高峰，年产量1500万吨，高峰期将保持2至3年，此后年产1000万吨以上水平稳产到20世纪末。30年的大庆油田开发实践使我们认识到，实现大庆油田稳产高产，必须在工作中坚持马克思主义的唯物论、辩证法，这既是过去油田开发的一条基本经验，也是指导今后实现长期稳产的一个重要保证。

一、用"两论"统一思想，不断加深对油田稳产高产的再认识

搞油田开发，工作对象是在千米以下的油层。如何正确认识地下环境，掌握油田变化规律，实现长期稳产高产？必须不断地总结油田开发的实践，坚持用马列主义、毛泽东思想武装头脑，牢固地树立正确的指导思想。

一是加深对油田开发实践的再认识，牢固树立用辩证唯物主义认识论指导油田稳产的思想。1960年会战一开始，根据会战工委的指示，以《实践论》《矛盾论》做指导，树立"工作岗位在地下，斗争对象是油层"的思想，用辩证唯物主义的思想方法，结合实践能动地认识油层和改造油层。采取"早期内部注水、保持压力采油"的开采方式，到1965年年底，就实现原油年产608万吨，达到了设计能力，油层仍然保持在原始地层压力下自喷开采。1970年，遵照周总理关于"恢复'两论'起家基本功"的指示，组织全厂职工大学"两论"，开展群众性的地下大调查和油水井分析活动，在能动地认识油田地下的基础上，编制调整方案，全面加强注水和恢复、提高压力的工作。同时，针对主力油层注入水单层突进、产水量迅速上升的矛盾，采用了"六分四清"采油工艺技术，使原油年产于1974年达到1000万吨，该技术成为前5年稳产的主要技术措施。30年来，正是坚持用实

践结合辩证唯物主义思想，分析研究油田的各种矛盾和复杂现象，制定了适合油田实际的开发方针和开发技术措施，从而使油田建设不断发展。到1983年已稳产10年，随后6年中，原油产量平均每年以7%的速度持续增长，1988年达到年产1408万吨的历史最高水平。

　　二是加深对油田地下潜力的再认识，牢固树立长期稳产高产的思想。对一个油田的开发不可能一次完成，而是需要经过实践、认识、再实践、再认识，才能不断挖掘油田潜力。比如，对油田稳产目标的确定，就是对油田地下状况不断认识的结果。1982年，第一采油厂提出稳产到1987年；1984年，提出稳产到1990年；1986年，又提出稳产到1995年，力争稳产到20世纪末。这一目标的确定，坚持了实事求是的科学态度，绝不是凭主观想象。其主要依据，来自地质储量和油田开采状况认识的深化和开发工艺技术的进步。1980年，通过对中区西部高台子油层的开发试验，对如何开发低渗透的薄油层有了突破性认识，在生产上产生了质的飞跃。区块地质储量翻了一番，通过细分层系开发，达到了较高的生产能力，年产油量由1987年的80.96万吨增加到1988年的255.84万吨，其中高台子油层产量占68.5%。高台子油层开发试验的成功，为整个第一采油厂的油田开发带来了一片光明，也为对油田长期稳产的认识提供了实践基础，原来认为无开采价值的薄油层，采用新技术也能投入开发。当然，有了物质基础，并不意味着高产稳产就成了现实。有的同志曾一度感到困难大，信心不足。这就需要在改造客观世界的同时，不断地改造主观世界，注意克服形而上学、无所作为的观点，始终保持积极进取、勇于开拓的精神，充分发挥人的主观能动性，使油田保持长期稳产高产，为国家多做贡献。

　　三是加深对油田稳产难度的再认识，牢固树立长期艰苦奋斗的思想。实现油田长期稳产高产的过程，既是不断实践、不断认识的过程，也是不断分析矛盾、解决矛盾的过程。原油年产上1000万吨以来的15年，为了保证稳产，全厂职工发扬艰苦创业精神，大搞调整、改造、挖潜，克服了重重困难，付出了艰辛劳动。15年来，钻调整井2600多口，新增产能800万吨，建各类站398座，建油水井2313口，老井改造1000余口，新建和改建管线3768千米，井下作业施工20206井次。近10年地面改造工作量相当于前20年工作量的8.4倍。这些大量的工作，没有顾全大局的思想不行，没有艰苦创业的精神也不行。去年以来，为确保油田稳产，仅6个采油矿的职工义务献工时达63400多个。如果要算加班费的话，得多拿出19万元。当下全厂井况变坏井达776口，老井综合含水量高达85%。特别是在以后的稳产期，将面临着新的矛盾，主要是一次加密井网增加动用储量的措施即将完成，全面转抽基本结束，油田进入高含水后期，井下作业效果逐年下降，每产 1 吨原油注水量由 1974 年的 1.74 立方米上升到目前的 3.97 立方米，加之电力不足、水源不足、资金不足等一系列困难，就更需要将革命干劲和科学态度结合起来。为解决油田稳产与面临的各种困难，第一采油厂采取以下主要措施：继续完善高台子油层开发方案和萨尔图、葡萄花油层一次加密调整；高台子油井全面转抽；部分地区进行二次加密调整；运用限流法动用表外储层，并开展三次采油现场试验，以实现油田稳产目标。

二、用"两论"指导实践，努力探索油田长期稳产高产的有效途径

认识油田，目的在于改造油田，是将客观现实与主观认识相统一的过程，使主观意识具有认识世界和改造世界的能力，实现"物质变精神、精神变物质"[①]的重大飞跃。在 30 年的开发实践中，第一采油厂坚持把学习马列主义同探索油田实际结合起来，逐步摸索总结了一套确保油田稳产高产的有效办法。

一是合理保持油层能量，使油田始终处于良好的水驱状态下开采。注水开发油田的过程，是运用矛盾的普遍性和特殊性原理的过程。开发初期，针对油田面积大、边水不活跃和弹性能量小这一普遍矛盾，实行早期内部注水，使油田能量一开始就得到补充。随着油田投入全面开发，层与层之间由于非均质严重，吸水性能差别很大，出现了主力油层单层突进、产水量迅速上升的状况，暴露了矛盾的特殊性。随后通过试验，采用了"六分四清"工艺技术，保持了合理的地层压力，缓解了层与层之间的矛盾，为全厂产量突破 1000 万吨大关创造了有利条件。此后，在平面上增加点状注水井，较好地解决了井排之间的矛盾；在纵向上对两类油层进行补孔、压裂、酸化、堵水等一系列综合措施，扩大了油层水驱体积，使水驱控制程度保持在 90％以上。目前日产液量达到 17 万立方米的情况下，日注水量保持在 18 万立方米左右，基本保持了注采平衡，从而使油层保持了足够的能量，维持在良好的水驱状态下开采。

二是从油田客观实际出发，不同的开采阶段采取不同的开采技术措施。在油田开发不同阶段暴露出来的矛盾是不一样的，因此，对不同质的矛盾只能用不同的方法去解决。1974 年原油产量突破 1000 万吨以后，第一采油厂围绕"如何保持长期稳产"的课题，根据油田地下情况不断变化的实际，采取不同的技术措施。1974 年至 1979 年，油田处于中含水阶段，依靠原井网、原开采工艺，通过加强分层注水、分层压裂、分层堵水等方法调整挖潜措施，充分发挥主力油层作用，

[①] 物质变精神，精神变物质：毛泽东主席在《人的正确思想从哪里来的？》一文中说："一个正确的认识，往往需要由物质到精神，由精神到物质；即由实践到认识，由认识到实践多次的反复，才能够完成。"

保持了1000万吨稳产。1980年，进入高含水开采阶段之后，针对主力油层出力多、含水高，非主力油层出力少、含水低，一些中低渗透层还未动用等实际情况，及时实行了"三个转变"。首先调整措施以"六分四清"为主转到以细分层系为主，开发层系由原来的3套细分成7套；其次挖潜对象以高渗透层为主转到以中低渗透层为主，主要靠钻加密调整井挖掘中低渗透层的潜力，1980年至1989年共钻调整井1118口，形成了年产300万吨的生产能力；最后开采方式以自喷采油为主转到以机械采油为主，1980年以来转抽2074口，占油井总数的75.5％，与此同时，又打了1233口高台子井，新增产能635万吨。通过采取这些措施，使原油产量实现了稳中有升。

三是根据油田地面服从地下的需要，不失时机地改造地面工艺流程。油田地下矛盾是和地面矛盾联系在一起的，而矛盾的主要方面在地下。因此，第一采油厂一直坚持"地面服从地下"的原则，搞好地面工艺流程改造。在改造过程中，重点抓好以配套建设为主的系统工程，对原油集输系统，采用新老结合，逐步更新改造的办法；对注水系统，采取以新建产能为主，老设备管线更换为辅的办法；对供水系统，实行以含油污水和地面污水处理回注为主，清水供给为辅的办法；对供电系统，以转抽和钻井线路为主，结合产能建设进行。特别是1983年以来，把产能建设、乙烯原料工程、老区改造和老井转抽结合起来，统一规划，分区实施，改造一片，完善一片，取得了投资省、见效快的明显效果。通过地面改造，液产量年处理能力由原设计规模的590万立方米提高到目前的6400多万立方米；油气集输由过去的开放式变为密闭式，密闭率达到99％以上；油气损耗率由1974年以前的2％下降到目前的0.6％；集输吨油自耗气由28立方米下降到10立方米；万元产值综合能耗由1980年的8.92吨标准煤下降到目前的5.14吨标准煤。

四是抓住油田稳产中的主要矛盾，大搞区块开发试验和采油工艺攻关。第一采油厂坚持一切经过试验的原则，1960年建厂，就在中区西部先后开展了10次大型试验，为合理选择开采方式和井网层系提供了经验。1963年，针对油田开发中逐步形成的平面、层间和层内三大矛盾，开展了分层注水和笼统强化注水对比试验，为后来油田开展"六分四清"，解决三大矛盾奠定了基础。1976年以来，为了确保油田稳产，充分发挥中低渗透层的作用，先后开展了"分层开采接替稳产试验""高台子油层开发试验"。1985年以来，又开展了注天然气和注聚合物两大开发试验，为确保油田稳产到20世纪末做好提前准备。在搞好区块试验的同时，结合生产实际进行采油工艺攻关。1979年以来，先后取得了强化采油工艺、不压井作业、化学吸水剖面技术、套管阴极保护和内防腐技术，以及提高注水泵效、常温输送和电子计算机应用技术等492项科研成果。依靠科学技术的进步，确保了稳产目标的实现。

三、用"两论"武装群众，充分发挥职工群众在油田稳产中的主体作用

职工群众是实践的主体、油田的主人。全心全意依靠工人阶级，就要用"两论"武装群众，使广大职工群众都学会在工作中使用唯物辩证法，这也是实现油田稳产采取的一项重要措施。在具体做法上，我们坚持做到四个依靠：

一是充分发扬"三大民主"，依靠群众献计献策。大庆会战时期政治、经济、技术"三大民主"，是保证职工当家做主的有效办法。针对油田开发，每年都要召开两次有干部、技术人员和工人参加的"三结合"技术座谈会，听取群众意见，集中群众智慧，实行科学决策，这一办法一直坚持至今。比如 1985 年年底，为了制定油田"七五"规划，用了近一个月时间，发动 6 个采油矿 4870 多名职工，开展地下大调查和分析活动，共拿出了 1640 多口单井分析总结和稳产方案。地质大队 120 多名技术人员深入到大、小队、井组，听取工人意见。一口井一口井地落实方案和措施，全厂共提出 3280 多条建议，在此基础上召开"三结合"技术座谈会，制定出了符合油田实际的"七五"规划和稳产方案，实施效果明显，原油产量连上了 4 个台阶，由 1985 年的 1172 万吨上升到今年的 1453 万吨，增长 23.5％。与此同时，建立了职工代表大会制度和有工人代表参加的管理委员会，从 1980 年以来，共召开职代会 18 次，研究确定重大问题 76 个，职工提出提案 376 条，落实 358 条。这套办法已经制定了细则，形成了制度，使职工群众的主人翁地位有了可靠保证。

二是树立严细认真的科学态度，依靠群众取全取准第一性资料。油田上千万个资料数据，是我们认识油田地下、确定开采方针的重要依据，来不得半点虚假。因此，我们坚持用"三老四严"优良传统教育职工，使会战传统深入人心。采油三矿中四队是会战时期"高度觉悟，严细成风"的老标杆队，班子换了 14 茬，"三老四严"的传统作风一直没有丢。这些年来，他们每年都要把中四队的老会战请回去讲一次传统，老队长辛玉和用放大镜检查钢丝等"三老四严"的典型事例人人记在心里。1982 年以来，中四队共录取资料 219 万多个，做到准确无误。全厂职工就是依靠这种严格的科学态度，从 1974 年以来，录取各种资料 39 万多井次、2.8 亿多个数据，做到了齐全、准确。目前，全厂 8 个主要生产单位形成了电子计算机网络，处理油田生产信息、油田开发动态和井、站、库资料数据。全厂所有油水井单井资料数据都通过计算机处理，当天反映出来，每天处理量达 154100 个字符，为认识油田开发规律，编制符合油田实际的调整挖潜方案，提

供了可靠的依据。

三是培养高度的岗位责任心,依靠群众加强生产管理。大庆会战初期形成的岗位责任制,以及1979年以后发展成的岗位经济责任制,是职工群众参与企业管理的产物。制度的核心是岗位责任心。因此,我们始终坚持对职工进行主人翁责任感教育,使广大职工认清自己在企业中的主人翁地位和作用,从而增强了岗位责任心,加强了生产管理。北二注水站是20世纪60年代创建岗位责任制的试点单位,曾经得到周恩来总理的肯定和赞扬。27年来,北二注水站职工始终以高度的岗位责任心管好生产。特别是改革开放以来,他们在原有岗位责任制的基础上,逐步建立和形成了"上标准岗,干标准活,交标准班"的"三标准"工作法,使北二注水站投产27年来,高压平稳注水1.65亿立方米,安全生产10000天。全厂广大职工像北二注水站那样,精心管井,精心管站、管设备,使贴在墙上的制度变成了职工具体行动,从而使全厂的基础工作得到进一步加强。特别是计量工作,通过引进刮板流量计并实行微机管理,计量器具配备率、检测率和受检率均达到98%以上,原油输差由1974年前的20%下降到目前的5%左右,天然气计量误差由37%下降到10%以内。计量管理,1988年达到国家一级;质量管理,1987年达到省优,1988年达到部优。此外,标准化、节能、档案达到国家二级标准,设备管理也达到了部优。在各方面管理工作达标的基础上,经局验收厂达到国家二级企业标准,1988年被评为黑龙江省文明单位。

四是搞好职工技术培训,依靠群众的真本领、硬功夫管好油田。油田开发初期,面对大量的部队转业军人不熟悉油田生产管理技术的实际情况,大力开展以岗位练兵为主要内容的基本功训练,使广大职工对油田开采管理技术由"知之甚少"到"知之甚多",很快适应了油田全面开发的需要。20世纪70年代先后有三分之一的熟练工人调往新区,队伍补充了新成分。本着"干什么学什么,缺什么补什么"的原则,加强岗位培训,实现了原油产量翻番。80年代,在油田大面积转抽,大量新工艺、新技术得到推广应用的情况下,我们逐步把职工培训教育制度化。厂里建立了职工培训中心,与矿、小队形成培训网络,分期分批进行培训,使广大职工掌握了真本领、硬功夫。全厂涌现出局、厂、矿三级技术能手1890名。中四队二井组井长、22岁的青年采油女工李文英,在1988年全厂技术运动会上一人夺得五项全能和班井长比赛两个第一名,在不久前举行的全国石油系统青工技术比赛中又夺得采油组第二名,被团中央和中国石油天然气总公司分别授予"全国新长征突击手"和"石油技术能手"称号,并晋升为工人技师。目前全厂有大中专学历的职工共1248名,其中1979年以来在职培训取得成人学历的有835名。现在厂每11名职工中就有1人具有大中专学历。

30年来的油田开发实践，可深深体会到，马列主义、毛泽东思想是指导革命斗争、改造社会的锐利武器。未来将继续坚持"两论"起家基本功，在改造客观世界的同时，努力改造主观世界，把油田开发建设提高到一个新的水平，为实现油田稳产到20世纪末的奋斗目标做出积极的贡献。

（1989年度大庆石油管理局思想政治工作会议典型材料，摘自《油海创业之路》）

第一采油厂高产稳产靠什么？

第一采油厂

第一采油厂是大庆油田成立最早的采油厂。1960年投入开发时设计能力为年产油量590万吨。1965年全面开采，当年产量为608万吨。1974年原油产量开始突破1000万吨，1989年原油产量已达1453万吨。从1974年开始，已连续稳产原油1000万吨以上16年，累计生产原油2.6亿吨。回顾30年来所走的道路，能够实现油田高产稳产，主要做到了以下8个依靠：

一、依靠加强党的领导，充分发挥思想政治工作优势，确保油田长期稳产

加强党的领导，充分发挥思想政治工作优势，是实现油田长期稳产的根本保证。因此，在思想建设上，我们坚持对党员进行党的基本路线教育，充分利用业余党校，给党员上党课。全厂今年共上党课372场次，听课达36700多人次；坚持干部学习日制度，比较系统地学习了马克思主义哲学、政治经济学，使广大党员和干部的政治素质和理论水平都有了较大提高。在组织建设上，我们坚持把"支部建在连上"，并把充实一线党员力量作为组织建设的重点，近2年发展的新党员中，基层党员占72.6%，使全厂基本做到了队队建立支委会、班班有党员。在作风建设上，坚持党的三大作风①，领导干部和机关党员干部坚持深入基层同工人群众实行"三同"，常年不断地坚持搞好"三个面向""五到现场"，同基层干部、工人一起为油大干，做到了"工人三班倒，班班见领导""工人身上有多少油，干部身上就有多少油"，从而进一步密切了干群关系，有力地加强了基层建设。在制度建设上，除修订完善党内各项制度外，按照市局党委的要求，重点抓了党员义务教育、党组织和党员责任区的建立与落实。以目标责任状的形式，厂党委与大队党委、大队党委与基层党支部、基层党支部与党员层层签订目标管理责任状。其主要内容有三项：第一项是承包内容。其中基层党组织的承包内容分四大目标：（1）保证监督目标；（2）党的建设目标；（3）思想政治工作目标；（4）群众工作目标。第二项是考核办法。签订责任状之后，按百分制进行考核，

---

① 三大作风：理论联系实际的作风，和人民群众紧密联系在一起的作风，批评与自我批评的作风。

全年根据分值划分档次，规定基层党支部获 90 分以上为一类，80 至 89 分为二类，79 分以下为三类。第三项是奖励措施。凡全年考核实现目标要求的与双文明同步进行奖励。党员责任区的主要内容是：学习态度、党性原则、组织观念、思想作风、法纪观念、群众工作、工作实绩、献身精神。对签订责任状的党员也同样按百分制进行考核，规定党员获 90 分以上为合格，80 至 89 分为基本合格，70 至 79 分为基本不合格，69 分以下为不合格。实施一年来，全厂 267 个基层支部一类支部达到 204 个，二类支部 57 个，三类支部 6 个；全厂 3606 名党员，3569 名达到合格和基本合格，占党员总数的 98.9%。全厂涌现出市局先进党支部 32 个、市局优秀党员和优秀党务工作者 59 人；厂级先进党支部 32 个、先进党员和优秀党务工作者 701 名。在班子建设上，坚持党管干部的原则，在选拔使用干部的问题上，坚持"四化"标准，按德、能、勤、绩全面考核。去年以来，调整、配备了 7 个大队、97 个小队班子近 300 名干部，都是按照群众推荐、基层申报、组织部和干部部门共同考核、厂党委集体讨论的组织程序进行选拔的。另一方面，注意加强班子的民主集中制建设，做到重大问题集体研究决定，共同为实现第一采油厂的奋斗目标而努力。

  在加强党的建设，发挥党组织的政治核心作用的同时，切实注意做好思想政治工作。一是坚持对广大职工进行坚持四项基本原则教育。使职工队伍有了稳固坚实的思想基础。全厂职工为油大干，原油日产登上历史最高水平。二是建立思想政治工作目标管理责任制。无论是政工干部，还是生产行政干部，都签订了思想政治工作目标管理责任制，与目标责任状两个目标一起定指标，一起检查，一起考核奖惩，做到了管人管事与管思想相结合。通过以党委为核心，党政工团齐抓共管，使全厂思想政治工作从组织领导上得到了加强。三是以"双增双节"为主要内容，广泛开展各种形式的竞赛活动。近几年来，全厂各单位广泛开展了"立足本岗位，争创一流成绩"竞赛活动、"创青年样板井站，高效优质机采井"竞赛活动、"增产创效益、献计上措施"竞赛活动以及"节约一滴油、一滴水、一度电、一块抹布、一个小配件"竞赛活动。通过各种有效的活动，大大丰富了企业思想政治工作的内容。四是广泛开展大学习、大讨论、大总结活动，坚持不懈地对广大职工进行大庆精神再教育。从 8 月份以来，全厂各级领导干部认真学习，发动干部、职工联系实际进行总结，抓先进典型 2600 多个、后进转化典型 107 个，弘扬正气，提高了职工队伍觉悟，义务献工时 38470 多个，促进了原油生产，全厂提前一天 16 小时完成 1447 万吨生产任务，比去年多产油 44.8 万吨，创建厂以来最好水平，实现了第 16 个高产稳产年。

  由于扎扎实实地加强了党的建设，加强和改进了思想政治工作，截至目前全厂要求入党的职工达 1621 人，比去年增加 51.3%。全厂原油日产由 3 季度 4.08 万吨上升到 4 季度 4.1 万多吨，不仅保证了今年原油生产计划的完成，而且为明年的生产争得了主动，创造了条件。

二、依靠加强目标管理，配套抓好油田高产稳产目标的落实工作，使厂内的生产管理活动紧密围绕原油生产这一中心进行

对一个油田的开发需要经过实践、认识、再实践、再认识的过程，才能不断挖掘油田潜力。因此，实现油田高产稳产必须强化目标管理，不同时期确立不同的奋斗目标，并运用目标管理的系统工程，去付诸总体奋斗目标的预期实现。建厂以来，第一采油厂对油田稳产目标的确定，就是对油田地下状况不断认识的结果。1982 年，提出稳产到 1987 年；1984 年，提出稳产到 1990 年；1986 年，又提出稳产到 1995 年，力争稳产到 20 世纪末。这一目标的确定，是坚持了实事求是的科学态度，而绝不是凭主观想象。其主要依据，是依靠对地质储量、油田开采状况认识的深化和开发工艺技术的进步。1980 年，通过对中区西部高台子油层开发试验，对开发低渗透的薄油层有了突破性认识，产生了质的飞跃，该区块地质储量翻了一番。通过细分层系开发，达到了较高的生产能力，年产油量由 1987 年的 80.96 万吨增加到 1988 年的 255.84 万吨。其中高台子油层产量占 68.5%。高台子油层开发试验的成功，为整个油田的开发带来了希望，也为统一对油田长期稳产的认识提供了实践依据，原来认为无开采价值的薄油层，采用新技术也能投入开发。通过不断加深对油田潜力的认识，激发了广大职工积极进取的思想，在实际工作中，完成了一个奋斗目标想着下一个奋斗目标，登上一个高产稳产台阶又想再登高产稳产新台阶。

在加强目标管理的过程中，第一采油厂把厂内以原油生产为中心的各项生产经营活动全部纳入目标管理，从上到下形成"千斤重担大家挑，人人肩上有指标"的大好局面。1988 年，提出了"企业上二级、全质创省优、安全夺金牌"的奋斗目标；1989 年，提出了"上产、达标、创优、升级"的奋斗目标；明年，又提出了"超产、夺标、争一流，特级、'五无'、创国优"的奋斗目标。在实现全厂奋斗目标的过程中，确立了四大做法：一是确定、分解目标；二是建立目标管理保证体系；三是目标的实施与控制；四是目标的考核与奖惩。今年正月初一，就把全厂方针目标进行了分解展开，并围绕 1453 万吨原油生产任务确定了 14 个实施项目，落实了关联单位和实施对策。厂长与 23 个矿（大队）长、47 个科室签订了目标管理责任状；矿长与小队队长、队长与班长、班长与岗位工人也分别签订了目标责任状，实行了层层负责、层层考核，确保各项目标预期实现。1989

年 9 月，在确保企业升级目标实施过程中，负责升级考核的计划科在检查升级指标完成情况时发现，综合递减率指标虽然达到 3.9%，较为可观，但如不加强工作，此项指标到年底将上升到 4% 以上，不但达不到一级，连等级线都不上去。经过综合指标预测，资金盈余率指标必须达到三级以上，原油密闭率达不到特级，企业就升不了一级。厂长听取情况汇报后立即组织有关人员研究对策，落实了补救措施及办法。10 月，在预测领导班子考核指标完成情况时获悉，1989 年 25 项重点建设项目中，南三地面污水处理站主体工程基本就序，但泵房内屋面装修、保温及部分工艺管线等尾项工程还没有建完。因陈家大院泡无水，该项工程不能按期投产，影响了厂领导班子评分达到一级。厂长听取情况汇报后当即责令基建办，该项工程年底前必须全部完工，影响此项工程投产的原因向上级机关及时汇报说明。经过上下齐心努力，全厂综合递减率指标控制在 3.3%，原油密闭率指标由 38% 上升到 100%，两项指标均达到了特级标准。由于目标明确，责任落实，信息反馈及时，保证了第一采油厂于 1989 年由二级企业升为一级企业。

在全厂目标确定并展开后，另外还以计划任务书的形式按年、季度、月份计划形式下达，并逐级分解落实。每月逢 5 日、逢 10 日由计划和输油科深入各站库现场检测核实，由主管生产副厂长召开生产例会进行专项检查，月末分别由各科室对自己分管目标进行检查，并统一印发公报。今年第一采油厂方针目标共计 26 项，已全部达到目标值，实现率达 100%。

三、依靠"两论"指导思想，配套搞好油田调整挖潜改造，在长期稳产高产上下功夫

一是用"两论"统一思想，不断加深对油田稳产高产的再认识。油田开发的工作对象是在千米以下的油层，如何正确认识地下，掌握油田变化规律，实现长期稳产高产？必须不断地总结油田开发的经验，坚持用马列主义、毛泽东思想武装头脑，牢固地树立正确的指导思想，不断加深对油田开发实践的再认识。1960 年会战一开始，以《实践论》《矛盾论》做指导，树立了"工作岗位在地下，斗争对象是油层"的思想，并用辩证唯物论的方法，通过实践能动地认识油层和改造油层，采取了"早期内部注水、保持压力采油"的开采方式，到 1965 年年底，就实现年产原油 608 万吨，达到了设计能力，且油层仍然保持在原始地层压力下自喷开采。受"文化大革命"的冲击和干扰，油田曾一度出现了"两降一升"的被动局面。1970 年，遵照周总理关于"恢复'两论'起家基本功"的指示，组织全厂职工学"两论"，开展群众性的地下大调查和油水井分析活动。在全面深入地认识油田地下的基础上，编制调整方案，全面加强注水和恢复、提高压力的

工作。同时，针对主力油层注入水单层突进、产水量迅速上升的矛盾，采取了"六分四清"采油工艺技术，使原油年产量于1974年达到1000万吨。1980年以后，自喷井大量转抽，产液量大幅度增加，但由于套损、降压、供电不足和大排距、大井距造成注水不均等原因，1980年至1985年油田注水量上增幅度较慢，地下出现了欠注问题。问题面前，第一采油厂始终坚持理论结合实践，首先对问题进行分析，统一思想认识后，决心找方法扭转地下欠注现象。1985至1989年根据注水站布局不合理问题，先后建立注水站4座，缩小了供水半径，注水压力由10.0兆帕提高到12.0兆帕，解决了问题。

二是用"两论"指导实践，针对不同的开采阶段实行不同的开采技术措施。油田开发不同阶段暴露出来的矛盾是不一样的，对不同的矛盾采取不同的方法解决。油田开发初期，针对油田面积大，边水不活跃和性能量小这一特点，实行油田早期内部注水，使油田能量一开始就得到补充。随着油田投入全面开发，层与层之间由于非均质严重，吸水性能差别很大，出现了主力油层突进，产水量迅速上升的状况，通过试验，采用了"六分四清"工艺技术，保持了合理的地层压力，缓解了层与层之间的矛盾，为全厂产量突破1000万吨大关创造了有利条件。1974年第一采油厂原油产量突破1000万吨后，围绕"如何保持长期稳产"的课题，结合油田地下不断变化的实际情况，采取了不同技术措施。1974年至1979年，油田处于中含水阶段，依靠原井网、原开采工艺，通过加强分层注水、分层压裂、分层堵水等方法调整挖潜措施，充分发挥了主力油层作用，保持了1000万吨稳产。1980年油田进入高含水开采阶段，针对主力油层出力多、含水高，非主力油层出力少、含水低，一些中低渗透层还未动用的实际情况，及时采取了五项保证油田稳产和增产的措施。

第一，继续搞好油田注水，合理保持油层能量，使油田始终维持在良好的水驱动状态下开采。为适应提高采液量的需要，在平面上增加点状注水井，较好地解决了井排之间的问题；在纵向上对两类油层进行补孔、压裂、酸化、堵水等一系列综合措施。同时，加快注水井转注步伐，增加注水井点。"七五"期间，萨中开发区转注水井390口，日增加注水量5.97万立方米。1989年新建注水井137口，确保了提前完成年注水任务，同时处理不吸水井105井次，日增注水量5775立方米。为解决高台子油层投产后，油田需要不同注水压力的问题，集中力量搞好油田分压注水工作，经过三年时间的实践，见到明显效果。北一区断西和北一排、二排西部地区1989年增加注水量84万立方米，较好地扩大了油层水驱体积，使水驱控制程度保持在90%以上。在产液量达到18万立方米的情况下，日注水量保持在19万立方米左右，基本保持了注采平衡，油层始终维持在良好水驱状态下开采。

第二，高速开发高台子油层。第三，挖潜措施对象从以高渗透层为主转到以中渗透层为主。第四，全面调整油层压力系统。以自喷采油为主转到以机械采油为主，从1981年到1987年底萨尔图、葡萄花油层转抽井基本全部转完。目前全厂有机采井2190口（抽油机1858口、电泵井332口），占总井数78.2%。转抽后当年增油154.66万吨，使萨尔图、葡萄花油层压力由高于原始压力0.54兆帕下降到低于原始压力1.32兆帕。流动压力由9.36兆帕下降到5.97兆帕，生产压差由2.13兆帕放大到4.03兆帕，注水压力由14.0兆帕下降到11~12兆帕，使油层压力系统更为合理。

第五，着重老井调整挖潜。为保全厂产量登上新台阶，确立了老井挖潜以压裂和"三换一调"为主的方针。10年时间，共压裂老井743井次，年增油209.28万吨。调参、放产、换泵等1167井次，当年增产72.38万吨。15年来，钻调整井和高台子井2600多口，新增产能800万吨，钻建各类站及计量间398座，建油水井2313口，老井改造1000余口，新建和改建管线3768千米，井下作业施工22006井次。近10年地面改造工作量相当于前20年工作量的8.4倍。1989年，原油超产6万吨；注水量比计划多20万立方米；油田综合递减率计划指标为3.6%，实际为3.33%；自然递减率计划指标为9%，实际为7.0%；油田含水上升率计划为2.0%，实际为1.1%；油水井套管损坏年计划指标64口，实际为50口，老区油田开发创新水平。

三是发扬大庆艰苦创业的光荣传统，大打原油上产硬仗。1989年，第一采油厂在原油生产方面的困难较多：一是上产幅度大，产量计划由1988年的1406万吨增加到1447万吨，比上年增加41万吨；二是油田注水受钻井停电的影响较大；三是资金材料紧张。在各种不利因素的影响下，前8个月一直处于欠产状态，生产形势非常严峻。为了扭转被动局面，厂党政领导深入基层调查研究，认真分析产量形势，从确保稳产高产的目标出发，组织全厂职工先后开展了"122天五路夺油会战""三抢会战"和"三抓三开展"会战。会战中，全厂职工发扬会战传统，克服重重困难，保证了各项指标的顺利完成。在注水会战中，注水系统围绕"处理不吸水井，加快新井转注步伐，增加注水井点，提高注水量"的重点，大力做好现场调查、组织协调及措施方案落实，仅"五路夺油会战"和"三抢会战"就处理不吸水井85口，日提高注水量5775立方米。同时，注意把好水质关、注采平衡关、注水效益关。"把三关"经验受到大庆石油管理局的好评。在"122天五路夺油会战"中，厂领导对全厂27个作业队进行分队包干，深入施工现场，跟班作业，现场监督，现场服务。在会战开始的第一天，厂领导头戴安全帽，身穿工作服，冒雨深入施工现场，指挥搬家、立井架等工作，指导了作业会战的顺利进行。作业小队领导实行跟班作业制度，和工人一起抢晴天，战雨天，千方百计加快施工进度。据统计，仅"122天五路夺油会战"和"三抢会战"就完成井下作业施工1361口井，为原油上产创造了条件。在夺油会战中，采油系统千方百计加强生产管理，挖掘点滴增产潜力。如采油二矿207队的北1-057井是口水泡子井，3月份尾轴出了故障以后，因为吊车进不去不能处理而停抽。按原计划要等到冬季结冰后才能处理，将影响产量6000多吨。在会战中，二矿领导深入井口和207队维修班工人一起想办法，发扬人拉肩扛的精神，自制简易架子，用倒链一点点地吊起尾轴，换好配件，使其提前7个月开井，日增产原油23吨。通过挖掘点滴增产潜力，目前，采油二矿的日产水平由年初的9300吨上升到10040吨，成为日产上万吨的大矿。基建系统在夺油会战中，努力克服原材料涨价、资金紧张等困难。特别是工程一、二大队的职工们，为保基建正点到达，吃住在工地，千方百计做好新井基建、装机、管线铺设等工作，确保了产量接替。1989年，产能建设工程，除油建施工的南三污水站工程计划跨年施工外，其余已全部竣工验交，并投入使用，年产能113.9万多吨。

截至1989年，全厂共有1414口井完成压裂、转抽、检换泵、调参、放产等措施，平均每月增油1500吨以上，累计增油达55万吨以上。在夺油会战中，原油日产水平由年初的3.83万吨上升到目前的4.08万吨左右，于12月29日16点提前1天16小时完成年产量1447万吨原油生产计划，全年共生产1453万吨原油，生产超额完成指标。

四、依靠科学试验和科技进步，配套搞好科技攻关，推动油田高产稳产目标的实现

油田投入开发建设以来，第一采油厂始终把搞好科学试验，推动科技进步作为实现油田长期高产稳产的一项重要工作，注意抓好以下环节：

第一，从解决稳产的主要矛盾入手，搞好区块开发试验。1960年会战开始以后，从提高开发水平、保证油田稳产的目标出发，在中区西部先后开展了十大试验。1963年，针对油田开发中逐步形成的平面、层间和层内三大矛盾，开展了分层注水和笼统强化注水对比试验，为后来油田开展"六分四清"，解决三大矛盾奠定了基础。1976年以来，为了确保油田稳产，充分发挥中低渗透层的作用，又在中区西部开展了"分层开采接替稳产试验"，为挖掘各类油层潜力，搞好产量接替提供了经验。

为了搞好高台子油层的开发工作，1980年开辟了1.57平方千米的高台子油

层开发试验区，钻45口油水井，分南、北两块分别采用300米和150米反九点法井网，进行现场开采试验，初步掌握了有关高台子油层生产能力、吸水能力、开发特点、措施效果等大量的宝贵资料，为科学编制高台子油层开发方案提供了依据。

为了研究高含水期及特高含水期油田开发的特点和产液量、产量的变化规律，1983年在西区开展了全面转抽加速开采试验。全区块47口油井，下电泵20口，抽油机25口。通过3年试验，除增油14万吨外，还搞清了油井转抽后产液量的提高幅度、采液指数、采油指数的变化规律，为"七五"期间油田全面转抽及稳产提供了现场参数依据。自1988年以来，为了在"八五"期间对萨尔图、葡萄花及高台子油层进行注采系统全面调整，选择了采出程度已达30%、含水90%的西二块进行注采系统调整试验，在断西高台子油层进行了由反九点法改为五点法注采系统调整试验，均取得较好试验效果。

为了提高驱油能力，提高最终采油率，又在北一区断东萨尔图、葡萄花Ⅰ2层开辟了注天然气提高采收率试验。试验区已在今年4月份正式注气。中区西部开辟的注聚合物试验区块也已启动试验，为确保油田稳产到20世纪末做好超前准备。

第二，结合生产实际，搞好采油工艺攻关，大力推广新的工艺技术。"六五""七五"期间通过加强采油工艺攻关，取得了492项科研成果，其中1989年取得成果75项。在油田地面管理上，以机械采油为主逐步形成了一套以"一机""二图""四定""六率一配套"为主体的采油工艺技术。"一机"即计算机诊断技术；"二图"即电泵抽油机动态控制图和系统效率图；"四定"即利用电流法定热洗周期，利用正交法定热洗参数，利用分步法定热洗操作程序，利用功图、产量、含水、电流定热洗效果；"六率一配套"即对中率、水平率、平衡率、紧固率、润滑率、配电箱完好率及抽油机维修保养配套，使第一采油厂机采井的各项经济技术指标有了大幅度提高。其中抽油机井的合理区井数由25.9%提高到55.8%，沉没度由631.9米降到530米。另外，以降黏防蜡、增注为主要目的的磁技术得到广泛应用。目前磁技术由一次磁处理发展到二次磁处理，见到明显效果。定向井采油技术、堵水技术、套管保护技术、内防腐技术、常温输送技术、提高注水泵效技术、电子计算机应用技术等也在生产中发挥了很好的作用。

第三，坚持"地面服从地下"的原则，搞好地面工艺流程改造。在改造过程中，突出抓好以配套建设为主的系统工程，对原油集输系统，采用新老结合，逐步更新改造的办法；对注水系统，采取以新建产能为主，老设备管线更换为辅的办法；对供水系统，实行以含油污水和地面污水处理回注为主，清水供给为辅的办法；对供电系统，以转抽和钻井线路为主，结合产能建设进行。特别是近几年来，把产能建设、乙烯原料工程、老区改造和老井转抽结合起来，统一规划，分区实施，改造一片，完善一片，取得了投资省、见效快的明显效果。通过地面改造，产液量年处理能力由原设计规模的 560 万立方米提高到目前的 7300 多万立方米，油气集输由过去的开放式变为密闭式，密闭率达到 100%。

第四，发挥科技人员的骨干作用和职工群众的主体作用，认真搞好稳产形势的分析和群众性的技术革新活动。为了搞好油田开发，每年都要召开 2 次由干部、技术人员和工人参加的"三结合"技术座谈会，听取群众意见，集中群众智慧，实行科学决策，这一办法一直坚持至今。今年 9 月，为了编制好油田"八五"规划方案，用了近 3 个月时间，发动 6 个采油矿 2870 多名职工，开展地下大调查和地下分析活动。同时，地质大队 120 多名技术人员深入到矿、小队、井组听取工人意见，逐口井落实方案，完成油水井调查和规划编制 3592 口，提出 1990 年及"八五"期间各种稳产措施 3915 条。在此基础上召开了"三结合"的油田开发"八五"规划技术座谈会，制定出了比较符合油田实际的"八五"规划方案。

对广大科技人员，做到在政治上信任、工作上支持、生活上关怀，调动广大科技人员的积极性。如 1967 年中国科技大学毕业的高级工程师陈良铸同志，来油田后一心扑在科研上，废寝忘食搞攻关，近 10 年来他从事的采油工艺研究先后取得 9 项成果，其中"双皮球双涡轮找水仪"获石油工业部"六五"期间国家科技攻关成果奖。同时注意发挥广大职工的聪明才智，积极鼓励和支持广大职工参加技术革新和多种形式的小改小革活动，为油田稳产献计献策，增强了职工的主人翁意识以及责任感。中八队老工人林文政同志，自 1974 年以来，刻苦钻研机械、采油工艺、制图等知识，针对生产管理上的难题，完成革新成果 15 项，获经济效益 500 多万元。其中防冻取样考克、调芯密封盒和曲柄防脱器被评为大庆技术革新二等奖和一等奖，1988 年设计成功的机采井新型井口流程装置经有关单位鉴定，已申请专利。林文政同志被聘请为厂科协委员，并被推荐为大庆市劳模。第一采油厂注重调动了广大职工搞好科研工作的积极性，仅 1989 年就完成科研革新项目 130 多项，在油田稳产高产中发挥了重要作用。

五、依靠推行全面质量管理工作，配套搞好"三化"管理，促进企业素质的不断提高

首先，加强采油过程的质量管理。为做好这项工作制定了内控标准、管理办法及管理制度，加强管理过程控制，把管理结果转移到管理导致问题出现的因素上来。1989 年，第一采油厂分别在输油、作业、采油、注水、测试、机修等

6个油田开发主要生产现场,建立质量控制点 14 个,检查点 285 个。按照管理点的特征要求,建立了管理点明细表、管理点制度、管理点图表、管理点原始记录等,有效地控制了质量问题的发生。如一矿北一队建立抽油机质量控制点后,对 19 口抽油机井取数据 18000 多个,绘 X-RS 控制图进行控制,使热洗周期由 11 天延长至 55 天,全队月减少抽油机热洗 46 井次,每减少一次平均多产油 6.87 吨,月增产原油 314 吨,节电 9900 千瓦·时。同时,由于在 S-R 图上异常点的出现,预报了卡泵、脱杆等事故苗头,减少了事故的发生,从而达到了延长抽油机井检泵周期的效果,提高了管理质量。在加强采油质量管理工作的同时,还建立了 318 人的质量检查队伍,严把原油外输水质处理及作业施工等质量,合格率均达到技术标准。同时还加强质量跟踪工作,完善工序质量管理,在工序过程中严格执行三检制及按图纸、按标准、按设计施工的"三按"制度,做到了出现质量问题能够直接找到责任者。如作业大队工具车间在组装抽油机泵时,注意做好检泵人和检验者工作登记卡片,当泵出现质量问题,起出拆卸后立即知道是谁检的泵,是谁验收的泵,有效地防止了质量问题的发生。

其次,建立健全质量信息管理体系,形成质量管理网络。推行全面质量管理以来,随着质量目标体系的建立,逐步加强了油田开发和管理以及质量方面的信息反馈工作,以便对质量目标体系进行评价。在全质办设质量信息管理网,建立了质量信息管理制度、纪录、报表等,以全质办为质量信息中心,以专业科室和矿(大队)为质量信息子中心,确定了厂、科室、基层队三级管理信息员 281 人,形成了三级质量管理网。质量信息分厂内、厂外两大类。厂外信息主要是外输油的质量反馈信息。厂内生产信息分油田开发技术质量信息、油田管理质量信息、井下作业质量信息、油田建设及机修质量信息 13 类 92 种,将异常质量信息以质量信息传递卡传至全质办。对未完成质量指标的单位扣发奖金,同时取消评比双文明单位的资格,有力地促进了质量信息管理。

再次,狠抓标准化、现代化、系统化管理,提高质量管理水平。一是加强标准化工作。1989 年以来,为了适应治理整顿和深化改革的需要,第一采油厂对机关科室的工作标准进行了修订,制定了科室工作标准、岗位人员标准以及部门和岗位的工作程序。矿(大队)至基层队岗位、工种工作标准,也都重新进行了修订,并下发。现执行各类标准 1164 个,其中技术标准 394 个、管理标准 311 个、工作标准 459 个。做到了项项工作有标准、事事有标准、人人有标准,形成了完整的厂标准化体系。二是运用现代化管理方法,加强质量管理。现代化管理工作,由全质办负责。自 1985 年以来,现代化管理工作有了很大的进展,应用成果发展到 1989 年的 36 项,应用单位由机关科室为主转到以矿(大队)为主,应用方法已由 ABC 分类法、正交试验、网络技术、价值工程等 10 种发展到 15 种，应用领域由生产管理发展到科研、企业管理等方面。已取得现代化管理成果 105 项，共获效益 459.41 万元。计算机应用年年有新的突破，已初步形成计算机管理系统，在生产管理、油田开发、财务、干部、人事、设备、全面质量、计划、科研、规划、设计、物资等部门得到广泛应用，为实现信息管理现代化提供了良好的开端。三是加强系统控制，建立质量保证体系。为了不断提高油田开发质量，建立了厂质量管理体系，下设专业子系统 11 个。子系统主要完善以下内容：子系统的质量指标及计算方法，质量指标分解到矿（大队）、基层队、岗位；质量控制的主要环节和方法（按生产过程和工序划分）；分级质量责任及各种环节质量标准；质量考核标准和办法。今年以来，又根据系统工程的思想和方法，进一步完善了质量管理体系。该体系的总体设计是以质量指标体系为主线，以专业系统为基础，用系统展开法按过程、质量目标、控制方法、质量和责任制层层展开。质量管理体系的实施紧密结合生产，在系统控制方面起到了很好的保证作用。

由于注意抓好全面质量管理工作，各系统效率均有较高提升。1989 年，第一采油厂完成增产增收 284.42 万元，修旧利废总额达 373 万元。注水系统平均运行效率保持在 54.98%；机采系统效率达到 31.61%；电泵系统效率达到 34.83%；供电系统功率因数达到 0.974；输油系统效率达到 45.12%；锅炉平均运行效率达到 82.11%。1980 年以来，共取得 QC 小组成果 571 个，其中 2 个获国家优质质量管理奖，直接经济效益达到 2079.1 万元。1989 年，实现群众性革新成果 66 项，获经济效益 200 多万元。职工提合理化建议 3304 条，采纳实施 788 条，实现经济效益 303.35 万元。

六、依靠加强职工培训，抓好"层次转向"工作，不断增强职工管好油田的真本领、硬功夫

油田开发初期，面对大量的部队转业军人不熟悉油田生产管理技术的实际情况，第一采油厂大力开展了以油田地下分析为主要内容的基本功训练，大力提升了职工的技术水平，适应了全面开发的需要，涌现了曹亚范、刘明田、陈淑英、杜国民等一大批油田地下分析能手，在油田开展的"三稳四定迟见水""六分四清"等活动中发挥了作用。

20 世纪 70 年代，职工队伍中大批熟练工人调往新区，随后陆续补员招入了大批青工。针对这些青工技术素质普遍不高的实际问题，本着干什么、学什么的原则，强化岗位培训，开展了以"百问不倒"为主要形式的岗位练兵活动，激发了广大职工尤其是青工学习文化技术的积极性，涌现出了以采油一矿屠碧芳为代

表的"百问不倒"10小将和一大批"四懂三会"技术能手。

1980年以来，第一采油厂开始大面积转抽，各种新工艺、新技术不断得到推广应用，需要对职工队伍的技术素质进行重新培训。为此，第一采油厂认真抓好职工队伍的技术培训并及时更新相应技术知识。

1981年至1984年，集中力量抓好对中青年职工的"双补工作"，培训率达100%。全厂有3005名职工文化补习合格，合格率87%，有4209名职工技术补习合格，合格率92%，提前一年完成了石油工业部下达的"双补"任务。经石油工业部质量验收，抽考平均成绩为81.95分，被评为石油工业部"双补"先进单位。

1985年以后，根据油田生产发展的需要，注意抓好职工培训基地建设，形成了综合配套的职工培训基地。到1988年年底，全厂已有各工种培训基地7个。其中驾驶员、锅炉工等特殊工种在安全技术学校进行培训；电工在电修大队进行培训；电泵、抽油机工人在机采维修大队进行培训；输油工、仪表工在输油大队进行培训；电焊工在工程大队焊接培训中心进行培训；待业青年在职业高中进行培训；各级各类干部（包括矿、大队、小队干部和基层班组长）在厂业余党校培训中心、夜大专修班进行培训。针对职工中存在的级别倒挂问题，重点抓好达标培训工作。全厂8176名职工参加培训，培训率达95%，考核及格率达91.4%，基本解决了全厂职工"级别倒挂"问题，职工实际级别由3.9级提高到4.8级。近几年，共培训工人大专生658人，中专生和高中生721人，还有599名工人达到中级技术水平，使职工的文化技术结构得到较大提升。

1989年以来，以深化职业技术教育改革，不断提高职工队伍群体素质为核心，积极开展多层次、多渠道的培训工作：

一是认真抓好等级培训和超前培训工作。年初，制定了"495"培训计划，即对班组长及业务骨干1513人中的40%（606人）进行岗位合格培训，主要发挥厂培训中心以及500人以上矿、大队培训点的作用，对班组长及业务骨干进行脱产、半脱产及有组织的业余自学培训，重点学习《石油企业班组管理》知识，较好地提高班组长的素质。通过跟踪调查，经过培训的班组长有221人在各自的岗位上发挥了较好的作用，占培训比例70%以上。对全厂纳入升级培训的6613位工人的90%进行上一等级培训，主要发挥基层小队每周一次技术课和矿、大队培训点的作用，定期举办等级培训班。全年仅矿、大队就举办中级技术工人等级培训班29期，培训中级技术工人800人，有力地促进了全厂职工素质的提高。同时在这批人员中再抽出50%，进行上二个等级的培训，收到较好效果。

二是认真抓好应用型、工艺型人才的培训工作。为了抓好应用型、工艺型人才的培训工作，从强化培训能力入手，充分发挥厂"机采、焊接、安全"等7个培训中心的作用，采取多种形式，搞好职工培训。今年共办班15期，培训945人，见到了明显效果。年初通过调查了解到，采油队处于大面积转抽阶段，一线工人急需掌握机采技术，就在机采中心办了两期机采培训班，培训机械采油方面的专门人才83人，解决了一线难题，提高了机采井管理水平。今年厂抽油机利用率和有效率分别达到96.76%和98%，分别比去年同期提高了0.2%和0.8%，抽油机检泵周期达677.3天，比计划延长197.3天。

三是认真开展技术大赛活动。根据市局有关部门的要求，从4月1日起，分3个阶段开展了职工技术大赛活动。第一阶段以小队为单位开展岗位练兵，全厂有75个工种7000余人参加了不同形式的选拔活动，提高了每个工人的技术水平；第二阶段由矿、大队组织选拔赛并集中训练技术骨干，全厂选出大队级技术能手2000余人；第三阶段组织技术运动会，并推选参加市局级以上技术比赛的人员。共选出厂级技术能手170人，参加市局级以上比赛的技术能手50余人。通过各种行之有效的培训活动，使职工技术素质明显提高。今年，全厂涌现出局、厂、矿3级技术能手1890名。目前全厂有大中专学历的职工共1248名，其中1979年以来通过职工培训取得成人大专学历的835名。现在厂每11名职工中就有1人具有大中专学历。1985年至1988年，连续被市、局评为职工培训先进单位。

30年来，外输工人11500名，外输干部5000名，为石油工业建设高素质职工队伍做出了贡献。

七、依靠加强基础工作建设，配套抓好上等级、夺"三牌"活动，不断提高油田管理水平

近几年来，第一采油厂认真贯彻中国石油天然气总公司、大庆市、局有关加强基础工作的会议精神和具体要求，努力加强"三基"建设，在厂、矿（大队）、小队、班组开展了上等级、夺"三牌"活动，不断夯实基础工作。1985年，创出金牌采油队1个、银牌作业队和银牌试井队各1个、铜牌采油队2个。随后几年内，紧紧围绕标准化计量、信息、定员定额、基础教育、规章制度等内容，采取行之有效的措施，积极开展工作。

第一，加强计量工作。由于生产过程和工艺控制要求，计量工作有其自身的特点。根据这一特点，在实践中，一是制定完善了一套适应采油厂特点的计量管理系统。在纵向上按厂、矿（大队）、小队、班组4个层次进行管理。厂级设有主要领导担任组长的计量工作领导小组，厂计量科作为职能部门负责业务管理，大小队设有专、兼职计量员；横向上在各专业科室设兼职计量员，以计量器具的配备率、完好率和控制率为重点，抓好本系统的计量工作。目前，全厂有计量人员 195 人，计量器具配备率和检测率达到 100%，周检率达 98.6%，检定合格率达 99.2%。二是以主体生产过程为重点进行全面配套，形成计量覆盖网络。今年，根据每个工艺环节的要求和管理工作需要，有计划地组织了计量仪表、器具的全面配套工作，为计量工作拨出专款 102 万元，其中 65 万元用于新购置和更新计量仪表器具 7227 台（件）。全厂计量器具总数已达 31375 台（件），计量配表率为 100%。三是不断采用计量新技术，适应油田发展需要。目前，采用的计量间集中的仪表连续计量、弹性刮板流量计、污水站插入式涡街流量计及引进的美国金属刮板流量计等新技术，在油田计量工作上都发挥了较好的作用。还对计量人员进行了多层次、多形式的培训；建立完善了各种计量管理制度；认真推行了法定计量单位，加强了资料管理和信息反馈；扩大和完善了计量值传递系统，提高计量器具检定能力；开展了群众性的计量升级活动。通过上述种种措施，提高了管理水平，有效地促进了经济效益的提高。

第二，加强档案管理工作。年初开始，确定了晋升档案管理国家一级标准的奋斗目标。为了升级达标，整理历年来存档的各类资料档案 14308 卷，基层档案室收集整理了 36398 卷。现在全厂共有 10 类档案，厂档案科存档 22083 卷，存档率达 98% 以上，完整率、准确率都达 100%。对档案的管理采取了现代化管理方法，将质量管理、目标管理、网络技术等现代化方法应用到档案管理中去。今年，开启了档案的缩微管理准备工作和实现微机管理的准备工作，试行了文书档案目录检索。

第三，加强标准化工作。1989 年重新修订了各类工作标准 17 项，其中 7 项厂级技术标准审报为局级标准。举办厂矿两级领导标准化培训班 4 期，技术标准经济效益跟踪分析 6 项。

第四，加强设备管理工作。1989 年进一步认真贯彻执行国务院《设备管理条例》和中国石油天然气总公司的《条例实施办法》，狠抓了设备的更新与前期管理工作，红旗设备①达到 18.7%，设备维修费用率达到 2.4%，比计划下降 7.6%，专业技术培训 545 人次。

第五，加强定员定额管理工作。1989 年健全、完善了劳动定员定额管理制度，完善了劳动定额管理信息系统和定员定额人员的相对稳定措施，使定员定额人员稳定率达到 100%，专业队伍人员培训合格率达到 100%，定额工时率达到 75%。

---

① 红旗设备：结构完整，零部件齐全，润滑良好，油路畅通；内外清洁，运行正常，达到设计性能的设备，是对设备的技术状况、维护状况及管理进行全面考核后授予的称号。

第六，加强岗位责任制建设，不断增强职工岗位责任心。大庆会战初期形成的岗位责任制，以及1979年以后发展形成的岗位经济责任制，是职工实践并参与企业管理的产物，极大地增强了职工的岗位责任心。如北二注水站20世纪60年代创建的岗位责任制，曾经受到周恩来总理的肯定和赞扬。28年来，北二注水站的职工始终以高度的岗位责任心管好生产，逐步建立和形成了"上标准岗、干标准活、交标准班"的"三标准"工作法，累计实现高压平稳注水1.65亿立方米，成为油田第一个实现安全生产10000天的注水站。再如，南一注水站建站28年来，坚持发扬大庆会战的光荣传统，狠抓基础工作，强化安全管理，使岗位责任制在生产的实践中生根发芽，开花结果，累计注水1.35亿立方米，成为油田第二个实现安全生产10000天的注水站。在加强岗位责任制建设过程中，第一采油厂职工像北二注水站和南一注水站那样，以高度的事业心和责任感管好井站的设备，使贴在墙上的制度成了职工的自觉行动，使全厂基础工作得到了进一步加强。为了进一步加强岗位责任制建设，加强基础工作，还深入开展了第92次岗位责任制大检查活动，用近两个月的时间，查隐患、堵漏洞、搞整改。同时，结合岗检活动的开展，以加强传统教育，增强职工的岗位责任心为主要内容，把中一注水站"一把火"烧出岗位责任制，三矿中四队在会战中形成的"三老四严"，二矿李天照井组在会战中形成的"四个一样"等会战传统编成故事集，对全厂职工进行深入细致的会战传统再教育，进一步增强了职工的岗位责任心，提高了生产管理水平。同时认真开展了创优升级、生产技术大赛、创建双文明先进单位、安全生产达三标以及经常性的岗位练兵等活动，进一步夯实了"三基工作"。

1989年，由于注重抓基础工作，使各项管理水平都有了新的提高。第一采油厂获国家一级计量合格单位，档案管理达到国家一级管理标准，设备、节能、技教也分别达到国家一级标准，标准化达到国家二级水平，全面质量管理获省、部级优秀管理奖。企业升级12项指标达特级的占9项，综合评比达到一级以上，安全工作获大庆石油管理局银牌表彰。

八、依靠深挖内部潜力，抓好增收节支工作，不断提高经济效益

油田生产建设的发展和经济效益的提高，要求在日常管理工作中，必须深挖内部潜力，努力抓好开源节流工作，保证生产的正常需要。

第一，抓好油田基建投资的控制和管理，努力提高投资效益。1985年大庆石油管理局将油田基本建设资金投向由"拨款"改为贷款之后，采油厂有了一定的基本建设自主权。为了管好用好油田基建资金，第一采油厂在加强项目管理，实行甲乙方制度，推行项目经理负责制前提下，从节约开支的目的出发，努力搞

好投资的控制和管理。一是加强基建工程预结算力量，搞好工程的预结算工作。从1986年开始，每年的基建投资都在2.5亿元以上。这么大的资金由采油厂自主管理和使用，没有一支过硬的管理队伍是不行的。为此，在厂基建办公室专门成立了一个由专业会计人员组成的7人预结算组，主要负责每年基建总工作量及单项工程的预结算工作。在每年基建工程施工中，预结算组的同志为搞好工程预结算，深入施工现场，对占用的土地、安装的工艺管线进行认真调查核实，解决了虚报工作量的问题，节约了开支。1989年，预结算组共结算188项工程，结算金额达11234.91万元，通过加强预结算，核减资金34.66万元，核减率为2.09%。二是加快资金周转，提高资金的使用效率。为了加快基建资金周转速度，制定了"账目做细、管理严密、处理要快、扎实工作"的16字方针，严格控制了施工单位的贷款数额，做到当天委托，当天办理，事不过夜，避免了花钱大手大脚的现象。1985年以来，做到了贷款周转利息年年有节余。三是加强技术质量管理，通过提高施工质量达到节支的目的。为了加强基建施工的质量管理，成立了油田地面施工质量管理组，坚持工程质量检查签字负责制，定期出质量月报，坚持施工质量联合检查。土建、电气、暖通等工程项目进行到一定阶段时，就组织施工单位、设计部门人员对工程质量进行全面联合检查，发现问题及时整改。去年与驻矿施工单位签订了1座计量间11口油井的管线工艺安装合同。完工验收中发现有2口油井的施工质量没有达到标准，就立即协同有关单位和部门进行返工，确保了施工质量。1989年，陈家大院泡工程项目中的502、503、506中转站均被评为局优质工程。1985年以来，共节约基建投资682万元。

　　第二，深入抓好修旧利废工作，开辟节支新领域。修旧利废是节约原材料降低消耗的有效措施，在油田生产建设中发挥了重要作用。多年来，第一采油厂一直注重抓好修旧利废工作，组织全厂职工从点滴做起，抓修旧，搞利废，保证了各项生产任务的完成。1989年以来，主要做了以下工作：一是根据生产发展的需要，组建了专业修旧队伍。今年4月份，组建了以修复各种类型抽油机为主的机采维修中队。3个多月来，机采维修中队克服困难，勤俭持家，以为国家"多节约一分钱"的革命精神，坚持精修、快修、厉行节约。截至目前，已修复抽油机减速箱77台，整机修复配套14台，修旧额按设备原值计算，已达323万元。二是发动群众，大搞修旧利废活动。在实际工作中，注意发动群众，依靠群众的力量，把修旧利废工作抓紧抓实，收到了明显的成效。工程二大队组织职工从点滴做起，搞好修旧利废，大到汽车驾驶室，小到一个螺丝钉都不放过，对于原材料的使用，只要旧的能用就绝不换新的，共修旧利废405件，节约资金6万多元。今年以来，全厂完成修旧利废金额达373.04万元，完成大庆石油管理局年计划的196.3%。

第三，以提质降耗为重点，加强能源管理工作。第一采油厂是生产能源的大户，也是个耗能大户。在国家能源紧缺的情况下，坚决执行"开发与节约并重"的工作方针，把节能降耗作为深入挖潜、提高经济效益的主要途径。目前，厂年耗能达86万吨标准煤。10年来，围绕节能降耗工作，健全了管理机构和制度，狠抓了5大系统效率的提高，本着少投入、多产出、低消耗、高效益的总原则，结合老区改造和产能建设，一个系统一个系统地做工作。比如：注水系统进行了分压注水试验，换了三代泵，（6D100——150D——D155——D280、D300），注水泵效由1980年的68%提高到目前的76.7%，注水单耗由1980年7.8千瓦·时/立方米降到目前的6.25千瓦时/立方米；输油系统除了在各站推广节电操作法以外，还减级输油泵122台，对泵管压差大于0.5兆帕的输油泵进行了部分更换。输油热力系统对100台加热炉的低效火嘴进行了更换，换上了颜式高效燃烧器，炉率由72%提高到80%。在500口井上搞了不加热集油，还搞了105、102两个不加热输送站。锅炉供热系统淘汰了120台低效炉，采用了热管、颜式火嘴，油气两用高效火嘴、清灰剂、除垢剂、余热利用的油加热器以及水质处理上的流动床等新技术，使锅炉的平均运行效率由20世纪80年代初的68%提高到82%。电力系统除了对高压系统进行电容补偿外，对低压系统也进行了大面积补偿。首先是油站上采用了补偿柜，抽油机井上除了采用四功能节电箱外，还进行了单机匹配补偿试验，对油站的双电源变压器做了冷备用和变频调速试验，还使用工业民用的分网供电。节能升级工作有了较快发展。从1981年开始，第一采油厂连续6年被评为市局"节能先进单位"；1986年、1987年，连续被评为石油工业部"节能先进单位"。1987年被评选为省、部级节能企业，1988年达到国家二级标准，1989年又通过了国家一级评审。

（1989年12月31日中国石油天然气总公司领导检查第一采油厂时在工作座谈会上的汇报，摘自《油海创业之路》）

加强全面质量管理工作
走出一条具有采油企业特色的质量管理路子

第一采油厂

第一采油厂建立于 1960 年，现有职工 14000 多人，管理 161.25 平方千米，拥有油水井 4000 多口，各种类型站 140 余座，固定资产原值 22 亿元，净值 13.4 亿元。年生产原油 1480 多万吨，占大庆油田总产量的四分之一，占全国总产量的十分之一。

自成立以来，第一采油厂始终把质量工作放在首位。结合企业实际，运用全面质量管理的理论、思想和方法，本着"以我为主、博采众长、融合提炼、自成一家"的原则，确定了质量管理的总体战略：即把油出井发质量作为质量管理的中心；把工作质量和工程质量作为质量管理的重点；把油田开发试验和技术攻关作为质量进步的手段；把提高职工素质作为提高油田开发质量的根本，走出了一条具有采油企业特色的管理路子。厂多次被石油工业部评为"高产稳产采油厂"，1986 年 12 月被评为推行全面质量管理二级合格单位，1987 年 11 月被评为"黑龙江省质量管理奖"企业，1988 年 7 月被评为石油工业部"质量管理奖企业"，1990 年 10 月被评为"国家质量管理奖"企业。

像采油厂这类以能源采掘为主营业务的企业，要获评国家质量管理奖，没有现成的模式可以效仿，只能结合采油厂的特点，运用全面质量管理的理论、思想和方法，创出质量管理的新路子。为此，通过综合研究了采油厂油田开发的全过程，探索出质量形成及管理的客观规律以及同其他行业的区别。采油厂的特性主要表现在以下几个方面：一是原油产品的质量是天然形成的，不是加工制造出来的。采油厂生产原油，人们不可能、也不需要对其真正质量特性进行控制和改造。目前，国家对采油厂原油产品质量，主要检查外输油含水率。这显然是"代用质量特性"，不足以客观、全面、公正地反映一个采油厂的质量管理水平。二是采油厂是一个组织机构复杂，在运行中又需要多个专业部门协同管控的现代开采企业。油田开发质量受多种因素的影响，既涉及地质条件，又涉及地面工艺；既涉及人员素质，又涉及科学技术进步所带来的影响等，复杂性尤为突出。三是贯彻"三个一代"的方针，主要体现在油田开发的不同阶段都需要进行开发试验。认识的辩证发展过程是实践——认识——再实践——再认识的过程,油田开发的过程同理只有通过先导性的现场开发试验,才能不断加强对油田地下的认识,使油田开发部署符合地质客观规律,以达到提高油田开发质量的目的。四是采油厂的技术进步,主要体现在油田不同开发阶段为实现最大化效益而采用的"四新"等技术改造上。五是采油厂通过对内部各专业系统进行全过程质量管理,形成整体全过程质量管控。一般行业产品质量形成的过程,由市场调研、设计规范编制和产品研制、工艺准备、采购、生产制造、检验、包装和贮存、销售及售后服务等环节构成,互相作用形成质量环,也称为质量螺旋①。采油厂则是对内部各专业系统进行管理,而且每个专业系统都是独立的,并集合了若干个工艺阶段。各个专业系统均实行全过程的质量管理,不仅能保证了各专业系统之间对接的质量和服务质量,而且还保证了外输油质量和油田开发质量。六是采油厂投入的原材料,不直接构成原油产品的实体,主要用于提高油田开发水平。原材料质量与原油产品质量和油田开发质量影响之间的间接性,必然增加质量管理的难度,对质量管理工作提出更高的要求。七是采油厂的生产过程,既要做好油田地面系统的管理,又要同时重点掌握油田的地下动态,要求采油厂既要建立以计划科为中心的日常生产管理信息系统,又要建立以地质大队为中心的油田地下动态信息系统,并组成厂计算机信息网络,随时为领导提供决策依据。八是采油厂的"工作岗位在地下,斗争对象是油层"。对各类油层的产状、储油状况、油水运动规律、压力变化趋势的认识,都来自于对每一口油水井汇集的千千万万个数据进行的科学分析,只有找出内在规律,才能开发好油田。资料数据是否准确,主要取决于岗位工人的政治素质和技术素质。因此,提高油田开发质量的根本是人员素质。

基于上述认识,在质量管理和"创奖"过程中第一采油厂认真做好以下几个方面工作。

一、把质量管理中心放在油田开发质量上

把提高油田开发质量作为全厂质量管理的中心,制定了"稳产一千万(吨)、实现三连冠(三个十年),提高油田开发水平"的方针目标。引导职工全力抓好这个奋斗目标,在保证原油质量达到国家标准的同时,控制油田含水上升率、油田自然递减率和综合递减率,不断提高油田阶段采收率,延长稳产期,做到投入少、产出多,提高油田开发效益,重点抓好下面三个环节。

---

① 质量螺旋:由美国质量管理专家朱兰提出,表述了产品质量形成的规律性,由市场调查、开发、设计、采购、生产、销售、服务等环节构成。每个环节相互依存、制约和促进,不断循环,每循环一次产品质量提高一步,呈螺旋式上升。

一是健全油田开发组织机构。油田开发的过程既是不断探索的过程，又是在实践中不断总结、不断完善的过程。提高油田开发质量，需要健全的组织机构和先进的管理手段。为此，注意加强油田开发的组织机构建设，由一名副厂长和总地质师主抓油田开发工作，成立了专门负责开发的地质大队、工技大队、测试大队和试验大队。采油矿设有地质工艺队，采油队设立了地质组，分别负责油田开发的地面、地下方案编制及实施工作，实行了油田开发全过程管理。目前，全厂开发机构共有管理人员959人，其中技术人员468人（包括高级工程师22人、工程师81人）。从1986年开始，对油田开发工作实行了计算机管理，成立了计算机站，设立了静态、动态、机采、规划和日常管理5个开发组，对原油生产、油田注水、井下作业等开发指标进行管理，较好地适应了油田开发的需要。

二是确定科学的油田开发程序，不断提高开发效果。第一采油厂在30多年的油田开发过程中，经过不断总结经验，摸索实践，确定了"三个阶段、十一个步骤"的油田开发质量管理程序，主要内容如下：第一是方案编制阶段，主要包括地下大调查、确定课题、开题论证、编制方案、方案评审五个步骤；第二是实施阶段，主要包括试验准备、现场试验、动态监测三个步骤；第三是评价阶段，主要包括分析整理、试验总结、成果鉴定三个步骤。按照"三个阶段、十一个步骤"进行质量控制，油田开发科学细致、严谨规范，既提高了油田开发水平，也确保了油田长期稳产的局面。

三是充分发动群众，认真搞好地下大调查。集中群众智慧，认真搞好油田地面和地下情况的调查分析，是大庆油田的光荣传统，也是提高油田开发水平的重要保证。在油田开发过程中，每年都要召开2次由干部、技术人员和工人参加的"三结合"技术座谈会，发动群众开展地下大调查和地下分析活动，取全取准各项资料数据，集中群众智慧，对油田开发状况进行分析，为油田开发试验方案的编制提供依据，保证油田开发方案质量的不断提高。1980年中区西部高台子油层开发试验中，发动该区块的干部、技术人员和工人对薄油层和低渗透层进行调查分析，同时参考了中区西部、东区、西区及北一区一、二排开发试验的结果，编制了该区井网加密调整方案，达到较好的开发水平，年产油量由1987年的80.96万吨增加到1988年的255.84万吨。

这些工作，有效地促进了油田开发质量的不断提高。目前，世界各国采用的注水开发油田最终采收率，一般都在30%～43%，苏联油田平均采收率41%～43%。第一采油厂所管辖的萨中开发区目前采出程度21.6%，综合含水74.7%，预计采收率可达到43.4%以上，开发水平高于地质储量、原油黏度相似的美国威明顿油田和苏联阿尔兰油田、乌津油田。第一采油厂油田开发阶段效果已达到国际较高水平。

二、把工作质量作为质量管理的重点

在油田开发过程中，把工作质量和工程质量作为重点，以工作质量保证工程质量，进而保证油田开发质量的提高。第一采油厂的生产单位遍布160多平方千米，岗位工人大多野外施工、露天作业，是单兵独立作战，24小时连续生产，客观上要求每名工人、每个岗位、每项工程都必须达到优秀。以工作岗位为基点，制定了严格的标准和制度，为确保各项管理和每个生产过程都实现一流的质量管理水平，重点在"机构、立法、控制、应用"八个字上下功夫。

一是强化质量管理机构建设。厂成立了以厂长为主任，副厂长和四总师为副主任，有关科室长、工程师为成员的全面质量管理委员会，强化了全质办、检查站功能，并按专业系统建立了地质、采油、作业、输油等11个质检分站。全厂32个矿（大队）都成立了以矿（大队）长为组长的全面质量管理领导小组，267个基层小队成立了以队长为组长的质量管理领导小组，全厂配备质量管理和质量监督检查人员508人，形成了岗位、班组、小队、矿和厂五级管理网络。每年年初，厂长根据全厂的总体目标，认真组织各质量保证、监督系统研究制定质量方针，规定好各关键环节应达到的目标和保证措施。在质量体系运行中，厂长定期听取质量工作汇报，检查了解质量管理活动情况，针对存在问题提出补救措施。

二是搞好质量立法。为了保证工作质量和工程质量水平不断提高，制定了技术标准、管理标准和工作标准，作为每个职工的行为规范，使质量管理从人治走向法治。按《中华人民共和国标准化法》要求，复审了1987年以前的标准，并做好新增标准和地方标准的转化工作，形成了完整的厂内标准体系。全厂共有标准1293个，其中技术标准402个，管理标准186个，工作标准705个，做到了项项工作有标准。1989年，厂标准化工作达到国家二级水平。

三是搞好质量控制。首先，建立高效优质的质量保证体系。根据油田生产专业之间相互服务、相互控制、相互制约的特点，配套设置了16个质量管理子系统，其中直接生产子系统有10个。为了保证和提高油田开发质量，在强化生产过程质量管理的同时，还加强了矿区建设、职工教育、普通教育、卫生、生活服务、思想政治工作等6个系统的工作，以实现全员管理。在生产过程的质量管理中，对每个系统都制定了严格的工序和内控标准。如地质工作质量管理划分为四个过程。第一是地质年度计划编制过程；第二是地质年度综合调整方案编制过程；第三是方案实施过程；第四是效果评价过程。地质工作内控标准包括地质月、季度、年报编制内容，油田综合调整方案编制等。

其次，建立明确的质量责任，使各级干部、各个部门和各级质量管理人员在质量管理工作中有章可循，真正做到责任落实到人头，避免在质量管理工作中发生推诿扯皮现象。几年来，先后制定了厂长、副厂长、四总师等各级领导干部的质量责任制，并列入经济承包责任状中进行考核，制定了各级质量管理机构及管理人员的质量责任制，完善了分专业生产质量管理规章制度、设备进厂检验制度及质量信息、质量成本、质量管理等制度，有效地保证了全面质量管理工作的开展。

另外，对关键工序的控制，设定了质量控制点。如脱水器压力控制点，设在联合站脱水器操作阀。通过操作阀调节脱水器压力，达到控制脱水器油水界面的目的，从而保证出站原油合格。为了完善控制点管理，制定了控制点明细表，操作指导工艺流程图，设备点检卡、自检表、控制图表、管理点报表等，并详细规定了管理点控制部位、内容、标准、手段、考核办法等，使之易懂、易学、易操作、易控制。

四是搞好现代化管理方法的应用。近几年来，结合生产实际，围绕提高油田开发质量，在油气集输、机采井管理、油田开发试验等18个专业系统，运用正交试验、网络技术、预测技术等15种方法，取得成果105项，获经济效益4000多万元。在加强企业管理现代化研究应用中，先后有16个成果被评为市、局优秀成果奖，有8篇论文被评为市、局优秀论文。

在搞好"机构、立法、控制、应用"的过程中，把方针目标管理工作贯穿全面质量管理的全过程，建立方针目标的组织保证体系。从保证方针目标的实施质量入手，做到一级保一级，一级对一级负责，形成了上下衔接、左右协调的目标管理体系，切实保证方针目标的质量。每年都确定不同的方针目标，把厂总方针目标分解落实到矿（大队）、小队（车间）。在展开过程中，重点保证方针目标的质量，采用系统工程理论，将目的和手段依次展开，逐层转换，形成全厂总体目标体系；加强目标的实施与控制，严格进行考核和奖惩。制订了目标展开实施对策表，将厂方针目标，具体项目和目标值、实施对策及进度列表上墙，并下发各单位实施执行。各单位按照要求，结合各自的实际情况，确定分项目标，制定具体措施，按照PDCA循环的方法，搞好各自目标的实施工作。每季度由厂长主持召开方针诊断会，每年12月末由主管领导组织有关人员对年度方针目标诊断，并将处理结果报告厂长，为制定下年目标做好准备。在此基础上，认真抓好方针目标的考核及奖惩工作，层层签订目标管理责任状，分月、季度、年进行考核和奖惩，以确保方针目标的实现。

三、把不同阶段开发试验的先进工艺技术作为开发质量进步的手段

第一，以《实践论》《矛盾论》为指导，运用唯物辩证法，通过实践能动地认识油层。1960年油田开发一上手就采用"解剖麻雀"的方法，开辟了30平方千米的生产试验区，进行了以合注分采、强化注水为主要内容的"十大试验"，为合理选择开采方式和井网层提高开发质量提供了经验；1970年在中区西部开展了"六分四清"提高采油速度试验，使开发质量得到提高。半年时间，该区采油速度由1.5%提高到2.0%；1976年在中区西部开展了分层开采接替稳产试验，为挖掘各类油层潜力，搞好产量接替提供了经验；1980年以后，油田进入中高含水期，稳产难度越来越大，根据大庆油田提出"高产五千万、稳产再十年"的要求，又开展了接替稳产、高台子油层开发、全面转抽、加速开采等一系列试验，为厂"七五"期间油田稳产提供了现场依据。

第二，为了实现稳产"三连冠"的目标，努力探索稳产途径。随着开发时间的推移，第一采油厂所管的油层层层见水，并多数是中、高含水。有的井每采出100吨液量，只有2、3吨油，稳产的难度极大。为了实现"九五"期间稳产的目标，实现年产1000万吨，稳产到2003年，实现"1000万吨稳产'三连冠'"的目标，针对特高含水期出现的层间矛盾，进行了注天然气、注聚合物和磁技术等现场试验。如北一区断东注天然气提高采收率试验的注气设备是从美国引进的，1989年5月4日正式注气。注气过程中，出现的问题较多，影响了进展。广大技术人员和职工努力学习，积极探索引进设备的管理经验，提出了43条合理化建议，进行了8项技术革新。在局领导、科委和设计院的指导下，解决了20个技术难题，保证了注气试验安全正常运行。试验区16口油井实现了产量、压力、含水"三稳定"，日产油量由试验前的91吨上升到240吨。

第三，大力推广应用各种先进的工艺技术，增强油田稳产后劲。1980年以来，推广应用了机采井10项配套工艺技术和电泵井7项配套工艺技术，使采油井工艺技术水平不断提高。目前，机采系统平均运行效率达到31.61%，处于局内先进水平；应用了限流法压裂完井工艺技术，解决了普通压裂不能完全打开薄油层、低渗透层的储量动用问题。各种先进工艺技术实施以来，累计增油348.59万吨；以降黏、防蜡、增注为主要内容的磁技术，推广了200多口井次，使抽油机井热洗周期由10天延长到100天以上；定向井采油技术、堵水技术、套管保护技术、内防腐技术、集油不加热常温输送技术、提高注水技术也都得到了普遍的推广应用。目前，全厂累计开展油田开发试验24项，吸收引进国外先进成套技术5项，取得了科研革新成果3401项，采用新工艺、新技术2566项，获得国家和省、部

级奖励 7 项，市局级奖励 194 项，有力推动了油田开发质量的不断提高。

四、把提高人员素质作为质量管理的根本

要认识深埋地下千米的油层现状，并采取措施挖掘各类油层潜力，就要通过对每口油水井千千万万个资料数据进行分析处理，找出内在规律，才能开发好油田，达到预期的目的。而资料数据是否准确，主要取决于人员素质。为此，厂党政领导注意抓住提高人员政治素质和技术素质这一根本，做好以下两个环节的工作：

首先，围绕提高职工的政治素质，坚持加强以党支部为核心的基层建设，对职工进行爱国精神、创业精神、求实精神和奉献精神教育，培养"四有"职工队伍。教育职工以厂为家，树立为油田负责一辈子的思想，不断增强职工主人翁责任感，自觉地做到"三老四严""四个一样"，达到"人人出手过得硬，事事做到规格化，项项工程质量全优，台台在用设备完好，处处注意增产节约"；以第一流的精神风貌，用第一流的工作质量，创第一流的文明企业。职工政治素质的提高，增强了队伍的战斗力，推动了油田稳产目标的实现。采油三矿中四队，建队 30 年来，通过加强以党支部为核心的基层建设，建立了一支高度觉悟、严细成风的职工队伍，实现了党支部建设目标化、思想政治工作群众化、班子建设革命化、严细成风制度化、生产管理标准化。建队 30 年来，连续多次被评为石油工业部"高度觉悟，严细成风"采油队，党支部班子始终形成团结核心，发挥了战斗堡垒作用，年年被评为"市局先进党支部"。建队以来，他们坚持严细作风不走样，累计录取资料数据 2313 万多个，无一差错，为油田稳产提供了大量准确的第一手资料。

其次，围绕提高职工的技术素质，坚持加强以岗位练兵为主要内容的基本功训练，干什么学什么，缺什么练什么，练好真本领、硬功夫，人人做到"几知""几会""几过硬"，都有一套"绝招"。在提高职工技术素质方面，注意抓好质量教育和技术培训工作。全厂 23 名在职的处级干部都参加了"中质协"举办的统考并取得合格证书。去年初，利用 3 天时间对全厂 356 名科级以上干部进行了全面质量管理知识集中培训，使各级领导干部牢固树立质量第一的思想。1983 年以来，全厂共办普及质量教育学习班 225 期，接受全面质量教育人数达到全厂职工总数的 95%；举办深化教育学习班 86 期，学习人数占全厂职工总数的 34.2%。先后派出 86 人到北京、哈尔滨、齐齐哈尔、武汉、吉林等地参加全质学习班学习。与此同时，在采油、作业、输油、电力、焊接等 7 个系统建立了专业教育培训中心，对职工进行基础技术培训和质量管理知识教育，平均每年有 4000 多名职工接受培训，使职工队伍的技术素质不断提高，有效地加强了生产管理。

在提高人员素质过程中，还开展比理论知识、操作技能、职业道德的比智、比武、比美的"三比"大赛，激发了职工学技术的积极性，涌现出一批又一批的地下尖兵、地下警察、地下分析能手、管理能手和百问不倒技术尖子，在油田生产建设中发挥了积极作用。三矿青年采油女工李文英，在"三比"大赛中，先后学习了《采油工十懂十会》《油水井管理》等10余种技术书籍，技术水平不断进步，在1989年全国石油系统技术比赛中夺得了第二名，被评为"全国新长征突击手"，破格晋升为采油技师。

几年来，第一采油厂在争创省、部和国家质量管理奖方面取得了一些成绩。但严格地说，在质量管理工作上还有很多差距，有的工作还需进一步深化完善。今后将把取得的成绩作为新的起点，虚心向各兄弟单位学习，取人之长，补己之短，为石油工业的兴盛，为油田长期稳产继续做出贡献。

（1991年3月中国石油天然气总公司企业管理工作会议经验交流材料，摘自《油海创业之路》）

积极推广项目管理　确保油田持续稳产

第一采油厂

第一采油厂投入开发建设已经33年。1960年最早投入开发时，设计年产能力590万吨。1974年年产1016.35万吨以后，原油产量逐年增长。1983年开始，年产量平均以7%～8%的速度递增，至今年产已连续稳产1000万吨以上18年。1991年，年产量突破1500万吨。1992年，计划年产量为1513万吨。

1985年以来，结合油田生产实际，在油田基本建设过程中，积极推行项目管理，完成基本建设总投资23.1亿元，钻井2000多口，共建产能696.07万吨。工程合格率100%，配套率100%，全优率90%，当年投产率99.5%，当年产油量占当年产能计划任务72%，做到了当年施工、当年投产、当年见效益。

在推行项目管理过程中，结合自己的实际，先后实行了项目经理负责制、甲乙方项目经理承包责任制、"一条龙"管理和联合承包，建立了以项目经理负责制为主体的各种项目承包办法，较好地发挥了投资的使用效益，几年来主要开展的工作是：

一、转变观念，理顺机构，做好"执行型"向"自我组织型"的转变工作

过去，油田基本建设上的设计指标由局统一下达，采油厂和施工建设单位都处在"执行型"的位置上。1985年年初，大庆石油管理局开始推行项目管理。为了适应管理方式的转变，积极理顺组织机构，落实职责、权限，在基建系统开始全面推行项目管理工作。

一是增强改革意识，树立搞好项目管理的信心。1984年，大庆石油管理局计划基建改革会议，对计划、设计、投资、财务、供应等十个方面进行了配套改革，对项目的划分、管理方式及职责、包干内容、考核和奖罚办法做出了明文规定。如在职责与权限方面规定，首先是采油厂做为甲方全权代表，对所负责项目实行全面和全过程管理。其次是投资方式由拨款改为贷款。再次是甲方对项目工程实行质量监督和竣工验收，按项目与乙方进行预决算。最后是改革设计管理办法，采油厂设计部门经上级有关部门认定后，可自行承担不同级别项目设计。另

外，厂可负责选择施工队伍，确保工程按项目设计完成，力争多创全优工程。

面对改革的大好形势，第一采油厂通过学习局文件精神，教育职工从以下三方面提高认识：

第一，项目管理是充分调动各方面积极性的有效途径。局为采油厂在队伍选择、计划运行、投资控制、监督检查、工程验收结算等方面下放了权力，形成了搞好项目管理的良好外部环境。没有这个环境做基础，项目管理不可能开展起来。

第二，采油厂作为甲方，只是责任重大，并非高人一等。甲乙双方合同制约，这是油田稳产的需要。为油田负责一辈子是甲乙双方共同的愿望，实现油田长期稳产也是甲乙双方共同的奋斗目标。

第三，推行项目管理是由过去的"让你管"变为"我要管"，这是企业实现民主化决策和科学化管理的具体体现。企业管理者必须尽快适应内、外部市场的变化规律，并根据外部环境和自身条件理顺关系，使"自我组织、自我管理"的新机制运行自如。

通过学习不论是职工还是企业管理者都明确了推行项目管理的目的、意义，使"抓好项目管理，提高投资效益，确保油田稳产"的主人翁意识在职工队伍中牢固树立起来。

二是结合厂内实际，建立职责明确的"项目班子"和项目管理模式。职能的转变需要机制的转换来做保证。有效的指挥能促进管理方法的全面落实，是搞好项目管理的关键所在。为此，在推行项目管理过程中，要抓好"项目班子"建设。

首先，建立适应项目管理需要的组织机构，强化项目班子的决策手段。为了适应项目管理的需要，第一采油厂在基建科的基础上充实和加强了力量，选拔了一批懂业务、会管理的工程技术人员，组建了基建办公室，承包产能建设、老区改造和乙烯原料工程等工作。办公室设有计划、钻井、射孔、工程管理、预算、财务、技术、土地7个组，实行独立核算，投资总额包干。同时成立了规划设计研究所，集中了有实践经验的工程技术人员和管理人员进行项目设计工作，并配置了较完善的设备。经有关部门审定，该所能对联合站的扩、改建、油水井、计量间、转油站及管线工艺新建及土建专业、水电暖专业等进行项目设计，为做好每年的"立项"工作提供了保证。

其次，确定不同形式、不同内容的项目管理模式。在项目管理中主要确定了系统工程项目管理、区块工程项目管理和单项工程项目管理三种方式。系统工程项目管理是把油田基本建设单位与所承担的若干个项目合为一体，由一名项目总经理全面承包，主要包投资的使用、施工质量、工期期限及生产能力，等等。这项工作由主抓基建工作的副厂长担任项目总经理，全面负责项目管理的实施工作。

区块工程项目管理是把油田基本建设的总项目分成若干个区块，每一个区块由一名建设项目经理负责承包。比如南一区地面样板工程，其中含有钻井射孔、产能建设、老区改造三大项。该区被定为一个区块，由基建办主任担任建设项目经理，全面负责该区块的"全过程"管理工作。单项工程项目管理是把那些工作量小、施工手段比较单一的项目落到单项项目经理头上。像一座油站、一座计量间，由一名单项项目经理负责实施。

　　再次，明确项目经理的职责权限，严格考核标准及办法。推行项目管理，核心问题是要落实项目经理的职责、权限、利益。只有把三者结合在一起，才能调动项目经理的积极性，保证工程项目预期完成。在项目经理的职责、权限方面，明确了以下内容：第一是参与签订施工合同，是执行合同的甲方全权代表；第二是进行工程质量检查监督，确保工程质量；第三是掌握施工结算，做到工程投资不超；第四是控制工程拨款，合理使用资金，并组织工程竣工验收和试运投产；第五是组织职能人员，强化管理工作。在项目施工运行中，对项目经理实行了"五包"办法：第一是包投资，以上级批准的设计概算为准，并严格按计划、按标准施工，做到投资不超；第二是包工期，以项目总经理确定的合同期限为准，确保投产日期；第三是包质量，按国家和总公司规定的有关技术标准、规范及设计要求严把施工质量关，保证工程建设质量符合规定标准；第四是包材料定额，以设计规定的原材料为主并考虑生产资料市场逐步开放的价格变化因素，包材料定额不突破；第五是包综合生产能力，按设计规定，主体工程、配套工程同时建成，按设计规模形成综合生产能力。与此同时，还制定了项目经理如何当好甲方代表的考核标准及办法，厂对项目经理年终奖根据考核实施兑现。

　　三是划清资金渠道，严格投资使用范围。推行项目管理后，采油厂成为油田基建项目投资使用的主体。乙方通过承担甲方的施工任务，并按合同规定提供服务，来获取经济效益。这样，甲乙双方都存在自身的利益问题。但是，在项目施工过程中，存在投资有限、资金紧张的问题。这就需要划清投资使用渠道和范围，保证项目投资不超。

　　在资金管理上，把生产建设资金与油田基本建设资金划分开，分别设立生产财务和基建财务，单独核算，严禁互相串用资金。厂财务科主要控制生产成本和专用资金及营业外支出，基建办财务主要根据局年初对厂钻井射孔、产能建设、老区改造的总投资额，对各施工单位按照项目合同下达投资贷款指标，项目投资贷款指标依据设计概算确定。为防止超额投资现象发生，基建财务对各个施工项目进行严格检查，并按合同规定及施工进度抓好二次贷款。凡是不符合程序的无计划超项设计和不能正确反映设计内容的概算一律不予批准，不予贷款，不准开工。

为使项目投资做到不超，还建立了"三审制"。项目经理和预算员为一审，主管主任为二审，主管厂长为三审。重点审查项目的概算、结算及施工过程中二次贷款及使用情况。同时还对材料价差、土地费用、房屋拆迁、线路改向等可变因素超前进行考虑，以保证概算能够有效地控制投资费用。

二、严格标准，强化手段，对工程项目全过程实行有效控制

几年来，第一采油厂在项目管理过程中，结合油田开发调整的实际，把立项的重点放在钻井、射孔工程、地面产能配套设施和开发试验及新技术、新工艺推广项目上，以保证产量衔接的需要。工程项目一旦确立，就立即组织项目经理，按标准抓好"五个控制"。

第一，抓好设计控制。设计是关系到基建项目能否顺利实施和预期取得经济效益的根本。在项目设计中，要重点抓好以下环节：一是深入基层调查研究，搞清地面建设现状和存在的问题。每年在开始编制第二年的实施规划时，都要在调查研究的基础上，把各项主要生产指标和各项经济技术指标进行科学估算，最终提出地面建设项目及投资估算草案。二是依据投资限额指标，划分建设项目投资。在不突破投资的原则下筛选出两个以上方案进行经济论证，推荐优秀方案，提出具体工作量和准确的投资估算。三是报上级审批。在具体实施过程中，坚持走"少投入、多产出、高效益、低消耗"的路子，每确定一个项目，都要经过反复的科学论证，使设计工作达到保证质量、提高效益、节省投资的目的，避免重复设计和施工过程中二次设计的现象发生。例如：1990年以来，由于油井产液量的上升，有几座转油站出现了满负荷和超负荷现象。为了尽快解决这个问题，厂规划设计研究所组织有关技术人员，多次深入基层进行现场调查研究，提出几套方案进行对比，对不同的井站分别采取不同的措施，收到较好的效果。如中十九油站超负荷，厂决定扩建。设计时，规划设计研究所在调查中发现相邻的中十八油站能力有富余，就在方案中把中十九油站的两座计量间及16口油井改进中十八油站，节约投资105万元。通过严把设计关，既保证了新增生产能力和正常生产需要，又达到了节支的目的。

第二，抓好施工前的准备工作控制。在这阶段中，主要抓好四件事：一是逐项编写设计任务书。二是逐项提供设计基础资料，委托设计部门按设计任务书做初步设计和施工图设计。三是参加初步设计的会审，对各项目的设计内容、设计标准和投资概算进行审核，保证项目概算不超过估算，工程内容满足生产需要。四是根据初步设计的主要设备和材料表汇总订货料表，交物资部门订货。

第三，抓好施工质量控制。主要采取下述措施：一是优化选择施工队伍。凡是厂外施工队伍均报有关部门审批，否则不予录用，避免"二包"现象发生。同时，注意选择作风好、素质好的队伍承担基建项目施工工作。如在十里泡排水工程施工队伍的选择上，通过对十多个单位进行反复比较，最后确定选用1988年在陈家大院泡和果午泡进行排水施工的供水公司的供水大队和排水大队。这两个大队在排水施工中，严字当头，严细成风，信守合同，一丝不苟。这两个大队在时间紧、任务重的情况下共同努力，共排水120万立方米，达到了钻井要求。二是加强质量管理和监督。为了加强工程技术质量，建立了技术管理组织及有关规章制度，对基建工程质量实行三级管理。成立了质量管理监督检查站，在基建办设立了分站，并抽调土建、工艺、电器无损检测等专业骨干，成立了工程技术组，定期进行质量检查。为了提高钻井质量，配备了3名专职质量检查员现场跟踪检查，负责停注降压、检查现场资料、做好降压记录等工作。特别对钻井液的比重，在钻井过程中要抽检3次，未钻开油层检查1次，钻开油层后检查1次，固井时再检查1次。

第四，抓好工程验收控制。对各个单项工程，组织有关质检人员严格按照合同规定和质量标准进行检查，达不到标准不予验收。如南Ⅰ-1联合站在土建工程施工时，项目经理从开挖基槽、砌石到砌砖一项项检查。当检查到输油泵房第6层毛石基础时，发现有5米长的地方灰浆不饱满，并有几处通缝的问题。质检人员立即找来施工单位负责人进行现场整改，提高了土建工程质量。南Ⅰ-1联合站工程在施工中，组织专业质量监督人员前后共系统地检查了10次，保证了工程质量优良。该工程竣工投产后，被评为大庆石油管理局金牌工程。

第五，加强投资控制，严格把住工程概预算、结算关。几年来，第一采油厂基本建设年均投资都达3亿多元。为了提高投资的使用效益，加强项目的投资管理，使概算控制预算，预算控制结算，需要把有限的资金合理地投入到油田基本建设工程上。在概算分解上，对单项工程资金使用坚持"先算后花"。每个工程项目的概算一到，先立即组织有关人员进行分解，发现投资不足立即查找原因，提高概算的科学性和准确性。如东二脱氧站，施工图预算比工程概算多13万元。通过对施工图的工程量与设计概算的工程量进行比较，发现原概算中把锅炉房供热系统遗漏了。经与设计部门交涉，增补了概算投资。在预算上，坚持"四做到、六有、九不结"的原则。严格执行预结算政策的手续。在具体结算过程中，项目经理和财务人员深入现场，认真核实工程量，防止多报、虚报现象发生。如1989年，对南一区道路工程拖拉机便道验收时，3名预算人员深入施工现场，对工程土方量进行实地测量，发现施工单位把平行四边形断面画成梯形断面进行结算。经核实后，坚持按实测数付款，节省投资3万多元。

三、树立全局观念，搞好甲乙双方协调配合工作

要处理好有偿的经济活动，必须做好以下工作：

一是调查研究，分析矛盾，制定相应的技术对策。第一采油厂开发建设已30多年，地下情况复杂多变。乙方在这个区域进行施工作业，意想不到的困难确实很多。为此，在项目管理工作中，每项工程开工前，都认真组织人员，开展调查研究工作，找出可能出现的问题，并有针对性地制定解决问题的措施和办法。如萨中地区，地下分布着萨尔图、葡萄花、高台子3套油层。这个地区钻加密调整井，必须弄清油、气、水层分布的情况及压力、含水状态，防止出现井喷、井漏、卡钻及固井质量等问题。为此，在配合钻井单位钻加密调整井的过程中，注意抓好钻井区域内现场调查，并提前半年向钻井单位提供由大庆石油管理局总地质师批准的该区油田开发调整方案，其中包括钻井区块井位设计图、设计井位关系、设计坐标和调整井的目的层。同时，将区块内的地质构造、油气水层分布现状、区块内油水井易损部位及套变套坏井号的资料一并提交钻井单位，使他们在开钻前，就对所钻区块有了明确认识，提高了应对可能发生的事故和解决问题的能力。为了防止套变区钻井出现井喷和固井质量事故，甲乙双方共同研究分片泄压方案。调整井开钻前，根据方案要求，抓紧做好自喷井转抽工作，对钻井地区的注水井提前停注、放溢流，降低该区地层压力。钻井单位根据摸清的地下情况，通过钻先导试验井、建立地层孔隙压力梯度剖面和破裂压力梯度剖面来定量预测地层孔隙压力和破裂压力。这样，基本搞清了各钻井区块内高压区、易漏区等小的井区。然后，有针对性地制定了各种技术对策，大大降低了钻井生产中的盲目性和危险性，为加快钻井速度，提高固井质量打下了坚实基础。

二是密切配合，排除干扰，为乙方创造必要的施工环境。第一采油厂地处市中心，是工业建筑和居民稠密区。在项目施工过程中，经常遇到动迁设施和拆迁部分民房等问题。为了保证工程顺利进行，厂项目经理积极做好动迁工作，为乙方创造必要的施工环境。在动迁过程中，经常遇到拆迁难的问题，负责动迁的同志不辞辛苦，耐心为群众做好思想工作。1991年厂南一区一座计量间和高145-44井井场工艺管线区域内有一家个体修车户就是不同意拆迁。根据这一情况，立即向动迁办公室汇报，并与钻井、油建联合起来，共同去做工作。经过10多次的沟通，终于解决了他们的顾虑，保证了钻机按计划就位开钻，基建工程也如期开工。从1985年到1991年，共组织动迁房屋136300平方米，拆除民宅2617户，改高、低压线路110千米，电话线路18千米，水泡子及低洼地带回填土垫井场

750万立方米，保证了乙方按期施工。

三是集思广益，立足挖潜，努力节省项目投资。推行项目管理后，甲乙双方成为责任和利益共同体，节省项目投资是双方的共同目的。为此，在实际工作中，注意调动双方积极性，努力挖掘内在潜力，达到节省投资增加效益的目的。1991年，计划在五矿区域钻井285口，其中43口井位于耕地区，242口为荒地区。为了压减毁苗补偿费用，通过与钻井单位协商，合理安排钻井运行计划，在春播前集中力量钻耕地区的43口调整井。这样，既保证了钻井任务的如期完成，也避免了1032亩青苗被破坏，节省青苗补偿费用10.3万元。另外，钻井单位主动提出在入冬后抢打低洼带、泡上井。这样不但节省了大量的垫土井场、修道路土方费用，而且为甲方当年建产能、见产量提供了保证。同时，还注意发动群众提合理化建议，增强职工为节省投资献计献策的自觉性。仅1991年，第一采油厂在工程项目施工中，收到合理化建议13项，其中7项被采纳，节约资金额达648.83万元。

四、发展项目管理，推行联合承包

联合承包是深化项目管理的一种新方式，使油田基本建设工作由过去的甲方自我组织、自我管理、自负投资效益责任逐步转向甲乙双方共同组织、共同管理、共负投资效益责任，通过明确各自的职责，强化风险机制和约束机制，督促甲、乙双方按照合同的要求，履行好各自的职责，共同完成项目建设任务。在陈家大院泡工程的施工建设中，按照管理局的具体要求，实行了建设、施工、设计、供应4单位联合承包，充分发挥了各方的优势，提高了投资效益，创出了产能建设的新水平。整个工程建成油水井201口，比计划增加46口；产能59.39万吨，比计划增加17.39万吨；当年产油40.8万吨，比计划增加12.8万吨。施工的502、503转油站及系统工程被大庆石油管理局评为优质工程，其中503站申报了省级优质工程。在搞好联合承包过程中，主要做法如下：

首先，加强联合承包的机构建设，定期检查、协调工程进展情况，保证项目的顺利实施。陈家大院泡工程实行联合承包后，从加强机构建设入手，成立了联合承包领导小组，建设、设计、施工、物资供应单位均派出一名项目经理参加管理。四方项目经理经过认真协商，制定出符合实际的施工运行计划，签订了承包协议书，明确了建设、设计、施工、物资四方承包单位的职责权限。建设单位的职责主要是做好工程建设的前期工作，组织协调钻井、射孔、下泵、压裂、设计、供应等工作的衔接配合，检查工程施工管理质量，保证工程用款，为工程按期开工和正常施工创造条件。设计单位的职责是设计院要及时提供施工图纸及有关设计资料，搞好现场配合和技术服务。施工单位的职责是严格按标准，按进度组织施工，确保工程质量和工期，开展经济效益分析，努力降低工程成本。物资供应单位的职责是供应处供给的器材、设备的质量、数量、规格及交货必须满足施工需要和施工进度要求，定期参加现场碰头会，落实和解决材料问题。

其次，发挥联合承包的整体优势，努力搞好施工中各环节的协调配合。在联合承包过程中，注意发挥"四个作用"。一是发挥建设单位的主导作用，努力为施工单位创造条件；二是发挥施工单位的主力军作用，努力加快施工进度，提高施工质量；三是发挥设计单位的技术服务作用，保证提高设计质量；四是发挥物资供应的保障作用，努力解决材料短缺的矛盾。联合承包，克服了过去基建施工中"各顾各，单打一"的现象，使施工中的各个环节配合更加紧密，保证了工程项目按着预定的目标顺利进行。

同时，推行项目管理，对于有效利用资金，提高投资效益，保证油田长期高产稳产也起到了重要的作用，主要有以下四点：

一是推行项目管理有利于基建工程质量的提高。由于在推行项目管理过程中坚持了三检（自检、互检、专检）、三监督（基建项目所在矿监督、基建办公室监督、厂质量监督检查总站监督）制度，质量责任得到了较好落实。一旦出现质量问题，能够立即得到解决，保证了工程的优质完成。自1985年推行项目管理以来，7年中共钻井2000多口，建成各种站（库）52座，工程质量的合格率、工程配套率达100%，全优率达90%，当年投产率达99.5%以上。7年间创黑龙江省优质工程1项，局优质工程42项，实现局金牌工程9项，银牌工程132项。

二是推行项目管理有利于节约投资，提高资金的使用效益。由于项目管理实行分项投资包干，甲乙双方牢固树立了"过紧日子"的思想，施工中减少了"以大代小""以厚代薄"和各种浪费现象，修旧利废和合理化建议活动广泛展开。7年来，不但实现了不超过计划投资总额，而且年年略有节余。

三是推行项目管理有利于计划科学、合理运行，使许多工作可以"超前"进行。过去，有的基建项目边设计、边施工，经常出现意想不到的事情。实行项目管理后，做到了按规划立项、按项目投资、按计划组织物资供应和基建工作，使规划、计划、设计、订货、施工、投产按"一条龙"程序进行，大部分工作超前运行，计划的指导作用前移。例如，1993年，从当年就开始安排运行规划，做好第二年一季度产能衔接工作，为下一年完成原油生产提前做好了准备。

四是推行项目管理有利于产能工程配套建成，保证了油田稳产后劲。过去，二级单位在基本建设方面没有自主权，质量问题和工程进度不好控制，有的产能工程投入使用后没能配套建成，经常出现"尾巴工程"和"胡子工程"。推行项目管理后，由于甲乙双方建立了新型的合作关系，施工过程中的一些问题能够妥善解决，不但基建项目完工工期大大提前，而且"尾巴工程""胡子工程"也得到了有效控制。

近几年来，由于坚持推行项目管理，落实项目经理负责制，促进了油田生产建设的不断发展。在推行项目管理过程中，也发现在一些工作上还存在一定的差距，在责、权、利的有机结合上也存在一些问题。第一采油厂在深入贯彻中央2号文件精神的同时，也将学习其他单位的先进经验，进一步摸索项目管理的新经验、新路子，为实现大庆油田长期稳产，为石油工业的发展做出自己的贡献。

（1992年6月全国油气田管理工作经验交流会发言材料，摘自《油海创业之路》）

以油田稳产为中心　靠真抓实干上水平

第一采油厂

今年3月份以来，根据大庆石油管理局（以下简称管理局）的要求，联系实际，以邓小平同志南行谈话精神为指导，第一采油厂广泛深入地开展了"忆传统、查问题、树典型、上水平"（以下简称忆查树上活动）活动，思想政治工作做到了服务于改革开放，服务于经济建设，促进了以原油稳产为中心的各项任务的完成和队伍建设的全面发展。到目前为止，年初制定的油田开发、生产管理、精神文明建设等8个方面624项上水平目标，已有381项达标，占地61%，共创32个新水平，主要体现在以下几个方面：

第一，油田开发方面：今年1—8月份生产原油1009.8万吨，比上年同期增加9.3万吨；外输气、综合含水上升率、天然气商品率、采油速度等主要指标都好于去年，超过管理局规定的指标。

第二，生产管理方面：抽油机利用率达97.6%，比管理局指标增加2.6%；电泵井检泵周期为957天；超过管理局指标357天；电泵井完好率为86.3%，比上年增加11.2%。

第三，油田测试方面：地层压力实测率、五定测压率比上年增加2.7%、9.2%。

第四，井下作业方面：施工一次合格率、施工全优率、措施有效率、无污染作业率等均超过上年同期水平和管理局规定指标。

第五，油田工程建设方面：工程合格率达100%，执行国家与行业施工标准率达100%。

第六，科技方面：1—8月开展科研攻关58项，推广应用新技术38项，获经济效益540.77万元。以注天然气、注聚合物、注微生物为主要手段的油田三次采油成果显著，仅北一区断西注聚合物试验1—8月份就增油16.48万吨。

第七，系统效率方面：注水系统、输油系统、加热炉和锅炉系统平均运行效率均好于去年同期水平，超过管理局指标。

第八，精神文明建设方面：连续2年保持"黑龙江省文明单位标兵"称号，厂工会获"全国模范职工之家"称号，厂一类团支部达150个，与上年同期相比增加70个。

围绕本次活动，第一采油厂主要做了以下几项工作：

一、统一思想，确定目标，齐心协力抓好上水平活动

去年制定了"八五"期间"上特级、高产原油 1500 万吨；创'五无'、实现省文明标兵五连冠"的奋斗目标。今年是第一采油厂实现"八五"奋斗目标的第二年，也是年产原油 1000 万吨以上的第 18 个年头。如何在这样高的起点上，克服老区稳产矛盾，使以原油生产为中心的各项工作再上新台阶，实现"八五"期间的奋斗目标，是摆在党政班子面前急需统一认识和解决的重要问题。在学习贯彻邓小平同志南行谈话过程中，党政班子成员均受到了深刻的启示。大家一致认为，各项工作要想再上新台阶虽然具有一定困难，但是，只要围绕以稳产为中心这个目标，坚持两手抓，大胆地干，大胆地闯，就没有克服不了的困难。为了把管理局提出的"争一流、上水平"活动精神与本厂实际情况结合得更紧密，决定以去年发生的"12·1"地下事故为突破口，在全厂范围内开展"忆传统、查问题、树典型、上水平"活动，以此推动全厂各项工作。大家感到这样做，既找到了思想政治工作与经济工作的最佳结合点，体现了"抓生产从思想入手、抓思想从生产出发"的大庆优良传统，又是保证企业在激烈的市场竞争中，抓住当前有利时机，不断发展自己的有效途径，是贯彻落实邓小平同志南行重要谈话精神的具体行动。党政班子思想统一后，活动很快在全厂开展起来。

为了保证活动各项目标的科学性、可行性、系统性和一致性，把油田开发、生产管理、油田测试等主要工作，分成 8 大系统，由党政领导分工负责，瞄准各系统、各行业、各岗位的先进标准，进行科学论证，层层制定目标和实施细则。如油田开发系统，首先对地质储量、自然递减、综合含水率等地下情况进行了周密调查，然后同管理局内、国内同行业的先进水平逐条进行对比，又查阅了与大庆油田同类型的美国威明顿、苏联阿尔兰油田的大量资料，经过反复论证，制定了赶超国内同行业先进水平，达到国际油田开发水平的具体标准和措施，使大家明确了奋斗目标，为活动提供了有力保证。

在统一思想，明确目标的基础上，党政领导统一行动，认真抓好落实。党群领导在工作中注意把思想工作做到经济工作中去，切实解决实际问题。如进入 7 月份以来，由于受钻井降压影响，采油二矿北六队日欠产原油 60 多吨。党委主要领导深入到这个小队，同这个队的干部一起分析生产矛盾，帮助他们克服畏难情绪，同时组织采油、作业、注水等职能科室成立了工作组，深入这个队制定上产措施，抢开积压井，开展夺油会战，日恢复产量 110 多吨，很快扭转了生产被动局面。行政领导在活动中，注重从思想入手抓生产，切实帮助职工解决思想问题。采油七矿 508 队，在去年 12 月 1 日发生弄错井号的地下事故后，部分职工产生了悲观失望情绪，生产一度被动。行政领导组织全厂生产干部到这个队召开

现场会，举一反三讲教训，同时，帮助这个队从恢复和发扬大庆光荣传统入手，对全队职工进行大庆会战传统教育，使全队职工树立了在活动中打翻身仗的信心。为了恢复会战初期"三老四严""五条要求"等光荣传统，争创一流工作，队长和支部书记全都顶在井上，连续17天没回家。党政领导班子一条心，激发了全队职工的积极性。全队共组织大小会战21次，维修各种设备87台（件），堵塞各种渗漏259处，经95次岗检验收检查，全队有42口油水井和4座计量间达到了一类标准，一举扭转了生产的被动局面。由于全厂党政干部思想统一、目标统一、行动一致，全厂"争一流、上水平"活动得到了深入开展。

二、围绕稳产，真抓实干，上下一心争创一流管理水平

实现原油长期稳产高产，是第一采油厂的中心任务。开展"忆查树上"活动是从大局出发，是实现原油长期稳产的有效措施和重要保证，为共同做好这篇大文章，必须把广大干部职工的积极性引导到原油稳产这个大局上来。基于此，"忆查树上"活动的开展，始终要求职工在围绕原油稳产上下功夫，抓落实。

一是机关深入基层抓好指导。第一采油厂党政领导及职能科室30多人，从7月22日起利用7天半时间，深入到7个采油矿进行现场办公，共为基层解决340多个问题。采油一矿由于受钻井降压和设备老化等不利因素影响，上半年累计欠产近万吨。为了帮助这个矿扭转原油生产被动局面，厂领导和机关干部深入基层同工人一起大干，并针对采油一矿因钻降影响注水的实际问题，调整了注水方案，增加配注量300多立方米。据统计，全厂两级机关干部共深入基层350人次，现场办公23场次，为基层解决实际问题2100多个，较好地发挥了机关的龙头作用。

二是发挥党团骨干带头作用。第一采油厂注重发挥党团员的骨干带头作用，让他们在活动中打头阵、当先锋，带领群众完成上水平目标。采油三矿中四队青年党员、市劳模蔡晓芸一次带领井组的2名女工在1号计量间和3口井会战。计量间内气温达40度，使人透不过气来，蔡晓芸把另2名女工挡在外面，自己钻进计量间一干就是几个小时。在她的影响和带动下，她们井组所管的15口井全部达到红旗井标准，1号计量间成为第一采油厂最好的计量间。

三是发动群众，人人献计献策。围绕活动，厂工会、团委等群众组织积极开展了班组"三争三创""岗位建功""双增双节""献绝招、练本领、学技艺"竞赛和"巾帼建功"竞赛等活动，极大地调动了职工群众的生产积极性。在上述活动中，参赛职工达92%以上，活动中提出合理化建议5000多条，采纳实施1600条，获经济效益1000多万元。通过活动，油田管理水平得到提高，全厂一类油水井站由原来的62.4%提高到目前的75.8%，涌现出"建功立业"先进个人

和女状元 200 人，1413 个班组达到标准化班组，占全厂班组总数的 76.9%。

三、动员后线，服务前线，把着眼点放在全方位上水平上

在"争一流、上水平"活动中，第一采油厂紧紧抓住原油稳产这个中心，注重调动全厂各部门、各行业、各岗位的积极性，全厂形成了前线带后线，后线保前线，共同上水平的局面。

一是开发为油服务的新产品，使产品质量上水平。后线要创一流服务水平，必须有高质量产品。针对过去油田使用 SP-169 型和 DL-1 型破乳剂不适应油田后期开采高含水需要的实际问题，与中国石油物资昆山公司、中国石油天然气勘探开发科学研究院进行技术合作，共同研制和开发出新一代复配型破乳剂，并于 8 月上旬通过了技术鉴定和产品鉴定，投产后成为拳头产品，解决了生产难题。同时，第一采油厂还投资 10 万元为劳动服务公司仪表厂购置了疲劳试验机、高低压试验箱和超负荷试验台，筹建起大庆地区一流的仪表全性能质量检测中心，满足了生产需要，使服务水平登上了新台阶。

二是提高为油服务质量，使生产辅助行业上水平。第一采油厂直接为油田生产服务的辅助单位共有 8 个。在本次活动中，他们把为一线服务作为重要内容，从思想上增强了质量就是生命的观念。工程一大队结合自身工作特点和职工队伍实际，在全大队开展"两创三不"活动：即创一流工程，创一流服务；不出残次品，不干返工活，不留尾巴工程，并建立了夺红旗评比制度，每周一检查，每月一评比，使活动既有量的目标，又有质的要求。大队党政领导分片包干，深入到施工点抓管理、抓质量；机关专门成立了工程质量监督评比机构；职工群众苦练基本功，提高技术水平，使全大队各项工作水平不断提高。今年以来，产能建设工程，做到一次验收合格，制定的 18 项上水平目标全部实现。

三是增强为油服务意识，使生活服务系统上水平。本着自力更生的原则，新建和扩建居民生活服务配套设施，目前全厂 9 个居民居住区均建立了饮食服务网点，使职工在自己的居住区内可以买到方便的副食品和生活必需品。第一采油厂还以管理站为主体兴办职工生活服务基地，目前，全厂共有职工生活服务基地 12 个，初步形成了完备配套的具有一定规模的职工生活服务基地。据统计，今年以来，全厂共生产各种蔬菜 269.3 万斤，猪牛羊和肉鸡总产量达 74.5 万公斤，产蛋 22.4 万斤。

（1993 年大庆石油管理局"争一流、上水平"经验交流会典型材料，
摘自《油海创业之路》）

充分发挥效能监察监督职能
确保第一采油厂管理水平和经济效益的提高

第一采油厂

今年以来,第一采油厂按照油田公司效能监察领导小组的要求,紧紧围绕提高生产管理水平和经济效益,积极开展效能监察工作,呈现出厂党政领导重视效能监察工作,管理人员支持效能监察工作,广大员工参与效能监察工作的局面,并取得了较好的效果,为加强管理、完善制度、遏制腐败、提高效能起到了积极的促进作用。

一、加强领导,严密组织,确保效能监察工作顺利进行

随着油田公司新体制和新机制的建立与实施,效能监察的职能作用在企业管理中越来越突出,越来越重要。为此,第一采油厂根据油田公司的要求,在更新观念、提高认识的基础上,加强领导、严密组织,确保效能监察工作顺利进行,使其发挥应有的作用。

一是党政主要领导亲自挂帅,组成强有力的效能监察组织机构。《大庆油田有限责任公司2001年效能监察安排意见》下发后,党政班子非常重视,经过认真研究,专门下发文件,对效能监察的内容、时间、方法、步骤和要求进行了详细安排,成立了由党委书记、厂长为组长的领导小组,下设8个专业检查组,组长由分管副厂长、技术老总和纪委书记担任,分别落实效能监察项目的负责人,并抽调部分专业人员组成了办公室。全厂有建设项目的各矿(大队)级单位都成立了以主要领导为组长,主管基、矿建领导为副组长,机关有关人员和项目所在小队干部参加的效能监察队伍,架构了完备的组织机构和责任体系,形成了完整的信息反馈网络。

二是充分发挥各级管理人员及广大员工的监督作用。第一采油厂把油田公司和厂跟踪效能监察运行方案印发到每一名施工员和管理人员手里,并把监察项目、监察内容、监察方法下放基层,动员广大员工都参与到企业监督与管理中,做到凡是有建设工程项目的单位,从厂、矿(大队)到基层小队,层层有任务,人人有责任。

三是对工作做到有安排、有检查、有落实。厂领导除平时经常深入实际了解情况以外，在每次的厂长办公会上也把效能监察作为一项重要内容，检查上月效能监察工作完成情况，安排布置下月效能监察工作。工作中遇到的困难和问题，都及时得到了协调解决，效能监察办公室提出的意见和建议也都得到高度重视，基本予以采纳。

四是举办培训班，提高效能监察人员业务水平。针对今年的效能监察工作量大、任务繁重、时间紧、要求高，大部分员工没有效能监察经验的实际情况，第一采油厂举办了效能监察培训班，82人参加。通过学习专业知识、法律法规、企业规章、违纪案例等，提高了员工对效能监察工作重要性的认识和业务素质，明确了效能监察的程序、方法和自己肩负的任务、责任，为全厂效能监察工作的顺利开展奠定了良好基础。

二、严格标准，认真查改，确保效能监察工作质量

效能监察是监督的再监督，管理的再管理。效能监察工作质量如何，直接决定效能监察的效果。在自查中，做到严格程序、严格标准、严格检查，确保自查工作不走过场。具体采取了"四个结合"，即自查工作与104次岗检相结合；基层单位自查与专业部门检查相结合；查看资料与现场核实相结合；整改问题与总结经验教训相结合，并把边检查边整改贯穿始终。对各单位能够自行整改的，落实人员、时间、责任，限期整改；对各单位不能自行整改的，由厂研究协调整改。今年以来，共对1999年产能建设和2000年房屋维修及生产检修等计划投资5.6亿多元、181个项目，进行认真监察，共计核减工程款784万元（包括油田公司核减的158万元），发现各类问题500多个，自查整改率达100%。在具体工作中，效能监察办公室以促进管理，避免经济损失为己任，严细认真，一丝不苟，顺利完成了应监项目。清查账外劳务维修工程项目时，监察人员克服各方面的困难，对23个账外劳务工程项目，总资金（挂账）969万元进行了审核，核减工程款201万元。检查采油七矿512转油站屋面防水时，地面丈量的面积比施工方报结的面积少了30平方米。施工方认为丈量的尺子拉得太紧，应考虑屋面的弧度，因此与本厂发生争执。面对这一情况，监察人员冒着酷暑高温，爬上房顶重新丈量，结果与地面丈量相比只差1平方米，施工方无话可说。通过对房屋维修26个项目的实测实量，查出各类问题147个，核减工程款28万元，核减率6.25%。

今年新建项目跟踪监察一开始，第一采油厂就明确全过程跟踪的思想。在工程立项依据，落实计划，考核审定施工队伍资质，制定标底，招标会的程序等方面严格把关。今年以来全厂新建项目205个，全部进行了公开招标，70个施工

单位按程序中标。在施工过程中，从三个方面加大监察力度，以达到控制投资、保证质量的目的。

一是加大了隐蔽工程监察力度。对隐蔽工程的施工和质量进行严格的监督，是保证工程质量的重中之重。因此，在每项工程开工前，各项目跟踪组便将该项工程的停检点和必检点送达到施工单位，将基槽、喷砂除锈等重要工序定为停检点，不经跟踪监察组验收签字，不得进行下道工序。重点部位、重点工序等被定为必检点，由现场管理人员随时进行检查或抽查。除对工程项目经常性的跟踪监督外，每月由项目经理负责召集，组织一次项目跟踪监察组全员参加的大检查，检查结果填入跟踪监察登记表，反馈到效能监察办公室进行备案。对不符合施工规范和标准的工程，要求施工单位推倒重来。如在检查东四注入站圈梁绑扎钢筋时，基建工程管理中心质检站的同志发现钢筋有漏绑，模板安装不牢固，电器预埋管不符合规范等问题，要求施工单位当场返工整改。实行跟踪效能监察以来，共填写检查记录单400多份，发现不按施工程序和标准施工的问题40多个，全部按标准得到了整改。

二是加大了材料质量监察力度。材料质量是保证施工质量的关键，在工作中除了按规定严格检验三证外，还对进入施工现场的各类物资，逐项进行检查验收，对容器、闸阀、仪器仪表等全部进行质量鉴定，凡是达不到设计要求或质量标准的一律退货、调换。检查结果填报进场材料检查记录，上报效能监察办公室备案。基建管理中心现场施工员在检查中一联改建工程时，发现40个弯头质量不合格，通风帽有锈，4台水泵联合底座比原设计规格小等问题，立即要求厂家退货。

三是加大了综合监察力度。在对新建项目进行检查和不定期的抽查外，还经常组织施工员、质检员对已开工的项目资料、施工进度、工程质量等问题进行综合监察，发现了50多个问题，均责令施工单位进行了整改，有效地促进了施工质量的提高。如在检查采油五矿南Ⅰ-1基层小队点装修中，发现外墙墙面因条形瓷砖弯曲变形，造成水平及纵向灰缝宽窄不一，效能监察办的同志当场责令施工队立即铲掉，对不合格的5箱待用的瓷砖立即退货，确保了工程质量。

三、完善制度，规范管理，确保管理水平的提高

针对效能监察中发现的问题，第一采油厂从整章建制入手，健全完善各项规章制度和管理办法，强化约束机制，规范管理行为。

一是通过检查完善制度。将监察项目的检查与相关制度的检查有机结合起来，从看资料查现场中发现制度方面存在的问题，并进行完善。今年以来，对发现的具有普遍性、倾向性的问题，及时安排厂有关部门结合实际修订了《基本建设管

理办法》《房屋维修工程管理暂行规定》等6项规章制度，将文件下发到矿（大队）贯彻落实，保证了工程项目投资管理更加科学、规范。针对效能监察发现的问题，从源头抓起，严格施工合同的签订和工程付款的审批程序，规定每项工程合同和付款手续必须有相关部门领导签字，由计划部门落实有无计划，企管部门审查队伍资质，厂主管领导签字把关，有效地从源头上杜绝了计划外工程。

二是落实责任追究制度。对照制度看工作，根据工作查制度落实。纠正有令不行、有禁不止、有章不循的问题。厂调度室的一名工作人员不正确履行自己的工作职责，在无图施工的情况下，又不按有关规定进行验收，擅自给施工单位签工作量，在这一工程中承担设计任务的规划设计所的一名工程师，在工程设计前未认真进行现场勘察，设计脱离实际，给企业造成了不应有的经济损失。为了教育当事人及全厂员工，按照《大庆油田有限责任公司经营管理责任追究的暂行办法》给予这两名同志行政处分，并进行经济处罚。类似工作失职的问题，共查处6起，其中，纪律处分3人，经济处罚3人，罚款3万多元。

三是规范责任体系。联系监察中暴露出的问题，进一步规范了责任体系和管理办法。在生产维修、房屋维修工程项目上，针对过去生产部室和房产部门管理难度大、不规范的实际情况，明确今后由基建管理中心统一管理，机关部室配合，解决了机关部室因不懂施工程序、质量标准，而管不好、管不细的问题。针对过去基层单位责任心不强、监管不到位的问题，同时把部分资金管理费用下到矿（大队）管理控制使用，改变了以前投资费用厂里包，钱花多少矿里不心痛，工程干好干坏责任不清的现象。在物资采购上，规范了基建物资采购程序，由厂物资部门负责签订采购合同、组织货源，基建部门验收，各尽其职、各负其责；相互约束，有效地把住了材料质量关。

第一采油厂今年能取得效能监察的好成绩，是油田公司效能监察领导小组大力支持，具体帮助、指导的结果，但就第一采油厂的具体工作而言，也有几点以下体会。

首先，领导重视亲自抓，是做好效能监察工作的重要前提。油田公司的效能监察任务下达以后，厂党政主要领导就有了明确的认识，他们不仅亲自挂帅，成立专门的组织机构，而且组织召开党政班子会议审定工作方案，亲自进行动员，由分管副厂长和技术老总组织实施，在具体运行过程中也给予大力支持，多次听取效能监察办公室的汇报，提出明确要求。对于发现的各类问题，随时协调予以解决，在一些抽调人员、配备车辆、就餐等具体小事上也安排周密。领导的高度重视，为全体参加效能监察的员工创造了良好的工作条件和环境，而且坚定了员工高水平、高质量完成效能监察任务的决心和信心。

其次，提高效能监察人员的素质，是搞好效能监察工作的基础。今年效能监察工作量之大、抽调的人员之多都是历史上没有的，然而大部分同志没有相关经验，如何保质保量按期完成任务成为最大困难。为此，第一采油厂采取了短期培训班，使大家明确效能监察的目的和意义、程序和要求、任务和标准、责任和义务；把有经验的同志分到各项目组任组长，进行传帮带，边干边学；通过不定期召开业务会议，听取汇报，协调分析，互相交流，取长补短，使大家学到了知识，提高了素质，为完成效能监察任务奠定了基础。

最后，严肃责任追究，是促进效能监察工作的重要环节。责任追究制度是效能监察工作的重要组成部分，其目的就是强化责任、按章办事、堵塞漏洞、提高效益。因此，在效能监察的后期，经过认真分析、慎重考虑，根据责任大小、情节轻重，按油田公司有关责任追究办法，在全厂干部大会上公开处理了3个责任人，引起了很大震动。这件事使大家深刻认识到不论干什么工作都要认真履行职责，按制度、按程序、按标准办事，树立为油田负责一辈子的思想。

虽然第一采油厂在今年的效能监察中做了一些工作，取得了一些效果，但是按油田公司的要求，和兄弟单位相比还有很大差距。随着效能监察工作的步步深入，接下来将不断总结，虚心学习兄弟单位的好做法、好经验，充分发挥效能监察的监督职能，确保全厂管理水平和经济效益的进一步提高。

（2001年大庆油田有限责任公司效能监察工作会议典型材料）

政企联手　拆管结合
拆除违法违章建筑取得明显成效

第一采油厂

今年以来，第一采油厂认真贯彻油田公司第 104 次岗检的安排，针对厂区域内违法违章建筑多、情况复杂，拆除工作量大、难度大的实际，从 3 月 15 日起就开始自行组织拆迁。6 月 20 日起又根据市政府和油田公司的拆迁工作部署，进一步加强领导，严密组织，确保了拆除违法违章建筑工作取得了阶段性成果。截至 11 月 15 日，共出动人力 2.3 万人次、各种设备 4140 台次，调查违法违章建筑 30663 户 188 万平方米，拆除 28217 户 120.1 万平方米。共铲除黑村屯 67 个，取缔非法炼钢厂 16 个、化油点 6 个、沥青厂 3 个，捣毁盗油窝点 3 个。主要做法如下：

一、广泛宣传，培训骨干，打牢拆除违法违章建筑的群众基础

拆除违法违章建筑具有涉及面广、政策性强、社会影响大的特点，要做好这项工作，必须强化宣传教育，广泛发动群众，紧紧依靠基层和员工，群策群力完成任务。

一是加强宣传教育，形成舆论攻势。为贯彻市政府和油田公司拆除违法违章建筑动员大会精神，厂召开了动员大会，做好思想发动并进行工作部署。各矿（大队）也层层召开会议，统一员工思想认识。同时，利用条幅、标语、宣传栏、黑板报等多种形式，广泛宣传。工作人员还深入到外来人口聚居点和违法违章建筑集中地区张贴市政府公告 400 多张，散发宣传单 2000 多份，走家串户宣传政策。厂闭路台开辟了专栏，对活动进行全过程跟踪报道。通过广泛宣传教育，在全厂员工和社会群众中引起了强烈反响。有的员工积极劝说亲属自己拆除违章房屋；有的群众主动到厂拆迁办举报违章建筑；一些违法违章建筑业户也感到这次清理整治是大势所趋，能够配合工作。

二是培训基层骨干，掌握相关政策。为了使基层调查人员严格掌握有关政策，依法开展调查，采取先培训、后调查的办法，举办了调查确权人员培训班，请市城管办和厂有关部门专业人员，就清理整治的法律依据和调查确权的范围、程序、

原则、标准以及有关注意事项等,进行了详细的讲解。共有160多人参加了培训。除此之外,本单位有关人员也由专家进行了相应普及性培训,有效地减少了工作中可能出现的失误,保证了调查确权工作的质量和效率。

三是认真调查确权,摸清违建底数。针对调查确权工作任务重、时间紧、标准高的实际情况,采取划分区域、分片包干和边调查、边确认、边打号、边登记、边汇总、边通知的方法,由各采油矿负责调查本单位站、库、计量间、油水井、各种集输管线和低压电力线路安全距离内的违法违章建筑,由电修大队负责调查全厂6千伏线路安全距离内的违法违章建筑,其他单位配合采油矿调查。各单位采取层层承包、责任到人、限定时间的办法,组织人员进行地毯式的调查登记。各路调查人员以"全、准、细、实"为原则,克服调查范围广、难度大、情况复杂等困难,白天深入现场调查,晚上汇总数据。厂调查确权组全体成员连续一个半月没休息,每天工作十几个小时,将调查确权的资料、数据、图幅全部录入微机,建立数据库,对全厂的调查资料进行收集、处理和汇总,分门别类地登记造册,并以矿为单位绘制了违法违章建筑平面示意图,使违法违章建筑的性质和分布情况一目了然。

二、政企联手,强化领导,提供拆除违法违章建筑的组织保证

拆除违法违章建筑是一项困难多、矛盾大的工作,必须依靠强有力的组织领导,依靠政府和企业的密切合作,才能确保取得预期效果。为此,第一采油厂积极主动地与政府部门搞好配合,加强对活动的组织领导。

一是建立组织机构,周密部署。成立了拆除违法违章建筑领导小组,党政一把手亲自挂帅。在抽调33人组成铁西拆迁组配合市政府搞好铁西动迁工作的同时,还抽调了35名同志设立专门办公室,组成了宣传、调查确权、强拆、监督、验收五个工作组,明确了工作职责,建立了责任追究制度。结合厂实际,制定了拆除违法违章建筑活动方案。厂属各单位也都由主要领导和主管领导负责,成立了相应的组织机构,各基层小队也都配备了专兼职工作人员,全厂仅参与调查确权的专兼职人员就达293人,为这次清理整治活动健康有序开展提供了组织保证。

二是领导高度重视,靠前指挥。市政府和油田公司领导多次亲临视察指导工作,公司主管领导和质量安全环保部人员先后六次来调研,协调解决实际问题,亲临现场指挥强拆。上级领导的关心和重视,极大地鼓舞了士气,坚定了员工信心。厂各级领导也高度重视,党委书记和厂长每逢大的拆迁活动都亲临现场;党委副书记和主管副厂长集中主要精力抓拆迁工作,亲自带队伍调查,组织力量强拆。拆迁任务繁重的采油四矿、七矿等单位,把领导班子分成两组,一组抓生产,

一组抓拆迁。厂综治办主任李金平在爱人病重住院的情况下，仍全心扑在工作上。各级领导靠前指挥，是夺取拆迁工作胜利的重要保证。

三是政企联手配合，协同作战。调查确权一开始，市和区政府就派驻了城管工作组，后又陆续增派5个城管监察队。第一采油厂为监察人员提供了办公、食宿、交通等方面的便利条件。市、区城管办领导与厂相关人员每周召开一次联席会议，商讨工作，沟通情况，解决问题。厂各单位和机关各部门以高度的主人翁责任感，积极主动配合监察人员的工作，拆迁工作开展半年多来，发扬连续作战的精神，顶酷暑冒严寒，放弃了节假日休息，国庆7天假没有休过一天，每天都干到晚上七、八点钟。政企团结协作，是圆满完成这次拆迁任务的关键。

三、集中力量，攻坚啃硬，突破拆除违法违章建筑的工作难点

针对厂辖区内黑村屯比较多，而且少数已形成一定势力，拆除难度极大的情况，在市政府和油田公司的统一部署下，与政府部门合力采取有力措施，强制拆除。

一是突破重点，震动其余。采取先难后易的战略方针，把规模较大的黑村屯作为强拆战役的突破口，集中力量打"歼灭战"。七矿地区的炮台屯聚居外来流动人口达2000多户，不仅建有小学、幼儿园、商店、医院等配套设施，而且自选了村长，规模大、势力强。为了拔掉这棵"钉子"，厂和政府部门采取大兵团作战，参加行动的各级领导、工作人员、警察、经警等达300多人，各种机动车辆几十台，声势浩大。即便这样，仍有一个"钉子户"纠集了十几名妇女挡在房子前面，把孩子集中在院子里，屋里几名青年手拿菜刀、棍棒等凶器，叫嚣着要坚决保住房子。在这种情况下，区领导与厂紧急研究工作方案，经警负责驱散挡在房子外面的妇女和围观群众，治安警察负责抓捕闹事头目，城管队员负责指挥设备强拆。执行任务中，采油七矿经警队长周刚被砖头打伤，另有多名经警被打、被挠、被咬，抓住4名闹事头目后才平息了事态，保证了强拆工作的进行。通过强拆炮台屯、东一注地区等重点黑村屯，产生了极大的轰动效应，起到了打掉一个、震慑一片的作用。据统计，共有900多户慑于形势，自行拆除了违章建筑。

二是划分区块，有序推进。集中力量突破难点后，为加快拆除速度，对于零散的违法违章建筑，在城管人员的监督指导下，采取分区划块的方式，以各采油矿为单位，出动多支队伍进行拆除。每次行动前，提前三天断水、断电、断气；拆除过程中，厂生产运行部负责调集设备，经保大队负责维持秩序，采油矿负责搬运东西，做到分工明确，有序推进。采油七矿513转油站周围有各种私搭滥建房屋40多户，说情者多，拆除阻力大。矿领导顶住压力，不讲情面，指挥人员把所有违法违章建筑全部拆除。

三是清运垃圾，净化环境。拆除违法违章建筑后，形成了大约118.6万多立方米建筑垃圾。为了防止"三无"人员利用建筑垃圾私搭滥建，同时也为了净化市容环境，组织人员、设备，先就地平整填埋，然后拉运垫井场、井排路和填坑，做到拆除一片、清理一片、净化一片。共就地平整74.6万立方米，就近填埋13.6万立方米，拉运30.4万立方米，用于垫井场、垫井排路、填坑等，使废物得到了有效利用。

四、拆管结合，强化管理，巩固拆除违法违章建筑的活动成果

这些年来，为了维护油田正常生产秩序，第一采油厂先后多次自行组织拆除私搭滥建房屋、清理"三无"人员专项行动，都取得了明显成效，但由于疏于后续管理，私搭滥建问题曾反复出现。为此，第一采油厂充分吸取经验教训，建立长效治理机制，从根本上防止违法违章建筑死灰复燃。

一是成立监督管理机构。根据油田公司100号文件精神，制定了油区内违法违章建筑监督治理办法，成立了由厂安全环保部、经保大队、综合治理办公室联合组成的油区内违法违章建筑监督管理机构。各矿（大队）也都成立了违法违章建筑长效管理领导小组，矿与小队、小队与岗位工人层层签订责任状，使全厂形成了厂、矿、队、岗位工人四级监督管理网络。此外，还将违法违章建筑监督管理工作作为对各单位进行目标管理的一项指标，每月进行一次检查考核，考核结果与当月奖金挂钩，对出现违法违章建筑的单位，视情节轻重，给予经济处罚，严格兑现。

二是建立监督管理制度。为了分清监督管理责任，建立了领导干部负责制度，规定各单位领导不仅负有生产经营管理责任，还负有防止出现违法违章建筑的责任，党政一把手负总责，主管领导具体负责；建立了岗位工人"一岗双责"制度，规定岗位工人在巡检生产设施过程中，还要巡查工作区域内违法违章建筑情况；建立了监督管理责任追究制度，对疏于管理、工作失职、隐瞒不报、受贿包庇的人员，进行严肃处理。由于形成了有效的监管机制，充分发挥了采油矿、队的监督管理作用。采油四矿一名岗位工人发现萨库对面法兰厂院内报废公房住户私接电线，立即向单位领导汇报。主管副矿长马瑞胜第二天就带人到现场调查，情况查明后，第三天就组织力量将其拆除。

三是制定监督管理措施。针对一些违法违章业主还在等待观望的情况，第一采油厂一方面树立打持久战的思想，坚持不断地加强宣传教育，打消他们的侥幸心理。另一方面针对私搭滥建的顽固性、反复性、长期性，坚持对已拆除地区反复清理，发现反弹一户，及时取缔一户。近一个多月来，已经清理反弹户1395户，

有的三番五次地建，就三番五次地扒。同时，强化内部管理，加大治理私搭滥接水、电、气的力度，不给"三无"人员提供基本生存条件。

通过开展拆除违法违章建筑活动，使油田生产、生活环境得到了明显改善，取得了显著的经济效益和社会效益：一是净化了社会治安环境。扒掉黑户，推倒黑村屯，使一些不法分子失去了藏身之地，辖区内治安形势明显好转。与去年对比，第一采油厂开井放油由上万井次下降到 3000 井次；电力线路被盗由 7 万多延长米下降到 1.68 万延长米；变压器被盗由 35 台下降到 20 台；干线被打眼放油由 24 次下降到 4 次。二是维护了油田生产秩序。通过清理整治，使破坏油田生产设施情况得到有效控制，减少了事故隐患。以厂四矿为例，拆除违法违章建筑前后，平均每月因私搭滥接烧坏变压器和电机分别由 25.3 台、19.1 台下降到 5 台、5.7 台。三是减少了企业资源损失。拆除违法违章建筑，铲掉了违章业主和"三无"人员偷盗水、电、气的根源，有效地减少了资源损失。四是改善了居民生活条件。拆除黑户、黑村屯之后，附近居民免除了脏乱之苦，无不拍手称快，纷纷打电话、写信或登门表示感谢。

在市政府和油田公司的坚强领导下，第一采油厂拆除违法违章建筑工作取得了明显成效。但目前厂辖区内还有暂缓拆除的违法违章建筑 2446 户共 67.98 万平方米，而且已经拆除的违法违章建筑也时有反弹。对此，要按照市政府和油田公司的统一部署，深入持久地开展清理整治活动，净化油田治安环境，维护油田生产秩序，为实现油田可持续发展做出更大的贡献。

（2001 年大庆油田有限责任公司第 104 次岗检总结大会典型材料）

开拓创新　精细核算
努力降低油气生产成本

第一采油厂

第一采油厂在2002年成本预算编制过程中，本着继承与发展、开拓与创新的成本管理工作思路，以提高综合经济效益为目标，以全面预算管理为手段，以可控成本为重点，规范运作，科学理财，认真分析全厂各项成本指标，科学精细核算、精确编制预算，为全厂完成各项生产经营指标做出了积极的努力。主要做了以下几项工作：

一、精细测算、科学管理，努力探索编制成本预算新方法

强化科学预算管理，实施低成本战略是企业生存与发展的需要。全面预算管理是在预测与决策的基础上按照规定的目标和内容对企业成本支出的系统反映，也是有效的组织与协调企业全部生产经营活动，实现企业经营目标的一种管理方式。2002年，在油田公司实行"级差定额"预算方法的基础上，在全厂范围内进一步加大了全面实行预算管理工作的力度。

一是加强领导，科学决策。面对操作成本紧张的不利因素，厂党政领导高度重视成本预算工作。2002年进行厂内操作成本预算时，领导多次主持召开预算分析会，深入贯彻"推进实施低成本战略"的工作思路，对重大成本支出项目逐项讨论，并亲自确定成本预算指标。如在讨论井下作业维护费支出时，根据工程技术大队、各采油矿测算的数据，反复讨论检泵率、返工率以及向各采油矿具体安排的施工井次，要求在降低"两率"的基础上，施工井数低于上年，同时优化施工方案，增加"检换结合"工作量，较好地达到了既满足生产运行需要，又降低成本的目的。全年共安排5830口油水井维护作业工作量，比2001年的6511口减少了681口，费用下降了981.54万元。

二是强化预算的科学管理，加大费用双向管理的力度。无论在预算的编制阶段还是执行控制阶段，厂各单位和职能部门协同配合，共同参与。管理和技术部门相结合，优化编制方案和综合平衡工作量，提高预算编制的科学性、准确性。同时，将水、电、药剂、井下作业等费用分解到各采油矿（大队），超支不补，

节约归己，实行矿（大队）控制费用，厂机关职能部室控制指标的双向控制机制。如采油五矿在实际工作中，加强水资源的管理力度，加强巡线及私搭乱接管理力度和对水流量计的管理，初步取得较好的效果。2002年1—9月份用水35.65万吨，较上年同期的71.06万吨下降了35.41万吨，节约资金106.23万元。同时，还要求各系统、各部门编制各种预算做到科学、准确的同时还加强了日常管理工作，做到逐月逐季进行检查、核实，并通报单项费用支出情况，也收到了较好的效果。

三是探索预算编制新方法，提高预算编制科学性、准确性。首先，在油田公司"级差定额"预算方法的指导下，对各基层单位油水井、站及各种设备的数量、使用年限、工作环境进行调查摸底，掌握其基本情况。重新确定定额分配标准，确保预算编制科学合理性。其次，对辅助生产单位采用弹性预算编制方法。组织油田管理部等各相关部门相关人员多次深入辅助生产单位反复讨论收入和成本支出情况，最终确定各辅助生产单位完成内部利润的额度。如作业大队因存在人员、设备较多，后线包袱较大，在编制其预算时，充分考虑工资、福利、折旧等固定成本支出项目，扣除固定费用后，考核其单井施工变动费用在0.8万元左右。在下达预算指标时规定，在年初预算工作量基础上，完成工作量每减少一口井扣减0.8万元操作成本指标，每多一口井扣除变动费用后全额划为内部利润，大大地激发了挖掘内部潜力的积极性。作业大队通过1—9月份经营管理，扭转了以往成本亏损的被动局面。

四是强化预算指标控制，维护预算的严肃性。预算指标一经下达，就要严格地加以控制。将控制责任进行划分，并根据不同单位性质，制定相应的奖惩措施，以保证预算指标的顺利完成。尤其是水、电费用，在年初的经营政策中单独制定了管理办法，结余的70%上交，30%中的10%用于奖励，其余，可作为其他费用支出。

二、健全各项管理、激励机制，开辟降低成本的新途径

为了科学合理地降低成本，激励全体员工全方位、全过程地参与实施低成本战略，提高其控制成本的积极性，第一采油厂出台了一系列激励措施。对占操作成本较大的水、电等指标，实行目标管理，并与各单位及员工的切身利益挂钩，超罚节奖。各单位、各部门也都积极采取有效措施，为降低生产成本做出努力。

第一，是加强用水管理。今年，把节水指标和清水成本都下到了各矿（大队），并制定了相应的节水措施和奖罚办法。一是加大计量管理力度。在清水结算中采用了供水公司、厂和采油矿三方签订的方式。厂内用水单位对部分水表阀池进行了维护，加盖上锁或加了铅封，保证了抄表数据的真实性。二是加强综合治理。

清理各类私接滥用问题，共查处驻矿个体户67个，配合市、区政府清除萨环中路个体户45个、无人管理放水头31处，处理跑、冒、漏和管线穿孔139次，安装和修理节水阀706个，修复水表83块。三是加强施工用水管理。要求施工单位提出用水报告和指定供水管理专员，用水单位安装的水表必须经检验合格后方可用水，实行按表收费、超耗加价的管理方法，并将对私自接水的施工单位严肃处理。通过以上措施，今年前三个季度清水用量2771万立方米，比去年同期少用315万立方米，节约成本1080万元。

第二，加强用电管理。以计量、运行、技术为手段，强化用电管理。一是加强日常用电管理，安装、完善电量计量装置。在用电计量管理上，通过优化计量手段，进一步完善管理。安装高压电量计量装置，避免了因低压计量装置易于窃电与损坏等原因带来的损失；以上一系列办法，为分矿、分系统计量的电量考核提供了有力手段。同时通过分单位管理的办法，将电费指标分解到各矿（大队），实行节约有奖、超支自付的办法，调动各矿合理安排用电、查处窃电的积极性。二是优化生产运行，减少电量消耗。在满足注水需求的前提下，发挥系统网络互通的优势，注水系统合理安排开泵台数，从4月份开始，全厂注水站平均每天少开1—2台注水泵，共节电约1200万千瓦·时。机采系统注重解决变压器轻载、用电设备匹配不合理的问题，结束了350台用电设备"大马拉小车"的局面。集输系统通过系统调整，合并低负荷高耗能站1座；同时，结合地面系统优化，调整和更换高耗输油泵、掺水泵28台。三是推广应用节能技术。机采系统选用节能型抽油机、电机、配电箱、变压器，降低了电量消耗；集输系统应用变频调速技术，降低了输油耗电；电力系统应用了高压分散补偿和适当集中补偿相结合的技术。四是逐步淘汰高耗能设备。目前共有876口井抽油机属淘汰机型，今年已更新86口井。五是积极开展专项清理盗电活动。成立了清理盗电办公室，加大对违章用电及私搭滥接的治理力度。通过以上措施，1—9月份生产及自用电量比上年同期节约1992万千瓦·时，节约成本886万元。

三、优化支出结构、与生产和技术相结合，实现降低成本新突破

优化设计方案，是降低生产成本的有效途径之一，可以使成本支出结构得到改善，使有限的资金得以高质量的应用。因此，第一采油厂对各有关部门从方案设计到实施监督，都严格执行各项标准，确保工作质量，实现降低成本的新突破。

一是优化方案设计，加强现场质量监督，降低成本费用。通过及时、合理地调整注水井，优化产液、注水结构，精心安排措施工作量等，调整注水井749口。同时针对区块高压开采、含水上升较快等问题，在高含水后期通过对40口

井进行周期注水方法，少注水27.6万立方米，少耗电165.6万千瓦·时，节约成本73.69万元。优化油水井方案设计时，精心选井选层，对117口注水井施行压裂、酸化、解堵等各类增注措施，单井日增注35立方米；对562口采油井实施压、补、换等增产措施，累计增油17.97万吨。油水井方案符合率由90.2%提高到92.3%。在优化新老注聚区块注入速度中，对四个注聚区块93口注入井进行合理调整注入速度，改善了井组见效差异状况，节约聚合物干粉920吨，节约成本1472万元。在此基础上，还通过加强钻井、固井、井下作业、测试、开发测井等甲方现场监督的办法，提高施工质量，降低生产成本。通过建立厂、地质大队、采油矿三级质量现场监督机构，配备泥浆密度仪、泥浆电阻率测试仪等仪器设备，制订了现场质量监督运行办法和考核标准，规范了操作。截至8月底，钻固井质量现场监督2485井次，井下作业质量现场监督2955井次，测试质量现场监督2536井次，开发测井质量现场监督182井次，钻固井质量、作业质量、测试和开发测井质量较以往均有所提高，其中钻固井质量优质率由86%提高到89%，开发测井优质率由86.7%提高到90.2%。

二是降低油井"两率"及作业维护成本。油田开发后期，井下作业维护工作量日益攀升。为了降低维护成本，积极探讨降低成本途径，并采取了新的措施。在抽油机井管理上，对每口抽油机作业井均有针对性的采取技术措施，并通过加强作业施工现场监督管理、强化热洗质量和平衡率检查、定期旋转抽油杆防止扶正环单侧偏磨等措施，取得明显效果。1—8月份抽油机井检泵1216井次，检泵率27.46%，综合返工率15.73%，与去年同期相比，分别下降670井次、18.5%、21.37%，节约作业维护费用2000万元。在电泵井管理上，通过强化生产管理和作业跟踪，加大不压井装置应用力度，提高了投产成功率，延长了机组运转周期，减少了作业井次。1—8月份检电泵122井次，检泵率17.1%，返工率30.3%，与去年同期相比，分别下降50井次、8.8%、9.8%，节约作业费用1000万元。

三是加强环保治理，减少经济损失。近年来，第一采油厂的含油污水产出量不断增加，为减少污水排放，降低污水排放费用，对地面污水的处理和利用进行了合理安排，对产出含油污水从输送、处理到回注均进行了统筹规划，首先，执行排污申报制度。各排污口外排污水前，需向厂油田管理部、生产运行部报告，厂内协调不了时，向质量安全环保部申报，方可外排，有效控制了随意外排污水问题。其次，发挥污水调水系统的作用。各矿污水调水管线相互连通，在油田管理部协调下进行调水，避免了污水多的矿外排污水。再次，发挥水井洗井配罐车的作用。为避免污染环境，各矿尽量使用罐车洗井。发挥地面污水处理站调节水量的作用。最后，利用注抗盐聚合物，减少污水外排（每天利用污水8444立方米），提高了含油污水回注量，避免了外排，节约了清水量，实现了双向增收。除此之外，还对钻井、测井、固井、完井、测试、作业现场进行跟踪监督，使作业污水、污油对环境的污染得到进一步控制。通过以上措施，减少了因污染环境而造成的经济损失。

四、强化经营管理、挖掘内部潜力，实现内部经营创收新举措

加强内部经营管理，挖掘内部潜力，是实现增收节支，缓解成本压力的新出路。在内部经营管理上，从合同的签订、资金的审批到物资计划的上报等方面都以预算为依据，坚决杜绝和抵制预算外费用的发生。同时，挖掘企业内部生产潜力，增加内部工作量，减少外部工作量，实现内部利润的增收。

首先是加强材料采购管理，降低材料消耗。对材料采购实行归口管理，统一由物资管理部采购，各单位严格根据年初预算安排上报月度计划，物资管理部严格执行批复后的月度材料计划。1—8月份共节约采购资金514万元。同时认真做好材料谈判采购议价工作。印制了《材料议价审批表》；规定物资系统必须规范运作，对需要备案的物资价格坚持合理定价、联合办公、集体讨论定价，对于品种多而杂的物资，以物资装备总公司2002年的招标价格为基数，采取共同议价下浮一定比例的原则定价。今年以来，共组织议价24个批次、5559项物资，平均下浮5.86%，节约采购费264万余元。同时严格物资质量检验管理。对油田化学助剂、聚合物干粉的质量管理，制定管理办法，使管理有章可循。1—9月份共查出不合格油田化学助剂37个批次，其中退货3批共17吨，换货34批共156.5吨，并对提供不合格产品的供应商给予处罚，挽回经济损失150.08万元。

其次是挖掘厂内设备维修与机械加工潜力，降低外委修理费及加工费。在挖掘设备维修潜力方面，提出"重保养、轻修理，先自修、后内修，抓质量、控外修，降成本"的工作思路，并制定一系列管理措施和费用考核指标，把核定费用计划、费用指标分解落实到责任单位，使各单位有指标、有压力。为挖掘厂内专业化维修力量减少资金外流，严格设备维修外委审批制度。在设备维修上扶持三大维修基地和一个特车保养站，即电器修理基地、抽油机维修基地、机泵、机加和通用车辆维修基地、作业特种设备维修基地。2000年，抽油泵厂内修车间活动设备维修产值190万元，2001年达到730万元，今年预计达到900万元，既保证了厂大部分活动设备的维修，也节约了维修费用。通过严格控制活动设备维修，取得了明显效果。2000年外委车辆维修费用1191万元，2001年472万元，2002年预计300万元。在挖掘机械加工管理潜力方面，充分利用抽油泵厂资产设备，承揽全厂机加任务，提高单位资产创效能力，增加了抽油泵厂的收入。

2000年，抽油泵厂承揽厂内机械加工量仅为375万元，通过严格外委审批制度，2001年达到924万元，今年预计与2001年持平。

虽然第一采油厂在成本管理上做了一些工作，见到了较为明显的效果，但在操作成本日益下降的趋势下仍感觉压力很大，降低操作成本的空间越来越小。在油田开发后期，随着形势的发展，还将出现新的情况、新的问题。第一采油厂将以积极的姿态面对问题、正视问题、解决问题，以突出效益最大化为工作出发点、落脚点，不断提高财务管理水平，为全厂的可持续发展做出新的成绩。

（2002年大庆油田有限责任公司财务资产工作会议经验介绍材料）

从"四个一样"到"四个不一样"
在继承中赋予大庆精神新内涵

第一采油厂第二油矿党委

第一采油厂第二油矿始建于1962年,现有员工1832人,管理油水井1892口、计量间116座、各类站(所)58座,建矿以来累计生产原油9765.95万吨。

2001年,坚持以"三个代表"重要思想为指导,积极适应油田深化改革的形势,认真落实厂开展的"创新发展年"活动,在总结近年来改革创新实践的基础上,秉承"四个一样"优良传统,解放思想,与时俱进,提出了"四个不一样"的管理理念,即素质高低使用不一样、管理好坏待遇不一样、技能强弱岗位不一样、贡献大小薪酬不一样。两年来,通过在实践中完善,在完善中实践,"四个不一样"展现出旺盛的生机和活力,有力地推动了全矿各项工作的新发展。具体如下。

一、以顺应形势发展要求为出发点,在继承中求创新

企业文化是企业发展的永恒动力,只有不断赋予大庆精神新的时代内涵,才能使之不断成为促进企业发展的强大精神动力。"四个不一样"管理理念的形成,有着丰厚的传统文化渊源和生动的改革实践积累,源于油田改革发展和管理创新实践,根植于大庆精神的文化积淀和"四个一样"的优良传统,来自于全矿员工谋求发展的使命和责任。

油田深化改革的形势,为"四个不一样"的产生创造了环境。重组改制以来,按照"适应新形势、建立新体制、树立新形象、谋求新发展"的要求和"高水平、高效益、可持续发展"的方针,围绕建立油公司管理体制和运行机制,谋求企业可持续发展,油田公司深化改革的力度领域、节奏不断加大、拓宽、加快。无论是深化人事、劳动、分配制度改革,还是推进制度、管理、技术、企业文化创新,以及加强和改进党建、思想政治工作,都进行了积极稳妥的探索和实践,改革热潮如火如荼,发展举措方兴未艾。按照油田公司的部署和要求,第一采油厂党委审时度势,在2000年开展"找差距、订规划、谋求新发展"活动的基础上,把2001年确定为"创新发展年",大力推进管理创新、技术创新、人力资源开发创新和企业文化创新。全厂各单位积极解放思想、开动脑筋,创造性开展工作,

呈现出热火朝天搞改革、一心一意谋发展的良好势头。面对这样的情势，作为拥有 1800 多名员工、管理 1800 多口油水井的第二油矿，领导班子深感责任重大。作为岗位责任制和"四个一样"精神的发源地，第二油矿如何与兄弟单位齐头并进？适应新形势新要求，负重奋进求发展，该怎么干？矿党委多次召开班子会学习讨论，通过深入实际调查思考，达成了共识：企业改革发展犹如逆水行舟，不进则退，慢进也退。要想在改革发展的大潮中不落伍、不掉队，就必须以奋发进取、迎难而上的精神状态适应形势、应对挑战，立足实际，以改革促转变，以创新求发展，再创新辉煌。

创新发展的实践，为"四个不一样"的产生奠定了基础。在统一认识的基础上，矿党委从分析现状入手，广泛发动群众，对照形势要求、目标任务、先进单位，认真查找制约发展的矛盾和困难，归纳出三个"不适应"：一是员工思想观念还不适应形势发展的要求，还保有计划经济时代形成的思维定式，相对滞后的发展观念、竞争观念、就业观念和分配观念，是阻碍改革发展的最大阻力和障碍；二是生产经营管理还不适应建立现代企业制度的要求，先进的管理机制和管理方式还未得到全面推广，既有北八队、测试队、5-65 井组等先进典型队，也有管理方面比较薄弱的小队；三是用人制度和分配制度还不适应市场经济要求，管理人员竞争上岗、操作人员"三岗"动态管理、收入能增能减的机制尚未建立和落实，岗位相对固定、平均主义、吃"大锅饭"的现象还不同程度地存在，影响了员工的积极性。通过分析以上问题，传统的管理方式已不适应新形势的要求，解决这些问题，必须坚持以人为本，通过深化改革、创新机制，转变员工的思想观念，激发员工的进取精神。思路明确后，在管理创新上进行了一系列探索和尝试：在生产经营上，修订完善了管理制度，加强了检查考核；在人员管理上，先后对部分小队干部和工人岗位进行了公开选聘，并按照厂统一安排，进行了矿领导班子副职竞聘上岗和基层小队"五定"工作；在收入分配上，适当拉大了前后线单位及不同岗位的奖金分配档次，并对管理水平高的小队给予一定的物质奖励。通过实行这些办法，初步见到了效果，更坚定了深化改革的决心，为"四个不一样"的形成提供了实践基础。

"四个一样"的优良传统，是"四个不一样"产生的文化渊源。"四个一样"在第二油矿诞生 40 年来，始终激励全矿员工，不断创造新的业绩，成为促进企业发展的强大精神动力。随着时代的发展、环境的变化，在新形势下，继承和发扬大庆精神，使之保持强大的生命力，必须体现时代性、把握规律性、富于创造性。为此，围绕"如何使'四个一样'优良传统不失传""怎样更好地继承和发扬大庆精神"等问题，矿党委组织班子成员深入学习"三个代表"的重要思想、油田公司和厂工作会议精神以及企业文化知识，并组织全矿员工联系实际开展讨论，召开干部、党团员、生产骨干、老工人等不同层面的座谈会，班子成员深入生产岗位与员工交流思想、集思广益。在深入学习讨论、广泛征求意见的基础上，以油田公司"以观念更新推动理念创新，以文化发展推动管理升级"做指导，从企业文化的角度对近年来方方面面的改革实践进行系统总结和概括提炼，把外在的管理机制内化为人们头脑中的管理理念，在继承和发扬"四个一样"的优良传统的基础上，赋予大庆精神新的时代内涵，逐渐形成了"四个不一样"的管理理念：

——素质高低使用不一样，是针对管理层的。通过引入竞争机制，实施组织把关、群众评判等手段，把素质好、能力强、业绩突出、群众公认、有发展潜力的人才选拔到管理岗位，同时对不适合岗位工作要求的干部进行调整，实现干部能上能下。

——管理好坏待遇不一样，是针对基层小队的。通过建立基层小队量化考核办法，对管理水平高的小队，在资金投入、设备配备、物质奖励、荣誉指标等方面实行政策倾斜，实现待遇能高能低。

——技能强弱岗位不一样，是针对操作层的。通过建立岗位流动管理办法，对生产岗位实行动态管理，根据员工技术水平、业务能力的动态变化，通过竞争适时调整岗位，实现岗位能进能出。

——贡献大小薪酬不一样，是针对全体员工的。通过建立薪酬分配改革办法，将工作数量、技术含量、工作质量、责任分量与员工的经济收入挂钩，实现薪酬能升能降。

"四个不一样"与"四个一样"同出一源，一脉相承。"四个一样"是"四个不一样"产生的文化基础，"四个不一样"是"四个一样"的创新发展，二者不是取代，不是否定，而是相互联系，相辅相成。发扬"四个一样"优良传统，需要"四个不一样"的理念作保证；实施"四个不一样"管理理念，需要"四个一样"的精神来落实。

二、以培育先进管理理念为着眼点，在探索中求发展

"四个不一样"作为新的管理理念，在其创建过程中，坚持紧密结合企业面临的新环境、新形势、新情况，把市场经济的人才观、竞争观、价值观、分配观、效益观、贡献观等引入到大庆精神中来，实现传统与现实、内在与外在、精神与物质的有机融合，并通过建立配套的量化考核机制、竞争上岗机制、薪酬激励机制，使"四个不一样"管理理念逐步得到完善。

严格量化考核，把发扬自觉精神与依靠制度约束结合起来。"四个一样"归

结到一点，就是严格执行岗位责任制不走样，强调的是工作作风，体现的是员工高度的觉悟。随着社会环境的变化和油田生产方式的改变，在新形势下继承和发扬"四个一样"的优良传统，不能仅仅依靠传统教育，必须把发扬自觉精神与依靠制度约束结合起来，一手抓教育，一手抓考核，靠教育引导，用制度约束。为此，组织全矿员工参观5-65井组、北二注水站两个传统教育基地；把当年的老标兵、老模范、老会战请回来忆传统，组织团员青年大讲身边发扬传统的人和事；每当新工人入厂，接收大中专毕业生，都要进行入厂教育。与此同时，建立量化考核机制，加大对执行制度的检查考核力度，促使员工增强责任意识，坚持"四个一样"优良传统，上标准岗、干标准活、交标准班。一是建立工作标准考核机制。制定了《生产经营管理考核细则》，为全矿14种"实物性"工作、16种"非实物性"工作以及42个主要工种、270个生产岗位，制定出工作标准、考核内容、评分标准和奖惩办法，做到工作过程、工作程序标准化管理，实现了考核的制度化和规范化，并印成管理手册，发给每个员工。去年年初，有4座站在月度检查中，因为存在问题多，管理水平低，全站人员当月不得奖。北五队215站一名女工值夜班时睡觉，在全队员工大会上做检查。矿党委通过这两件事进行强化教育，在员工中引起了强烈反响。那名女工认真吸取教训，严格执行制度，经小队和矿多次检查考核，提前取消了试岗。二是建立单位指标考核机制。在基层小队考核上，制定了《单位量化考核实施办法》，把效益指标、经营管理指标、安全指标、综合指标全部进行量化分解，矿与小队、小队与班组、班组与员工层层签订责任状，并严格奖罚兑现，保证了考核的严肃性。如在生产管理考核上，坚持定期检查与不定期抽查相结合，每月进行一次全面检查考核，全矿排名，下发公报，奖励排在前三名的小队，处罚排在后三名的小队；平时不定期到生产岗位抽查，发现问题，全矿曝光，严格处罚。三是建立干部业绩考核机制。采取考试考核、群众测评、检查工作指标完成情况等办法，把对干部日常工作跟踪问效和阶段性工作业绩考核结合起来，把单位管理水平和干部素质能力考核结合起来，达到既监督工作过程又检查工作效果。同时，对业绩差的干部按规定和程序进行调整，去年共撤换了3名行政干部和2名技术干部。通过强化考核，增强了干部工人的责任意识。一次，中十一变电所值班人员在检修验电时，验电器发出报警声。在检测验电器灵活好用的情况下，经过前后4次反复检验都显示线路带电。值班人员果断中止操作，巡查后发现是由于户外刀闸没有断开。由于问题发现及时、处理得当，避免了一起重大人身伤亡事故。为了表彰其高度负责、严细认真的精神，矿奖励每人1000元，并召开了现场表扬会。

引入竞争机制，把发扬进取精神与实行公平竞争结合起来。大庆油田的发展史,就是一部干部工人拼搏进取、争创一流的奋斗史,凭着这种进取精神,第二油矿曾多次受到会战工委、黑龙江省委和石油工业部的表彰,党和国家领导人也先后多次视察。在新的历史时期,实现新发展,必须认真贯彻油田公司《人才观》,把引导员工自觉发扬顽强拼搏、勇于进取精神,同为员工发展创造条件紧密结合起来,努力营造有利于优秀人才脱颖而出的氛围,进一步激发员工的进取意识和竞争意识,依靠人才培养谋求新发展。为此,第二油矿引导员工进一步认识企业面临的形势和任务,通过分析油田开发中的困难和矛盾,查找工作上存在的问题和差距,进一步增强员工的紧迫感、危机感和责任感。在此基础上,坚持以油田公司《人才观》为指导,以人力资源开发战略为主线,落实"四个不一样"的管理理念,引入竞争机制。一是建立干部竞聘上岗机制。制定了《干部竞聘上岗办法》,在选拔干部上,打破干部和工人身份界限,实行公平竞争,优胜劣汰。近两年来,先后对38个技术员岗位、5个副科级岗位、32个机关管理岗位进行了公开竞聘,有122人参加竞聘,其中23名在岗干部落聘转岗,9名工人走上干部岗位。在去年选拔矿团委书记时,把竞聘岗位、任职资格及条件通过企业网、公开栏、小队员工大会等形式向全矿员工公布,共有7人报名参加竞争,既有大中专毕业生,也有一般岗位工人。其中6人通过资格审查参加了考试、竞聘、答辩和考核。经过几轮角逐,北七队资料员张云玲最后被任命为矿团委书记。二是建立员工动态管理机制。制定了《员工岗位流动办法》,对生产操作岗位实行动态管理,员工可以根据自己的技术水平,通过竞争选择岗位。先后对班井长及生产重要岗位进行了公开竞聘,有78人通过竞争担任了班井长;68个生产重要岗位中,有14名副岗竞争当了主岗。三是实行岗位重组。按照专业化管理的要求,对小队部分职能相近的岗位进行了重组合并,进一步整合了组织结构,理顺了管理流程。2001年,按厂"五定"要求撤销了机采队和仪表队编制,机采队人员全部重组,仪表队21名员工通过公开考试、考核,选出5名技术骨干,其余16人转岗。2002年,又将20个小队的经管员和材料员岗位合并,通过竞争上岗,综合素质较高的人员留在了原岗位,其他人员充实到了生产一线。在这一系列的岗位竞争中,广大员工实实在在地体验到了"素质高低使用不一样""技能强弱岗位不一样",激发了努力提高自身素质、积极参与岗位竞争的积极性。

实行薪酬激励,把发扬奉献精神与满足利益需求结合起来。奉献是大庆精神的重要内涵,是油田职工40多年为国家做出高水平贡献的真实写照。油田开发建设初期,有条件要上、没有条件创造条件也要上,不计时间报酬,不讲任何条件,表现出了高度的思想境界。在新形势下继承优良传统,发扬奉献精神,必须用发展的眼光看待奉献,要体现市场经济的特征,做到奉献与回报的统一,让奉献的人不吃亏，激励员工更好地为油田发展做贡献。为此，第二油矿把教育员工发扬奉献精神与满足员工的利益需求结合起来，引导员工正确认识和处理奉献与回报的关系。一方面通过组织员工回顾大庆油田的发展史，使大家正确认识到，个人的利益与企业的发展息息相关，没有员工的奉献，就没有企业的发展，个人的利益就没有保障。同时，树立宣传5-65井组、测试队队长车宝志等一批群体和个人无私奉献的先进典型，引导员工继承和发扬大庆精神和优良传统。另一方面，积极落实"四个不一样"管理理念，改革分配机制，打破平均主义和"大锅饭"，真正体现多劳多得，调动员工的积极性。一是建立薪酬分配机制。制定了《薪酬分配改革实施办法》，根据全矿每个单位、每个岗位的工作性质、责任大小，确定不同的奖金系数，并根据完成工作的数量和质量，实行薪酬兑现，切实做到收入能升能降。二是建立工资浮动办法。为加大考核兑现力度，制定了《工资浮动管理办法》，从每个员工的岗位工资中拿出200—500元，与奖金一起浮动，拉开了收入档次。聚北二队1井组管理15口油井和1座计量间，共有4名员工由于位置偏远、管理难度大，岗位工人不愿意干，只有2口井勉强达到一类，井组月月拿不到平均奖。实行薪酬分配改革后，工人姜平主动竞争担任井长，和另一名员工两人承包了整个井组，还买来一辆摩托车，不分白天黑夜苦干两个月，使15口井全部达到一类标准，其中14口被评为优质井。管井数量多、水平高，小姜当月拿了1000元奖金，真正体现了"贡献大小薪酬不一样"。过去员工月奖金差额一般不过十几元，现在奖金高低相差两到三倍。三是建立小队待遇倾斜办法。对管理水平高的小队，不仅在奖金上嘉奖，而且优先为其优先解决基础建设问题。测试队建队10年共获得"两金""五银""两铜"9块奖牌，北八队各项工作都在全矿领先，矿优先为他们改善了工作环境及办公条件，还在员工学习培训、荣誉指标分配等方面向其倾斜。以上方法调动了各小队争创一流的积极性，全矿呈现出后进赶先进、先进更先进的局面。206队过去管理水平较低，在"管理好坏待遇不一样"政策的激励下，奋起直追，仅一年时间就获得厂"银牌式"采油队称号。矿投入资金为他们改善了工作环境。

三、以提升企业整体素质为落脚点，在实践中求成效

作为油田生产主体的采油矿，贯彻"两高一发展"方针，提高油田开发水平，努力延长有效开采期，就必须不断提升队伍素质和管理素质。基于这种认识，在落实"四个不一样"管理理念的过程中，注重转变员工的思想观念，激发工作热情，提高综合素质，并以此推动全矿各项工作的创新发展，取得了明显成效。

通过树立"四个不一样"管理理念，员工的思想观念明显转变，改革意识不

断增强。在形成和落实"四个不一样"管理理念的过程中，全矿员工在实践中解放了思想、转变了观念，对改革的承受能力明显增强，不仅保证了各项改革措施的顺利实施，为下一步深化改革奠定了思想基础、舆论基础和群众基础，而且通过思想观念的转变，带来了一系列新的变化。一是转变了论资排辈的旧观念，树立了公平竞争的新观念。过去干部能上不能下，提拔干部看身份、讲条件；现在能上也能下，竞争上岗论素质、靠能力。过去工人岗位相对固定，技能强弱都一样；现在通过竞争选岗位，技能强弱有差别。二是转变了平均分配的旧观念，树立了业绩至上的新观念。过去有的员工不比工作比收入，奖金差几块钱也讨说法；现在自己算奖金，拿多拿少看贡献。三是转变了贪图安逸的旧观念，树立了责利对等的新观念。原来艰苦岗位没人愿意干，想方设法去清闲的岗位；现在争先恐后多包井，重要岗位成热门。四是转变了满足现状的旧观念，树立了开拓进取的新观念。以往有的小队"不骑马，不骑牛，骑着毛驴逛中游"；现在大家都在比着干，赛着干，争一流，站排头。五是转变了重任务轻效益的旧观念，树立了追求效益的新观念。由过去先干活后算账到干前先算账、干中勤算账、干完细算账；由原来少数人算到人人算；由只算个人小账到关心单位大账。如在控制成本、提高效益方面，通过实行全员成本管理，将成本指标层层分解，量化到岗位，承包到个人，把成本指标控制情况与单位和个人月度奖金挂钩，严考核、硬兑现，调动了各个层面和每个员工挖潜增效、精打细算的积极性。各基层小队能自己干的活尽量不出队，能不用设备就不订工号，强化电、水、材料消耗、设备修理等关键成本要素的管理；广大员工从增产一吨油、一方气，节约一方水、一度电、一块抹布做起，勤俭节约，修旧利废。2002年，全矿完成修旧利废213万元，通过天然气增收和控制水电消耗共节约成本540万元。

  通过树立"四个不一样"管理理念，员工的工作热情得到激发，管理水平不断提升。实施"四个不一样"管理理念，建立约束和激励机制，极大地调动了员工的工作积极性、主动性和创造性，全矿呈现出人心思进、务实肯干的良好局面，促进了生产管理水平的提高。就拿污油治理来讲，第二油矿位置偏僻，聚驱井产量高，是偷盗原油的"重灾区"，每年全厂会战清理污油，但这边清完那边放，"割了一茬又一茬"。实施"四个不一样"管理理念后，从建立机制、加强管理入手，把污油治理作为16路"非实物性"工作之一，纳入日常生产管理，建立了领导干部和岗位工人"一岗双责"制度，划分和落实经保队和采油队的管理责任，加强检查监督，严格考核兑现，从源头上遏制了污油的产生。与此同时，把现存的污油清理工作量全部分解到单位，落实到人头，限期清理。为体现"管理好坏待遇不一样"，奖励提前实现无油污采油队的小队一万元，处罚到期完不成任务的小队。全矿掀起了污油治理大会战，每个小队都组成了收油突击队，有的员工起早赶到现场，有的干脆住在单位，半夜三点多就投入会战，到处呈现出热火朝天的场面。经过全矿员工的努力，彻底根除了污油治理这个"老大难"问题，实现了无油污采油。2002年全矿有705口油水井达到厂优质井标准，占总井数的35.5%，比2001年上升6%；从原来一座样板站也没有，到去年创出5座油田公司"管理样板站"、9座"管理达标站"的新局面，管理水平不断提高。

通过树立"四个不一样"管理理念，员工的求知愿望更加强烈，队伍素质不断提高。岗位不固定，上岗靠竞争，竞争凭能力，能力靠学习，只要素质高、人人有发展的思想已深入到每个员工的头脑里，跟上时代发展步伐，适应社会进步要求，抓紧学习、主动学习、终身学习的紧迫感和自觉性明显增强。无论是干部还是工人，上来的自觉加压，不敢懈怠；下去的总结教训，从头再来。大家都自发地学、争先恐后地学、挤时间学。矿党委因势利导，坚持做到"三个强化"：强化学习培训，队队建立练兵室，岗岗设立练兵台，坚持开展"每日一题、每周一课、每月一考、每季一评"的岗位练兵活动；强化技能考核，每季度对员工进行一次技能考核，不合格的补考，补考再不合格试岗三个月；强化物质激励，对在厂、矿技术大赛上获得名次的员工给予重奖，优先安排学习培训，并组织外出学习考察。矿党委的重视和支持，激发了员工的学习热情，学文化、学技术，求上进、求发展，在全矿形成了热潮。北一二联合站女工朱严华，刻苦钻研技术，熟练掌握了四个岗位的操作技能，在黑龙江省技术运动会上夺得输油工比赛第一名、脱水工比赛第二名，获得集团公司技术能手称号。矿不仅聘任她为技术教练，派她参加技师培训，而且大力宣传她勤奋学习的先进事迹，调动了员工学习先进岗位成才的积极性。聚北二队中专毕业生杨海侠，以朱严华为榜样，干一行、专一行，当采油工，获得厂单井分析三等奖；当资料员，获得矿地质工技术比赛第一名。还通过竞争，当上了矿调度员。目前全矿有52人通过自学获得大专以上文凭，25名干部进修第二学历，80名生产骨干参加大中专学历教育。在去年厂油藏工程和采油工程论文发布会上，第二油矿有9篇论文分获一、二、三等奖，排在各单位之首；在厂单井分析大赛上，第二油矿获得第一名；员工技能鉴定合格率由2001年的93.5%上升到2002年的96.6%。

党的十六大指出："创新就要不断解放思想、实事求是、与时俱进。实践没有止境，创新也没有止境"。"四个不一样"管理理念还处于完善阶段，对这一理念的认识还需要进一步深化，与之配套的管理机制也需要进一步完善。第二油矿将以十六大精神为指导，以公司开展的"解放思想，谋划发展"主题活动为统领，以各级领导的关怀为动力，虚心学习油田内外的好思路、好做法、好经验，以"四个一样"的精神,抓好"四个不一样"的完善、落实、丰富和发展,为继承和发扬大庆精神,实现油田可持续发展,做出更大的贡献。

(2003年大庆油田有限责任公司学习"四个不一样"推进观念更新现场会典型材料)

解放思想夯基础　创新创效谱新篇

第一采油厂

2003年是油田公司创新发展的一年，也是第一采油厂油田管理工作取得较大成绩的一年。在油田公司开发部和厂党委的正确领导下，以"三个代表"重要思想为指导，不断创新油田管理方法，组织开展了"狠扫井站低水平，精细管理创优质""全面实施网络建设，努力打造数字油田"和"推广金牌队经验，普及铜牌队水平"等一系列活动，全面落实了"知识管理""量化管理"和"文本管理"三项管理方法，进一步夯实了"油田注水""资料录取"和"油田管理"三项基础工作，促进了开发系统基层队伍的达标建设进程，为提高开发系统的整体工作水平做出了积极的贡献。

一、理清思路，为各项工作的开展指明方向

为进一步提高全厂油田管理水平，2003年年初，油田管理部以油田公司开发部下发的文件为理论和行动依据，组织全厂各矿（大队）领导及有关业务管理人员多次讨论，形成了2003年全厂油田管理工作思路，即：全面落实油田公司各项工作部署，解放思想，创新创效，开展"三项活动"，落实"三项管理"，夯实"三项基础"，促进全厂油田管理水平再上新台阶。

第一，开展三项活动。一是继续在全厂开发系统开展好"争先创优"竞赛活动。"争先创优"活动是自2000年以来，油田管理部与团委联合组织开展的一项优质油水井站竞赛活动，活动的宗旨是"狠扫井站低水平，精细管理创优质"。二是继续在全厂开展"推金普铜"活动。油田公司多年来在开发系统开展的同工种三牌队劳动竞赛，培养和树立了一大批基层队模范典型，有连续多年获油田公司金银铜牌的采油队，如中二队、南三队等，还有金牌三连冠并获得功勋队称号的采油队，如采油五矿南二队。这些单位在基层小队中均具有很强的影响力，是基层队建设的宝贵财富。于是，厂2002年年初提出了在基层采油队中开展"推广金牌队经验，普及铜牌队水平"这一新的工作思路，使得2002年全厂获金银铜牌式采油队称号的采油队达到了26个，占全厂采油队总数的36.1%。2003年，把这一活动扩大到了测试系统和作业系统基层队，使"推金普铜"活动在全厂得

以继续开展和光大。三是继续组织开展数字化采油队活动。建立数字油田是油田公司为实现现代化企业而提出的战略目标之一，至2002年年末，主体采油队全部建立了数字化管理网站，稳定的有线和无线联网代替了落后的拨号上网，生产数据全部实现了网上传输。油田管理部及时抓住了这一有利时机，创造性地提出了在全厂范围内开展数字化采油队活动，将实现数字化采油队作为了数字油田建设的重要组成部分，并提出了数字化采油队建设的三年工作规划，即：第一年以完善采油队网站建设和培养基层队生产和技术骨干为主，2002年全厂75个采油队全部建立了网页，建立了数字化地宫，组织计算机培训10期1256人次；第二年以开发和推广优秀软件应用为主，建立厂、矿、队生产管理工作平台，目前已经开发了生产管理平台，并且建设了供注水管网指挥图幅；第三年以普及计算机应用为主，在员工中普及计算机知识，培养数字化员工，做到全厂信息共享和无纸化办公，初步实现数字化采油队目标。

第二，落实三项管理。一是落实"知识管理"。随着油田管理水平的不断提高和改革的进一步深入，知识资产的积累已成为衡量油田管理水平的一个重要标志，于是，相应提出了依靠知识管理提高油田开发水平，努力提高员工素质，将最大限度地发挥岗位员工的聪明才智作为管理的重要内容。二是落实"量化管理"。重点解决生产岗位员工工作标准和工作质量中存在的问题，提高工作的质和量。三是落实"文本管理"。进一步规范各生产岗位的管理文本和工作流程。

第三，夯实三项基础。一是夯实油田注水基础。以油田公司"水质管理年、攻关试验年"为重点，深入贯彻油田公司关于做好油田注水工作的各项安排，继续抓好水质管理。二是夯实资料录取基础。以落实油田公司开发部2002年6号文件为重点，全面做好资料录取工作，并在资料取全取准的基础上实现计算机网络化处理。三是夯实油田管理基础。精细生产过程管理，继续查找低水平、老毛病、坏作风以及薄弱环节长期存在的深层次原因，并做好治理工作。

工作思路确定后，为确保各项工作落到实处，以文件形式下发了《关于印发〈2003年油田管理工作安排〉的通知》（以下简称《通知》），并于2003年年初召开了由基层队队长参加的2003年油田管理动员大会，将2003年的各项管理活动安排直接下发到基层各单位，使全厂的各项工作部署和各项活动精神得以全面贯彻和执行。

二、狠抓落实，确保各项工作实施到位

第一，以"争先创优"竞赛为载体，提高井站管理水平。按照《通知》文件要求，油田管理部采取了各部门协调作战的办法，将争创优质油水井站活动引向了深入。一是组织工技大队和地质大队，将机采井的动态控制区、检泵周期、水井的资料全准率和分层注水合格率纳入了考核范围，规定指标不达标一票否决，以引导员工将管井的积极性投入到地下管理上来；二是在单井创优的基础上，组织地质大队、工技大队开展争创优质井组、争创优质地质组、争创优质技术员、争创优质开发区块活动，大大丰富了"争先创优"活动的内涵；三是联合人事部，把岗位练兵作为一项重要的日常工作来抓，其中岗位练兵得分占优质井站总分数的15％，练兵不达标不能被评为优质井站；四是将活动的开展与奖金挂钩，对活动取得显著效果的单位和被评为优质的油水井站予以奖励和通报表彰。活动的开展取得了良好的效果，全厂优质油水井站比率由2001年的36.1％提高到了2002年的48.3％。目前，正在组织地质大队、工技大队及各采油矿对今年以来开展的优质油水井站活动进行验收。

第二，以评比为手段，促进"推金普铜"活动的全面展开。2002年，开展的"推金普铜"活动的重点是在全厂普及铜牌水平，活动的开展使全厂26个采油队获得了"金""银""铜"牌式采油队称号。2003年扩大了这一活动的覆盖面，提出了依靠"推金普铜"活动促进达标队建设，全厂采油、作业和测试系统的基层队全部参加了活动。一是按照油藏工程、采油工程、信息工程以及地面管理四个部分比重3：2：3：2的标准对参加"推金普铜"活动的基层采油队进行评价；二是打破以往"保牌"的做法，取消了报名限制，各基层队进行公平竞争；三是将其他竞赛活动一并融入到"推金普铜"活动全过程，每季一检一评比，以公报形式网上公布，参赛小队的各项得分都一清二楚。"推金普铜"活动的开展，促进了管理水平的提高。2002年全厂共涌现出"金牌式"采油队5个、"银牌式"采油队6个和"铜牌式"采油队15个，较2001年提高了19.4％。公平、公正、公开的评比方式调动了一大批基层队伍的工作积极性，使得一大批基层队脱颖而出成为先进，极大地促进了开发系统整体水平的提高和基层队的达标建设进程。

第三，以创建数字生产指挥图幅为重点，推动数字化采油队建设进程。按照油田公司"数字油田"建设的有关要求和厂数字化采油队建设的总体规划，2003年油田管理部继续加大了数字化采油队的建设力度。一是继续规范和完善了基于油藏工程、采油工程、地面工程、信息工程、数字化地宫和企业文化等内容的采油队网站；二是推广了Notes办公系统，结合电子邮件的使用，实现了信息网上任意传输和网络化办公；三是建立了基于厂、矿、队日常管理的应用平台，充分

发挥计算机在生产中的作用，对油田生产和油田管理做到了过程控制。

在此基础上，在上半年广泛开展了注水管网大调查活动，并将供注水管网大调查结果转换成了电子版的注水管网生产指挥图。其数据源直接链接了PDPMIS数据库，数据适时更新，成果网上共享，并实现了如下几项功能：显示全厂注水井的基本情况，单井生产信息调用日报数据，保持数据天天更新；显示全厂每条注水干线切断阀情况，实际地理位置采用米尺实地测量，并采用双向坐标定位；显示全厂所有注水干线和支线的自身属性，并实现了语音提示。依据指挥图，可以方便快捷地指导生产，实现地面工程、采油工程以及油藏工程的立体管理。十一月份还将举办数字化采油队建设经验交流会，推广和评选优秀软件和网站，依靠"数字平台"服务油田管理，进一步推广数字化采油队活动。

第四，开辟试验区，推进"三项管理"方法的全面落实。在油田管理过程中全面推进"三项管理"是今年的重点工作之一。为做好这项工作，首先采取了开辟试验区的做法。分别在采油六矿和采油七矿聚中十四队进行了"三项管理"试验。一是以推进"知识管理"为重点，在采油六矿的各工种和生产岗位开展了"岗位练兵"百题训练活动，以强化岗位员工对知识积累和使用的重视；二是以推进"量化管理"为重点，在采油六矿开辟了夜巡工量化管理试点，在采油七矿聚中十四队开辟了"立体式点项交接班"试点；三是以推进"文本管理"为重点，分别在采油七矿南八队进行了油水井、计量间文本化管理试验和在聚中十四队进行了站库文本化管理试验。

在试点工作取得经验和效果的基础上于2003年4月23日召开了"三项管理"经验交流会，在全厂范围内广泛推广了成型的经验及做法。

按照厂"建设学习型企业"的有关要求，油田管理部深化"一流干部带出一流队伍，优秀员工管出优质井站"的思想，引导开发系统形成了"重视知识发挥、重视素质提高和重视知识积累"的风气，将"知识管理"推向了深入，进一步落实了有关能力建设的要求。首先为开发系统各个工种的每一名员工都印发了"岗位练兵"百题卡片，还将岗位工作记录本和练兵记录本一分为二，使得岗位练兵记录本人手一册永久保存，工作记录本在岗位上统一管理。油田管理部还将练兵考核纳入了日常的管理检查与优质井站验收细则中，占15%的比重。以上措施的实施，使得岗位员工意识到了落实知识管理的重要性，大大促进了岗位员工自觉开展岗位练兵的积极性。目前，全厂各岗位员工80%以上达到了百问不倒的水平。

在夜巡工的量化管理上，一是以文件形式下发了《关于下发〈第一采油厂夜巡工管理规定〉的通知》，对夜巡工的配置原则、管理办法、工作职责、职务待遇以及考核规定做了要求；二是推广了夜巡工巡检自动记录系统，由计算机对夜巡工的巡检情况进行自动跟踪记录；三是印制了《第一采油厂采油夜班报表》，对夜巡工的夜班工作以及对生产情况的检查和记录做了明确的规范，结束了采油生产岗位 24 小时无连续生产记录的历史，从技术上和管理上解决了夜巡工"夜而不巡"的问题。

在交接班管理上，在全厂值班性岗位推广了"立体式点项交接班"管理方法。该办法按照控制点和全方位的原则，将交接班的交接点、交接项和交接内容都进行了量化，并且制定了《岗位立体式点项交接记录报表》，记录了交接班的全过程与当时的设备运行状况，量化了交接班过程管理。

在文本管理上，全厂开发系统统一下发了生产岗位综合管理手册。该手册将各级部门下发的有关文件、岗位涉及的管理规定、管理规范以及操作标准等文本以活页的形式整合在了一起，大大方便了日常工作的开展，也方便了各项管理工作的进行。为了规范管理，统一制作了《计量间综合管理制度板》，并将所有计量间和站库的岗位工作记录本以及岗位练兵记录本做了统一。此外还完善了现有的各项管理规范，下发了《第一采油厂供、注水管线维护管理规定及考核办法》《第一采油厂夜巡工管理规定》《计量间综合管理手册》《优质井组及达标队评比办法》《测试队、作业队劳动竞赛以及优质油水井组评比办法补充规定》《注水管网数字图幅建立标准》《数字化采油矿、队网站建设标准》《第一采油厂抽油机井减速箱渗漏治理管理规定》等多项规章制度。为了规范油田管理标识，提高管理标准，不仅将注水管线、注水井采油树按照水质的不同在颜色上做了区分，并且还按照油田公司 CIS 手册的有关规范，对油水井和计量间的标识进行了逐步的规范。

第五，精细日常管理工作，夯实油田生产基础。首先，精细油田注水管理，夯实油田注水基础。逐月对污水站以及注入水水质进行考核，严把注水质量关，同时还以油田公司"水质管理年，攻关试验年"为契机，以"努力突破瓶颈技术，加快科技创新步伐"为目标，全面开展了污水处理系统试验攻关研究，抓好水质管理。2003 年，成立了以总设计师为组长，油田管理部、规划设计所、厂中心化验室以及其他各单位参加的污水处理试验攻关小组，争取到了油田公司级科研项目 9 个，确立厂级科研项目 9 个，从管理到技术多角度地做好油田注水这篇文章。

其次，精细资料录取管理，夯实资料录取基础。2003 年被定为"地质管理年"，为了促进地质资料录取水平的提高，组织开展了以精细资料录取管理为核心的各项资料录取上水平活动，并且多次组织了厂矿各级的资料检查，收到了很好的效果，在油田公司上半年注水井现场资料录取检查中，第一采油厂资料全准率名列前茅。

　　再次，精细机采井管理，夯实油田管理基础。上半年，提出并组织开展了两个活动：一个是精细抽油机减速箱漏油治理，努力实现全厂抽油机减速箱无渗漏。其中采油五矿率先实现了这一目标，并总结出"通、紧、放、调、修、换"六字抽油机减速箱漏油治理方法。5月份在减速箱漏油治理经验交流会上五矿的做法得到了推广，带动了全厂抽油机减速箱渗漏治理工作的开展。另一个是精细公路沿线井管理。通过活动，全厂公路沿线油水井和计量间管理水平达到了"三有三无"的标准。"三有"即有井号、有公司标识、抽油机和注水井切断阀有围栏；"三无"即无油污、井站设备无渗漏、无散失器材。其中抽油机加围栏和井站设备无油污目标的实现从安全和环保的角度促进了基础工作的提高。

　　上半年，在油田公司开发部的正确指导下，第一采油厂圆满完成了各项生产任务，油田管理工作也取得了阶段性成果。以上是第一采油厂在油田管理过程中的基本做法，未来将虚心学习兄弟单位好的经验及做法，认真落实油田公司各项工作部署，在油田管理过程中，积极谋求新的发展，不断取得更大成绩，为油田公司的可持续发展做出更大的贡献。

（2003年大庆油田有限责任公司开发系统采油队管理经验交流会材料）

更新观念　优化运营
构建效益型设备管理新模式

第一采油厂

大庆油田有限责任公司第一采油厂大力开展设备管理创新和设备新技术推广应用工作，在装备管理方面贯彻"提高质量、优化增量、盘活存量、控制总量"的工作方针，提高单位资产创效能力；在设备日常管理方面，提出"挖掘设备潜力、强化润滑管理、开展状态检测、实现效益维修"的工作方针，以强化设备管理为主线，以提高设备创效能力为宗旨，以实现设备效益维护为目标，加强设备基础管理，建立设备维修档案、润滑档案，开展设备状态监测，逐步实现设备按质换油，逐步建立"以设备一生对象，追求设备寿命周期费用最经济"的管理理念。完善中油资产（设备）管理网络数据库建设，使设备管理由静态向动态转变，实现设备管理的科学化、规范化、数字化、效益化。努力在全厂范围内建立全员、全方位、全过程效益型的设备管理新模式。具体工作如下：

一、细化设备管理基础工作，实行文本化管理

2003年在制定设备管理各岗位流程的基础上，明确建立各岗位工作程序和工作职责，并结合油田公司岗位检查的要求，在设备管理系统内开展岗位描述工作，进一步细化设备管理各岗位的工作程序和工作内容，细化各岗位工作标准和职责，细化各岗位间相关工作接口，形成一套规范完整的工作流程和工作标准，明确了岗位人员的管理职责，工作目标、工作任务，从而规范设备管理行为。对于部室内部，尝试主副岗制，提高设备管理岗位人员的管理能力、拓宽其知识面，保持主岗人员学习或外出时设备管理工作的延续性。对于部室外部，对厂相关部室进一步明确生产管理岗位职责，防止职责交叉、空缺、漏项，保证设备管理与生产管理融合，提高工作效率。

二、强化设备的前期管理，发挥其长期效能

为了强化设备的前期管理，加强了设备购置前的技术论证。在装备部分石油专用设备时，提出"先论证、再试验、后装备"的工作思路。随着油田生产的发

展和生产规模的扩大，部分在用的老旧设备性能下降、功能单一，很难满足目前生产规模扩大对装备的需求。为此，在装备配套中，以设备的"先进性、可靠性、适用性和安全环保性"为主线，保证装备资金发挥最大效能。具体操作步骤：首先，根据上级业务部门装备指导思想、装备资金计划，结合生产实际，开展装备经济、技术论证，最终确定购置计划；其次，与使用单位一起讨论设备技术要求，确定适合于生产的专用设备，上报上级业务部门；其三，根据上级业务部门批准的装备计划，与供货厂商签订技术协议，要求厂商按照技术协议的要求生产设备样机，选定使用单位进行试验；其四，根据试验结果确定改进方案，再由厂商按照合同数量进行生产，最后交货验收，从而实现设备在生产使用过程中的适用性、可靠性、安全环保性，提高了设备的工作效率，最大限度地满足了生产对设备的需求能力，体现了以人为本的目的。例如：2002年，针对采油队长期使用的长春40型、沈阳50型拖拉焊存在的机体漏油、驾驶室密封不严、冬季低温等问题，大胆尝试，以矿大队资产设备管理人员及操作手管理与操作经验为基础，与车辆改装厂商一起进行论证，共同研制开发了以北京福田欧豹拖拉机为底盘的胶轮拖拉焊车，并在改型胶轮拖拉焊车上加装了暖风和风扇，解决了操作手冬季冷、夏季热的问题。2003年，配备电泵井清蜡车时，深入到采油队了解电泵井清蜡过程中的工艺情况，针对电泵井清蜡设备操作过程中井口钢丝运动情况观测不清、容易发生掉卡事故的实际情况，与厂商进行技术交流，在清蜡车上配备监视探头，操作人员在车内就可监视到钢丝在井口运动情况，大大提高了工作效率，减轻了操作者劳动强度，降低了因提拉钢丝遇阻引起的故障率，最大限度地满足了生产工艺对设备的技术要求。

三、开拓思路，探索途径，开展设备管理创新

在开拓设备管理创新过程中，坚持设备管理与生产管理相结合，设备维修与技术改造相结合，统筹安排，努力提高设备运营效益。2003年在"两结合"管理创新思路的指导下，最大限度地节约了设备运营费用。

一是活动设备大修计划与装备更新计划相结合。在年初制定活动设备大修计划时，与活动设备更新计划密切结合，根据生产实际，规定大修后的活动设备两年内不准报废更新；已列入报废更新计划的设备不安排大修计划，在不影响安全的前提下控制维修，同时规定临近更新的设备在3个月内发生故障，在不影响生产的情况下，停止运行不维修，以最大程度地节约维修费用。

二是机泵设备更新、大修计划与老区及产能改造相结合。在年初制定机泵设备更新、大修计划时积极与计划规划部门一起，了解掌握当年老区扩建改造及产

能建设项目中相关机泵设备更新设计情况,只对老区改造及产能改造项目中没有列入的机泵设备安排更新、大修计划,进一步节约了设备的维护成本。

三是注水泵调级工作与注水泵解体维修相结合。近年来,为了节约电能、充分利用注水管网调水能力,调整注水泵的开泵台数,优化系统运行,需要对部分注水泵进行调级(加减级)以调整管网注水压力,节约电能。为此与生产单位密切结合,根据生产实际把注水泵调级工作与注水泵解体大修工作有机结合起来,减少拆机台次,节约维修费用。2002 年有 4 台机组结合调级进行解体大修,节约费用 20 万元。

四是天然气增压机解体维修与天然气公司装置检修相结合。天然气公司装置检修每年安排在 4—10 月份期间进行。为了保证天然气外输,提高创效能力,同时保证天然气压缩机维修质量,确保安全生产,尽可能地把天然气增压机解体维修与天然气公司装置检修结合起来。这样既保证压缩机维修不影响外输气量,又有充足时间保证维修质量,同时在生产停止情况下维修能够最大限度地保证维修员工人身安全,避免可燃气体带来的隐患。2003 年按照此方法,全厂共大修理天然气增压机 9 台,既没有影响外输气量,也没有发生过因质量问题而返修的情况。

五是设备维修与技术改造相结合。在进行设备维修的同时,对技术淘汰设备进行技术改造,提高设备能力,降低设备运行费用。如作业大队在进行 GLC-60 锅炉车维修同时,对锅炉燃烧器进行了技术改造,淘汰原锅炉车老式燃烧器,更新换代新型燃烧器,节油效果显著。采用老式 LT322B 燃烧器工作时,锅炉燃烧每小时油耗为 35 公升,采用 TBR3 新型燃烧器后,通过对比,现场使用测试该燃烧器节油率为 36.46%。为此在设备维修技术改造时,投资 4.85 万元技术更新 18 套老式燃烧器,按日均运行锅炉车 15 个台班、平均每个台班锅炉运行 3 个小时计算,核算日均节省柴油 630 升,全年工作按 300 个工作日计算,18 台锅炉车年可节省柴油 157.5 吨,节约费用 45.9 万元。

六是设备状态监测与设备竣工验收相结合。对于基建竣工投产大型机泵的验收,利用设备状态监测手段进行测试,依据相关标准,规定新安装设备的振动不允许超过国标允许振动值的 2/3,并用千分表检测电机与机泵的同轴度,保证新设备的安装质量,减少由于安装质量问题带来的损伤,达到降低设备运行费用、提高设备能力、降低设备运营成本的目的。2003 年共投产大型机泵 26 台(其中高压注水泵 12 台、天然气增压机 14 台),在设备验收时,按照状态监测的要求,对每一台机组的试运都进行了严格的检测,先后解决了 9 台天然气增压机的产品质量问题和安装质量问题共 16 个,保证了设备安装质量。

四、建立设备维修记录档案，规范设备维修管理

2003年在严格规范设备维修管理的基础上，进一步强化了设备维修档案的管理，建立进厂检验、配件更换等四项记录，保证设备维修的可追溯性，为设备一生管理提供决策信息。通过一年的运行，取得明显的效果。

一是实行设备维修档案化管理，规范了活动设备的修理工作。对内修车间实行设备维修档案化管理后，全厂2003年车辆维修情况进一步清晰明了。各矿大队设备管理员，每月认真分析厂内修车间提供的车辆维修记录，对比前3个月维修记录，发现重复维修、质量返修、重复更换配件的情况可以拒绝付款，从而大大提高厂内修车间的服务意识和维修质量，规范了车辆维修管理工作。

二是实行设备维修档案化管理，量化建档工作的规范。对于一次维修费用超过5000元的设备，建立"进厂点交记录、配件更换记录、总成更换检验记录、出厂检验记录"四项记录，特别是对于重点维修更换总成件情况，要求用数码相机记录情况，对暂时能用的，要求使用到最后再加配。通过建档制度保证设备维修的可追溯性，为设备一生管理提供了决策信息。

三是实行设备维修项目组管理，实现设备维修阳光工程。对于设备维修没有定额的项目，成立维修项目评审小组，由有经验的设备维修及管理人员参加，对维修的工作量加以评定，合理评定价格，形成加配论证并对无定额指标的价格进行评定制度，达到规范运作、节约设备维修成本的目的。

五、加强设备润滑管理，开展润滑油监测工作

2003年结合实际情况，强化设备的润滑油管理，开展全方位设备用油调查，为保证设备准确用油打下基础。在此基础上，购置14台THY型润滑油化验设备，从开展活动设备按质换油入手，逐步推行设备准确用油和按质换油，把润滑油视为设备的"血液"，加强设备润滑技术管理，保证设备的合理用油。具体做法：

一是规范设备润滑管理，科学指导设备用油。根据《润滑技术手册》以及厂各种设备使用说明书，编制了设备各种润滑油推荐表并下发全厂，重点指导活动设备正确更换发动机、变速箱、差速器、液压系统、刹车系统的用油。同时对大修设备实行润滑油监督管理，要求维修厂家按照甲方要求更换指定质量以及黏度等级的润滑油。另外在装备计划签订技术协议时，要求供应商必须提供该设备所属润滑系统各种润滑油国标或API标准，保证今后设备用油规范准确。

二是加强协调，监督润滑油管理。2003年协调厂质量安全环保部，开展润滑油质量监督入口管理，截至目前，已检测15个批次各类润滑油，发现3个批

次润滑油的部分指标存在问题，进行退货和追踪处理。同时从2003年开始协调厂化验室对抽油机减速箱大修时的润滑油进行检验，追溯抽油机润滑管理问题，改进设备润滑管理方法。

三是以活动设备检查站为依托，实现活动设备按质换油。在活动设备回场检查站，利用油质分析仪开展润滑油检测工作，并逐步建立润滑油检测档案，为设备按质换油提供技术依据。规定活动设备换油前要记录汽车发动机型号、燃油种类、换油后行驶千米数、整车累计行驶千米数、上次换油的等级、黏度，通过检测数值（仪器规定的参考值与润滑油相关的技术参数），来确定是否更换润滑油。重点对庆铃系列客货、轿货和吉普车按质换油情况进行跟踪分析：采用国内品牌SD级发动机油，运行6000千米，发动机油基本合格，运行7500～8000千米换油最为经济；若采用品牌SF级发动机油运行8000～9000千米，发动机油基本合格，10000千米以上按化验结果换油。经过一段时间的摸索，对于部分车辆的润滑油使用情况有了一定了解。按质换油，规避了过去定期换油的弊端，节约了能源，各单位均从中获益。

四是开展润滑技术培训，提高设备管理人员的技术素质。通过计算机网络，在厂财务资产部网页上，设立学习园地，讲述润滑油黏度标准，帮助设备管理者、操作者掌握新老标准的区别。我国润滑油标准最先延续苏联标准，之后开始引用欧美等国标准。随着新国标的实施，过去润滑油的指数相对新标准发生了变化。设备管理人员通过学习逐步掌握润滑油的基本知识，有利于设备的技术管理和维护。

六、开展设备视情维修管理的探索，节约维修费用

2003年第一采油厂继续转变设备维修管理理念，进行大胆尝试，使大型设备从计划维修模式向状态监测、视情维修方面逐步转变，提高了设备的管理水平，降低了维护费用。2002年6月，重新规范全厂设备状态监测工作，并在2003年把大型设备状态监测与视情维修结合起来，纳入2003年厂内承包维护范围内，实现全厂运行的大型设备每月监测一次。同时规定设备状态监测站每月制定上报设备检测计划，并把本月计划和本月监测结果进行数据汇总、分析，根据JB/T 8089—1999《泵的振动测量与评价方法》及GB 7777—1987《往复活塞压缩机机械振动测量与评价》，对于振动超过第一阈值小于第二阈值的设备，安排有关设备维修人员对有问题的设备进行有针对性的检查、必要时维修；对于振动超过第二阈值的设备，安排有关设备维修人员对有问题的设备停机进行有针对性的维修，并在下一个月安排状态检测计划时重点进行检查。这样，一是防止设备维

修不足或过剩维修；二是利用状态检测结果，改变传统定时维修的方式，通过维修承包与状态检测相结合的方式，使设备达到最经济的维护。2003年共检测高压注水泵机组689台次、联合站外输泵机组316台次、天然气压缩机机组415台次，累计12320个测点，发现有问题机组485台次。其中检测振动值在第一阈值与第二阈值之间的设备进行重点观察，经分析判断可运行的有310台次，停机处理问题的92台次。检测中振动值超过第二阈值的83台次全部进行了停机处理。截至2003年年底，全厂120台注水泵有41台已运行了30000小时以上，没有进行过三保或大修（其中一矿中十注的3号注水泵已经累计运行84100小时）。通过坚持设备状态监测，已累计节约设备维修费用200万元，经济效益显著。

第一采油厂在强化设备管理工作中，以设备润滑管理为重点，以开展润滑油检测和状态监测为手段，以设备的技术管理带动设备的基础管理和创新管理工作，提高了设备的整体效能。本次经验交流活动，是向兄弟油田学习设备管理先进经验的良好机会，为第一采油厂搞好2004年设备管理工作创造了极好的条件，未来将进一步开拓思路，积极进取，进一步提高设备管理工作水平。

（2004年中国石油天然气股份有限公司设备管理经验交流会典型材料）

大力推进管理创新
为创建百年油田做贡献

第一采油厂

油田公司分开分立以来,为适应新体制的要求,第一采油厂在强化内部管理、规范经营行为、保证经营管理有序进行的基础上,针对油田生产规模日益扩大、成本控制难度不断加大的实际,大力推进管理创新。向管理要质量、要效率、要效益,促进了企业管理水平和经济效益的不断提升。

一、创新经营考核办法,经营机制日益完善

制定和实行了以成本和收入为主要指标,达标奖励、超标再奖励、奖罚与业绩挂钩的"两奖一挂"经营考核办法。调整完善考核指标体系,将经常性工作指标统一纳入综合管理指标,实现了主要业绩指标考核与日常管理工作考核的有机结合。2004年,对20项关键指标和费用实行单项承包,签订《单项费用目标责任书》,总金额17.83亿元,实现超额收入2248万元,节余6215万元。2005年,单项费用承包总金额达22.8亿元,目前控制良好。将薪酬管理权限下放,实行总额控制,较好地解决了各单位季节性工作量不同,但使用全厂统一制定的月度奖金发放标准带来的矛盾,进一步发挥了激励作用。

二、强化全员成本管理,有效控制操作成本

坚持公开、透明、民主的原则,采取上下结合、统一标准的做法,编制预算方案,重新测算了52项井站消耗定额和内部劳务价格,完善了厂内定额和价格体系。下放成本管理权限,将管、杆、水、电、电泵机组、房屋维修权下放矿(大队),激发了全员控制成本的积极性。与此同时,强化成本控制体系建设,将预算指标层层分解,形成了厂、矿(大队)、小队、班组、岗位(个人)五级成本管理体系。自主编制研发了《物资消耗跟踪管理软件》,解决了物资计划申报、采购、入库验收、消耗、结算的一体化管理,并与班组经济核算相结合,实现了成本发生点、控制点、考核点一致,增强了基层单位和员工的成本意识,见到了明显的降耗增效成果。广大科技人员和管理人员自我加压,将降低成本消耗作为

技术攻关方向，努力在优化注水产液结构、优化生产运行方式、控制能耗上升等方面下功夫。在《螺杆泵配套技术研究》《机采井节能技术研究》《电力运行及注水泵运行优化方案》《地面系统综合效率提升研究》《天然气外输优化方案》等技术研究方面取得长足进展。2004年，在原油产量下调的情况，外输天然气6.46亿立方米，创历史最高水平。在生产规模扩大的情况下，清水用量比上年下降456万立方米，耗电量保持平衡，全厂吨液综合耗电由2001年的21.32千瓦·时/吨，下降到2004年的18.5千瓦·时/吨。厂下属机采大队、机泵厂、仪表安装维修大队、电力维修大队在效益与收入挂钩政策的引导下，在确保正常生产计划完成的同时，自主承担了全厂专业修旧的职能，成立了兼职的专业修旧队伍，负责全厂油管、抽油杆、抽油机、井下工具、仪器仪表、电机、变压器的修复工作。2004年机采大队修复损坏的旧抽油机350台，用于2005年产能建设124台，用于区块调整及换型等项目200余台。抽油泵厂修复旧管杆50余万米，用于2005年的产能建设及油水井修复作业。仪表大队积极采取"走出去"战略，承担了其他采油厂的仪表维护维修任务。上述做法对投资与成本的控制起到了良好的效果。全厂各采油矿在修旧利废、变废为宝工作上普遍推行了"七班两库"的管理流程，"七班"即汽车修理班、机械加工班、电机修理班、机采维修班、泵修班、电器修理班、仪表维修班，"两库"即"废品收缴库"及"修复利用库"，同时把修旧所获的效益与员工的收入挂钩，2004年全厂修旧利废金额达1.2亿元。

油田资源管理监察大队为保证全厂水、电、气资源不流失，缓解全厂成本紧张的压力，强化人防、物防、技防措施，严厉打击盗电、盗水分子，提出"抄千家表无一误，查千家点无一错"工作思路。2004年共查处盗取水、电、气不法用户143个，销毁电炉子220个、电缆电线3000多米，取缔小硫酸厂2个、小造纸厂2个、小塑料厂1个，追补电量273.22万千瓦·时，收取经济赔偿157.45万元，收缴转供水、电、气费1.25亿元，明显控制了成本流失。

以上这些做法，为构建节约型企业奠定了良好的基础，全厂的成本得到有效控制，实现了较高经营效益。2004年，全厂比计划少用水950万立方米，少用电1.8亿千瓦·时，实现成本节余1149万元，获超额利润20713万元。

三、构建内部模拟市场机制，努力提高工作效率

随着油田开发进入高含水后期，井网密度越来越大，全厂每年新增油水井近600口，在员工总量不增加的情况下，如何使人力、物力、财力等资源得到优化配置，提高工作质量、工作效益的问题日益凸显。为此，积极大胆地构建了内部模拟市

场机制，在厂级层面上将采油矿作为主体单位，即甲方，将作业大队、电力维修大队、仪表安装维修大队、机采大队、抽油泵厂作为辅助单位，即乙方，以甲乙方关系，确立劳务关系。在矿级层面上，将采油队、站库作为甲方，将维修队、测试队、车队等辅助单位作为乙方，构建起采油矿内部甲乙方关系。同时完善了厂、矿两级模拟市场的管理体系、价格体系、结算体系、劳务项目体系，明确了甲乙双方的权利与义务，制定了内部模拟市场经营模式，对甲方实行以成本、油气产量包干的内部承包经营责任制，对乙方实行内部模拟资产经营责任制，以内部利润为指标，促进其转换经营机制，不断提高作业、施工、维修、服务的质量和资产运营效益，增强经营意识和自我发展能力。在这一新机制的引导下，作业大队针对自身工作量减少、队伍结构不合理、机构重叠、资产利用率低、连年经营亏损等问题，自觉转变思想观念，树立求变意识，提出了"缩体架、强筋骨、改体制、换思路"的工作思路，在上级指导下，制定并实施了资源整合方案。在队伍结构上，坚持职能合并，精干高效。在资产调整上，坚持经济高效。在人员调整上，坚持公平、公正、公开，使全大队资产、人员、队伍得以优化配置。经过整合，减少基层小队12个，厂内调剂活动设备127台，分流366人充实到新建产能的采油二矿和采油五矿。既达到了精干队伍、规范职能、提高效率的目的，又缓解了全厂因生产规模扩大带来人员紧张的矛盾。在此基础上，作业大队又建立起以利润考核为核心的模拟市场机制，甲方作业队为采油矿修井，实行利润工资、奖金考核，按基本定额和超额计奖的办法核算工资、奖金；乙方生产辅助单位为作业队或相关单位提供劳务，实行利润奖金含量考核，根据月度完成的利润核算奖金。通过构建内部模拟市场，形成了作业队与保障队之间相互制约、相互促进的工作关系，提高了工作质量和经济效益。2004年在队伍、人员、设备大幅减少的情况下，圆满完成了作业施工任务，综合返工率、责任返工率分别比考核指标低8.45%和0.91%，全员劳动生产率提高了0.5口井/人，材料费、油料费减少487万元，实现超额利润282万元，员工个人奖金平均增加897元。

　　内部模拟市场机制的构建，不仅使作业大队发生了巨大的变化，在厂其他辅助单位及采油矿内部推广也见到了明显的效果。机采大队主动承担了全厂油水系统的清污任务，年承担工作量300多万元，解决了以往这些工作量用外部队伍施工的问题，节约了费用。抽油泵厂自觉承担了全厂水渠清淤及道路系统维护工作。在采油矿，各辅助小队的工作积极性明显提高，积极主动地开发市场、为甲方服务，彻底改变了以往工作中的推诿被动局面，有效地提高了全员工作效率。

四、实施专业化管理，推进管理创新

随着时代的发展，传统的管理模式已不适应新形势、新需要，必须要进行改革。去年以来，围绕提高管理效率和效益，第一采油厂在推进管理模式创新上进行了探索，在实施专业化管理上迈出了坚实的一步。

第一，推行采油矿夜间管理新模式。2004年，全厂共有采油小队78个，设置夜巡工岗位468人，并设有1个经保大队及9个采油矿经警队，共有警员351人，采油队夜巡工主要负责夜间的正常生产运行检查及系统防范工作，经警队主要担负着保卫油田的工作，这种管理模式存在着管理面积大、职能交叉重复、工作效率低及夜巡工管理失控等问题。加之，厂2005年新增产能井560口，2006年将新增产能井近800口，人员紧张形势日趋严重。为此，第一采油厂探索了全厂夜间管理的新模式，一是取消采油队夜巡工岗位设置，将经保队与夜巡工的职能合并，挑选精干人员充实到经保队；二是将全厂划分为23个区，由34个班分区域检查巡逻管理，加密了巡逻检查次数；三是制定了采油队、经保队夜间管理的职能及考核机制，使其职能明确，流程清晰，有利考核。

夜间专业化管理模式实施以来，取得了比较明显的效果。一是节省了人力，提高了效率。调整前全厂共有夜巡工及经警819人，调整后减少到326人，将这部分人员调整到新建产能区块，有效解决了产能建设新增人员的问题；二是加大了巡逻打击力度，油田物资被盗得到了有效控制，与去年同期相比下降了32.8%，丢失变压器、电机数量减少近50%；三是夜间生产管理得到了加强，解决了夜巡工以往工作不到位的问题，保证了夜间安全生产。

第二，探索注水变电专业化管理新模式。目前，第一采油厂共有注水站33座、变电所40座、各种污水站35座，均由采油队管理。管理过程中出现很多问题与矛盾，一是采油队的主要业务是原油生产，管理与技术人员侧重于原油任务的完成、指标的控制及油水井的管理，不同程度地忽略了注水站、变电所和污水站的管理；二是采油队的技术力量相对单一，不利于注水变电员工的系统培训和整体素质的提高；三是不利于构建注水、变电、污水系统的优化运行方式，影响系统的质量与效益、效率。为此，第一采油厂在采油五矿、采油三矿探索实施了注水变电专业化管理新模式，将注水站、变电所和污水站进行统一管理，组建了注水变电队，强化了管理与技术人员配置，合理设置岗位，优化上岗人员，将同场区的注水变电值班人员由4人调整为3人，并构建了注水变电队的优化运行、安全管理、成本定额管理、技术培训等管理体系，有效地解决了以往管理模式存在的问题，取得以下效果。一是见到了明显的经济效益，在完成相同注水任务的情况下，材料费少支出53万元；二是节省了人力，在相同生产规模下，节省人力13人；三是促进了员工队伍素质的提升；四是提高了管理水平。

第三，整合全厂化验队伍，实施化验工作专业化管理。随着油田化学驱油推广应用规模的扩大，对化验检测的要求越来越高，需要具备较强的技术力量和较高的检测手段。2004年，两个厂级化验室分别由地质大队和试验大队管理，均设化验室及化验员岗位。两个厂级化验室工作职能交叉、重叠，化验力量分散、购置设备重复且利用率低，使各采油矿分队化验均存在不利于管理与考核、影响资料准确性、人员紧张、设备配置费用高等问题。为此，两个化验室整合为厂中心化验室，担负全厂的化验检测及管理工作。各采油矿取消采油队化验岗位设置，成立矿化验室，实施专业化管理，负责全矿的化验检测及管理工作。厂、矿两级整合，见到了明显效果。一是整合了业务，理顺了流程，建立起了厂、矿两级管理体系，解决了管理不到位的问题；二是节省了人力，整合后全厂少用21人；三是有效控制了购置设备的投入费用，在完成相同任务的前提下，少投入费用近600万元；四是实现了人员、技术优势互补，提高了化验水平，保证了资料全准率；五是有利于人员进行系统培训，提升整体素质。

此外，还将各采油矿分散管理的配制站集中整合到试验大队管理，有效地控制了成本费用，提高了管理水平及工作效率。

在大力推行管理模式创新，实施专业化管理的同时，积极鼓励基层单位和员工创新实践，制订出台了《管理创新和岗位创效成果评审奖励办法》，鼓励广大管理人员围绕提高效益、效率和管理水平，在组织结构、管理制度、管理方法、工作流程、人才开发、企业文化建设等方面进行创新，鼓励全厂员工围绕操作方法、技术革新、技术发明、工艺改进及消除重大安全隐患方面开展岗位创效活动。全厂上下形成了创新创效热潮，2005年年初步申报管理创新成果66项，岗位创效成果112项。

五、加强制度体系建设，规范内部管理

认真落实"建立健全内控体系、完善经营管理机制、切实做到设计有效、执行有力，确保一次通过内部测试和外部审计"的工作要求，充分认识内控体系建设的重要性和必要性，把内控体系建设当成一项重要工作来抓。

以严密可控可操作为标准，重点做了五项工作：一是完善并执行各项管理流程；二是建立每项管理流程的记录证据体系；三是完善管理流程相关内控文件，形成制度支撑体系；四是完善部门职责，做好岗位描述工作；五是抓好内部跟单测试工作，保证内控体系有效运行。截至目前共完成10大类业务68个流程、48

个关键控制流程的编制实施工作。

与此同时，围绕解决制度的继承与发展、制度的衔接与配套、管理职责的划分、工作标准化四个关键问题，做了以下工作。一是分门别类地整合有效制度，废止和修订相关制度，纵向分为股份公司、石油公司、厂、矿四个层面，横向以管理部门为单元，编制形成第一采油厂制度体系；二是制定了厂机关各部门及所属单位的《部门职责文本》及管理人员的《岗位说明书》，明确和细化了岗位职责；三是规范了规章制度的管理办法，明确了规章制度的制定程序，加强制度集中管理与规范使用，避免同一事项层层制定制度，降低制度制定成本；四是编制了106个《操作类岗位手册》，为岗位员工提供了日常工作指南及考核依据，起到了为老员工掌握新标准提供指导，为新员工了解业务提供指南的重要作用，对提高基础工作管理水平具有重要意义；五是狠抓制度落实，充分认识有章不循比无章可循对秩序的危害更为重要，强化日常检查考核，做到考核标准制度化、考核方式程序化、考核资料规范化、考核结果公开化，通过检查考核，把每一项管理制度要求落实到各项业务之中，落实到每一位员工；六是制定并实施了《职业道德承诺书》，与关键岗位的管理人员通过签订承诺书明确了各自的权利与义务，引导员工爱岗敬业，诚信守法。

制度体系建设的加强，使全厂干部员工在生产、技术、经营活动中有章可循，为实现科学管理提供了保证。近三年第一采油厂经济纠纷案件由以前的每年近30起降为0，无一起新发生的经济纠纷案件，全厂经营管理平稳有序。

六、加强员工队伍建设，保证生产经营目标实现

针对实现油田可持续发展对员工队伍提出的新要求，牢固树立"人才是企业的第一资源，是创建百年油田的根本"的思想，认真贯彻落实油田公司《人才观》，大力加强员工队伍建设，为实现生产经营目标提供智力支持和精神动力。

确定了建设五支人才队伍的目标，努力将人员大厂变成人才大厂。一是按照建立现代企业制度的要求，努力建设一支掌握现代管理知识、懂经营善管理、创新能力强的管理人才队伍；二是针对企业改革发展中带来的新问题、新矛盾，努力建设一支能够把握大局、熟悉党务工作、善于做思想工作的政工人才队伍；三是围绕解决制约油田开发的"瓶颈"技术，努力建设一支具有一定技术造诣、科研攻关能力强的技术人才队伍；四是针对新工艺、新技术的不断应用，努力建设一支熟练掌握操作技能、能够解决生产疑难问题的操作人员队伍；五是为提高员工技术培训效果，努力建设一支专业技能水平高、实践经验丰富、具有一定传授能力的培训师队伍。

围绕建设五支人才队伍具体做了以下工作：一是加大培训力度。以提高能力为重点，分类别、分层次、有针对性地开展培训。通过举办管理知识系列讲座、选送优秀人员到高校深造、举办各种培训班、组织跟班学习实践等形式，使全员培训率达到85%，培训合格率达到99%，提高了各类人员的能力素质。二是完善人才工作机制。制定了《技术专家、学术技术带头人、专业技术骨干评聘办法》《技师考评聘任管理暂行办法》和《培训师选拔管理办法》，为加强人才队伍建设提供了制度保证。三是广泛开展学术交流、技术比赛活动。举办技术论文发布会，参加国内外技术交流和项目论证，开通科技情报信息网站，编发《中外石油科技情报》，建立技术图书资料室，促进了技术人员学习和交流；突出实际操作技能和综合分析能力，在岗位员工中广泛开展"百做不误"岗位练兵活动，举办了有16个工种3300多人次参加的厂第十九届生产技术运动会，使员工素质明显提高，人才队伍初具规模。涌现出集团公司高级技术专家2人，油田公司技术专家、学术技术带头人6人，厂学术技术带头人、专业技术骨干69人；高级技师、技师、助理技师251人，厂级以上技术能手428人；油田公司级培训师10人。培养博士、硕士研究生80人。

以上是第一采油厂在经营管理上所做的主要工作，虽然做了一些积极的探索，也见到了一定成效，但按照油田公司的要求，和兄弟单位相比，尚有差距和不足。今后，要进一步解放思想，深化改革，强化管理，为创建百年油田做出新的贡献。

（2005年大庆油田有限责任公司经营工作会议典型材料）

建立"七班两库" 整合修旧资源
努力建设节约型采油矿

第一采油厂第六油矿

第六油矿管理总面积14.928平方千米，管理油、水井1254口，计量间81座，各类站、所42座；有基层小队19个，班组217个，员工1250人；拥有资产设备7395台（套），总资产25.8亿元。

自2005年起，第六油矿认真贯彻落实油田公司和厂工作会议精神，在创建百年油田和创建节约型、效益型企业的实践中，紧密结合实际，加强控制成本的能力，通过建立"七班两库"，整合修旧资源，在修旧利废上挖掘潜力，进一步推进了节约型采油矿建设，促进了全矿经济效益的提高。截至2006年年底，在修旧上实现成本节余237.85万元。

一、明确思路，集中整合，在管理模式创新上挖潜力

随着油田公司开发成本逐年上升，采油矿成本管理难度也日益增大。为了保证企业增效、员工增收，第六油矿深入挖掘降本增效的潜力。

第一，测算分析，寻找降低成本的突破口。近年来，虽然采取了很多降低成本的做法，但由于产能增加，生产规模扩大，成本费用小幅攀升的实际，为降本增效提出了新的课题。要继续实现成本节余的目标，必须转变"无本可降、无潜可挖"的思维模式，在精细管理和精细节约上做文章，加大修旧利废力度。于是，通过对往年成本消耗点反复测算，发现电机、仪表维修以及汽车外部修理等成本的消耗量较大，其中，仅电机修理一项就高达40多万元。经进一步分析，电机、仪表等设备出现的故障，完全可以自己进料修理；对皮带轮、抽油机吊绳、螺栓等配件，也具备自行加工的能力。自己加工和修理，不但可以节省工时，提高解决生产问题的速度，还可以节约大量成本。如果一个生产班组每年回收一个250闸门修复再利用，那么矿130个生产班组可回收修复130个，仅此一项全年就能够节省费用近10万元。因此，对现有修旧资源整合和有效利用，既适应形势发展要求，也是实现降本增效的一种适合而有效的方法。

第二，转变模式，明确修旧管理的新思路。随着管理规模不断扩大，修旧空

间也不断增大，这样就给修旧管理模式提出了新的要求。经实践证明，过去的分散管理模式存在很多弊端。一是各队分别设置维修班组，修旧人员分散；维修工具和设备重复配置，利用率较低，造成人力、物力资源浪费，专业化程度不高，无法实现管理和效率的最优化。二是维修人员主要工作是生产维修，在修旧上投入精力较少，而且只完成本队的修旧任务，工作量不均衡。三是废旧物资存放在小队，没有统一回收，容易引发私自处理的问题，增加管理难度。因此，要开展好修旧利废工作，就需要打破分散管理模式，整合维修班组和修旧资源，实行集中管理模式，实现修旧管理的高效运作，为建设节约型采油矿提供有力保证。于是，提出建立"七班两库"，实施修旧班组专业化管理模式的新思路，即组建汽车修理班、机械加工班、电机修理班、机采维修班、泵修班、低压电器修理班、仪表维修班以及收旧库、修复库，并将防水班、玻璃钢管线补漏班作为临时班组，分别集中设在维修队和车队统一管理，使废旧物资从源头到消耗点，由小队"交与领"，修理班"修与验"，材料库"收、存、发"的闭合管理流程。

第三，查找问题，制定规范运作的措施。事实上，修旧利废活动在我矿开展多年，但实际工作见到的效果并不理想。为了找到问题根源，开展了对小队废旧物资的维修和管理现状的调查分析，发现问题来源于多方面因素。一是员工修旧意识不强。部分员工虽然有节约成本的意识，但没有认识到对废旧物资回收利用是降低成本的一条有效途径。如有的工具、设备只是个别部件丢失或损坏了，往往就直接领新的，很少考虑修复再使用，造成很多不必要的浪费。二是员工修旧能力不强。各队分别设置维修班，实行分散管理，导致员工间缺少协作，不利于相互学习交流和提高维修技术水平；有的零部件即便是修了，小队也没有专门校验人员进行质量把关，存在安全隐患。三是修旧机制不完善。实际操作中，维修人员由各队管理，缺乏统一的考核标准，而且修旧报表、台账等文本不规范，导致工作落实不到位。因此，要确保修旧利废工作取得实效，必须从规范管理流程，完善考核机制，增强全员修旧意识，提高维修人员技能等方面入手抓好落实。

二、合理设置，逐步完善，在规范修旧管理上做文章

实践中，合理确定修旧班规模，清晰管理流程，完善配套制度，逐渐形成了"统一管理、专职维修"的修旧管理模式，实现了修旧集中管理模式的规范化运作。

第一，依据实际情况，确定修旧规模。结合井站数量、设备台数以及修旧能力的实际，坚持适合适度、合理投入的原则，确定了修旧班组的规模。首先对 7 个维修班组进行定员，以"用较少投入换取最大经济效益"为原则，设置了 5 个

专职、13个兼职维修员工，明确了各班组工作职责，细化了修旧范围，既能够保证生产正常维修，又使收旧物资得到修复；其次，配备修旧工具和设备。在充分利用现有的操作台、举升架和电焊机、砂轮机、台转、打气泵等维修设备以及车床、刨床、铣床等加工设备的基础上，又新购置了仪表维修专用工具，从而建立起能满足实际生产需要的修旧队伍。组建"七班两库"，不仅仅是对原有资源进行整合和优化配置，更重要的是，为完成各项生产经营指标提供了保证，使成本管理机制在实践中得到具体体现，使"成本年年节余"的目标得以实现。

第二，清晰管理流程，加强过程控制。为了使修旧班工作更加清晰、顺畅、高效，制定了《"七班两库"管理流程》，通过加强"四个控制"，规范了收、修、存、发四个主要节点的管理。一是加强对废旧物资回收的控制。各队将用坏的物资定期上交材料库，材料组人员清点，按大类建立物资交旧台账，统一放在收旧库。对收来的废旧物资，也并非全都重新修复，为了把握好修旧利废的"度"，在修旧之前，首先给"修"的对象定性，制定了"三个衡量"的检验标准，即从时间的角度上衡量，根据设备、物资陈旧破损的程度，看是否已超出使用年限；从经济的角度上衡量，对比修理旧件与购买新件的成本，看是否有修的必要；从安全的角度上衡量，特殊岗位和安全系数要求较高的设备和物资，只有在保证安全的前提下才修复再利用，如修复的250闸门，打压合格后只用在油井上。全面衡量后，再按照可修复件、不可修复件，分门别类进行存放与保管。二是加强对废旧物资修理的控制。由修旧班定期到收旧库领取待修件，建立修旧台账，修复后交回。为保证维修班工作量的饱和，规定了各班组、每名维修人员的最低工作量，将维修任务量化分解到人头，尽可能使工作量均衡。对人为延误工期、维修过程违反操作规程、废旧物资缺失等失误情况制定了管理规定。同时，设置了兼职质量检验员，对其进行培训，并配备了检验器具，严格按照检验制度和要求对修复件进行检验，合格品由修旧班签发准用证，由检验员署名，确保安全生产。三是加强对修复物资保存的控制。调查中，还发现一些零散配件没有全部纳入统一管理，如井站拆下来的废旧配件在各队库房内随便存放；生产管理人员将协调来的井、站配件私自保管；一些更换下来但没有到报废年限的设备没有固定的存放地点等，以上现象，既不利于统一管理，又容易造成材料流失。为便于管理，废旧物资统一回收，放入收旧库，修复并检验合格的物资放入修复库，按正规材料管理，发放的修复件按原物资价格的50%对基层单位进行内部成本核算。四是加强对修复物资发放的控制。修复后可再利用的物资由材料库统一管理和发放，并建立修复物资明细台账。发放过程中严格监督，实行三级审批制度，由机关工作人员、材料组长、主管副矿长层层把关并签字。同时，严格执行交旧领新制度，保证交旧物资与新领物资的规格相符，由领取单位、领取人签字。对不可修复、维修后拆毁而无法继续利用等物资，由材料组统一收回，按照正规手续报废，杜绝私自处理。

第三，建立完善制度，保证运行有序。一是完善修旧管理文本。完善和出台了7个修旧班组管理规定，分别建立废旧物资回收、修理、检验、发放、报废等管理制度，相应编制了"五本台账"，即收旧物资记录台账、移交台账、修理登记台账、交接台账和明细台账。二是建立网络查询系统。根据修旧工作流程编制了数据查询软件，把废旧物资修理从源头到消耗点的全过程情况等相关数据都录入网络，定期更新。利用网络优势，方便快捷地实时查询，使废旧物资修理、保存与发放情况更加透明化，工作进度一目了然。三是完善修旧考核制度。在严细管理的同时，制定了"第六油矿修旧利废考核办法"，对小队交旧明细、修旧班操作规程的执行、台账建立、维修工期以及材料库对废旧物资的回收、修复物资的发放等都明确了考核标准，按照"谁主管谁负责，谁节余谁受益"的原则，加大考核力度。定期检查各班组修旧报表及基础资料，每季度、年终开展总结评比，对表现突出的班组和个人按修旧额的1%奖励，对未完成任务的，视情节按未完成额度的5%处罚，使修旧工作更加组织化、程序化、科学化，激发了员工交旧修旧的积极性。各班组把班组及个人利益与全矿整体利益有机统一起来，肩负起成本控制的责任，促成了人人算账挖潜的良好局面。如今年二季度，机采班组两名同志在春检工作中，修复40多个闸门、20多条绳辫子，由于成绩突出，对其奖励1000元；防水班提前并高质量地完成了4000余平方米的防水任务，得到了5000元的奖励，极大促进了员工修旧工作的积极性。

三、提高认识，强化素质，在促进全员参与上下功夫

成本管理责任涉及企业每名员工，让全员在思想上接受并主动参与进来，是搞好修旧利废工作的基础。为此，采取多种方式，使全员积极投入到降本增效的实践中。

第一，培育节约文化，增强了全员节约创效的主人翁意识。加强节约文化建设，建立了"人人节约、事事节约、处处节约、时时节约"的节约理念，明确了"构建节约型采油矿"的目标，积极营造"节约从我做起""我节约，我受益"的文化氛围，通过形势任务教育、建立节约网站、制作宣传展示板等形式，大力宣传矿成本压力增大的实际，宣传修旧利废对创建节约型采油矿的重大意义等，引导广大员工认识到精细节约的重要性，认识到加强修旧利废，不但有利于提高企业经济效益，而且与切身利益紧密相关，认识到"节省的是费用，回报的

是效益",从而产生了降本增效的紧迫感和压力,转变了"抓节约是领导的事,与员工无关""坏了就换、废了就扔"的思想,达成"节约从小事做起,从细节做起,从身边事做起"的共识,广大员工从一个零件、一根电线等细微处入手,千方百计降成本。如今年开展冬防保温工作中,充分发挥"七班两库"的作用,坚持"能修好的不换新,能自制的不外购"的原则,各队严格执行交旧管理制度,共修复井、站闸门近百个,既解决了井站闸门不严等问题,又节约成本3万余元。

第二,搭建学习平台,促进了修旧利废工作的有效开展。第六油矿积极为维修人员创造学习技术的条件,提供外出参观和培训的机会,通过加强学习和技术交流,使他们了解到更多设备的构造和性能,修旧知识和经验更加丰富;开展现场研讨、难题攻关等活动,共同寻找疑难问题的最佳解决方法,提高了准确判断和处理设备故障的能力;同时发挥技术尖子的传、帮、带作用,提高了维修工整体修旧技能,使"七班两库"的作用得到充分发挥,促进了修旧工作的顺利开展。在过去,电缆爆后就会废弃,每年仅电缆一项就花去一大笔费用,现在,电器修理班将坏了和爆了的电缆回收,将可用部分做成电缆接头和短电缆,用在近距离井上或二次闸刀箱连线等地方,实现成本节余20.5万元。自2005年以来,共维修各种阀门、计量仪表、电机、家用电器、车辆等零配件及设备5000余件,加工制作抽油机、泵、电机、车辆的配件2500余件,防水班完成10800平方米的防水任务,玻璃钢管线补漏班共补漏16处,实现成本节余237.85万元。

第三,鼓励技术革新,提高了员工创新创效的积极性。为节约而采取数量上的控制已不能满足实际需要,必须换思路,搞创新。为此,第六油矿倡导广大员工积极为修旧工作献计献策,在管理层开展"专题征集""难点解疑"活动,在技术层开展"立项攻关""论文评比"活动,在技师中开展"我为生产解难题"活动,在操作层开展"创新创效""金点子"活动,员工们凭着丰富的工作经验和较高的技术素质,在修旧技术创新上动了不少脑筋。如挖沟机司机李龙江,将挖沟机的无内胎充气轮胎改装为有内胎充气轮胎,延长了挖沟机外胎的使用寿命,节约了3.6万余元的材料费用;机械加工班姬会斌同志进行"自动升降装泵车""活动式拆卸250闸门内套专用工具"和"钢板直线切割校正器"等多项技术革新,提高了修旧工作效率;孙金龙同志利用废旧泵轴加工螺丝、销子等泵修急用件;机采班的陈建春同志把长的旧绳鞭子改成短的使用,将坏的绳鞭子中的金属回收重新熔化利用,节约了成本。对此,第六油矿还拿出2万多元,对30余项修旧成果奖励,进一步激发了员工修旧技术研究的积极性。

以上是第六油矿在建立专业化修旧班组,加强成本控制上做的一些工作,在管理实践中虽然见到了一定效果,但运行机制仍需要进一步完善和优化。今后,将继续规范"七班两库"的管理,推进成本管理水平不断提高,为建设节约型企业,构建科学发展、和谐发展的百年油田做出更大的贡献。

(2007年第一采油厂管理创新经验交流会典型材料)

突出实践特色　构建"萨中模式"
努力实现老区油田高效开发

第一采油厂党委

在深入学习实践科学发展观活动中,第一采油厂结合"解放思想、谋划发展"主题实践活动的成果,牢牢扭住制约老油田发展的主要矛盾和矛盾的主要方面,把构建"萨中模式"作为活动的实践载体,积极探索油田后期高水平开发的有效途径。通过网络等多种形式,广泛开展"问需于民、问计于民、问情于民"为内容的"三问"活动,征集员工愿望和建议399条、科学发展"金点子"326个、各类问题80个;围绕开发形势、基层情况和管理现状,召开座谈会、交流会、研讨会10余场次,开展"三分析"活动;以党委文件形式确定整改落实方案,抓好问题整改,做到整改责任人、部门、措施、时限"四落实",已整改29个,正在整改51个,取得了阶段性成果。

一、在学习实践活动中,增强勇挑重担的责任意识,形成构建"萨中模式"的发展思路

第一采油厂作为长垣老区油田,已累计开发49年。油层井段长、层数多、井网密、非均质性强;综合含水91.84%,采出程度42.92%,已进入特高含水、特高采出程度的"双特高"开发阶段,面临一系列制约发展的主要矛盾,表现在:开发矛盾突出,储采平衡难;接替技术尚待成熟,技术攻关难;生产规模逐年扩大,成本控制难;地处主城区,开发建设难;井站数量不断增加,人员配置难。面对困难和矛盾,首先要把落实科学发展观体现在深入解放思想上。全面审视发展环境,深入分析发展潜力,破除思想障碍,增强使命意识,讲境界明确责任,讲主观自我加压,迎接时代挑战,勇走发展新路。其次,把落实科学发展观体现在确保持续稳产上。作为油田主力采油厂,实现原油1000万吨持续稳产,是必须坚持的政治纲领,更是落实科学发展观的具体行动和重要举措。第三,把落实科学发展观体现在提升可持续发展能力上。做到既保持持续稳产,又科学合理开发;既精优高效管理,又安全环保节能;既有优势技术引领,又有强大队伍支撑。第四,把落实科学发展观体现在转变经济发展方式上,优化发展模式,提高发展

质量，积极探索破解瓶颈难题的有效途径，走新型工业化发展道路，保持长垣老区油田高水平、高效益、低成本发展的开发格局。坚持把制约发展的难点作为学习实践活动的重点，在困难中找潜力、在挑战中找优势，确立了"坚持政治纲领，确保持续稳产，推进科学发展，创建百年大厂"的发展战略，明确了构建适用于老油田二次开发建设，高水平、高效益、低成本发展的"萨中模式"发展思路。

二、在学习实践活动中，增强谋划长远的超前意识，确立构建"萨中模式"的整体框架

围绕构建"萨中模式"，分系统分析、分专业研究、分层面论证，多方力量齐动，多种手段并用，形成了"萨中模式"整体框架，具体方式主要有以下几点。

第一，突出"精优开发"，构建"三重一优化"的油藏开发设计模式。实施精细地质研究工程，重建地下认识体系、重组开发层系、重构井网结构，优化近远期规划及开发部署。通过精细刻画沉积相，做到储层微相特征清、单砂体注采关系清、剩余油潜力清；细划油层类型，细分开采对象，组合形成新的开发层段；利用原井网，构建三套新井网。科学制订开发调整方案，实现专业间协调、一体化设计；近远期兼顾，一次性建设。

第二，突出"多维集成"，构建"三超一推广"的技术攻关模式。实施提高采收率技术攻关储备工程，强化"超前试验、超前研究、超前储备，大力推广成熟技术"的攻关模式。优化科技资源配置，加快科研要素整合，创新科技管理方式，尽快成熟配套各类油层稳产接替技术，建设老油田提高采收率的"九大技术系列"，打造多维集成的优势技术群。

第三，突出"立体集约"，构建"三优一控制"的开发建设模式。实施地面系统重组工程，优化井站总体布局、优化地面建设设施、优选适用工艺技术，控制工程建设投资。通过地上地下整体规划，合理归并、充分利旧，优化工艺流程，立体化建设，减少用地、控制投资，降低能耗，实现开发效益最大化。

第四，突出"降本增效"，构建"三化一提升"的经营管理模式。实施低成本发展战略升级工程，推行精细化、规范化、集约化管理，提升竞争实力。建立薪酬效益配比机制、节能减排长效机制等管理机制，构建基层制度文本体系、物资管理保障体系等管理体系，推行采油工区、专业化班组、岗位自动化集中控制管理，优化资源配置，提高管理效率，实现经营管理最优化。

第五，突出"精专多能"，构建"三型一加快"的人才培养模式。实施人力资源开发提速工程，培养复合型管理人才、专家型技术人才、技能型操作人才，加快核心人才队伍建设。落实人才培养、使用、考评、激励机制，到2010年建

设200人复合型管理人才队伍，200人专家型技术人才队伍，1500人技能型操作人才队伍。到2020年核心人才数量再翻一番，为持续稳产提供人才支撑。

通过构建"萨中模式"，确保到2010年，年产原油保持在1100万吨以上，天然气7.5亿立方米。最大限度提高油田采收率，努力向60%，甚至更高迈进。

三、在学习实践活动中，增强加快发展的主动意识，推进构建"萨中模式"的创新实践

学习实践科学发展观活动贵在实践，重在实效。把采油三矿、六矿管理的矛盾突出、任务紧迫的萨中开发区中区西部区块确定为"萨中模式"示范区，边学习、边认识、边推进，具体方式如下。

第一，油藏、采油、地面系统统筹互动，实现地上地下开发建设一体化。强化精细地质研究，充分认清中区西部油层调整潜力，形成分期分质多阶段开发一体化方案，实现由分阶段设计、分阶段施工到一体化设计、一次性施工，由三套井网三次钻建到三套井网一次钻建。优化地面系统建设，新井采用丛式布井、钻定向井方式；站场采用立体化设计、集中控制方式；地面建设采用丛式井三管集油流程、一杆多回路输电、一变多井供电等新工艺。实现地上地下整体部署、同步推进、全面协调、一次到位。

第二，攻关、试验、推广齐头并进，确保持续稳产技术有序接替。加快三元复合驱、聚表剂驱、"两三结合"聚表剂驱等接替技术的攻关速度；探索试验聚驱后二元复合驱、聚表剂驱、直井与水平井组结合化学驱等储备技术；按照技术成熟度，分油层、分阶段推广应用预期成熟技术。整合科研要素，集成优势技术，加大推广力度，实现产量接替，保持高效开发。

第三，优化配置、整合资源多措并举，打造科学管理的有力支撑。打破原有管理模式，整合成立站所管理队、井站检修队、油水井管理队3个专业化小队，优化岗位配置，提高工作效率；重组工艺队管理，打破原有专业界限，按照开发区块，重新划分班组，实现区块系统管理；建立油水井管理班，由以计量间为中心向以丛式井平台为中心转变，划分10个管理区域，实现水聚驱、油水井资料统一录取，提高管理效率；建立井站检修队，由突击维修转变为日常检修，有效降低故障发生率；建立高效集约的数字化管理模式，实现生产管理信息化、自动化、智能化；培养复合型管理干部、专家型技术人员以及一人多技、一岗多能的技能型岗位员工，适应"萨中模式"管理需要。

力争通过两年时间，将中区西部建设成地下认识清晰、开发方式先进、技术应用科学、地面建设优化、资源配置合理、管理高效规范的"萨中模式"示范区，努力达到"三少一降"的效果。与原设计方案相比，将少钻井460口，减少22.68%；少用人213人，减少50.47%；少用地110公顷，减少35.7%；仅2009年可节电198万千瓦·时、节气356万立方米，大幅度降低能耗。实现油田高效开发，最大限度保持持续稳产。

第一采油厂今后将继续深入学习实践科学发展观，不断丰富完善"萨中模式"，努力探索老油田高含水后期高效开发的新路子，在"原油持续稳产，整体协调发展，构建和谐矿区，创建百年油田"的伟大实践中勇担重任、永做主力！

（2009年6月30日大庆油田基层建设经验交流暨"先优模"表彰大会典型经验材料）

创新厂务公开工作　强化企业民主管理
服务原油持续稳产　全力推进科学发展

第一采油厂

第一采油厂始建于1960年10月，管理面积161.25平方千米，地质储量12.28亿吨。全厂下设矿（大队）级单位25个、基层小队285个，现有员工14732人。截至目前，实现年产原油1000万吨以上连续稳产37年，累计生产原油5.4亿吨，占大庆油田原油总产量的四分之一以上。首创了"岗位责任制"，培育了"三老四严""四个一样"等优良传统，是大庆精神的重要发源地。

自1999年推行厂务公开以来，第一采油厂牢固树立"奉献能源、创造和谐"的企业理念，切实履行国有企业的经济责任、政治责任和社会责任，坚持大厂要担大责任、大厂要有大发展、大厂要做大贡献，认真学习贯彻中央"两办"通知精神和《黑龙江省企事业单位公开管理条例》《黑龙江省企业事业单位职工代表大会条例》，扎实推进厂务公开工作。去年以来，按照《关于开展创建厂务公开民主管理示范单位活动的通知》和创建省级示范单位的《标准》及创建示范单位的《考核办法》要求，在认真总结、研究分析的基础上，把厂务公开工作作为落实科学发展观，加强企业民主政治建设，推进企业和谐发展的一项重要举措，不断加大公开力度，丰富公开内容，拓展公开渠道，创新公开形式，为推进企业科学发展、和谐发展提供了有力保证。厂先后被评为全国文明单位、企业文化建设工作先进单位、模范职工之家，黑龙江省厂务公开工作先进单位、劳动模范集体。2010年荣获全国五一劳动奖状，被评为第十一届全国职工职业道德建设标兵单位、全国厂务公开工作先进单位，省级厂务公开民主管理示范单位，中国石油天然气集团公司先进集体。2010年胡锦涛同志到单位视察工作，对工作十分满意。

在创建厂务公开民主管理示范单位活动中第一采油厂有如下几点体会：

一、建立公开机制，有效拓宽民主管理辐射面是扎实推进创建活动的根本保障

做好厂务公开民主管理工作直接关系到企业发展和员工切身利益，只有领导重视，运行规范，机制健全，才能保证企业的稳步发展。为此，主要建立和完善了三个机制。

第一，完善组织机构，构建领导机制。搞好厂务公开示范单位的创建工作，必须加强领导。只有党政领导亲自抓，亲自做，才能使这项工作见成效。因此，成立了由厂党政主要领导任组长，副职领导任副组长，工会、纪检等部门负责人共同组成的厂务公开领导小组，明确领导小组的职责和工作内容。在工作落实过程中，各级党组织积极参与本单位重大问题的决策，把上级精神和党委意见体现到决策事项当中，有效发挥了党组织的政治核心作用。各级行政部门在执行中主动落实厂务公开制度，精心组织，规范运作，充分发挥在厂务公开中的主体作用。各级工会、纪检组织认真抓好协调、督促、检查和考核等工作。在全厂形成了"党委统一领导，行政主体到位，工会协调配合，纪委监督检查，员工积极参与"的领导体制和工作格局。

第二，明确公开载体，规范运行机制。厂务公开能深入持久地发展下去，关键是要健全完善好运行机制。在创建活动中，从明确公开载体、规范公开内容、严格公开程序入手，形成了规范有效的运行体系。一是发挥职工代表大会的主渠道作用。把事关企业发展的重大问题、涉及员工切身利益的重大事项，都提交职代会讨论和审议。职代会闭会期间，召开职代会团（组）长会议，对推选先进、解除员工劳动合同等重要事项进行审议。二是发挥各种议事程序的民主决策作用。严格遵守《党委（扩大）会议制度》《厂长办公会议事规则》《领导干部廉洁勤政准则》等制度。认真落实领导班子"三重一大"决策制度，对重大事项决策、重要干部任免、重要项目安排、大额度资金的使用，都由领导班子集体讨论做出决定。定期召开厂长办公会、党群办公会、专业办公会、生产协调会等，并将议定事项以纪要、公报等形式向基层传达，做到民主决策、公开决策。三是发挥企业信息网络的实时公开作用。依托企业信息网优势，及时将油田公司整体发展战略，厂各项重点工作部署和运行情况，员工普遍关心的热点、焦点问题在企业网上进行公开，使员工能够及时了解企业发展动态，克服了以往公开面窄、公开信息传播慢的弊端，提高了工作效率，增加了透明度。

第三，丰富监督形式，健全监查机制。推动厂务公开民主管理工作的关键在于落实，而落实则需要有长效的督查机制。为了保证创建工作落到实处，成立了由纪检、工会、职工代表组成的监督机构，定期对各公开项目、各单位厂务公开工作情况进行检查考核，重点抓好职代会对企业发展重大事项的审议监督；监督小组对企业发展重点事项的检查监督；基层员工对党风廉政建设的群众监督。每半年对各单位厂务公开情况进行检查考核，打分排队，作为年终文明单位评比的重要依据，并在企业网上设立监督电子信箱和举报电话，丰富了监督手段。开展厂务公开专项检查和调研，成立由工会、审计、人事、财务、企管5个部门组成的厂务公开检查调研组，深入基层总结工作经验，查找存在问题，制定整改措施。以厂纪委文件下发了《关于做好厂务公开的9项要求》，对管理不规范、公开不到位等问题，及时纠正，追究责任，有效维护了员工合法权益，确保公开工作落到实处。

二、突出公开重点，增强公开实效性是扎实推进创建活动的有效措施

推行厂务公开，组织员工直接参与企业管理和监督，既有利于发现和解决企业管理中存在的薄弱环节，也是增强厂务公开工作实效性的有效措施。在创建厂务公开民主管理示范单位活动中，坚持把群众最关心、反映最强烈的热点问题，涉及企业生存和发展及员工切身利益的重大事项，容易引发矛盾和滋生腐败现象的焦点问题，作为公开的重点，增强了公开的实效性。

第一，抓住员工关心的热点进行公开。新时期的员工接受新事物能力强、思想更加活跃，加之企业的快速发展，热点问题会不时出现。几年来，始终坚持把员工关心的奖金分配、误餐费使用、先优模评选等热点问题作为厂务公开的重点，满足员工的需求。在奖金分配上，建立了厂、矿、小队分级考核，厂里每月发布考核公报，矿（大队）召开奖金考核例会，小队设立奖金考核公开栏，使奖金考核一目了然，做到员工人人清楚，个个明白。在误餐费的管理上，实行矿（大队）财务统一设账、基层小队食堂采购的分开管理方式的同时，各基层小队把每月公示一次误餐费使用情况延伸到每周公示一次，强化了员工对误餐费使用的有效监督。在"先优模"评选上，制订了《第一采油厂先进集体评选办法（试行）》，按照专业考核与综合评定相结合，采取分系统、量化考核、优中选优的办法，评选出年度油田公司、厂先进集体，增强了评选工作的广泛性和透明度。

第二，抓住生产经营管理的重点进行公开。对基本建设项目、物资采购供应、劳保用品选购、科研项目等问题通过多种渠道及时向员工公开宣传，向群众"亮家底"，增强员工的责任感，促进企业的健康发展。严格按照基建招标管理办法执行，基建工程应招标率达100%；扩大物资公开采购，成立物资招标委员会，对3大项、19大类、4000多种产品进行公开招标，严格执行开标、评标和定标程序，现场宣布招标结果；每年组织召开由基层员工代表参加的劳保用品选型、选厂会，公开采购冬夏劳保用品，员工对劳保用品的质量、样式普遍满意；每年组织技术专家和全厂科研项目、技术革新成果、合理化建议成果等负责人共同参加评审论证会，提高了评审工作的透明度。

第三，抓住党风廉政建设的焦点进行公开。实行厂务公开，加强民主管理制

度是对干部实行群众监督的重要途径，是企业党风廉政建设的有效手段。通过厂务公开活动对领导干部廉洁自律、干部选拔使用、业绩考核、职称评聘、学术带头人评聘、市场化用工人员选用、送温暖基金使用等方面进行公开，使领导干部都能够在群众监督之下，避免过多的猜测和不理解造成不必要的不稳定因素。组织开展了领导干部公务用车、出国出境、装修办公用房及差旅费等五项费用使用情况专项检查，对领导干部公务用车使用情况在企业网上公开。对拟提拔任用的中层干部，在全厂范围内进行网上公示。召开竞聘大会，公开选拔厂副职领导、矿（大队）领导和基层小队干部。在学术技术带头人和专业技术骨干的评聘上，及时公开评选标准，公布打分和评选结果，接受群众监督。

三、推进创新实践，找准民主管理结合点是助推创建活动的强劲动力

在创建厂务公开民主管理示范单位过程中，把工作重心放在基层，鼓励基层大胆实践，不断创新职工代表大会闭会期间的民主管理方法、公开形式，拓宽企业日常民主管理渠道，为企业的可持续发展注入了新的活力和动力。

第一，创新方法，实现民主管理渠道多样化。工会在管理形式上不断创新和深化，讲求实效开展工作。转变以往只在职代会上对提案落实情况进行报告的方式，针对不同情况，连续四年组织职工代表通过现场检查、听取汇报、座谈讨论等形式，对厂创新发展、职代会重点提案落实、厂务公开、集体合同履行和生产建设工程"三同时"执行情况进行了现场巡视，增强了职工代表的自豪感和责任感，激发了其参与企业民主管理的积极性。每年都对优秀提案、合理化建议成果进行表彰奖励，激发了职工代表参与民主管理的热情，为实行民主管理和民主监督奠定广泛的群众基础。

第二，多措并举，实现民主管理内容日常化。在健全完善各项民主管理制度的基础上，组织开展职工大会示范会、厂务公开示范点等活动，提高了公开工作水平。从提高各级领导干部民主意识、强化民主作风入手，在全厂开展了"民主管理推进月"活动，通过发放民主管理手册，采取民主管理专题讲座、理论研讨、多媒体宣教片等多种形式，提高干部员工对民主管理工作的认识。连续四年召开厂分管领导工作汇报会，由厂领导班子成员分系统汇报全年工作完成情况及下步工作思路，在全厂掀起了讲民主、促和谐、谋发展的良好氛围。

第三，推广经验，实现民主管理方式群众化。鼓励基层单位大胆创新，不断丰富厂务公开的形式和内容。形成了把公开工作与干部廉政建设有机结合，将干部的行为置于群众监督之下的干部"六廉"机制；实行"一岗双责"，建立公开责任区制，签订公开责任状，层层细化公开责任；制定厂务公开首办和责任追究

制，通过建立公开通知书、整改意见书、信息反馈书、责任追究书等方式，加强公开工作的监督考核；通过架设厂务公开"信息桥"，建立了厂务公开信息收集、监督考核的工作落实机制，架设了干群之间互相理解支持的"连心桥"、政策传达和意见反馈的"互动桥"、共谋发展和维护权益的"直通桥"，保证了员工在企业民主管理中的知情权、参与权和监督权的有效落实。各基层单位定期召开民主议事会、同心恳谈会、信息员例会等形式，征集基层员工意见和建议。厂及时总结、推广基层单位的好做法、好经验，有力地推动了基层厂务公开民主管理工作的深入有效开展，形成了全厂上下广泛参与、畅所欲言的良好氛围，促进了企业科学发展、和谐发展。

总结和回顾创建工作，可以深刻认识到，厂务公开工作责重事繁，需要做大量扎实细致的工作。下一步，第一采油厂将以党的十七届四中、五中全会精神为指导，深入落实科学发展观，学习先进经验，查找不足，继续探索厂务公开工作新方法，为确保原油1000万吨以上持续稳产，续写油田可持续发展的新辉煌，为完成国家"十二五"规划任务、国家石油战略安全、中国石油整体发展、区域经济持久繁荣做出新的更大的贡献。

（2011年6月黑龙江省创建厂务公开民主管理示范单位工作推进会议经验材料）

传承"三老四严"作风　创新安全管理方法
筑牢基层安全生产基石

第一采油厂第三油矿中四采油队

大庆油田第一采油厂第三油矿中四采油队是"三老四严"优良传统的发源地，组建于 1960 年 10 月，现有员工 80 人，管理油水井 278 口、计量间 15 座、转油站 2 座。建队以来，累计生产原油 840 万吨、天然气 33726 万立方米，先后被石油工业部授予"高度觉悟、严细成风""团结的核心、战斗的堡垒""五好红旗单位标兵"称号，荣获中国石油天然气总公司"金牌采油队"三连冠，集团公司先进基层党组织，大庆油田功勋集体、先进采油队等称号，被命名为"企业精神教育基地"。截至 2011 年 6 月 30 日，已经连续安全生产 18518 天。

一、传承"三老四严"，培育安全文化，做到全员重安全

安全文化作为企业文化的组成部分，对员工的思想和行为具有潜移默化的影响。多年来，注重发挥"三老四严"这一传统文化优势，积极开展群众性安全文化创建活动，推动安全文化进班子、进班组、进家庭，强化了员工的安全意识，实现了由"要我安全"向"我要安全"转变。

一是安全文化进班子，强化思想引导。重视安全工作，关键在干部。组织队班子认真学习安全工作的法律法规、管理制度、工作部署和领导讲话精神，引导干部充分认清讲安全就是讲政治、讲大局，抓安全就是抓产量、抓效益，保安全就是保稳产、保稳定，增强了做好安全工作的自觉性。围绕加强安全文化建设，深入开展安全理念征集和安全警示语评选活动，确立了中四队"三老四严，细节完美"的安全理念，采取学习、宣传、展示等形式，让员工熟知熟记、入脑入心；利用队务会、宣传栏、信息桥、小队网站等载体，向员工宣传安全知识、安全法规；举办安全知识竞赛、演讲比赛、征文、故事会、安全签名等活动，让员工在参与活动中受到教育和启发；建立员工信息档案，根据每个员工的家庭、健康、性格和特长等情况，有针对性地配置岗位、安排工作，解除员工后顾之忧，营造和谐劳动关系；搭建短信提醒平台，适时对员工进行安全提示、安全祝福，营造关爱员工安全与健康的良好文化氛围。

二是安全文化进班组，强化环境营造。把班组作为安全文化建设的重要阵地，结合"五型"班组创建活动，采取"四个一"的方式，积极建设班组安全文化环境。"一栏"，就是在班组设立"岗位安全承诺栏"，每名员工根据自己岗位特点，做出"精心操作每一秒，安全施工每一天""我的设备无隐患，我的岗位无风险"等安全承诺。"一板"，就是设立"安全风险提示板"，针对天气变化、施工作业、重要操作和临时工作，提示员工要注意的安全问题。"一示"，就是在泵房、计量间、维修工房等工作场所悬挂安全警语、张贴安全漫画，员工自己动手在手套、安全帽、安全带等防护品上制作"安全从头开始"等内容的安全警语，进行安全警示。"一讲"，就是坚持班组安全讲话制度，做到班前讲安全，思想添根弦；班中讲安全，操作无风险；班后讲安全，警钟鸣不断。营造了浓厚的安全文化氛围，让员工每天耳濡目染，增强安全意识。

三是安全文化进家庭，强化亲情感召。安全既关系企业，又关系员工家庭。我们将安全文化延伸到每一个员工家庭，积极构建企业、员工、家庭三方联动的安全文化格局。设立"安全亲情展示板"，将每名员工与家人的合影、亲人的安全寄语挂在醒目位置，员工每天上班，首先看到的是家人期盼的目光和关爱的话语。在每个生产岗位，都设有"安全，家人的期盼；平安，永远的祝福"等警示标识。在《四队纪实》月报上开辟安全动态专栏，以图文并茂的形式刊登员工安全生产先进事迹、典型案例和家人的安全祝福。定期将员工家人请到单位，参观基层建设和生产岗位，召开同心恳谈会，通报安全工作情况，征求员工家人的意见，赢得他们的理解和支持。员工在浓浓的亲情感召下，"为自己负责，让家人放心"成为自觉行为。

二、传承"三老四严"，提升安全技能，做到全员会安全

实现安全生产，员工的安全技能是根本。实践中，坚持把"三老四严"的优良作风落实到安全培训中，本着老老实实的态度，大力加强安全培训和演练，提升了员工的安全技能，实现了"我要安全"向"我会安全"的延展。

一是培训内容求实，注重针对性。把培训内容划分为四个层次，分阶段、有步骤地开展培训：以岗位操作技能为根本，针对不同生产岗位、不同技能水平的员工，依据岗位应知应会，确定不同的培训内容，通过理论学习提素质，通过现场培训提能力，努力使员工做到百问不倒，百做不误；以设备性能、工艺流程、操作规程为基础，充分利用培训基地进行模拟培训，使员工达到对设备构造一清二楚，工艺流程心中有数，操作规程熟练掌握；以法律法规、管理制度、工作标准为重点，组织员工反复学习，达到熟知理解、自觉遵守；以风险识别、事故处

理为关键,加强预案演练,切实增强应急反应和处理突发事件的能力。2010年5月12日,129排注水干线腐蚀穿孔,立即启动应急预案,仅用15分钟就关闭了相距较远的5处切断阀门,用30分钟处理完穿孔,及时恢复了生产。

二是培训方法求活,注重多样性。在队、部建立了培训室,在各岗位设立了练兵台,坚持每周三下午技术学习制度不动摇。设立"四个课堂",即"固定课堂":由技术员、技师为员工授课;"流动课堂":把学习场所搬到井场上、泵房里;"互动课堂":新员工与老员工、技校生与大学生、徒弟与师傅结成帮教对子;"交流课堂":交流安全金点子、安全合理化建议和安全技术革新成果。开展"三项活动",即"五个一"岗位练兵活动,每日一题、每周一课、每月一考、每季一赛、每年一评;安全经验分享活动,组织员工认真学习上级下发的安全事故案例,开展座谈讨论,把别人的事故当作自己的教训来吸取,时刻绷紧安全这根弦;"违章纠错"活动,让员工自己当"演员",拍摄违章操作视频,组织员工从中查找不安全行为,加深对标准操作的认识和记忆。通过灵活多样的培训形式,增强了培训的趣味性和吸引力,在全队形成了"学、练、赛"的热潮。

三是培训效果求好,注重实效性。为保证培训取得实效,坚持理论知识不达标不放过、操作细节不掌握不放过、风险点源不清楚不放过、应急预案不熟练不放过,定期对员工进行考试、考核,使员工达到"五懂五会",即懂设备、会保养,懂规程、会操作,懂流程、会控制,懂故障、会排除,懂安全、会预防。青年女工李文英学习有钻劲、工作有拼劲、作风有严劲,获得了全国石油系统青工技术比赛第二名,被授予"技术能手"称号,成为全国最年轻的工人技师。全队员工年培训率和技能鉴定通过率均达100%,其中82%的员工达到高级工水平,共培养工人技师13名、厂级以上技术能手46名,为安全生产提供了可靠的技术支持和能力保障。

三、传承"三老四严",夯实安全基础,做到全员管安全

安全为大家,安全靠大家。工作中,继承发扬"三老四严"优良传统,以严细认真的作风抓安全,全员参与、全过程管理、全方位控制,保证了各项工作高标准、严要求、真落实,实现了"我会安全"向"我能安全"的升华。

一是严肃目标分解,人人承担责任。安全无小事,责任大于天。按照全员参与、分解目标、落实责任、共筑安全的思路,将矿下达的8项安全指标细化为18个小项,分解到各个班组,队与班组签订《安全生产责任状》,与员工签订《安全生产合同书》,做到人人肩上有指标,千斤重担大家挑。本着"谁主管、谁负责"的原则,建立干部员工"一岗双责"制度,明确了队长、副队长、班长、岗位员工的安全

责任；实行干部"系统管理全责制"，每个干部对本系统的安全工作全面负责，进一步落实了安全管理责任。形成了全员齐抓共管、责任共担的安全工作格局。

二是严明制度执行，事事讲求规范。通过建立"两单一本"，保证日常安全工作的落实。"两单"即建立《安全工作纪实单》，细化安排每天的安全工作内容，落实安全注意事项，进行工作质量回访；建立《安全监督检查单》，班组每天做好班前检查、班中巡查、班后复查，小队每周进行一次全面检查，跟踪安全工作动态，确保安全工作不走过场。"一本"即建立《安全隐患整改记录本》，每天以班组为单位汇报出现的安全隐患问题，由主管安全的副队长记录并协调解决，对不落实的问题追究责任，使隐患问题得到及时解决，有效控制了生产现场的安全风险。维修班在中305转油站污油回收工艺改造时，动火前由安全监督员严格落实"三查"预防措施，当场查出污油管线露出地面部分有砂眼，在隐患排除后，才动火施工，避免了事故的发生。

三是严格标准管理，处处创造精品。中国采油队管辖区位于城市中心，井站分布在交通要道两侧、居民小区之内，安全责任重大，容不得半点闪失。为了确保安全，以创建标准化示范岗为载体，开展"我的岗位保安全、我的岗位创精品"活动，把井站打造成城市一道靓丽的风景线。推行"安全操作后退五步法"，熟练操作规程，辨识作业风险，熟知周边环境，考虑相互配合，明确控制措施，养成动手之前先动脑、操作之前先思考的好习惯。深入贯彻落实集团公司《反违章禁令》，建立"违章曝光台"，制定隐患举报奖励制度，鼓励员工像寻宝一样查找安全隐患，对发现安全隐患、举报违章行为的员工进行奖励，调动员工参与安全管理的积极性；对"三违"行为严肃处理，宁听骂声，不听哭声，实现了不伤害自己、不伤害他人、不被他人伤害、不让他人受到伤害的"四不伤害"。全队9个班组全部通过厂标准化班组验收，15名员工被评为厂标准化先进个人。

安全工作只有起点、没有终点。今后，将继续坚持弘扬大庆精神铁人精神和"三老四严"优良传统，扎实工作，精细管理，不断推进安全管理上水平，筑牢企业安全发展的基石，为大庆油田持续发展，为建设综合性国际能源公司，做出基层单位应有的贡献。

（2011年7月中国石油天然气集团公司安全环保工作会议典型发言材料）

改善生态　绿色发展
努力建设环境优美的萨中油田

第一采油厂

2012年是第一采油厂实现稳产1111万吨原油"三年硬稳定"的收官之年。伴随产能规模扩大，生产与环境保护的矛盾日益突出，第一采油厂认真落实"责任在领导，重点在基层，关键在岗位"的要求，牢固树立"抓好环保为发展，加快发展促环保"的大局观念，持续加快厂原油生产和环保工作的和谐发展，打造出了具有独特魅力的萨中油田。

一、集中力量抓治理、群策群力除隐患，彻底消除重大环境污染风险

今年以来，国家强化危险废物规范化管理的力度持续加大，第一采油厂在思想上统一认识，在行动上统一步调，积极主动顺应发展形势，按照油田公司的统一部署，对不规范含油污泥暂存点进行了治理，彻底消除了重大环境风险隐患。

一是凝聚思想，谋划对策。第一采油厂地处大庆市中区，生产区、生活区、商业区相互交错分布，具有极强的环境敏感性，一旦环境污染治理不及时，很容易被社会人士、网络新闻媒体曝光。由于油田生产的需要，第一采油厂存在八个含油污泥暂存点，储存着约有六万多立方米有危险废物的含油污泥，从年初开始，就按照油田公司的要求召开专门工作会议，动员广大干部员工积极出谋划策。厂领导带领机关相关部室负责人多次深入施工现场，针对治理工作中出现的问题召开现场会，广泛听取了基层员工的意见和建议。

二是强化组织，迅速行动。安排专人开展现场调查，及时解决了机械、车辆调度不到位、油泥存储、处置不及时等影响施工进度的各种难题，确保了施工进度。组织施工单位积极配合开展工作，从车辆的使用到人员的配置，处处抢前抓早，全力做好施工。其中，厂作业大队建有含油污泥暂存点1座，占地面积近20000平方米。各级领导高度重视这一治理重点，根据《第一采油厂关于含油污泥暂存点治理及规范含油污泥回收处理》通知的相关规定和要求，制定了作业污泥暂存点治理方案及进度安排计划，并认真组织实施，考虑季节变化的影响，按照时间安排在规定时间内将作业污泥暂存点治理完毕。

三是团结协作，密切配合。全厂各相关部门积极配合，严格按照治理方案及施工进度表进行施工，落实现场负责人，根据工作量落实所需费用和治理暂存点所需土方量及工程车辆等。同时定期召开现场工作会议，解决问题，确保治理进度，保证了含油污泥暂存点的治理工作能够按时保质保量完成，达到平整地貌，恢复生态环境的效果。期间，共计组织设备近千台次，治理了八个含油污泥暂存点，清理含油污泥近64200立方米，消除了环境风险，预防了地下水污染。原来的土油坑经过治理，可以植树、种草，达到了还自然一片净土的效果。

二、优化运行减压力、提高时效挖潜力，全面提高含油污泥处理能力

含油污泥一直是制约油田环境保护工作的难题，随着油田开发的不断深入，带来的环境污染也越来越严重，随之而来的环保压力也越来越大。在油田公司的大力支持下第一采油厂建成了北一区含油污泥处理站，不仅创造了经济价值，而且避免了对环境的污染，真正实现了含油污泥的无害化和资源化。

一是强思想，提高责任意识。在管理上提高标准，提出了"班组是我家，我为班组做奉献""我爱我家"等理念，在生产班组中营造出了家一般温馨氛围，极大地调动了员工爱岗敬业的积极性。在设施管理上实施了"二定、三勤、四精心"管理方法，思想上树立了"见红旗就扛，是第一就争"的决心，坚定了"困难面前有我们，我们面前无困难"的壮志和豪情，提出了"三点一线"目标，形成了同心协力干事业的良好氛围。

二是强技术，提高发展效益。始终把管理工作的着力点放在抓基础、练内功、挖潜力、增效益上。努力降低能源消耗，扩大生产规模，促进生产长周期运行，结合节能减耗提高生产设备使用年限，坚持技改不停步，向技改要效益，克服了工艺技术、自控仪表、冬季生产低温等难题。从4月27日投产以来共处理含油污泥50705立方米，回收原油6397吨，回收泥土4320立方米。实现了含油污泥的无害化和资源化。

三是强管理，提高运行效率。伴随着产能建设和生产规模地扩大，每年清罐过程中产生的含油污泥量也不断增大。根据实际情况的需要，强化管理，大幅度提高了北一区含油污泥处理站生产能力。与2011年相比，北一区含油污泥处理站多生产22天，多处理含油污泥10079立方米，多回收原油近3000立方米，直接创效1000余万元。同时，紧紧抓住科技是第一生产力这一思想，利用污泥调堵技术，把含油污泥作为调剂剂回注地下，全年注入16835立方米，在防止污染的同时改善了注水开发效果。

三、优化资源提效率、统筹安排求实效，持续深化水资源的最优利用

含油污水处理后回注是提高油田最终采收率和开发效益的主要方式，也是减少环境污染、提高油田经济效益的一个重要环保措施。第一采油厂从生产和环境保护实际出发，大力加强含油污水的综合处理与利用，全力保障采油生产需要。

一是回收洗井作业水。推行"绿色环保洗井法"，充分发挥好洗井作业污水回收装置的作用。今年以来，坚持强化洗井作业污水的处理力度，将洗井作业污水经过旋流除砂装置、洗井作业污水回收装置进行环保处理，合格后全部进入集输系统用于油田注水，既解决了污水外排带来的环境污染问题，又实现了水资源循环利用。

二是优化运行调好水。坚持统筹地面、地下污水使用，控制污水平衡。今年以来，全厂由于钻降日均影响注水量 2.06 万立方米。针对这些盈余的污水，在确保油田开发效果的前提下，增加污水稀释聚合物用量。同时，加大污水调配力度，采取统一调配，按需分配，削峰填谷，全年调水 148 万立方米，解决了局部区块污水产、注不平衡的矛盾。

三是集中处理治好水。长垣含油污水生化处理站是油田唯一的一座含油污水生化处理站，设计日处理能力 3 万立方米，建成以来累计处理含油污水 2774 万立方米，减少 COD 排放量 6770 吨，成为油田清洁开发的环保屏障。同时，利用长垣生化站调水管道系统，吸收消纳第二、第三采油厂过剩含油污水 356 万立方米，合理利用水量，避免了污水外排。

四、开发环保同推进、因地制宜建矿区，着力改善萨中油田自然环境

近年来，第一采油厂大力实施生态环境改善工程，按照"生产建设、生态治理，统一规划、有序实施"的原则，实施了生态环境治理"三个结合"。做到环境保护与油田开发规划同步设计、同步实施、协调推进，持续亮化、绿化、美化矿区环境。

一是恢复植被与地貌整治相结合。坚持规范建筑垃圾的回收存放，对产能建设造成的地貌破坏进行平整，做到清理一块，平整一块，恢复一块。全年共组织 14300 多人次，调动设备 3150 台次，治理土坑、包 228 个，回收生活及建筑垃圾 1.92 万立方米，平整地貌 840 万平方米。

二是扩湖增容与产能建设相结合。依据自然条件，因势利导，因地制宜，对区域内的自然湖泊进行取土扩容、疏导连通。清理出的土方，用于修"湖"筑"山"，缓坡处稍加修理，形成微缩自然地形。进行植树绿化，形成了"山"上有树木，

"坡"上有花草，"湖"内有芦苇、荷花的和谐景观。在美化环境的同时，为产能建设创造了条件。

三是生态治理与改善生产生活条件相结合。按照"小片空地宜绿则绿、规模空地宜林则林"的原则，建成16个各具特点的生态园区，带动了集中区周边环境治理工作。2012年以来，全厂共植树39万株，花卉1.5万平方米，草坪7.5万平方米，新增绿化面积35公顷，营造了天蓝水碧、草绿花红的生态环境。第一采油厂多次代表大庆市迎接全国"文明城市""卫生城市""魅力城市"检查，获得了广泛好评。

环保与稳产息息相关，同发展相辅相成。第一采油厂将继续夯实环保工作的基础，让天更蓝、水更碧、地更绿，更好地实现油田的低碳排放、绿色发展。致力于打造自然和谐、环境优美、独具魅力的萨中油田，为实现大庆油田的可持续发展做出新的重要贡献。

（大庆油田2012年度安全环保工作会议典型经验材料）

过渡带上立标杆
第一采油厂全力打造效益型采油队

第一采油厂第一油矿北一采油队

　　第一采油厂第一油矿北一采油队贯彻落实油田公司"精细管理挖潜，着力开源节流，实现提质增效新进展"的要求，以"过渡带上立标杆"核心理念为引领，大力实施"双十"管理法，积极探索效益型采油队建设之路，形成了人人算账、环环严控、处处精管的效益型管理格局。2017年，在开发管理难度不断加大的情况下，实现了原油产量不降反升，比上年增加1177吨；桶油操作成本不增反降，同比下降0.43美元。今年1~2月，继续保持趋稳向好的开发形势，累计生产原油9620吨，超出计划350吨。

　　聚焦开发，全系统精准施策，招招都用创效计。一是实施231跟查法，精准油水井资料录取。建立量油、含水跟踪分析两本台账，确保现场资料录取合理；推行巡回检查跟踪卡、现场资料核实制、干部资料承包制三项举措；开展专项资料录取评比活动。资料全准率由96.7%提高到100%，提高3.3%。二是实施点项管理法，精准注水井时率管控。临关井管理建立监控跟踪台账，控制关井时间；测试井管理建立测试运行监控跟踪台账，控制不分水时间；作业井管理建立作业运行监控跟踪台账，缩短待作业及施工时间。注水时率由98.02%提高到99.5%，提高1.48%。三是实施一提三重法，精准注水井水量调控。执行全井配注在±5%以内调控，提高精度；重快速调控，确保泵压波动资料匹配；重连续调控，确保注水井措施资料匹配；重关键点调控，确保采油井措施资料匹配。现场符合率由95.8%提高到100%，提高4.2%。四是实施分层定标法，精准注水井分层测试。根据注水层段性质和配注量，有针对性地制定测试层段水量调整范围，细化测试精度标准，达到层段配注最优化；应用现场跟踪测试卡片，提高层段测试精度。测试合格率由95.4%提高到98.6%，提高3.2%。五是实施波动预警法，精准注水井方案时效。注水井实施"103"预警，即注水井相同压力下水量波动超过±10%；相同水量下压力波动超过±0.3兆帕。采油井实施"105"预警，即采油井产液量波动超过±10%；连续跟踪含水上升超过0.5%。2017年测试检配104井次，测试调整72井次，保证方案与需求匹配。六是实施复合洗井法，精准注水井洗井管理。针对油层发育差、措施增油效果不明显及有效期短的特点，积极探索复合式洗井方法。2017年，实施个性化洗井65井次，有效率98.3%，同比提高28.3%，平均有效期88天，同比延长47天。七是实施双定冲洗法，精准水质监测及治理。加强对辖区内四条干线的水质监测，确定各条干线前端及末端井号，每周监测1次。指标超预警（50%）由来水端协调解决水质，末端安排洗井、冲线。2017年化验275井次，冲洗干线16次。八是实施以区定调法，精准抽油机泵况管理。分区精准安排参数调整工作：参数偏大区6口，占比10.17%，实施下调参数2口，间抽3口；无参数偏小区；待落实区6口，占比10.17%，及时核实泵况和液量，实施上调参数2口，加密核实产量2口；断漏区1口，占比1.69%，及时核实泵况和液量；合理区47口，占比78.3%，同比提高1.8%，下步力争提高到80%以上。九是实施梯次跟进法，精准采油井措施挖潜。措施前结合选井，参考地下大调查结果，依据选井选层标准，制定培养计划和单井方案。过程中三步跟进，跟进单井培养方案执行、措施时机优选和措施效果评价。措施后跟踪保护，措施后加密录取和核实资料，根据措施后沉没度及分层水量变化情况，及时调整油水井调整方案，适时放大生产压差，扩大措施效果。十是实施分类施策法，精准采油井效益分析。选取开发指标、管理指标及物资能耗三方面11个核心可控指标，建立采油队单井效益评价指标体系，根据各项指标评分比重和量化性质制定评分标准和得分算法，建立综合评价标准；利用评价结果把单井划分为四类，分析影响因素，制定下步对策，做到一类井保持创效，二类井挖潜增效，三类井治理达到有效，四类井治理实现升级。

精细管理，全方位提质增效，处处都成创效点。一是实施综合管控法，降低集输能耗。建立和完善能耗控制点汇总表、能耗控制平面图、转油站能耗手册，明确能耗控制点、能耗控制流程，强化日常操作运行管理。二是实施三步操作法，降低综合能耗。中转站掺水系统、计量间掺水汇管、井口掺水管线应用免清蜡技术，利用原油流动改进剂在管道内形成水为外相的拟乳状液，使蜡无法接触管壁，降低产出液黏度，实现免清蜡及低温输送。自2017年8月投用流动改进剂后，热洗周期由每月30井次降至6井次，累计节气4.8万立方米、节电2.52万千瓦时。三是实施4433管理法，降低吨液耗气。四控制，即控制掺水炉温度、控制热洗炉温度、控制采暖炉温度、控制加热炉升温速度；四监控，即实时监控瞬时掺水量、实时监控热洗水量、实时监控返干气压力、实时监控计量间回油温度；三优化，即优化掺水炉运行台数、优化热洗炉运行周期、优化暖气片投运数量；三清理，即每年对加热炉清污一次、烟箱清理一次、火嘴清理一次，保证炉效大于75%。四是实施1+6控电法，降低吨液耗电。一项系统工程，即安装数据采集、接收装置,实现单泵单井电量实时精准计量;六项节点管理,即变压器常态下双电源运行、电容器常态下双组电容器运行、监控机泵运行电流变化情况、控制变频器启停泵前出口排量、照明系统分回路优化使用、电器设备用后及时断电。2017年累计节省电费11.47万元。五是实施分井管控法,降低机采井举升单耗。应用单井电量监控系统,开展设备优化组合、参数优化调整、管理优化安排、指标优化合理为内容的"四位一体"个性化施策,实现节电效益最大化,机采井举升单耗由6.58千瓦·时降至5.11千瓦·时。六是实施322控制法,降低检泵率。三个治理,即杆断井,动态跟踪参数,连续杆断2次采取下调参、调整注水量、全井换杆、间抽、调整热洗周期、平衡治理等;偏磨井,定期旋转抽油杆、下调参、加密扶正等;泵漏失井,应用双固定、双游动凡尔泵,供液不足井下调参,减少活塞拉伤隐患。两个调整,即参数调整,结合过渡带地质因素,实施参数动态管理,保持沉没度在200~300米范围内,确保泵况合理;方案调整,结合井况和作业现场,及时反馈信息,调整措施方案,确保措施方案准确有效。两个到位,即作业重点工序监督到位,强化作业完井前的杆管环质量检查,确保无隐患下井;热洗重点环节检查到位,强化来水温度、排量、热洗现场操作标准执行检查,保障热洗有效率100%。2017年检泵率降至27.1%,同比下降2.9%。七是实施四步把关法,控制材料消耗。明确班井长、副队长、材料员、队长四级职责,坚持"能修不换、能用不丢",严把"四关",即上报关,班井长初步认定提出申请;鉴定关,副队长到现场做出判断;调配关,材料员核实库存及时汇报;审批关,队长按需合理发放。八是实施四字检修法,确保设备高效运转。以"专、细、分、控"四字为运行手段,即人员专责,抽调专人负责春秋检工作;内容细化,严格按照春秋检工单检修;风险分级,明确人员分工,避免交叉作业;安全受控,严格按照安全操作规程检修。2017年,抽油机平均正常运转时间同比延长72天,机采设备损坏率同比降低8.5%,全年节省材料费3.4万元。九是实施721治理法,降低皮带单耗。通过检查更换操作是否规范、四点一线是否达标、皮带轮是否破损、平衡率是否达标、工况是否异常、设备运行是否良好、皮带是否严重磨损等"七查",筑牢管理基础;通过治理皮带轮直径过小、治理大小皮带轮不匹配的"两治",削减影响因素;通过调换雨季回收的磨损皮带秋冬使用的"一调",确保时率效益双赢。2017年,全队消耗皮带88条,平均单耗1.5条,同比减少18条、0.3条,节省材料费0.6万元。十是实施三分三到管理法,确保安全生产。分路排查到点,以生产岗位为基本单元,明确岗位职责,细化巡检内容及点位,强化执行标准,突出自觉行为,重在执行到点,提升岗位生产管理效率和质量,保障安全生产;分级治理到底,针对各类管理问题,明确治理等级,清晰治理流程,强化管理责任，细化过程监督，突出质量效率，确保各类管理问题发现及时、分级明确、管控到位、治理到底；分类管理到位，突出人本管理、设备管理、环境管理，端正工作态度，提升能力素质，规范岗位行为，执行管理标准，实现员工最佳工作状态、设备最佳运行状态、环境最佳自然状态。全年自查58次，隐患问题全部整改，实现安全生产零事故。

筑强堡垒，全员细算效益账，人人都当创效者。为确保效益型采油队建设有效推进，北一采油队充分发挥党支部的堡垒作用，结合积极开展"传统立身，勤俭立业，百年立功"全员行动，引导全队干部员工树立创效意识，养成创效习惯，营造创效氛围，筑强效益堡垒。一是干部表率作用强。围绕效益效率，实行《干部首查负责制》，使干部做到带头艰苦奋斗、带头创新创效、带头精打细算、带头精益求精、带头攻坚克难。二是党员先锋作用强。围绕效益型采油队建设，开展创效责任区、"六好"先锋岗竞赛活动，做到党员示范有样子；开展"金点子、亮绝活、献良策"活动，做到党员创效有点子；开展创效一帮一、多帮一活动，做到党员帮扶有对子。三是员工主人翁作用强。培育"人人都是创效者、处处都有创效点、时时都做创效事"的创效文化，大力倡导"一言一行重效益、一分一厘算成本、一点一滴节能耗、一钉一铆多积累、一招一式显真功、一粥一饭讲节约、一丝一毫无差错、一时一刻保安全"的创效理念，激励了员工向精准管理要效益、向技能提升要效益、向技术创新要效益、向严细作风要效益、向降本挖潜要效益。

（2018年3月26日大庆油田有限责任公司总经理办公室第18期情况反映）

构建化验集中管理新模式
服务油田精准开发大格局

第一采油厂试验大队

随着精准开发"七项工程"的高效推进,试验大队化验职能不断拓展,服务作用日益凸显。年初以来,试验大队按照厂总体部署,以担大责任、做大贡献为己任,针对化验系统存在的矛盾和问题,以"提质、提效、提能"为目标,创新实施化验集中管理,探索了提质增效、精准化验的有效途径。

一、问题导向、精准定位,确立集中管理新思路

近年来,化验管理职能由原来单一的化验检测发展为"常规、质检、研究、管理"四位一体的综合性化验服务。同时,也面临着系统队伍庞大分散、管控模式粗放、任务超负繁重、资源调配困难、工作重复低效、危废隐患过多等诸多问题。为有效消除短板,促进提质增效,试验大队抓住问题要害,深入调查研究,全面梳理问题,明确了化验集中管理的工作思路。

一是打造化验集中管理模式,必须转变观念、方向明确,形成目标一致的局面。化验是油田开发工作者的"眼睛"。但受传统油田开发思想影响,系统内外人员在一定程度上存在一种"三无"的错误认识,即对化验职能存在无关紧要的过时思想,对优化整合存在无所适从的畏难情绪,对岗位工作存在无过即功的求稳心态。因此,转变观念、统一思想,目标一致、步调一致已是迫在眉睫。

二是打造化验集中管理模式,必须创新思路、量体瘦身,形成上下一体的局面。自2009年化验系统实施"厂油田管理部—试验大队—实验中心—矿中心化验室—站化验室"五级管理模式以来,全厂现有各类化验室151个,呈现"三多一广"的管理现状,即"人员多、设备多、工作量多、地域分散广"。调研发现,五级管理模式管理层级多、管理链条长、管理效率低,主要存在两大弊端:一方面,在不同程度上造成了"都在管,又都不管"的局面,庞大的工作体系也逐渐暴露出管理层次不清、作用发挥不够、执行力度不到、工作标准不一的矛盾;另一方面,同一检测项目多级化验,笼统确定化验周期,造成化验工作量重复、低效、缺乏针对性,工作重复低效。因此,创新管理模式,再造管理流程,推行垂直管

理，实现上下一体已是大势所趋。

三是打造化验集中管理模式，必须整体谋划、系统优化，形成统筹一体的局面。集中管理前，矿属化验工作总量不均，化验室数据不同，传统化验系统"自扫门前雪"的管理模式，导致各化验室相同岗位工作量差异较大。同工不同酬的现象，一定程度上影响员工的积极性和整体化验队伍的稳定性。加之各矿化验系统人员普遍老龄化严重，后续接替乏力；受矿别制约，人员和设备无法统一调控、流动互补；信息化程度较低，仍处于手抄报表阶段，检测项目多，报表种类繁，每日抄录耗时近2小时；化验危化品废弃物由各矿自行管理，数量大、品类杂、分布散，标准执行不一致，规范管理不统一，安全环保风险较大。因此，通盘考虑谋划，优化资源配置，打造高效模式已是势在必行。

二、顶层设计、精准施策，推进集中管理新实践

经过深入调查研究和广泛征求意见，按照油田改革发展形势要求，结合第一采油厂实际情况，明确了集中管理的目标、思路，提出"资源整合、区域集中、专业运维、统一管理"的化验集中管理思路，编制了《第一采油厂化验系统集中管理实施方案》，打破原化验系统管理链条长、矿中心化验室业务"小而全"的传统模式，组建采油化验队，重新界定职责分工，配套完善管理措施，为稳妥有序推进管理模式改革提供保证。

第一，实施优化整合，集中统一调配。一是业务整合。成立采油化验队，将7个矿级集中化验室和试验大队两个试验站化验室集中重组，整合为4个前线化验班，承担全厂原油含水及采出液的监测任务，实现"专人干专活"，保证岗位员工的工作内容"专而精"。二是人员整合。按需定员，优化配置，对全厂专职化验人员，实行双向互选、择优选用。由整合前的221人优化到136人，精简85人，年节约人工成本1190万元。三是设备整合。优化配置化验仪器设备，由557台精简到318台，减少239台，节约成本203万元。维修保养更加规范，更新周期延长，总量需求减少，利用效率更高。整合优化后，人员互动互补、仪器设备共享、管理流程规范、班组工作量适当。

第二，完善管控模式，提升管理效率。压缩管理层级，缩短管理链条，将原来的五级管理模式转变为"油田管理部—实验中心—采油化验队"的三级管理模式。按"区域集中，就近化验"的原则，把全厂10600余口油井，授权给采油化验队的四个班组进行化验检测。同时，建立了《第一采油厂集中化验管理办法》，明确岗位职责、重新修订制度、规范统一流程、提高工作效率，实验中心加强痕迹管理和日常抽样查实，进行第三方统一监测，既授权又受控。

第三，探索专业运行，减负提质增效。将原本由各矿分散存放的化验危化品废弃物，集中建库、集中存储，危化品剂量发放专人专岗专业化管理，化验废弃物分类存储、集中处置、升级管控。原有化验工作量存在繁重庞杂、重复低效的突出问题，如传统化验标准是水驱含水稳定井10天一测，三采含水稳定井5天一测，这决定了化验工作量巨大，其中很大一部分是重复性的"无用功"。按照"简化优化，提质增效"的原则，经现场调研，化验系统积极与公司开发部沟通结合，改变现有化验工作执行标准，采取"延、控、删、减"四字法进行全面优化。"延"即个性化延长化验周期，"控"即按需合理管控复样检测率，"删"即删除重复无效的化验检测项目，"减"即减化抽稀化验频次。优化后化验工作量减少了33%，员工劳动强度明显减轻。此外，率先在油田实施化验无纸化办公，建立化验共享平台，实现数据智能化录入，表单自动化生成，每月取消1.85万次的重复无效检测项目，提高化验人员工作效率20%。按照"分类定级、定量定奖"的原则，实行岗序统一、按劳分配、增量增奖，根除"同工不同酬"问题，员工平均收入提高15%，大大地提升了员工的幸福感。

第四，推行诚信化验，助力油田开发。以"诚信化验责任心，诠释开发真功夫"为化验系统理念，通过再学习、再教育等方式提升员工技能素养，让诚信化验的思想深植于心。推广实施"密码法盲测"，通过"矿地质组随机编码—化验员盲测上传—平台自动解码—系统生成表单数据"的运作方式，确保数据真实可靠。改变传统"单打独斗"的检测模式为"流水线作业"模式，化验环节分解到岗位，明确分工、清晰职责、互相配合、环环相扣，把诚信化验落到实处。

三、综合分析、精准服务，凸显集中管理新成效

化验集中管理的探索实践，从构思调研、讨论酝酿到全面实施、有序推进，初步形成了制度规范、职责清晰、流程顺畅、运行高效的管理体系，由单方面管理转变为第三方检测，化验数据更加客观、真实、准确，为油田开发提供了精准服务。

一是精准含水化验，优化方案调整，服务职能实现新提升。整合后的采油化验队，精细管理，精诚化验，对含水大于90%的高含水井进行升级检测，对含水低于70%的低含水井或三采见效井采取"二次离心+蒸馏"组合检测。密码法盲测+第三方化验监测的化验方法，使全厂输差大幅下降，由之前的12.5%下降到目前的5.2%左右。新发现特高含水井902口，其中关闭低效无效井500多口，日减少无效循环4765吨，月节省成本至少386万元；平面调整见效，年节约成本604.4万元。向低含水井要潜力，对注入端实行优化方案调整，保障持续能量

供应，采出端及时采取措施引效，释放潜力层位能量，综合分析调整，提高开发效果。

二是精准采剂化验，及时两驱调整，服务职能实现新拓展。个性化增加化学驱区块内及周边水驱见效井的采剂监测，加密化学驱区块未见效化学驱井的采剂监测，制订采剂浓度异常的预警图版，及时发现两驱干扰，确保采取措施后三采区块受效。北一区断西三元示范区2012年投产，区内有水驱井63口，油井进入化学驱阶段后，区域内水驱井出现化学驱见效趋势，含水下降采升升高，水驱递减率从6.9%降到2.9%，水驱阶段多产油7.89万吨。因两驱干扰发现滞后，严重影响试验效果。断东东块聚驱区块2017年投注，区块部分井为二三结合区块返层井，上返至目的油层。进入聚驱阶段后，因封堵失效，原层位受效。通过加密采剂化验，及时发现了两驱干扰井，及时实施封堵治理，封堵后目的层单井含水从97.55%下降至96.3%。

三是精准水质化验，改善注水质量，服务职能达到新水平。管理链条由"实验中心—矿中心化验室—站化验室"缩短为"实验中心—站化验室"，上游水质数据反馈更及时，沟通协调更顺畅，来水水质得以有效控制；采取课堂授课、现场教学、VCR标准宣贯等多种方式培训，化验员能力得以提升，水质数据更精准，工艺参数及药剂用量调整更有效，污水各项水质指标稳定向好；定向开展室内解堵剂筛选，洗井液检测等研究，注入能力改善更有针对性，化验与开发结合更紧密，化验拓展式辅助效果大大提升，保证油田开发注好水、注准水。

四是精准化验操作，辅助综合分析，服务职能达到新高度。通过"试验大讲堂""岗位大练兵""技能大比武"等多样化的员工定向培训，树立"小化验"服务"大开发"的意识，既注重化验操作的技能提升，又注重精准分析的能力培养；通过升级换代实验设备，有效进行化验职能拓展，使化验管理逐步向实验研究方向进行转变；通过加快研用一体进程，提升服务开发能力，使化验系统从精准操作向综合分析方向进行转变，逐步形成服务油田精准开发的大格局。

创新实践永无止境，管理提升任重道远。化验集中管理是深化精准开发、推进"七项工程"的一个重要举措，在服务油田精准开发的实践中初见成效。试验大队将以此次会议为契机，对标先进、持续提升，在建功新时代的征程上潜心试验、勇当先锋。

（2018年10月30日第一采油厂"弘扬传统立标杆，三基工作上水平"
管理提升推进会经验交流材料）

构建"一体两翼"大维修工作格局
为原油生产提供高质量高效益保障

第一采油厂生产保障大队

生产保障大队秉承"真诚服务、保障有力"理念，树立"一切成本皆可降"意识，扎实推进"三大基地"建设，做实一体化统筹运行，做强专业化设备修保，做大规模化修旧利旧，努力构建"一体两翼"大维修工作格局。今年1—9月份，实现收入7600万元，完成年计划的93%；大维修创效1.05亿元，同比增长17%。在高质量、高效益、可持续发展的道路上迈出了坚实的步伐。

一、立足当前，谋划长远，做实一体化统筹运行

大维修管理实施以来，大队从全局的高度和长远的角度出发，立足于作业生产所用、泵站维护所需、故障抢修所急的发展定位，一盘棋部署、一股劲推进、一体化运行，为大队长远发展赢得了时间和空间，保证了大维修管理的顺利开展。

一是制定思路规划，注重统筹部署。大队以保障生产和降本增效为宗旨，科学布局，提高站位。牢固树立大局观，用全厂视角关注大维修、用全厂观念认识大维修、用全厂思维研究大维修，做到当前推进与长远考量、常规工作与重点任务、运行进度与质量效益"三个统筹"，确保大维修管理与原油生产咬紧齿轮、同频共振，与生产经营有机结合、互动共促，与质量效益协调发展、同步推进，明确了大维修管理发展方向。持续推进设备维修保养基地、废旧物资修复基地、工具成果转化基地建设，努力打造修保领域的行业龙头、修旧利旧的标杆样板、研发试验的加工平台，进一步夯实大维修管理的业务基础。结合大队生产实际，围绕七项主营业务，详细制定了《大维修管理五年发展规划》。到2022年，设备修保业务实现各类泵型修保全覆盖，完成产值5000万元；修旧利旧业务实现年修复油管70万米、抽油泵1700台、作业工具27000套件，分别达到厂年可修复量的96%、97%、67%；实现年节约采购成本1.8亿元的目标。

二是开展效益分析，明确经营导向。坚持突出成本控制，通过多种方式深入

开展效益分析。强化整体分析——看贡献。对 2017 年总收入、总成本、修旧产值、修旧原值和修旧成本进行整体分析，使广大干部员工更系统地了解大队目前年产值 1 亿元、年修旧利旧原值 1 亿元的业绩与成就，更清晰地看到废旧修复和应急抢修等业务内部奉献的责任与担当，更深刻地体会到大队工作在原油生产过程中的作用与价值，更切身地感受到大维修管理以来个人收入的增加与提高，坚定持续发展的信念和决心，增添服务保障的热情和干劲。强化对比分析——看潜力。通过对比分析泵站修保、车辆修保、油管修复、抽油泵修复、作业工具修复等业务的产值效益，看到除车辆修保业务存在特殊原因外，其他业务均处于盈利的经营状态。通过实施人员设备的优化调整，经营管理的提档升级，七项主营业务仍有一定的潜力可挖，大队高效发展仍有充足的支撑后劲。强化单品分析——看收益。在对油管、抽油泵、作业工具的材料、动力、燃料、劳务服务等单品费用分析的基础上，合理取舍修复工具，加大修复配水器、配注器等高附加值工具，通过外委协作和配件招标的形式修复柱塞、抽油泵上下罩等低附加值工具，使自主修复工具的平均毛利率保持在 80% 以上，提高规模修复能力，实现由"大而全"向"精而专"的转型。

三是提高产品质量，提供基础保证。将质量作为企业生存之本，加大全程把控、全员参与、全面推进的力度，不断提升质量管理能力。在全程把控上，秉承"于精细中达成精益，于精心中打造精品"的理念，严把进货检验、过程检验和出厂检验"三个关口"，深入实施"四精四控"质量管理体系。精细筛选废旧工具，把控可修数量；精良加工新旧配件，把控关键尺寸；精密装配联接部件，把控应用效果；精心检验产出成品，把控整体质量。确保修复产品技术指标均达到新产品使用标准。健全检验制度，修订完善《相同班组互检制度》《关键部件全检制度》，提高全员参与度；提高检验标准，修复油管试压标准由 20 兆帕提高到 25 兆帕，使修复泵稳压时间由 3 分钟提高到 5 分钟；落实干部责任，召开月度质量分析会，签订年度质量责任书，形成从生产经营到党政工团，人人参与质量管理，人人为质量管理献计出力的局面。在全面推进技术革新上，持续加大修复设备、修复技术的投入力度。申报采购试压、探伤设备，自主改造喷砂、拧扣设备，优化调整电焊车、修保车辆等设备，不断提高设备自动化程度；完善大四通喷砂除锈技术，改进抽油泵内部结构，开辟油管外委喷砂渠道，不断强化技术攻关能力。油管、抽油泵、井下工具的修复质量有了明显提升，抽油泵平均检泵周期由 2016 年的 831 天延长至 867 天，因责任返工率和作业工具返厂率始终控制在 0.5% 以下，为厂降低"两率"做出了积极的贡献。

二、创新方式，超前维护，做强专业化设备修保

大队充分发挥修保领域的技术优势，探索实施设备修保新模式，靠前维护，超前保养，不断提升设备修保水平，承保、承修设备完好率始终保持在99%以上，确保了泵类设备及生产车辆的平稳运行。

一是前移服务端口，实行以检定保。首先，健全设备检修保养记录。建立全厂8个矿（大队）、4种泵类设备、59种泵型的312项技术参数数据库，详细录入每次设备维修综合情况，应用大数据进行统计分析，针对多发故障问题，采取措施加以应对，目前正在进行939台泵类承保设备的数据录入工作。其次，延展设备监测智能方式。发挥泵类设备监测站和回场检查站作用，监测频次由原来的一个月1次增加到2次，监测范围由原来只监测承保的3种泵型拓展到现在承保、承修的6种泵型，监测点由2016年的13000余点增加至现在近15000点，为设备保养提供了准确的技术数据。第三，加大设备巡检力度，每月除设置专人进行一次常规巡检外，还结合抢修、换油、检修工作开展二次巡检，对与原油生产关系特别密切的重点设备实施三次巡检，确保提前发现故障。年初以来，共巡检泵类设备5643台次，发现隐患问题28起，解决机油更换不及时、泵安全阀使用不规范等问题13起，避免了"小问题"演变成"大故障"。

二是靠实服务举措，实行以保代修。举措一：定期维护保养。根据设备运转情况，统一制定全厂生产车辆和承保注聚泵的换油计划，根据换油过程中油质和碎屑情况对设备磨损、震动等潜在问题进行预判，科学调整换油周期，延长设备运转时率，节约设备维修成本。举措二：加大培训力度。依托大维修工作室，发挥技师作用，开办专项业务培训班，除对大队内部修保队伍进行技能培训外，加大对各矿（大队）泵站操作和管理人员的培训力度，提高其现场操作水平和故障处理能力。今年已举办培训班13场次，累计培训520余人。举措三：承担管理职能。以《换油通知单》《问题告知书》的形式督促各矿（大队）及时对设备进行维护保养，避免因保养不及时导致的设备损坏。今年，共督促换油35台次、保养85台次，设备修保材料费同比下降48%，注水泵三保周期平均提高3倍左右。五矿聚南一注水站1号注水泵已连续运转10年零7个月，创造了油田注水泵运转时长最长纪录。

三是延伸服务触角，实行以改促优。新形势下，大队从服务保障厂原油生产大局出发，及时更新转变工作方式，实现了服务保障由被动抢修到超前维护、修保技术由秘不外传到倾囊相授、经营理念由产值规模到效率效益的转变。针对部分因设计不合理而面临淘汰的泵型，结合现场需要，对其进行工艺改造，提高设

备的可靠性。2017年下半年，对五矿和七矿的注入泵进行了传动、润滑和控制等系统的工艺改造，恢复了61台比例调节泵的正常运转，节约了基建投资，保证了南一区中块四个注入站的顺利投产。此外，还充分发挥大维修工作室作用，采取技术革新、使用新材料、泵配件修复利用、自主测绘加工等措施，不断降低修保成本。今年以来，应用柱塞表面喷焊修复等技术革新4项、非晶体柱塞等新材料2项，修复利用主轴、曲轴等注聚泵配件68件，测绘加工叶轮、排气阀等注水泵配件47件，累计节约采购成本56万余元。

三、强化能力，延展空间，做大规模化修旧利旧

大队依托厂废旧资源，发挥抽油泵、井下工具和油管"三条修复生产线"作用，全面开展修旧利旧工作。今年1—9月份，实现修旧利旧收入5333万元，同比增长9.4%。

一是增加修复种类。对标学习先进，掌握抽油泵柱塞喷焊等修复技术；采购喷砂设备，解决大四通等铸件表面处理难题；通过外委协作加工的方式，规避了接箍等配件磷化、发黑工序的污染风险；通过配件招标组装的方式，解决封隔器胶筒等特种材料无法加工的问题。大维修实施以来，作业工具修复从2017年的8种增加到现在的12种，实现了抽油泵修复由泵筒向柱塞的拓展，工具修复由地面向地下的延伸。

二是提高修复数量。利用闲置厂房改建作业工具修复工区，为工具修复创造生产条件；规划新建修复场地，解决废旧工具的存储问题；增加扩建清洗池，提高作业工具的清洗能力；自主筹建第二条油管修复生产线，缓解修复能力不足的压力。大维修实施以来，共改造修复厂房1200平方米；新建修复场地630平方米；新建清洗池一座，增加清洗容量68立方米；改造修复机床3台、动平衡机1台、拧扣机2台，为废旧修复提供了强有力的硬件支撑。今年以来，共修复作业工具4042套件，同比增加6.37%；修复抽油泵891台，同比增加47.03%；修复油管38万米，同比增加26.67%。

三是拓宽利旧范围。在利用废旧油管加工短接、筛管等作业工具的基础上，利用废旧管杆，自主实施小型改造工程，不断扩大废旧管杆的使用范围，解决了废旧管杆的积压问题，做到了物尽其用，变废为宝。年初以来，进行大队内外部水暖管线改造、排水管线改造、场地围栏焊装等小型利旧工程10项，加工短接27000余件、筛管近2000件，焊接工装料架136套、油井围栏2400片，加工水箅子150米、饲料槽32个，节约采购成本557万元。

行百里者半九十。成绩和荣誉已属于过去，优势和领先也不是骄傲的资本，

更加艰巨繁重的任务还在等待完成。今后工作中，生产保障大队要继续贯彻好厂党委和厂的安排部署，挖掘潜力，积蓄后劲，当好保障生产的"压舱石"，争做降本增效的"排头兵"，为第一采油厂原油生产做出新的更大贡献！

（2018年10月30日第一采油厂"弘扬传统立标杆，三基工作上水平"管理提升推进会经验交流材料）

"两册"立标准 岗位见传承
推进新时代岗位责任制建设

第一采油厂第二油矿

新时代弘扬优良传统、加强岗位责任制检查（以下简称新时代岗检）启动以来，作为岗位责任制发源地，第二油矿坚持"继承不守旧，创新不丢根"，不断赋予岗位责任制新内涵，创新岗位责任制形式，培育全员高度岗位责任心，进一步夯实基础工作，提升管理水平，为推进高质量发展筑牢坚实基础。

一、优化完善"两册"，明确新时代岗检标准

新时代岗检启动以来，第二油矿结合自身实际，进一步推动"两册"（管理手册、操作手册）提档升级，提高文本质量和实用性。

一是"两清一合"精简工作职责，明确干什么。为便于开展工作，采取"两清一合"的方法，对原"两册"中工作职责去繁就简，实现管理的轻量化、高效化、规范化。新版"两册"岗位职责描述与原版相比，内容全、职责清，更精炼、易记忆。新修订的"两册"岗位职责179条，与原来相比精简119条，以采油工岗位职责为例，通过对重复内容进行优化整合，岗位职责由原17条精简为5条，进一步增强了管理的针对性、适用性和可操作性。

二是"七图两表"规范工作程序，明确怎么干。针对原"两册"中工作程序内容为文字描述，不易记忆的问题，建立"七图两表"，即管理手册"一图一表"、操作手册"六图一表"。管理手册中，以党支部书记岗位为例，原版篇幅长，新版中通过梳理日、周、月、季、年五个时间点的工作内容和要求，建立了直观易懂的"工作内容图"。操作手册中，原版为文字表格说明的工作流程图，新版简化为清晰的流程图。通过"六图一表"使干部员工更直观地了解岗位操作程序。目前，已对18个基层队的56个管理岗位和44个操作工种规范了工作程序，修订完善图表420个。

三是"五个统一"严格工作标准，明确干到什么样。对"两册"中"管理标准不统一、应建资料报表多"等问题进行规范，实现一把尺子衡量。梳理厂、矿各项管理制度142个，形成《管理手册制度汇编》，实现制度统一；整理更新

150个操作标准,形成《操作标准汇编》,实现标准统一;对各岗位的操作从起点到终点进行全过程定义和规范,实现流程统一;梳理岗位应建资料、报表,由128项减少到110项,规范表单格式、存档方式,实现表单统一;对同一类别队的考核项目、奖惩额度等统一标准,实现考核统一。"五个统一"使干部员工对"两册"掌握更精准、执行更顺畅、落实更到位。目前,全矿18个基层单位已全部完成"两册"修订工作,实现全范围应用。

二、实施"231"岗检法,确保岗位责任制落实

按照推进新时代岗检新要求,以"两册"管理为依据,以强化执行为核心,创新实施了以"两检、三查、一整改"为内容的"231"岗检法,确保用好用活"两册",将岗位责任制落到实处。

一是突出"两册"运行的日常化,明确"两检"岗检方式。全矿各岗位对照"两册"及时更新岗检检查标准。针对岗检"怎么查"提出"两检",即机关周三岗检日、基层月末自检日。针对机关岗检的全过程,采用"一表、一单、一通报"的检查方式。根据"两册"要求,制定了各岗位的岗检评价表,每月中旬,机关管理人员持"岗检评价表"进岗位,依据表中检查内容、检查标准及评分细则进行打分,检查"两册"及生产管理任务落实情况。在"问题整改通知单"上填写发现的问题、原因分析、整改期限,落实相关责任人;月底以"岗检通报"的形式,系统梳理机关岗检情况。基层队在自查、互查和巡查的基础上,每月末组织开展岗检总结讲评,保证岗检效果。如北Ⅰ-2联合站依照"两册"对员工自查、班组互查、干部巡查进行了详细安排。员工每天上班都在进行岗检,及时发现问题、处理问题。2019年,机关共提交评价表566份、整改通知单489份,形成通报20份;基层队通过自查、互查、巡查共发现问题3564个,形成"天天都是岗检日、人人都是岗检员"的良好氛围。

二是突出"两册"运行的规范化,强化"三查"岗检内容。结合"两册",针对"查什么"明确"三查"岗检重点。岗位查执行,就是立足岗位围绕"三个有没有"(有没有执行不严、不细、走样的问题;有没有流程不清晰、程序混乱、概念模糊、无法实施的问题;有没有履职不尽责、工作不尽心、责任不落实的问题),检查"两册"执行情况。管理查漏洞,就是针对"两册"执行过程中出现的问题,围绕"五个是否和五个有没有"(管理的控制是否全部覆盖,有没有不受控被遗漏的问题;管理的流程是否清晰,有没有程序不清的问题;管理的效率是否滞后,有没有效能低下的问题;管理的方法是否管用,有没有措施不适应的问题;管理的责任是否明确,有没有职责不清责任不明的问题),反推管理存在

的漏洞，进而丰富"两册"。全员查作风，就是要求干部员工围绕"三对照、三看、三检查"（对照稳产要求，看产量意识够不够足，检查是否做到以稳产为重，对影响产量的因素及时发现、主动攻坚；对照先进单位和个人，看管理水平够不够高，检查是否做到了真抓实干、争创一流；对照大庆会战优良传统，看严实作风够不够强，检查是否做到了敢抓敢管、严抓严管），查找自身不足。北八队北二注水站站长刘梅，在岗检中发现施工方未按标准施工，将安全警戒线宽度缩小了一半，当即责令施工方整改，直至达标。队里在岗检讲评会上，组织大家针对"警戒线事件"，讲原则、谈作风，并对照"五毫米见精神""放大镜照钢丝"等会战传统找差距、看危害。通过"三查"，发现"两册"在执行过程中的问题和矛盾，不断细化流程、完善制度、创新方法，使岗检内容更具有针对性。

三是突出"两册"运行的信息化，提高"一整改"岗检时效。针对"查到问题怎么办"做到"一整改"，及时解决生产管理过程中出现的各类问题。为了提高整改时效，建立了岗检管理平台，机关管理人员将发现的问题、原因分析和整改方案录入平台，平台将信息自动通报给基层，基层队针对问题制定相应的整改措施、整改时限和责任人，按期整改回复，实现直击问题本身，直达整改责任人，直至销项整改完毕。2019年，岗检平台录入1295项问题，整改1197项，利用平台统计分析功能，全年共对18个基层站队考核78次，考核金额8000余元，实现各岗位全覆盖的信息化闭环管理。

三、培育责任文化，铸牢岗位责任制灵魂

岗位责任制的灵魂是岗位责任心。第二油矿牢牢把握增强岗位责任心这个关键，培育了以"传承岗位责任制、永做主力排头兵"为核心的责任文化，确保岗位责任制执行不走样。

一是构建责任体系，突出价值认同，强化岗位责任心。理念是一个人的灵魂，也是一个企业的灵魂。第二油矿发挥传统发源地优势，创建了管理理念、安全理念和执行理念，建立了基层特色文化。依托北二注水站、5-65井组、北八队"三位一体"传承教育基地，把"勇于担当的责任心、高度自觉的执行力"观念融汇于全员思想，形成"岗位即是责任、使命强化责任、业绩验证责任"的价值认同。如北八队始终坚持"传统永恒、责任无限"责任文化，明确了"五精标杆"发展目标，形成"三标"行为准则，实现连续安全生产超过两万天、连续稳产58年，被评为油田公司功勋集体、金牌采油队。

二是开展主题活动，突出责任担当，激发岗位责任心。责任文化的作用不仅在于思想引导，更在于凝聚人心。通过开展主题活动，激发全员"在岗一分钟、

负责六十秒"的责任意识，践行好"持续稳产的主力、精细管理的标杆、降本增效的样板、弘扬传统的典范"责任担当。以"双立"实践活动为主线，开展大庆精神铁人精神再学习再教育再实践，干部员工把完成原油生产任务作为第一责任追求，党员带头"两争一创"，全员争当"最具责任心"员工。在大家的共同努力下，2019年，全矿实施上产措施2918井次，油井水驱年含水率低于计划0.3%，热洗合格率由95%上升到99%，北一二排东三元复合驱实现超产1.21万吨，全矿完成130万吨年度计划。

三是坚持对标示范，突出典型引领，践行岗位责任心。责任文化重在引领示范。第二油矿通过开展对标提升，确立各时期典型，掀起比、学、赶、超热潮，把岗位责任制的执行效果体现到提升管理水平上。持续开展"大对标、大整改、大提升"上水平竞赛，培养打造以北六队、北Ⅰ-2联合站为代表的一批先进典型，以点带面提升岗位管理水平。2017年以来，共举办系统观摩会18次，打造典型21个，其中北二注水站迎接了集团公司基础管理工作会一行参观交流。

作为岗位责任制发源地，第二油矿将不忘初心、牢记使命，以新发展理念为指导，全力推进新时代岗位责任制建设，以一流的管理、一流的业绩和一流的作风，为"当好标杆旗帜，建设百年油田"，推进转型升级高质量发展，做出新的更大贡献。

（2020年5月13日大庆油田2019年度新时代岗检总结表彰会议典型发言材料）

党群篇·

发挥思想政治工作优势
努力培养严细成风的工作作风

采油指挥部政治部

采油三矿四队（以下简称四队）是一支坚强的采油队伍。全队职工 82 人，共管理油井 15 口，实开 9 口。截至 1961 年年底，全队安全生产达 284 天，全队除 2 口油井发生过事故外，其余都是自投产至今安全生产无事故。全队共有大田作物 30 亩，实收黄豆 3645 斤；菜田 15 亩，实收蔬菜 31070 斤；还养了 5 头猪，10 只羊。一年多来全队职工亲手盖起了职工宿舍、食堂、办公室和家属宿舍 1008 平方米。除了 1960 年 6 月刚建队那个月是二级红旗单位外，至今都保持着"一级五好红旗单位"的光荣称号，并在 1960 年 11 月 30 日获得了"战区钢铁采油队"的荣誉，此外还多次获得清蜡冠军、双革冠军、安全生产标兵、先进集体、五好党支部、五好团支部、五好食堂等奖旗奖状。

在仅仅一年多时间能取得这样的成绩，主要原因在于发挥思想政治工作优势，注重培养职工队伍严细成风的工作作风。

一、领导班子团结一致，执行上级指示坚决及时

有一个坚强的领导核心，是搞好小队工作的根本保证。在处理日常各种事务中，总会碰到看法不一致、认识不同的情况，四队从来都是采取讨论商量、耐心说服对方的办法。遇到某个同志有错误思想和缺点时，也一定是通过团结—批评—团结的方式帮助他认识错误，从而达到支部核心班子思想统一、口径一致、统一行动。例如，去年 7 月搞量油测气，党委号召搞技术革新和技术革命，支部决定在全队实验高压量油。当时有名副队长不仅不赞成，还说："这不是胡来吗？瞎子点灯白费蜡，故意自找麻烦。"在群众中影响极坏。支委会根据此情况找他进行了谈话，说明这种思想是给群众运动泼冷水，应该有敢想敢干敢于创造的精神。通过互相诚恳的交换意见和同志式的批评，这名副队长想通了，积极地领导群众投入了革新运动。执行上级指示坚决及时。在松辽有句话叫做"事不过夜"，四队确实是这样，不仅在接受任何任务时不讨价还价，没提过困难，而且真正做到了事不过夜。1961 年 9 月 12 日晚上 9 点，指导员到矿场开会研究如何打青饲料

的任务时，支委们都不肯回家去休息，全在队部等着。指导员回来时已经是凌晨1点了，传达了上级交给的任务和指示后，支委们都表示了决心，又做了具体的安排和分工。生产委员老辛准备工具，组织委员赵队长负责送饭，青年委员罗副指导员组织工地宣传和组织家属上战场，保卫委员蒋三大负责集合队伍，会后分头行动，第二天凌晨3点就集合好了队伍，4点到了东风牛场。经过一天的奋战，34个同志打了10余万斤，超额完成任务两倍，获得了矿场党委的物质奖励。四队执行上级任务坚决及时，总是事事跑在前面。

二、干部以身作则，带好队伍作风

四队干部就能很好地做到这一点，无论刮风下雨，天热天寒，工人干到哪，干部也干到哪，特别是每一次的艰巨或突击任务，干部更是带头冲在前。工人身上有多少汗，干部身上有多少汗；工人身上有多少泥，干部身上也有多少泥。如去年12月12日四队接受了管线覆土的突击任务。当天天气很冷，气温零下30多摄氏度，用油烧了一上午，只化了冻土50厘米，眼看任务完不成。要是今天完不成明天从头再来更是困难，指导员林丰决定，干脆用镐刨吧，于是不管天寒地冻，把棉衣一脱就刨开了。大家一看没吭声，20件棉袄同时抛到了地上，都抢起了镐头，工程很快有了进展，终于在晚上8点胜利完成了任务，大伙带着自豪和愉快的心情，排着整齐的队伍回到了家。就是这样，干部们不论是完成生产任务、生活作风上，还是在思想要求、团结友爱和执行上级指示的坚决认真上，都处处以自己的模范行动带动和教育着大家。

三、善于培养典型，总结经验，发动群众

认真学习典型经验也是四队工作搞得好的一个重要特点。四队干部很会发现人才，培养先进人物，树立典型，发挥先进人物的作用，带动全队开展各项工作。四队的先进人物，也是红旗成林，光闻名全战区的就有模范指导员林丰，油井分析能手姜岱冬，谈心标兵李传彩，油井管理能手蒋三大。

为实现油田长期稳定高产的开发方针，每个采油工都应不仅懂得和熟悉操作地面井筒，还熟知地下油层物理特性、自喷道理，在工作中掌握主动权。为此石油工业部党组提出了全党全民办地质，举办群众性的油井分析和大办地官活动，姜岱冬同志就是这时涌现出来的标兵。他是1959年转业战士，共产党员。在油井分析运动中，苦心钻研摸索出了一套油井分析的经验，并提出在分析中坚持三大观点（群众观点、政策观点、生产观点），四个结合（油井分析与油井管理相结合，与上课学习相结合，与评比相结合，与总结经验相结合），支部支持他的

研究，帮助他总结推广经验，号召大家向他学习。他的这些经验得到推广后，提升了整个采油队伍的技术和理论水平。

蒋三大是油井管理方面的先进人物。他是1960年的转业战士、共产党员。别人这样称赞他：蒋三大有三大——雄心大、决心大、干劲大。他管的8排19井原是一口事故很多的井，当时的值班房有一半在地下，又小又黑，采油树光着身子，井场上到处是污泥原油，资料不全不准，结蜡非常严重，一天清蜡达20多次，是全采油战线出名的一口结蜡顽固井。1961年3月，党支部提出各井都要学赶超老标杆9排23井，于是蒋三大、李少伯和刘清富就被调到了8排19井。蒋三大干起活来一阵风，不怕苦不怕累，但却有点急躁的毛病。他一到8排19井就自己拼命地干，发现同志们干得不好时就狠狠把别人说一顿，与同事产生了一些隔阂。支部得知后，首先对蒋三大的责任心干劲等加以鼓励表扬，但也指出他做工作简单生硬的毛病，接着又给他布任务教方法，帮助他改善了与同志的关系。全井组上下扭成一股绳，夜以继日地奋战了20多天突破了清蜡关，在最紧张的时候连饭都顾不得吃。蒋三大成天抱着绞车围着井口转着清，一口气就能摇300多圈，有时一天就清29次之多。就这样一天接着一天顽强战斗，终于把刮蜡片直径从原来的52厘米扩大到58厘米，从井口一直清到井下600米，彻底地攻破了这口有名的结蜡顽固井。之后只要按着摸索出的强化器活动规律活动一下就可以了。攻下了清蜡关接着就突击值班房、保温房，日夜苦战，很快盖好了一个一砖到顶三间大的值班房，房子修得又高又大，阳光充足空气新鲜，东间办起了小地宫和图书馆，中间为值班房，西间成了宿舍，随后又动手打了土坯盖起了保温房。蒋三大带着大伙起早贪黑地打扫井场，开荒种地，共种了2.8亩庄稼，有白菜、萝卜、玉米、黄豆等15种农作物，还修了2条栽着垂柳和果树的人行道，岔路上建了3个五星花园，等到庄稼长起来，向日葵开花的时刻，8排19井变成了一个大花园。不到半年的时间，当年8月31日那天，8排19井获得了"五好油井"的光荣称号。支部在号召全体职工学习蒋三大管理油井的雄心、决心和干劲后，为争取全队所有生产井达到五好标准，全体职工日夜辛勤劳动，在1961年年底使所有生产井全部达到五好标准，实现了全队油井的五好化。

四、充分发挥了党团员、井组长的骨干作用，成功地开展了群众性的政治思想工作

四队的政治思想工作做得广泛深入细致及时，解决问题达到了一个钥匙开一把锁的程度。有一名从玉门调来的学徒工，开始工作表现得很好，连夜苦战毫无怨言。过了一年以后有了变化，上班尽打瞌睡，他上班值班时房门外的锅也被人偷走了，有一次清蜡时马马虎虎，几乎造成了大事故，也不爱参加会议了。又发现他经常写信到凌晨2点。支部先对他进行了情况了解，又找他进行了谈话，得知了其中的缘故。原来老乡给他介绍了一个对象，起初通信很多，可是后来对方一封信也不来了，钱也给她花光了，现在自己家里要钱都没钱寄，所以很苦恼。支部了解这一情况后，一方面开解他爱情应该建立在正确的互相帮助共同进步的基础上，不要乱用钱；一方面找到介绍人了解了女方的情况和工作；另外又给他补助了50元，国庆节时还给他布置了一间漂亮的新房，解决了他的实际问题，使他很受感动，之后的日子里工作表现特别好，干劲十足，一天就积了500多斤肥，年终被评为先进生产者。

在开展群众性的政治思想工作中，四队还培养和总结了谈心标兵李传彩的经验。李传彩是1959年转业战士，共产党员。他很愿意帮助后进同志，凡是调到他们井组去的后进同志，通过他的帮助，都会变得先进起来。例如有个刚从玉门调来的工人，被分到他们井上工作时不安心，怕脏怕苦想回家，成天闷闷不乐。李传彩就主动地接近他，跟他聊家常谈形势，身体不舒服时，就安慰他照顾他，还帮他搞卫生。这样一来两个人很快成了知心朋友。李传彩跟他谈起新旧社会对比，这名工人就把腿上被老板烙的伤疤给他看，把心里的事都告诉他，说这生活条件苦，天气寒冷工作繁重，家中父母年纪又大了想回去照顾家。了解了情况后李传彩分析了他各种思想问题的来源，不仅抽出时间和他恳谈，还在实际工作中以身作则，带头干重活、脏活带动他，终于打动了这名工人，不但他自己工作积极肯干，思想稳定，也学会了主动帮助别人。像这样的事例很多。李传彩从亲身体验中总结出了帮助后进同志的方法应该是"关怀、体贴、了解、分析、帮助"；态度应该是"诚心、耐心、虚心"的两个方式。支部结合他的经验在全队掀起了一个群众性的"谈心"活动，收效很大，不到5天全队61人就相互交谈了548次，做到了人人动脑，个个动口，互相帮助，共同提高。四队由原来一个指导员，发展到几十个工人指导员，这力量该有多大呀！他们不仅管生产，还管教技术，管思想，涌现出很多模范井组长。如刘方才井组就提出他们有"三包"，凡分到他们井组的同志，他们负责包做思想教育，包教技术，包解决一切问题。

五、大抓农副业，全面关心职工生活，使得搞好生产、做好思想工作有了根本的保证

工人张再新，去年二三月生产正紧张的时候，成天吵着要回家，一天到晚怪话连天："我不干了，这二级工我不要了。"指导员找他谈过好几次后得知原来是家里父亲接二连三来信说农村生活很好，就是缺乏劳力，要他回去。队里对他

耐心教育，但是始终没完全解决问题。一转眼八九月秋收以后，他却自动提出：再也不想回去了。指导员问他这是为什么呢？他说："农村虽好，我们这比农村更好。我们队种的白菜、玉米长得多好呀！食堂办得也好，新房子也修好了。吃得好，住得好，每月还拿五六十元钱，回家哪有这样的好事？明年多种一些我们就可以敞开肚子吃了。以前不知咋搞的，越讲怪话就越不想工作想回家，越想回家就越想讲怪话。现在工作起来真愉快，越工作就越没怪话想工作，越想工作就越不想回家了。"大家纷纷认同。四队大抓农副业，使全队生活有了基础，粮食、蔬菜大丰收，1961年除24间旧房子外，又盖了18间新房子，让大伙这个冬天过得可真舒服，特别是食堂班子的调整，令大伙十分满意。支部还在全队20名党员中，抽了一个党员、一个支委下伙房。从此后，不仅清洁卫生大变样，而且饭、菜花样时时换新，做到三天一吃包子，一礼拜一次面条，账目也一天公布一次。如果听说职工要出去打草籽，食堂就给每个职工烙两个饼，还给配两个大蒜，免得跑远了错过饭点回来饿肚子，大家纷纷反映真比自己家里人想得还周到，很多人都一直干到下午三四点才回来吃中饭。对家属照顾也很周到，管理员经常把地里的菜拔回来分好了挨家挨户地送上门。大家对生活很满意，职工思想也越来越稳定了。

（采油指挥部政治部1962年1月15日会议材料，摘自《油海创业之路》）

以党员为骨干
扎扎实实做好一人一事的思想政治工作

采油政治部办公室

充分发挥党支部的领导作用，是加强基层工作的根本问题。党的一切口号、主张和决议，只有依靠党员才能具体深入地传达到群众中去，变为群众自觉的实际行动。群众对党的意见和要求，也只有通过党员才能不断地反映到党的领导上来。因此，党员做好群众工作，是加强党支部领导作用的重要环节。三矿采油一队重视党员做群众工作的组织安排，以党员为骨干联系入党积极分子，组成一支群众性的思想工作队伍，做扎扎实实的一人一事的政治思想工作，发挥了党支部的战斗堡垒作用，团结带领群众，较好地完成了工农业生产及其他各项任务。一队 101 名职工管理 21 口油井，现开井 14 口，井井资料七全七准，其中五好油井 12 口，占开井数的 83％。7 月底，全队安全生产 70 天。全队种大田 162 亩，长势茂盛，丰收在望。他们的经验有以下几点：

一、模范带头，以身作则

一队党支部有 22 名党员，其中党员模范作用好、能积极带领群众完成任务的 16 名，占总人数的 73％；其余的同志虽本人思想或工作方法上有些缺点，但都能服从党的利益，努力工作。因此，党员在群众中有较高的威信，群众愿意向他们学习，跟着他们走。

6 排 20 井是一队较难管的一口井，离队远，井场又乱又脏，去年曾 9 次掉刮蜡片。因此，今年 3 月开井时，工人都不愿上这个井组来，来了也是抱着马马虎虎的态度，认为只要能出油就行。怎样把井管好呢？党小组长、井长于庆春召集党员史春生、郑长照在一起讨论，认为要安定井组同志的思想，首先必须发挥党员的模范带头作用。于是他们上井的第二天就带头打扫井场，擦洗采油树。一个礼拜的辛勤劳动，使油井面貌一新，职工上井心情舒畅。这时井长召集井组 6 个人开会，讨论 20 井能否变落后为先进？党员带头打扫井场，使井场卫生大变样的事实教育了大家，井组一致认为 20 井虽然条件差，但只要大家团结一致，充分发挥主观能动性，一定能够战胜困难。20井结蜡严重，最初一天清蜡12次，井组人手不够用，于庆春虽有肺病，仍坚持24小时盯在井上，帮助各班清蜡。经过一个多月的努力，终于使油井结蜡正常。现在，20井高低不平的井场铲平了，铺上了干净的细砂，道路铺了石子，是全队井场规格化最好的井组。为了争取当上五好油井，这个井组又持续苦战，整理资料办好地宫，加强贯彻岗位责任制。史春生为管好油井，利用夜班时间把资料背得烂熟。在五好油井检查时，怕油井有蜡不够五好条件，一天连续深通了5次（平日只深通1次），结果把油井的老蜡刮下来了。检查时虽因发现手指头大的一块蜡没评上五好，但井组同志毫不灰心。6排13井、14井党员、井长赵明和埋头苦干，以井为家，一天到晚地工作，不是收拾井场，就是种井组的地，人称"老黄牛"。在他的劳动下，井组工人从会战以来，都做到了"无事不上街，井上无闲人"。13井修值班房，一天夜里下着雨需要拉砖，大班周本道因为没有雨鞋不愿去，党员副班长王克熙知道后，二话没说，就把雨鞋脱给他，并说："我光脚不要紧。"这使周本道心里非常惭愧，坚决不穿副班长的鞋，穿上雨衣就出发了，回来还主动向副班长做了检讨。

一队党员在贯彻上级指示时总是表现最坚决，响应党的号召都是走在最前列。上级动员无粮户关系的职工回乡生产，党员赵明和、张开卷就带头动员自己的家属返乡。赵明和同志还把家属返乡生产后自己体会到的好处总结为：不受家务纠缠，工作安心了；能经常和大家一起谈心，同志关系密切了；不再两个人吃一个人的粮，身体健康了；学习专心了；情绪高，心情舒畅了。对其他同志启发很大。

二、调查研究，对症下药

一队党员对本井组群众的籍贯、年龄、出身、家庭情况等都很清楚，经常和群众谈心，熟悉群众的所思所想，发现问题及时进行调查研究，对症下药，药到病除。

15井党员朱品生和群众雒延仁上夜班清蜡，朱品生负责井口，雒延仁掌握绞车。在下刮蜡片过程中，雒延仁在绞车旁睡着了，差点没把刮蜡片下出油管，幸好被朱品生及时发现。朱品生想，清蜡是采油工的一项重要工作，要求精力集中，为什么雒延仁会在绞车旁睡着了呢？这里面一定有原因。第二天，他就找雒延仁谈心。经再三了解，弄清楚雒延仁是因爱人在家出了事，心里很痛苦，加上未评上月度奖金怀疑领导不信任他等，思想苦闷得几天晚上睡不着觉，过度疲乏，因此在下刮蜡时睡着了。找到原因后，朱品生和井组同志及时解决帮助雒延仁解决了问题。

三、区别对象，讲究方法

一队党支部经常教育党员教育群众是为了解决群众的思想问题，使对方认识错误，改正缺点，增强团结，搞好生产。做到这一点，不仅要有好的出发点，还要有好的方法：

一是强调以表扬为主，多看优点，鼓励积极上进的教育方法，并把这作为对干部党员的一项重要要求。7井的下放干部尚怀禄，是个大学生，虽然生活散漫，自尊心很强，但分析油井资料的水平较高。党员毛文荣为帮助他克服生活散漫的缺点，结合他的性格特点，首先表扬他搞油井资料水平高，鼓励他克服缺点在井组发挥更大的作用，使他很愉快地接受了意见。工人徐三华对工作忽冷忽热，毛文荣对他更是多看优点，有了成绩就及时表扬鼓励。对他爱讲怪话的毛病，也是等事后他头脑冷静时再关切地批评，使他能虚心接受。在毛文荣热情地帮助下，徐三华的工作情绪始终稳定。

支部还通过工会结合中心任务开展竞赛评比，表扬先进，推动工作。上级提出井场规格化的要求，但究竟如何做到规格化，是动员大批劳动力组织突击，还是依靠本井组职工的力量细水长流地整理井场？大家的认识没有统一，有的井组自己不动手等待队里组织会战。20井依靠井组力量自己平整井场达到了规格化的要求，成为典型工会结合贯彻岗位责任制要求，在该井召开现场会，为大家指明了学习方向，各井场的面貌迅速改观。

二是批评必须和风细雨，以理服人。凡是能个别谈话解决的决不点名批评，小会批评能够解决的决不开大会。17井工人王守彬管井出了事故，矿场召开现场会进行了批评。没两天，有人反映王守彬在夜间偷食堂的饭和豆饼。当时有的干部主张在大会上给予严厉批评，指导员戴树林没有同意，主张先找王守彬个别谈话。在个别谈话时，王守彬检讨自己受矿场大会批评后，灰心丧气，破罐破摔，违犯了纪律。指导员严厉地批评了他的错误，鼓励他克服缺点，争取上进，同时表示不公开宣扬这件事，维护他的尊严。王守彬很受感动，既认识了错误，又保护了工作积极性，工作劲头很快赶上来了。

三是对职工进行政治教育，不断提高职工的政治觉悟。支部经常组织职工读报、学习《黑龙江日报》"党的生活"上的文章。支部组织职工学习省委欧阳钦书记写的"对青年谈几个问题"后，大家认识到革命的胜利来之不易，今天的艰苦和红军万里长征、抗日战争、解放战争相比，根本算不了什么，从而鼓起了克服困难的勇气和信心。技术员小李自由主义严重，为从根本上反对自由主义、增强团结，支部组织职工学习了毛主席的著作《反对自由主义》，在此基础上对他进行了批评教育，同时也使全体职工认识到了自由主义的严重危害。

四是抓住典型进行教育，说服力强，职工印象深，效果好。在贯彻油井管理岗位责任制中，有的职工嫌麻烦，不认真执行。例如清蜡按规定井口必须站人，但有的井组就没人，有的虽然站了人也是摆样子，东张西望，精力不集中，起不到作用。支部在教育职工时用了油井管理工作优劣的对比事例进行分析：有的队有一口井清蜡时地面钢丝折断，因站井口的人是缺乏经验的实习学生，没抓住钢丝的断头，把刮蜡片掉下井底；15井清蜡，地面钢丝断了，因技术员刘文杰认真贯彻了岗位责任制的要求站在井口，抓住了钢丝断头，刮蜡片没掉下去，避免了一次重大事故。生动的对比教育，使提高了职工认识，加强了贯彻岗位责任制的自觉性。工人们说："过去是领导让站，不得不站，现在看来，是真起到大作用。"此后不论刮风下雨，油井清蜡都坚持井口站人。3井组工人李发才没雨衣，早晨清蜡站井口，浑身淋得湿透，在火炉上刚把衣服烤干，就到了中午的清蜡时间，天还在下雨，他又冒雨站井口，脸上毫无怨色。

四、关心群众，解决困难

一队支部经常教育党员要关心群众生活疾苦，将解决思想问题和解决实际困难相结合。13井工人马如彪的爱人来了，粮户关系落不下，两个人吃一个人的粮食，干活没劲，情绪不高。党员张开卷知道后就送给他5斤粮票，并动员井组的团员把节余的粮食支援给他，在工作上照顾他，后来支部又帮助他落下了粮户关系，使他很受感动，工作十分积极。赵明和、于庆春、张如印等同志住在井上病了，队领导知道后专门做了病号饭，由队长、技术员上井时送去，感动得这些同志病稍微轻一点就起床坚持工作。在动员职工和家属时，支部除了组织党员宣传党的政策，讲解当前形势外，还通过党员深入调查职工的具体困难，一一给予解决。例如张开卷的家属回乡缺少路费，路上吃饭没有粮票，领导就给补助了70元钱和几斤全国通用粮票。张开卷的爱人很感激领导的关怀，临走时再三向领导表示，以后要好好劳动争取当劳动模范。到家后又几次来信感谢，鼓励丈夫努力工作，张开卷也表示决心争当红旗手。对职工家属，队里也尽量照顾，帮助解决困难。桑怀录、徐立新、马兴保等同志的家属生孩子，领导经职工代表讨论同意，由食堂送了些白面、豆腐、蔬菜表示慰问。邵伯生犯法关押在萨尔图公安局，他的家属生孩子时，队领导仍一视同仁，除食堂照样送了白面、糖等物品外，队里还专抽出一名女工帮助做饭和照料，动员大班工人帮助家属抬油烧。当时有的工人想不通，认为邵伯生犯了法，破坏了集体荣誉，领导不该照顾他的家属。支部耐心地向这些同志做了解释。这些同志很感动地说："党真关心咱们工人。"

五、发挥共青团的助手作用做思想工作

党员经常和本班组的团员挂钩，指导他们做思想工作。15 井团员雷中学的家属无粮户关系，领导动员家属回乡生产，他思想不通，加上两人吃一人的粮，因此一度情绪消沉，干劲不大，一天除上 8 小时班外，其他如练兵、积肥等运动都不愿参加。怎样帮助雷中学同志？党小组长朱品生除自己找他谈心外，还经常和团小组长冀朝方交换意见，指导团员和他谈话。一讲小队、矿场和松辽的大好形势；二讲对待暂时困难的正确态度；三讲两人吃一人的粮食既影响身体又影响工作的坏处。经过大家耐心的帮助，终于做通了他的思想工作，愿意让爱人回家生产。之后朱品生发动团员动员他的爱人，使女方无后顾之忧地回了家。

（采油指挥部政治部 1962 年 8 月 11 日会议材料，摘自《油海创业之路》）

充分发挥党支部的战斗堡垒作用

第一采油厂三矿四队党支部

采油三矿四队（以下简称三矿四队），1962年9月成立，1964年被评为"战区五好标杆队"。去年2月24日会战工委（以下简称工委）做出了"向三矿四队学习"的决定。石油工业部召开了全国电话会议，介绍了三矿四队的经验。紧接着，全战区掀起了"学四队、赶四队"的热潮。当时，《战报》连续报道了三矿四队的事迹，仅在半个月时间内，就发表了有关四队的材料146篇。到队上参观学习的人，前后计13700人。石油工业部第一次政治工作会议上，三矿四队被授予了"高度觉悟，严细成风"的奖旗。这是一个很大的鼓舞。三矿四队没有辜负党的培养和信任，进一步加强了思想政治工作，在工作上又取得了新的胜利。

一、学习两分法，找差距

在工委发出"向三矿四队学习"决定的当天，三矿四队连夜召开了党支部委员会（以下简称支委），研究了怎样对待表扬和怎样继续前进的问题。队长辛玉和说："工委表扬我们，这对我们是一个最大的鞭策，也是一个最大的考验。在这个时候，如果我们头脑不清醒，就会迷失方向，使胜利转为失败。所以，越是受表扬，越是要检查我们工作上的缺点。在胜利面前，成绩不说跑不了，缺点不找去不了。咱们支委5个同志，都是由部队转业的。部队的情况，我们还都能够回忆起来。我觉得我们应该对比解放军，好好找找差距。"这时，工人支委李广志同志说："我看在这个时候找差距，有点不合适。工委刚刚表扬了我们，咱们却在这里挑毛病，这不是和工委唱对台戏吗？要是专门挑毛病的话，哪口井，都可以找出几十个问题。"支部书记李忠和同志说："看问题要一分为二。有了成绩就不敢承认自己有问题，这是不对的。受了表扬，就不敢找自己的缺点，更是不对。低标准不找问题，高标准就出不来；坏作风不倒，好作风就树不起来。我赞成要好好找一下差距。"辛玉和同志接着说："和解放军相比，职工的思想不如解放军过硬；接刮蜡片还不能做到人人一次成功；交接班有时候有不太清；队伍的作风也不如解放军过硬，开会10分钟了有时还到不齐。"

经过讨论，支委统一了认识，一致认为，工委的表扬，是一件好事，会成为鼓舞职工前进的动力，但是也必须时刻教育职工，要正确对待荣誉，千万不能骄傲自满。支部同时提出，现在应该发动群众，迅速掀起一个大找差距的高潮，把工作再向前推进一步。

接着，他们组织8名井长、4名干部，由队长和指导员亲自带差队，到全队最好的一口井找差距。李忠和同志说："我们不怕缺点，怕的是看不见缺点。只要看到了，把它解决了，工作就可以前进。"

通过这次检查，生产骨干的思想认识得到进一步提高。他们召开了全队职工动员大会，全队掀起了一个大找差距的工作高潮。十几天时间，全队就找出来1300多个问题。在这个时期，来三矿四队参观的人越来越多，他们找差距的劲头，也越来越大，这一活动一直坚持了2个多月。

石油工业部授予三矿四队"高度觉悟，严细成风"的奖旗。领导亲自做了重要指示，给队上参加大会的每个代表戴了大红花。回队以后，把红花又给当天值班没有参加会议的同志一个一个地戴上。三矿四队集合全队职工，在红旗面前宣誓："让红花永远鲜红，让红旗永不褪色"。党支部号召大家，再一次对比解放军找差距。三矿四队就是这样，每受一次表扬，就发动职工找一次差距，使职工在胜利面前，保持了谦虚谨慎的态度，工作不断发展，思想不断前进。

此外，在日常工作中，还经常开展批评与自我批评。一年来，进行群众性的小整风14次，干部9次。每一次都是针对一个问题，集中几天时间，一边学习毛主席著作，一边展开自由讨论。他们到三矿三队检查岗位责任制，队上决定由地质员带上井长去检查。去之前，队长辛玉和对地质员讲："你们，一方面检查岗位责任制，一方面要好好学习人家的经验。"下午地质员向队长汇报检查情况时说："别看他们吹的那么凶，实际并不怎么样。我看这一次评上二类，就不错了。"辛玉和同志听到这句话，觉得味道不对，当场对他进行了批评，并随后向支部做了汇报。支部认为，这个问题，值得重视，它反映了一部分同志骄傲自满情绪的抬头。接着，支部又召集骨干进行了研究。杨德福说："我认为，现在我们有一些职工，确实滋长了骄傲自满情绪。如果看不到这一点，就会倒下去，爬不起来。为什么矿场号召向某十井组学习，这么长时间没有人去呢？我看根子就是骄傲自满。"经过研究，支部决定要抓住这个苗头，在职工中进行一次教育，发动职工讨论了"为什么不向某10井组学习"的问题。在小组会上，四级工秦培显说："我认为，向某10井学不学都一样。现在大家都说我们是严细成风，而没有人说某10井是严细成风。我看应该实事求是，好就好，不好就是不好嘛。"这时，共产党员董同中接着说："老秦啊！中国有一句古话，山外有山，天外有天，你听说过没有？"秦培显说："这是一句俗话，谁还不知道。"董同中又问："你知道咱们这个队，是怎么起家的吗？"秦培显说："那还不是大伙干的。"董同中说："老秦，你来队较晚，还体会不深。我告诉你吧，咱们这点本事，全是辛队长领着我们，从外单位学来的。1962年刚建队时，班子新，工人新，我们技术上可以说是个白帽子，有的同志站在采油树旁，还问井口在哪里，急得咱们辛队长，吃不下饭，睡不着觉，成天带着我们到外单位去学习。那年冬天，天气很冷，辛队长为了学习姬德先队长是怎么管好生产的，去了3次五队。第一次去，看到姬队长工作忙，没有进屋，在门口看了看，就回来了。第二次去，看到人家还在忙，怕影响工作，又没有进去。第三次去，看姬队长正在召开生产会议，他想进去听一听，又怕影响人家开会，就站到窗子外面，听人家是怎么开会的。整整听了一个多小时，脸都冻紫了。之后，他又到人家井上，去找工人了解，队长是怎样抓生产的。于是总结出了管好生产要'五抓'即：队长抓、指导员抓、技术员抓、井长抓、工人抓。老秦，你说咱们如果不虚心，怎么能学到别人的经验呢？"秦培显说："那时有那时的条件，现在怎么能和那个时候比呢？只要我们能把现在的先进经验保住就行了。"李广志接着说："我觉得你说的不对。越先进，就越要向别人学习。王进喜比我们先进吧，可是人家还到我们队上学习。1202队是会战以来的老标杆队，这一次人家贾队长还亲自带着工人到咱们队上来学习。"就是这样，你一言，我一语，连着讨论了3个晚上。最后秦培显同志认识到自己思想上确实隐藏着一种骄傲自满情绪。他说："要不是大家帮助，我还认识不到思想上有问题。现在我才知道了，只看自己优点，只愿听表扬，不愿听批评，这就是骄傲自满的表现。"通过这次讨论，16名同志主动进行了检查。地质员朱家斌同志，经过队长和指导员个别帮助之后，也认识到自己只看别的单位的缺点，而看不到优点，是不对的，实质上也是一种骄傲自满情绪。后来，他又主动到三队向地质员杜希如同志学习，学习他如何领导职工开展油井分析的经验，改进了自己的工作。全厂职工始终保持了好学上进、朝气蓬勃、天天向上的饱满情绪。

二、技术练兵，实现油井自动控制

会战工委决定在四队11口井上，进行新方法清蜡和自动控制试验。对待这个问题，大多数职工都非常高兴，认为多年所盼望的事情，很快就要实现了，因此兴趣很高。然而在大规模施工中，由于土方工作量很大，仅一口井就有上百立方米工作量，个别同志产生了消极态度。陈树清说："技术革新，没有尝到甜头，倒尝到了苦头。一天到晚搞配合，真是够呛。"支部听说后认为这是一个重要问题，就是如何正确对待技术革新问题，需要对职工进行一次教育。于是，组织大家学习了毛主席著作，讨论了"怎样对待技术革新问题"。陈树清在小组会上说："革命，谁都愿意革命。技术革命是为了节省劳动力，谁都欢迎。可是，现在的问题是苦头吃了，人力没有节省下来。"邵洪海说："路要一步一步地走，工作要一个一个地做。万里长征是非常艰苦的，可是没有万里长征，就没有今天的幸福生活。那时候毛主席就预料到革命是很艰苦的，可还是领导人民闹革命。所以我们要看得远一点，不能光看到眼前这一点。光看眼前，就不会有革命的胜利。"陈树清说："大道理谁都能讲，现实问题谁来解决？现在井下资料没办法取，等到试验成功了，我们这一块油田就垮了。"井长年严庭同志说："老陈啊！你爱护油田，重视资料，这一点很好的。不过你想一想，干革命不付出一点代价行不行啊？现在我们在这进行试验，如果成功了，我们全战区，全国都采用这种新方法，实行集中控制，那时候我们国家的采油工艺，将会出现一个什么样的面貌，你想过没有？"邵洪海又说："有一件事，我想陈树清可能还不会忘。某4井，有一个时期清蜡特别困难，你和王景发2个人，有一次一个班花了8小时，一次蜡还没有清完，弄了满头大汗，结果还没有交了班。这个滋味，我想你还记得吧！现在我们搞技术革新，虽然受点累，可是等试验成功了，打倒了刮蜡片，我们采油工坐在值班房，就可以控制清蜡了。你说我们现在受一点累好呢？还是长期受累好？"陈树清低下头去，半天没有吭声。最后说："通过大家这样一谈，我的思想提高了。我就是被眼前这一点困难吓倒了。忘记了过去受的累，更没有看到全油田和全国石油发展的需要。"这样，通过几次讨论，边学习，边联系实际，职工的思想觉悟不断提高，对技术革新有了正确认识，于是积极配合施工，很快就完成了配合任务，加快了施工进度。

  这个问题解决了，又出现了新的问题。有一天晚上，范毓光和王化歧两个人值班。半夜刮起了大风。他们听到房子外面呼呼地响，不知道出了什么问题，赶快回队报告。队里派电工到井上到处检查，没有发现问题，最后发现原来是风吹电磁瓶发出的响声。还有一次，工人邵洪海和王秀庭值班，开关坏了，邵洪海想动手修理，但是王秀庭怕他触电，无论如何也不叫他动。

  根据这些情况，支部研究认为，当前最重要的问题是，必须迅速掀起一个苦练新技术的高潮，使职工快速掌握新技术。有的同志说，请井下施工单位为大家上课；有的同志说，可以买一些书籍，组织大家互教互学；还有的说："有些职工对新技术有些怕，把它看成是高不可攀的东西，认为自己文化低，恐怕这一辈子学不会了。"经过反复讨论，大家一致认为，当前首先是要解决职工的畏难情绪，增强克服困难的信心。这个问题不解决，把新技术看成是一种非常神秘的东西，是不可能学好的。于是支部再次组织大家学习《愚公移山》，接着又发动群众，讨论当前的有利形势，使职工逐渐增强了克服困难的信心，认识到世上无难事，只怕有心人。随后，群众立即掀起了一个苦学苦练新技术的高潮。为了使职工在短时间内，能够掌握电热清蜡的操作，支部提出了"四结合"的办法，进行练兵。"四结合"，即现场练兵和室内学习相结合；技术员讲课和老工人现场辅导相结合；学习理论和实际操作相结合；学习技术和学习文化相结合。根据这个原则，支部又采取了具体措施，提高职工学习技术的劲头，白天黑夜地勤学苦练。有一次，试验单位的一位技术员讲课，大家坐在屋子外边，突然下起雨来，大家仍聚精会神一动不动。雨后的蚊子，又群起而攻之，有的同志抓起一把稀泥糊在脸上，仍专心致志地听。学徒工范毓光，原来对新技术一窍不通，天天跟着施工队同志问这问那，施工队的同志们，对这些问题，一一为他解答。后来，他又托朋友从北京买来几本技术书籍学习，看不懂就去问，逐渐掌握了新方法清蜡的基本技术。

全队实现新方法清蜡以后，上级决定要将人员从116人精减到30人左右，有一些同志不愿调出四队。恰好在这个时候，工委发布了32139钻井队的经验介绍。支部学习后，认为经验材料中"站在钻台上，看到天安门，心想全世界"这句话，反映了工人阶级的一种远大理想，决定用这样一种思想，对职工进行一次教育。他们首先组织职工学习了《战报》上发表的32139队的材料，然后发动职工讨论了"有些人想走，有些人不想走，这种思想对不对？"的问题。讨论十分热烈。井长徐志扣说："我认为想走也对，不想走也对。因为这里实现新方法清蜡以后，工人肯定要减少，所以说想走也对。不愿走，要分析他为什么不愿走。我看不想走有两种情况：一是因为环境熟了，比如我管的7排井，我对地面流程、地下情况，可以说是了如指掌，调我到一个新地方，半年也了解不到这种程度。二是为了个人进步，调的地方多了对个人进步就是有影响。"秦右生接着说："我同意老徐的意见。在抗美援朝时，大家雄赳赳、气昂昂跨过鸭绿江，为什么离开朝鲜时，大家都恋恋不舍呢？原因是和朝鲜人民有了感情。难道说志愿军这样做也不对吗？"共产党员李广志说："你们两人的意见，我觉得有一定的道理。但是，为啥要去朝鲜，又为啥要回国呢？"秦右生说："去是为了抗美援朝，任务完成了，回来是为了建设祖国。"李广志又问："你不回来行不行？"秦右生说："那不行，服从组织决定，这是纪律问题，不然还叫什么部队。"李广志说："我认为，不是什么纪律不纪律的问题。根本问题是，要有为人民服务的思想。强调这里熟，那里生，是不对的。我们这里人多，用不了，可是那里井没人管，你说怎么办？"秦右生说："想走的就让走，不想走的就让留。"杨德福说："人家32139队的工人，心想全世界，我们连个战区都看不到，这算什么全心全意为人民服务？"

经过几次这样讨论，职工为人民服务的思想、个人利益服从集体利益的思想又提高了一步。后来，从全队调走的 87 个人，都是高高兴兴地走了。有一天，张树林正在井上修理阀门，指导员到井上对张树林说："因工作需要，咱们要分开了。矿长通知你，今天到六矿去报到。"张树林回答说："指导员你放心，我想通了。叫到哪里就到哪里。为人民服务，不讲地方。"指导员说："你回去整理整理，现在不要搞了。"张树林说："这个阀门还没修好，不能留下尾巴，我修好后再走。"等他将工作收尾完已是下午 1 点多钟，收拾好行李，下午 3 点多钟就坐车走了。

三、向小层进攻，管好油井

在战区油田技术座谈会上，提出了油田管理向"四定三稳迟见水"进军的号召。这既是油田开发和油井管理上的新课题，也是提高油田最终采收率，攀登油田开发高水平的任务。为此，三矿四队党支部进行了认真的研究，提出向地下油层进军，搞好小层分析，实现"四定三稳迟见水"，打的虽是一场科学技术仗，但首先要打好思想仗、志气仗。

首先，必须提高大家对"四定三稳迟见水"的认识。只有了解了这件工作的重要意义，才能克服重重困难，千方百计地把它搞好。支部反复传达油田技术座谈会上的指示，组织大家讨论来不断提高认识。姜思和说："过去，我总觉得地下这玩意儿不是工人搞的，那是技术干部的事情。领导说，我们这个油田如果管不好，油层被水淹了，我们采油工，就变成了采水工。那我们还算什么采油工呢？"李广志说："我们天天说全心全意为人民服务，但是，为人民服务不是空的。我觉得把油层管好，给国家多采油，就是最好的为人民服务。"

其次，为了进一步加深大家的理解，支部又发动群众开展了一个"忆洋油苦，忆民族苦"的活动。通过回忆从前因为没有石油，人民苦难的遭遇和帝国主义怎样欺负我们，来提高职工的觉悟，长志气。工人王秀庭说："搞好地下，就是为了多拿油，我们能为国家多采出一吨原油也是好的。想起那段日子，苦水诉不完，我们家如果有一桶油，我父亲也不至于死呀！那个时候穷人根本点不起灯油，就是到山上弄些松脂点。我父亲白天给地主干活，有一天晚上回来看家里没有松脂了，就到山上去了。结果被一条毒蛇咬了，养了一年多，也没好。我们生活没办法。我母亲带着我和小弟弟去要饭，一直到解放。我们现在真是有点好了疮疤忘了痛啊！现在一想起这些，我浑身就是力量。一定要好好钻地下，把我们这口井管好，让它多给人民生产一些油。"李洪升说："过去帝国主义说我们中国是个贫油国，还说我们搞革命可以，搞建设不行。现在我们找到了大油田，这就打了他们一个耳光。而且我们还要把这个油田管好，要他们看看，我们解放了的中国人民，到底是个什么样的人民。"

通过忆苦思甜，职工的觉悟提高了，克服了"自己是'吃土豆长大的'''遛垄沟的'背枪杆子的''掌握不了地下'"的自卑感，树立了革命的雄心壮志，于是很快掀起了一个钻研地下的热潮。工人姜思和为了弄清本井的地下情况，到指挥部小层攻关队、四矿注水二队、某3井、某5井、某3注水队、矿地质等12个单位，搜集了45000多个数据，克服了种种困难，画出了24张小层动态图。

为了提高职工的油井分析水平，支部又组织大家学习了《矛盾论》中的有关章节。通过这次学习，职工的思想水平又提高了一步，懂得了从各口油井和注水井的联系中，去研究本井的变化。学习以后，姜思和同志总结了搞好油井分析，必须做到"四结合"，即地面与地下结合；油井与水井结合；本井与邻井结合；这个油层与另一个油层相结合。后来，支部推广了姜思和的分析经验，大家的油井分析水平又向前推进了一步。经过一番努力，特别是冬井会战之后，现在这个队的17口油井，除溶解气区试验井外，全达到四定三稳的指标，而且人人学会了小层计算和油井分析，还培养了7名工人资料员。即便小队地质员调走以后，他们管的资料，也都达到了八全八准。

经过一年的努力，不论在生产上、技术上、思想上、作风上，全队都上了一个台阶。他们所管的17口油井，和一座泵站的5台设备，都达到五好标准。从1962年9月15日第一口井投产以来，到今年7月15日，未发生任何大小事故，安全生产1005天。在技术上，实现了自动清蜡。在作风上，更加严格、细致，全队51名职工，80%的人，都能够做到"高度觉悟，严细成风"。在思想上，觉悟越来越高。这支队伍之所以能够连续打胜仗，成绩越来越好，最根本的还在于不断加强了职工的政治思想工作。

为什么他们政治工作做得比较好呢？主要有三个原因：

第一，党支部在任何时候任何情况下，都能坚持把思想政治工作放在第一位。

不论解决技术问题也好，生产问题也好，先从提高职工的思想认识入手。随着工作的开展，不断解决职工思想上出现的各种各样的问题。为什么能够做到这一点呢？首先是支部指导思想明确。指导员李忠和、队长辛玉和同志，都是部队出身。他们在部队都有一个共同的经验，就是带兵必须先带心，不带心，就带不起队伍。所以，1962年建立这个队时，就非常注意提高职工的思想觉悟。1964年，毛泽东提出了培养革命接班人问题。支部经过认真讨论，认为支部不仅要保证搞好生产，更重要的是要为党培养革命接班人，要以毛泽东思想教育每个职工，时刻不要忘记革命，把革命进行到底，进一步提高了他们加强政治思想工作的自觉性。支部领导头脑清醒，任何时候都把思想政治工作放在第一位，总结了工作中，要按四句话去办。这四句话是：方向不明多请示，认识不清学"毛选"，思想不通勤务虚，办法不多找群众。在实际工作中，认真按这四句话去做，所以任何时候都方向明确，没有迷过向。

其次是在工作中，坚持了经常务虚的制度。一件工作做好了，要弄明白做好的原因，没有做好，也要弄明白为什么没做好，特别是要经常分析职工思想，发现问题，及时解决。第 27 次岗位责任制检查时，资料被评为二类。个别同志产生了抱怨情绪，有的说给四队抹了黑。对此支部立即进行了讨论。个别干部认为，对这个问题要进行批评，严肃对待，但是，多数同志不同意，认为群众已经出现了低落情绪，如果再批评，群众情绪会更受影响，而且也不完全是工人的责任。支部对资料管理也不具体，没有根据使用新方法清蜡后的油井情况，制订如何保证资料八全八准的具体办法。在这种情况下，干部要首先承担责任，不仅不能批评工人，还要表扬，鼓励他们。于是支部一方面张榜公布了全队"五好"红旗手和"五好"班组、"五好"油井，另一方面由干部带头做了检查。这样一来，工人触动很大，说我们工作没搞好，叫干部做检查，是很不应该的，还有一些同志主动做了检查。各班组都制定了保证资料八全八准的具体措施，以后每月都达到了八全八准。所以，务虚实际上就是实行集体领导和民主集中制，大家多研究，就可以及时发现问题。即使个别同志一时转了向，也可以及时纠正。

再次是做到抓生产从思想入手，经常总结工作中的经验。1964 年 8 月份，因事故多发，指挥部召开了安全大会。为此支部进行了研究，总结了管好生产，必须把住"四关"，即节日关、荣誉关、家属关、生活关；掌握"五规律"即：（1）岗位责任制检查后，容易产生松劲情绪；（2）受表扬后，容易产生骄傲自满情绪；（3）生产平稳一段时间，容易产生麻痹大意思想；（4）连续突击，容易产生凑合思想；（5）风雪雨天，巡回检查容易丢点掉项。在掌握这些规律基础上，事先加强思想教育，采取措施，使工作保持主动。

第二，培养了一批以党员为核心的做思想工作的骨干，并充分发挥了工会和共青团的作用。

三矿四队，做政治思想工作的骨干共有 17 人。其中：共产党员 6 名，共青团员 8 名，群众 3 名。他们经常帮助工人解决一些思想问题和实际困难，深受工人的爱戴，是支部的有力助手。支部委员李广志同志，工人称他为"义务指导员"。他帮助工人解决思想问题的例子很多，有一个工人叫李永喜，年轻，有文化，技术水平高，大家叫他"解决问题"。他们俩住在一个地方。李永喜有一辆自行车，上下班时，李永喜经常把李广志带上。有一次晚上他俩一同回去，李广志觉得李永喜今天和以前比，骑得特别慢，问他什么原因，李永喜也没有讲话。回到家里，李广志就到李永喜家里去了解。家里人反映昨天李永喜和他爱人吵架了。第二天，李广志把这个情况向支部做了汇报，支部研究决定帮助李永喜，并指定李广志同志先帮助解决一下。李广志第一次去，帮他们开了一个家庭会，进行说服工作，希望他们以后有什么事情商量着办，不要再吵架了。随后，又继续做了一些细致的工作，圆满地解决了家庭纠纷。李永喜非常感动，之后工作很努力。

三矿四队的工会和共青团，根据党支部的指示，都是非常重视思想工作的。工会主席杨德福，有一次到宿舍了解职工情况，发现新来的一个学徒工傅洪斌病了，就去卫生所请来医生给他看病，并嘱咐他好好休息。有一次傅洪斌外出不慎，将一个月饭票和4元零花钱丢了。杨德福知道以后，晚上召集工会小组长研究了一下，发动大伙帮扶了19元钱、40斤粮票，饭票换好后，还剩5元钱，也一同交给了傅洪斌。有一天晚上开会，团支部书记任登信同志见杨志权没到，便主动到他家了解情况，原来他岳母最近回家了，工资花光了，可是当月粮食还没买。任登信把这个情况向支部做了汇报，并从互助金中借了30元，给杨志权送去。

三矿四队的骨干，都非常善于做思想工作呢，源于支部非常重视培养骨干的工作，他们的主要做法如下：

一是在生产中考察，发现苗子，耐心帮助。有一天凌晨1点多钟，正在下大雨，队长辛玉和上井检查，发现还不到巡回检查时间杨德福就出来检查了。辛玉和问："你出来干什么？"杨德福回答说："制度规定1小时检查一次，可是今天下大雨要多检查几次，防止出问题。"后来辛玉和把这个情况向支部做了汇报，支部决定将杨德福作为骨干培养。在支部的帮助下这个同志成长很快，1964年7月被提升为井长，井组管理很好。支部又帮助他总结了做好井长工作的6条经验：一是管井先管人，管人先管心，管心先知心；二是任务重，找群众，多商量，想办法；三是见困难就上，见荣誉就让，见后进就帮；四是虚心学习，戒骄戒躁，比学赶帮，不断提高；五是动脑子，勤分析，抓关键，出点子；六是群众热，自己冷，群众冷，多鼓励。支部推广的这6条经验，对班组管理工作帮助很大，5个井长，都基本上掌握了管理方法。

二是定期召集骨干分子务虚。每次接受一个新的任务或者发现一个问题之后，都要召集骨干进行务虚：一是分析任务，二是分析有利形势和不利形势，三是分析职工思想，四是分析工作方法，五是分析措施。这样既可以进一步领会支部意图，又可以充分发挥工会和共青团的作用。

三是及时传达上级指示，经常组织骨干学习。支部经常根据每个时期的中心工作和工作中存在的问题，组织骨干学习毛主席著作、领导报告、《人民日报》《解放军报》《战报》等。杨德福说："这两年支部经常组织我们学习，对我帮助太大了,脑子好像多了一根弦。不学习就不能当骨干。如果你的思想不够先进,还怎么去帮助别人呢?"

三矿四队党支部,培养了一批擅于做政治思想工作的骨干,因此非常擅于做职工的思想工作,职工的思想问题和生活上的一些具体困难,很快就能及时解决。加上支部又善于,抓住问题发动群众,展开自由讨论,开展批评与自我批评,使之成为一种有领导的、群众性的自我教育,和生动、活泼、有效的工作方法。

第三,干部以身作则,以自己的模范行动影响工人。

辛玉和同志经常在支部会上讲:"兵随将转,什么样的将军带什么样的兵。干部没有一个样子,就不能带出一个像样的队伍。"所以,每个干部都能严格要求自己,首先自己做出样子,再带动群众,特别是艰苦、困难的时候,干部总是带头干。因此,工人对干部都是口服心服,干部在工人心目中威信很高。有一天辛玉和正准备上岗,突然接到矿场电话,说有紧急任务,要辛队长8点钟去开会。辛玉和同志一看接班时间快到了,马上跑到井上向值班工人范毓光同志请假。这件事情对工人触动很大,说队长这样严格遵守纪律,我们一定好好学习。有一天晚上,队上正在召开职工大会,突然暴风骤雨,雷闪交加,指导员马上宣布散会,立即组织干部上井。职工看到干部这样做,也都一个一个随着干部出去。他们一口井一口井地进行检查,并告诉值班工人,要注意安全。直到第二天凌晨3点多钟,雨停了以后,才回来。职工们说:"我们队的干部都是好样的,是信得过的。任何困难的时候、艰苦的时候,他们都和我们在一起。"

干部能够处处以身作则,最根本的原因是,他们在党的教育下,不断学习毛主席著作,不断提高觉悟。同时,也和支部严格要求,互相监督,经常开展批评与自我批评分不开。有一次辛玉和同志召集职工在院子里开会。这时已是10月深秋,他问工人冷不冷?一部分工人回答不冷,有一名工人说冷。辛队长说:"这时候就说冷,到零下40摄氏度就不工作了?"这个工人又说:"冷就是冷,实事求是嘛!"辛队长不耐烦了,就对这个工人发了一顿脾气。事后,支部开会批评了辛玉和同志这种态度,指出这种做法是脱离群众的,随便发脾气,更是错误的。会后,辛玉和同志主动找这个工人进行了检讨,这个工人也做了自我检讨。发现问题,支部就及时进行批评纠正,使干部能在任何时候都保持兢兢业业、谦虚谨慎的态度。

干部以身作则,处处起模范带头作用,是非常重要的。职工的一些思想问题,往往一次谈话或者一个座谈会是无法解决的,而看到干部的模范行动以后,却可以提高觉悟和认识。干部的模范带头行动,在日常工作中。对职工起着一种潜移默化的作用。正如工人所讲干部们以身作则,的确是一种无形的感染。看到队长和指导员，吃苦在前，享受在后，无话可说，再不好闹个人问题了，要时刻以干部的模范行动为榜样。同时，由于干部处处能够以身作则，他们在工人中的威信很高，工人信得过他们。三矿四队的职工干工作，真是有一种一声命令如山倒，兵随将令草随风的劲头。

总体来讲，三矿四队的工作做得非常好，是一支思想过硬、作风过硬、生产过硬的队伍。这些成绩的取得，既是他们坚持学习毛主席著作，积极努力工作的结果，也是各级领导亲切关怀、培养的结果。全体职工决心今年要更好地学习毛主席著作，落实四个第一，搞好"五基"工作，把工作再提高一步，做出更大的成绩，让红旗永不褪色，红花永远鲜红。

（1965年7月24日石油工业部第二次政治工作会议发言材料，摘自《油海创业之路》）

议大事　管本行
充分发挥党组织在企业中的保证监督作用

第一采油厂党委

第一采油厂是 1960 年建成的老采油厂，现有职工 10000 余名、党员 3137 名，第一采油厂党委下设党委（总支）28 个、党支部 221 个。年产原油 1000 万吨，连续稳产 11 年。去年，开始实行厂长负责制试点，各级党组织紧紧围绕党的总任务、总目标，把工作重点放在贯彻执行党的路线、方针、政策上来，加强思想政治工作，加强党的建设，充分发挥了党组织在企业中的监督和保证作用，促进了生产的发展，经济效益明显提高。1984 年年产原油 1066 万吨，提前 13 天超产原油 38 万吨，完成国家计划。工业总产值达到 11.51 亿元，全员劳动生产率达到 119000 元 / 人。13 项生产指标和经济技术指标都创出了历史以来的最好水平，连续 9 年被评为高产稳产采油厂。

一、统一思想，正确认识企业党组织的地位和作用

厂长负责制是企业领导体制的重大改革。刚开始，党委成员中出现各种不同声音。当时，在部分同志中存在着三个担心：一是认为实行厂长负责制，党委没有实权，担心削弱党的领导；二是认为实行厂长负责制，党政分开，担心政治工作同经济工作结合不好，会形成"两张皮"；三是认为实行厂长负责制，担心厂长一个人说了算，工人的主人翁地位会起变化。还有的同志对实行厂长负责制究竟怎么搞法，效果好不好，心里没底，有等一等、看一看的想法。经过认真分析，上述这些思想问题，主要是对实行厂长负责制以后党委在企业中的地位和作用认识不清导致的。为了提高认识，统一思想，做了三方面的工作。一是组织学习，用中央精神统一思想。几次召开党委会，反复学习《国营工业企业法（草稿）》《中共中央关于经济体制改革的决定》（以下简称《决定》）以及彭真同志和省、市领导同志关于实行厂长负责制的讲话，并围绕"为什么要实行厂长负责制""领导体制的这一改革有什么好处"等问题开展专题讨论，使大家认识到，实行厂长负责制是企业领导体制的重大改革，是党中央为了振兴经济、搞好企业、实现产

值翻两番所采取的战略决策。二是分析现行领导体制的弊病，突出领导体制改革的必要性。不管是过去的"一元化"领导，还是党委领导下的厂长负责制，虽然在当时历史条件下起了积极的作用，但随着形势的发展，弊病也越来越明显地暴露出来。主要表现在：党政不分，职责不明，不利于集中力量抓好企业生产；决策和指挥相脱离，不利于厂长充分发挥作用。三是总结历史经验，认识到实行厂长负责制的迫切性。过去由于党政不分，以党代政致使党不管党的问题长期得不到解决，支部的战斗堡垒作用不突出，党员的先锋模范作用不明显，使党的建设受到一定影响。通过以上分析，大家进一步认清了党组织在企业中的地位和作用：一是从企业党组织的任务看，实行厂长负责制后，党组织不再包揽行政事务，而是要抓大事，管本行，对企业的生产和行政实行保证监督。党组织的任务不是减轻了，而是更重了；党的威信不是降低了，而是更高了。二是从企业党组织的职责看，实行厂长负责制以后，党组织从行政事务中解脱出来，有利于集中精力抓党的方针政策的贯彻执行，有利于加强党的自身建设，有利于加强思想政治工作，党组织的领导不是削弱了，而是进一步加强了。三是从企业党组织的作用看，实行厂长负责制以后，党组织的工作直接关系到企业的社会主义方向，关系到改革的成败，关系到油田的稳产。因此，党组织的作用不是小了，而是更大了，对党组织工作的要求不是低了，而是更高了。

在提高认识的基础上，第一采油厂制订了实行厂长负责制的试点规划，成立了改革办公室，有计划、有步骤地实行各项改革工作，使厂长负责制得以顺利地实行。

二、把党的工作、思想政治工作做到改革的每一环节中去，保证厂长负责制的顺利实施

在实行厂长负责制的过程中，要注意为厂长行政指挥鸣锣开道，铺平道路，保证厂长负责制的顺利进行。

首先，在工作中树立厂长的权威，支持厂长的工作。对厂长提出的生产、行政方面重大问题，一经形成决议，党委就把舆论工作做在前面，大造声势，宣传鼓动，为厂长工作鸣锣开道。比如，为了贯彻十二届三中全会决定精神，厂长组织制定了改革方案。为了保证方案的实施，党委组织部、宣传部、党委办，大力宣传《决定》精神，深入基层调查研究，先后在友谊管理站、中四队、北三队等单位进行调查，针对职工思想上存在的问题，组织全厂学习《决定》，开展讨论，提高了全厂职工对改革重要性、必要性和紧迫性的认识，改革方案不断得以完善。

其次，加强思想政治工作，为厂长行政指挥扫清障碍，铺平道路。实行厂长

负责制后,行政工作由厂长统一指挥和决策,不可能不遇到一些阻力。因此,党委十分注意充分发挥思想政治工作的威力,扫除各种思想障碍,为行政指挥铺平道路。比如去年年底浮动升级,厂长组织制定了升级方案。不少同志向党委反映,说这一方案矛盾较大。党委一方面责成办公室普遍调查职工的思想反映,有针对性地进行思想教育;另一方面,将一些正确的意见集中起来,反映给厂长,为今后升级工作提供参考。当生产行政工作遇到阻力时,党委亲自疏通,确保行政指挥畅通无阻。如友谊管理站去年提出管理体制、干部体制、分配方式的改革,实行自负盈亏。改革方案经厂长批准实行后,有吹冷风的,也有反对的,行政工作遇到了阻力。党委书记亲自到友谊管理站找一些同志谈话,做思想工作。政治部门总结了这个管理站的改革经验,进行大力宣传,很快解决了一些同志的思想问题,使改革方案得以推行,并收到明显的经济效果。这个站的总产值突破 100 万元,比 1983 年增长 36.8%,人均收入达到 1400 多元,比 1983 增长 83%,全年为国家节约近 30 万元。

再次,党委的工作是为厂长行政指挥分忧解难,做好后盾。党委在实行厂长负责制之后,只有协调好党、政、工的关系,为行政指挥排忧解难,做好后盾,才能保证党、政、工都紧紧围绕原油生产齐步走。去年 12 月 31 日,第一采油厂日产原油只达到 29000 吨左右,比 1985 年 1 月日产计划目标少 1000 来吨,几个厂长都很着急。党委得知,主动找厂长弄清情况,立即召开了机关党、政、工各科室长及矿(大队)领导干部参加的党委扩大会,动员党、政、工各方面元旦不休息,三方面力量集中起来,深入到全厂 40 个采油小队包干抓产量。2 天时间,效果显著,日产很快上到 31000 多吨。

三、加强党的自身建设,更好地发挥保证监督作用

加强党的思想建设和组织建设,促进改革的顺利进行,是实行厂长负责制,党委发挥保证监督作用的关键。为此,第一采油厂从党的自身建设入手,着重抓了三点:

第一,抓各级党组织的领导班子建设。按照"四化八门"的要求,调整了各级党的领导班子,厂党委班子由 7 人减少到 6 人,平均年龄由 43.2 岁下降到 41.3 岁,大中专文化学历占 50%。在选配党委班子领导成员过程中,注意选既懂生产管理又会做党的工作的人才,使班子战斗力明显增强。为了保证实行厂长负责制后基层改革工作的开展,先后对 26 个大队级党委(总支)和 202 个小队支部都按照要求进行了改选,大队级党组织领导班子的平均年龄由 45 岁下降到 40 岁,小队班子的平均年龄由 40 岁下降到 33 岁,文化程度也有了较大提高。在组织调整

之后，注意抓领导班子的思想作风建设，使其转化为战斗力，在改革中更好地发挥作用。如作业大队，过去党委班子的战斗力较弱，文化水平较低，年龄也偏高，在较长一段时间里工作打不开局面。实行厂长负责制以后，厂党委不拘一格，选拔了4名开拓型干部充实加强了大队党委班子，促进了改革。新班子经过反复调查研究，打破了过去的老框框，克服了保守思想，改革了冬季不上井的生产制度。去年冬季12个作业队全部上井，完成92井次，为第一季度原油增产夺得了主动权。10月份又开展了"百井大会战"，作业107口205井次，1个月干了过去3个月的活，全年完成计划指标的128.4%，创造了月施工和年施工的历史最好水平。

第二，加强党员教育，发挥党员在改革中的先锋模范作用。实行厂长负责制以后，党委在抓党员教育方面下了很大功夫。重点组织广大党员认真学习中央关于整党和经济体制改革两个决定，贯彻未整先学、未整先改的方针，把立足点放在增强党性、提高党员政治素质上。通过组织广大党员认真学习中央一系列有关文件精神，对党员进行党的路线、方针、政策，共产主义信念，全心全意为人民服务宗旨，党的基本知识的教育，开展"创先争优"活动等，党员政治素质明显提高。在全厂3137名党员中评选出优秀党员24名。在221个基层党支部中，涌现出先进党支部13个。全厂合格党员由882名上升到1760名，基本合格党员由1635名下降到757名，基本不合格党员由354名下降到260名，不合格党员由106名下降到60名，党员的先锋模范作用进一步得到了发挥。如二矿是一个老采油矿，油水井管理难度较大，去年全厂实行任务包干以后，全矿生产一线120名党员有75名党员主动承包了"老大难"井，120名党员利用业余时间修旧利废1200多件，为国家节约资金3万多元，为全矿1984年超额10万吨完成原油生产任务做出较大贡献。据统计，全厂有70%以上的生产一线党员都带头承包难管井站和岗位，为落实厂长负责制发挥了重要作用。

第三，端正党风，增强党的战斗力。为了充分发挥党组织在企业中的监督和保证作用，首先把党性党风党纪教育作为一个重要任务来抓。去年，厂党委和机关在整党试点中，党委主要领导带头联系自己的思想，谈认识，总结经验教训。在主要领导带动下，班子成员和全厂党员、干部人人联系思想实际，班子每个成员和全体党员进一步提高了觉悟，增强了党性，为实行厂长负责制扫清了思想障碍。其次是认真纠正了不正之风，密切了同群众的联系。厂党委先后两次在全厂范围内召开座谈会，广泛征求群众意见，听取群众批评，并组织3个调查整改小组，对群众意见最大的楼房分配、人事安排调动和个体户管理等共183个问题进行了集中整改。党委主要领导带头，整改各方面的问题112个，带动了全厂党员带头搞整改。全厂党员共整改各种问题2282个，其中属于以权谋私等方面的有形问题 1003 个，交回物品 650 件，交款 1945 元。1984 年全厂不正之风发案率下降了 64.7%，党员违纪率下降了 50%。22 个矿（大队）级单位，有 2 个单位实现了党风根本好转，16 个单位实现了党风明显好转，3 个单位有所好转，第一采油厂被市局评为"党风明显好转"单位。

实行厂长负责制以来，党委工作的重点转变了，党委的任务更艰巨了，责任也更重了，因而，在企业中作用也更大了，党在群众中的威信也就更高了。所以，应认准这个改革方向，在实践中不断摸索，不断总结，使厂长负责制这一新的领导体制得以提高和发展，以进一步发挥党组织在企业中的作用，为开创油田建设新局面做出新的贡献。

（1985 年 3 月黑龙江省委组织部工业企业党委工作座谈会材料，摘自《油海创业之路》）

发挥领导班子的群体作用
把信访工作落到实处

第一采油厂

第一采油厂建于1960年10月。全厂现有职工12902人，下设31个矿、大队级单位。管理面积161.25平方千米，共管理油水井3915口，各类（油水电气）站库136座。

1989年以来，根据中央领导同志对信访工作的批示和市信访办《关于印发1989年信访工作要点的通知》精神，结合第一采油厂建厂早、历史遗留问题多、信访工作量大的实际情况，厂党政领导注重发挥群体作用，以为群众服务为己任，认真抓好人民群众来信来访工作的落实，取得了明显的成绩。一是信访案件办结率提高。今年以来，全厂共接待处理人民群众来信来访102件（次），办结率达100%；二是越级上访明显减少；三是认真接待处理了牵扯面大、人多的集体上访案件。全年接待处理集体来访案件3起，达40多人。由于厂党政领导合力抓好信访工作，使大量的信访问题在基层得到了妥善处理，巩固了全厂安定团结的政治局面，促进了治理整顿和深化改革工作的开展，为保证全厂"上产、达标、创优、升级"奋斗目标的实现起到了积极的推动作用。回顾一年来的信访工作，主要有以下几点体会：

一、认真学习文件，提高思想认识，是搞好信访工作的先导

实践使我们认识到：信访工作是党联系群众的纽带，是各级领导的一项重要工作。这就要求必须把贯彻上级指示精神，不断提高领导者的认识水平作为搞好信访工作的主旋律，认真抓好文件学习和认识提高工作。

一是认真学习中央领导同志的批示，提高对信访工作重要意义的认识。随着治理整顿和深化改革工作的全面展开，党中央、国务院对信访工作给予了高度重视，做出了许多重要指示。江泽民总书记、李鹏总理先后对搞好信访工作做了重要批示，突出强调了信访工作联系广大人民群众的渠道作用。为了落实中央领导同志的指示精神，厂党政班子成员坐下来进行了认真的学习讨论。大家逐段逐句

地学习中央领导同志的批示，领会精神实质，并围绕信访工作的性质、目的、意义进行专题讨论，统一思想，提高认识，坚定了搞好信访工作的信心。大家一致感到：中央领导同志的批示十分重要，是目前和今后一个时期内搞好信访工作的准则。联系实际，第一采油厂要把信访工作作为领导干部的一项重要工作，像抓原油产量那样，尽心尽力地抓好信访工作。同时，作为领导干部，必须牢固树立为人民服务的思想，实实在在地为群众排忧解难，把信访工作真正变成党和政府联系群众的纽带，达到巩固安定团结的政治局面的目的。

二是采取有效措施，增强信访意识。在认真学习中央领导同志批示的基础上，为了进一步提高领导干部的思想认识，还采取了办班培训、巡回演讲等形式，以增强领导干部信访意识。今年8月份，为了适应治理整顿，举办了领导干部信访学习班。厂5名副处级以上干部和31名矿、大队主管信访工作的领导参加了学习，主要学习了省、市、局信访工作会议精神和信访工作的有关规定。在学习过程中，厂主管信访工作的副厂长李树明同志亲自讲课，并联系自己几年来抓信访工作的实践，谈了如何抓好信访工作的体会，使参加学习的同志深受教育和启发。大家联系本单位和个人实际，谈认识、讲感受，开阔了视野，拓宽了信访工作的知识面，为抓好信访工作奠定了坚实的基础。如作业大队领导在参加学习班以后，针对本单位部分职工家属对信访知识了解较少和弄不明白的实际情况，运用新学的知识，在全大队开展了"三大讲"活动。一讲党的政策和法律常识，使职工家属明白政策，知道法规，自觉地按政策法规办事，大大减少了因不懂政策和法律造成的矛盾、纠纷所引起的上访。二讲道德，向职工家属大讲和睦相处的好处和相互争强好斗的恶果，互相谅解、团结互助益处和互不相让、斤斤计较的危害，在职工家属中逐步形成了一个"互谅互让光荣，斤斤计较可耻"的风气，一些较小的矛盾纠纷，在舆论的制约下自消自灭了。三讲《信访规定》，使职工家属懂得上访程序。由大队领导亲自上课，给各小队信访员办了一期学习班，学习了《信访规定》等有关文件，并把这些规定通过各种方式向群众广泛进行宣传和讲解。通过开展"三大讲"，作业大队职工家属的精神面貌发生了很大变化。今年以来，没出现一个无理上访人员，也没发生一起越级上访的问题。

二、领导身体力行，亲自解决难点，是搞好信访工作的保证

信访工作涉及各个领域、各个方面，有一些难点问题比较棘手。这就要求各级领导必须在提高认识的基础上，区别不同情况，在政策允许的范围内，努力为群众办实事，以使信访工作切实起到联系群众的纽带作用。在这方面，注意抓好以下几点：

一是采取现场办公的方式，解决涉及面大的共性问题。由于第一采油厂建厂早，离退休职工多，因此，在今年的信访工作中，上访量大、人数多的是老工人，他们普遍反映药费报销和遗属困难补助不合理。厂党政领导班子成员经过认真研究，决定由副厂长李树明、总会计师祁惠杰带队，组织厂财务科、人事科、干部科、监察科、房产科、党、政、工、团、信访办等有关人员16人，从7月25日开始，利用3天时间，先后深入到11个矿、大队级单位进行现场办公。现场办公中，根据部分退休人员体弱多病的实际情况，改变了原来每人每月只能报销3元药费的规定，要求对这部分人看病和住院各单位要本着实事求是的精神予以报销，超出部分由厂承担。同时，针对部分职工遗属生活困难、孩子待业的情况，责成工会每季度进行一次困难补助，并安排了11名职工遗属的子女到劳动服务公司就业，从而比较好地解决了因药费问题和遗属生活困难问题引起的上访。

二是抓住重点，认真解决上访老户的问题。今年以来，针对厂内"上访老户"久拖不决的问题，实事求是地进行解决。比如，针对老上访户中六队老工人拜生发因工伤后经济损失问题而多年上访的情况，由厂主管信访领导牵头，组织信访办和采油四矿进行了认真的调查核实，查明了拜生发1978年因工受伤后，曾2次住院，造成借私款1510元，借公款250元的实际情况，并经厂长办公会研究，做出经法律公证处公证后给予拜生发一次性困难补助1760元的处理意见，较好地解决了这一上访老户的问题，现已不再上访。

三是及时处理好初信初访，杜绝重信重访发生。今年以来，注意抓好信访的超前工作，把信访案件解决在初发阶段。比如，中十队采油女工董淑文在厂采油会战第一战役结束后，由于没有受到表彰，与队长发生争执。队长将其停工3天，并扣发了部分奖金，造成董淑文上访，并因为上访耽误了工作，又被扣发了奖金，造成恶性循环。问题发生后，副厂长李树明同志亲自带领信访办、企管科的有关人员，到中十队进行走访，了解事件经过后，严肃地指出了中十队干部存在工作方法简单，靠钱管思想等严重的问题，并对董淑文进行循循善诱地思想教育，使队长和董淑文各自承认了自己的缺点，做到了互相谅解，杜绝了重访案件的发生。

四是加强引导，认真解决家属上访问题。去年年底以来，由于受各种因素的影响，少数家属思想波动较大，围绕转正和提高生活退养金等问题，出现了到市局上访的情况。为了解决这一问题，从加强引导入手，认真做好工作。第一是厂级领导干部深入到家属队伍中，直接同家属座谈、对话，用中央精神统一广大家属的思想。厂党委书记孙业松同志从去年底以来先后6次深入到家属比较集中的友谊管理站、农工商、维修大队、采油三矿等单位，亲自同广大家属进行座谈、对话，给家属讲当前的大好形势，讲中央和上级的有关政策规定，讲集体上访的危害，面对面地解答家属提出的问题，帮助他们提高认识，沟通了广大家属的思想，增强了他们对各级党组织的信任。许多家属通过参加座谈、对话，当场表示，要听党组织的话，共渡改革难关，把精力用到发展生产上，再不去集体上访了。又如厂党委副书记何大选同志承包家属工作难度比较大的采油五矿和输油大队。他深入到家属中亲自组织召开座谈会、对话会，了解家属们的思想，解答家属们提出的问题，引导家属认清形势，正确看待困难，顾全大局，不做损害安定团结的事，使广大家属受到了深刻教育。在厂党政领导带头同家属座谈、对话的同时，各大队级单位的领导和各管理站的干部也都针对家属思想实际同家属广泛进行对话活动。从年初以来，全厂有 150 多名大队级以上领导同家属民主对话 610 多人次，仅厂党政领导就同家属进行对话 150 人次，通过民主对话较好地统一了家属的思想。第二是做好重点人员的工作，把他们稳定在基层。通过调查摸底出全厂共有 63 人先后参加过上访。为了重点做好这部分人的工作，除指派专人做工作外，各级党政领导亲自去做这些重点人的工作。如输油大队东油库有一名家属，多次参与集体上访要求转正。厂党委书记孙业松同志亲自到东油库做她的思想工作，向她讲明不能转正的政策规定，并针对这名遗属爱人去世后，一人拉扯几个孩子生活困难的实际情况，亲自安排大队和小队帮助妥善解决，使这名家属很受感动，认识到上访无理取闹的错误，后来再未参加上访。

五是认真听取群众反映，厂内消化集体上访问题。今年 5 月进入雨季以后，五矿 17 名职工因住房漏雨、进水问题，集体到厂里上访，表示厂里不解决就找市领导解决。厂长白执松同志热情接待了他们。在认真听取群众反映的基础上，组织信访办、矿建办、五矿的领导，到现场勘查，根据实际情况，提出了能修的马上修，不能修地腾出办公室给职工住的解决办法，解除了职工的后顾之忧，使这起集体上访事件在厂内得到了解决。今年 11 月中旬，六矿北九队 8 名小学生由于油建四大队小学搬家而无校上课。学生家长准备集体到市上访，厂主管信访工作的副厂长李树明得知后，立即带领厂教育科、信访办及友谊小学的负责同志到北九队做学生家长的思想工作，当场拍板，把 8 名学生安排到离北九队较近的友谊小学，避免了集体上访事件的发生。

三、树立先进样板，推广典型经验，是搞好信访工作的有效措施

明确的目标和学习的榜样，是搞好信访工作的有效措施。今年以来为了推动信访工作的深入开展，第一采油厂注意发挥先进典型的示范作用，推动整个信访工作。

一是深入调查研究，树立信访工作的先进典型。为使信访工作有的放矢，厂党政领导分别深入到各矿、大队，进行深入细致的调查研究，培养和树立信访工

作的先进典型。一年来，厂党政领导深入基层调查13人次，总结树立矿、大队级信访工作的先进典型3个，小队级先进典型6个，使全厂各单位明确了目标，增强了搞好信访工作的信心。

　　二是推广典型经验，提高信访工作水平。在树立先进典型的同时，厂党政领导注意做好典型经验的宣传推广工作。如厂党委书记孙业松和厂长白执松在厂器材供应站调查中，发现他们通过发挥职代会作用做好信访工作的办法很好，有一定的指导意义，就帮助他们进行总结提炼，形成文字材料，在全厂予以推广，推动了全厂信访工作的开展。器材供应站在信访工作中，注意发挥职工代表大会作用，增强职工参政议政的民主意识，开展合理化建议活动，并积极抓好落实。今年以来，全站职工提合理化建议213条，被采纳159条。他们在每次召开的全站职工代表大会上，都把职工提出的合理化建议进行综合整理并且公布于众。对于职工提出来的具体问题，站领导当众给予解答，采纳与否当场表态。如年初，为了加强物资经营管理，强化"龙头"建设，决定在站内公开招聘10名营业员。这个决定在职代会上宣布以后，立即成了全站职工人人关心的问题。于是有找上门要求照顾的，有托人找领导的，还有在一旁说风凉话、看热闹的。但是站领导头脑冷静，表示不管是谁，一视同仁。为了把这项工作做好，专门成立了招聘工作组，报名的同志都要参加考试和业务能力评分，考评结果公之于众，按得分多少，择优录用，最后在职工大会当场宣布了10名被录用的营业员。考取者满心欢喜，落榜者心中服气，没有一人到站里或厂里上访告状，增强了职工对领导的信任感。同时，这个站认真抓好人民群众来信来访的处理工作，委托站工会主席专门接待群众来信来访，综合群众反映的意见，汇报给站党委。重要问题提请站职工代表大会讨论，及时帮助群众解决实际问题。如家住东风楼区的20多名职工向领导反映他们中午吃饭不方便、休息困难等实际问题。对此情况，站党政班子十分重视，及时讨论解决办法，最后通过了3条解决问题的措施：第一是立即筹建职工就餐食堂，将停办多年的食堂开办起来，从而解决了过去通勤职工"早饭吃不好、午饭到处跑"的问题；第二是要求各支部在有条件的情况下，要给通勤职工解决休息场所；第三是中午时间开放游艺室和图书室，为通勤职工提供了娱乐学习的场所。通过这三项工作，解决了职工的后顾之忧，增强了做好各项工作的自觉性。

　　为使推广工作收到预期效果，厂还举办了典型学习班，把31个矿、大队级单位的信访工作人员召集到一起，结合各自的实际，进行认真讨论与学习，使大家明确了奋斗目标，推动和保证了全厂信访工作的深入进行。

（1989年11月24日大庆市信访工作经验交流会材料，摘自《油海创业之路》）

加强领导班子建设　充分发挥整体功能

第一采油厂党委

第一采油厂根据新的形势任务的要求，注意结合实际，加强领导班子建设，带领职工群众努力完成各项工作任务，取得了较好的成绩。建厂30年，为国家累计生产原油2.68亿吨；原油年产上1000万吨以后，已连续稳产了16年；1983年以来，原油产量平均每年以6.4%的速度逐年增长，今年将达到1478万吨。企业经营管理水平不断提高，去年被评为局一级企业，今年被评为国家质量奖企业。与此同时，同步发展精神文明建设，连续5年被市局评为端正党风先进单位，去年被评为一类班子、省文明单位，今年又通过了省文明单位标兵的验收。

这些成绩的取得，靠的是党的路线的指引，上级党委的领导，职工群众的努力，同时也是领导班子同心协力、奋发工作，充分发挥整体功能的结果。充分发挥班子的整体功能，要解决的问题很多，但最核心、最关键的是以下几点：

一、要充分发挥领导班子的整体功能，就必须树立坚定的政治信念，永远忠于马克思主义

一个有战斗力的班子，首先应当是忠于马克思主义、政治信念坚定的班子。一个领导班子，有了共同的理想和信念，团结就有了基础，工作就有动力，就能带领全体职工坚定不移地跟党走社会主义道路。因此，树立坚定的政治信念，既是班子建设的核心问题，也是发挥班子整体功能的基本前提。

坚定的政治信念，首先表现在信仰马克思主义上。油田开发建设30年来，之所以能够在各种风浪和复杂形势面前，始终沿着社会主义道路前进，是各级领导干部认真学习马克思主义，坚持"两论"起家基本功的结果。有了这样的认识，大家才能够在各种干扰面前，坚信马克思主义，自觉学习马克思主义。当前些年资产阶级自由化思潮鼓吹马克思主义"过时论""无用论"时，始终坚持每周半天的学习制度，系统地学习了马列著作、毛泽东著作和邓小平等老一辈无产阶级革命家的论著，学习了党的一系列方针政策，增强了坚持"一个中心、两个基本点"的自觉性。所以，能够运用马克思主义的立场、观点和方法去分析识别正误，

带领职工群众始终坚持正确的方向。在全厂发展第三产业,办起了120多个厂店,产值达3600多万元,既解决了子女就业问题,又开辟了一条共同富裕的道路。又如,当社会上刮"第二职业风"时,教育职工不随波逐流,坚持以油为本,安心本职工作,并提高一线职工奖金系数,使全厂职工思想稳定,聚精会神地为油拼搏,保证了油田年年增产、高产。

  学习马克思主义,关键是要树立马克思主义世界观。只有这样,才能够增强政治上的坚定性和敏锐性,在复杂情况面前,头脑清醒,是非分明。前几年,在淡化党的领导和思想政治工作的时候,有的人认为,现在实行厂长负责制,党组织不起作用了;也有的人认为,书记排老六,只不过是个摆设。在个别大小队行政领导干部中,出现了个人说了算的现象,一些重大事情也不向党组织汇报,党委组织学习也不愿参加,甚至把上党课也看作是额外负担。针对这种错误倾向,第一采油厂认真学习了革命导师关于党的建设论述和邓小平同志《坚持四项基本原则》等文章,使大家清醒地认识到,淡化党的领导,既违背了马克思主义建党原则,又不符合宪法规定。在这个大是大非问题面前,丝毫不能让步。为此,在全厂开展了"新时期党的地位和作用"的大讨论,并以《发挥党的政治优势,坚持党的政治核心地位》为题,给全厂小队以上干部上了党课,增强了各级党组织的执政意识和广大党员干部的坚持党的领导的观念。为加强党委在企业中的核心地位,第一采油厂一直坚持党管干部的原则,1987年以来,提拔、任免、调整的216名科级干部,都是经过党委讨论的,特别是在企业的重大问题上,一直坚持由党委把关定向,做出决策,从而保证了企业的社会主义方向。同时,党委坚持对思想政治工作的领导,不断加强思想政治工作,当社会上出现"政治工作业余化,政工干部兼职化"等奇谈怪论时,保持了原有的政工机构,专职政工干部始终保持在450人左右,不仅31个大队级单位的书记没有兼任行政副职,284个基层党支部书记全是专职,而且还为10个800人以上单位配备了一名专职的党委副书记;还在全厂实行了思想政治工作目标管理责任制,形成了以党委为核心,以专职政工干部为骨干,党政工团齐抓共管的思想政治工作网络,并在政策上规定政工干部的待遇同生产行政干部一视同仁,从组织上、制度上保证了政工干部的地位、责任和权利,保持了政工干部队伍的稳定,从而巩固和加强了党委在企业中的政治核心地位。

  党委在企业中的核心领导地位,要求党委一班人必须牢固树立坚定的政治信念,无论遇到什么政治风浪和多么复杂的斗争环境,都要始终保持对社会主义的坚定性,在关键时刻经得起考验。1989年学潮开始,就明确提出:"无论舆论怎么讲,同中央保持一致的根本立场不能动摇,无论外面怎么乱,都要坚持为油大干；无论社会上刮什么风，都要坚持社会主义阵地。"在四、五、六三个月，厂党政领导干部和机关干部，每周都下到包点单位同职工群众一起学习中央有关反对动乱和暴乱的指示，用中央精神统一职工思想，仅厂党政领导就深入基层宣讲了68场次。同时，还把思想政治工作做到大中专学生中去。各级党组织给外地上学的职工子女写信、拍电报380封，各级领导走访学生家庭470多人次，亲自找返厂学生谈话167人次。当听说我厂一名职工的孩子在石油学院准备组织学生上京时，立即派工会主席、党办主任同这名学生的家长赶到学校去做工作，使这名学生认识到自己的错误，当场交出了传单，并表示立即停止错误行动。后来这名学生还说服其他学生，积极参加复习、考试。在这期间，厂党委3次召开学生和家长座谈会，放暑假后又召开全体返厂学生大会，进行总结表彰。许多学生讲，学校要是都像这样做工作，我们也就不会去干蠢事了。正是由于厂领导班子在根本政治原则问题面前头脑清醒，保持了坚定的立场，所以能够教育、影响和带动全厂职工在尖锐复杂的斗争面前，明辨是非，一心一意跟党走。全厂281名在外地上学的职工子女无一人越轨，14000多名职工无人参与支持动乱的任何行动，人人"顶着动乱，为油大干"。三个月时间，原油日产突破了4万吨大关，创造了历史最高水平。

二、要充分发挥领导班子整体功能，就必须树立开拓进取精神，做到项项工作有创新

一个班子的整体功能强不强，衡量它的一个重要标准，就是看这个班子所领导的单位对党对国家对人民的贡献大小。这种贡献的大小，在一定意义上，取决于各级领导班子的精神状态，即开拓进取精神的有无和强弱。

树立开拓进取精神，首先要把立足点放在为国家多拿油、多做贡献上。第一采油厂是采油厂，努力延长油田高产稳产期，为国家多产油，应是不断开拓进取的主要领域和体现。为了适应全国经济建设形势的需要，在根据油田储量和开采技术的进步制定油田稳产规划时，始终坚持开拓进取的指导思想：1982年贯彻十二大精神，把油田稳产期由过去提出的1987年延长到1990年；1984年贯彻十二届三中全会精神，提出油田稳产到1995年；1986年根据局党委提出的稳产再10年的要求，又提出了油田稳产到20世纪末的奋斗目标。为了实现这一目标，厂各级领导班子带领全体职工发扬"宁肯少活二十年"的革命加拼命精神，不畏艰难，勇挑重担，出大力，流大汗，吃大苦，耐大劳，保证了各项生产任务的完成。油田稳产16年来，钻调整井3000多口，建各类站400余座，新建油水井2700多口，老井改造1000多口，井下作业施工达23000多井次，近10年的地面改造工作量

相当于前20年的8.4倍，原油产量从1983年的1019万吨增加到今年的1478万吨。尽管困难很多，但第一采油厂从来没有二话，总是带领职工群众靠辛勤劳动、无私奉献去克服解决。1989年以来，仅7个采油矿的职工，就义务献工时63400多个，如果要算加班费的话，得拿出近20万元。就是以这种艰苦奋斗、永攀高峰的进取精神，第一采油厂年年超额完成国家计划，仅1984年以来7年间，就累计超产原油105.3万吨。

树立开拓进取精神，另一个重要的体现是，在精神文明建设方面，也要有所作为，不断前进，使两个文明能够同步发展。第一采油厂以大庆老领导为榜样，坚决克服那种安于现状、畏难退缩、无所作为的精神状态，振奋精神，鼓足干劲，力争上游，把党的路线、方针、政策和上级党委的指示同厂实际结合起来，创造性地开展工作，使两个文明建设不断有所发展。1989年年底，为了把职工群众在"四大""三好"教育中激发出来的积极性，引导到两个文明建设中来，根据工作的重点，提出了"原油无欠产、职工无犯罪、党员无违纪、生产无亡人、生育无超标"的"五无"奋斗目标。当时，曾经有各种不同看法。然而，如果不提出这样一个高水平的目标，四平八稳地干，可能大家都很轻松，但这不是干革命事业应有的精神状态，也不符合大庆精神和老领导留下的好传统。第一采油厂坚持用"五无"目标去激励职工树立雄心壮志，并把指标层层分解，层层签订责任状，把"五无"指标作为双文明考核的主要内容，班组、个人每天一考核，小队每周一考核，厂、大队每月一考核讲评，全厂出现了一个人人为实现"五无"做贡献的局面，把两个文明建设提高到了一个新的水平。1990年1至10月份，生产原油1232万吨，超产1万吨，比去年同期增长28.4万吨；全厂3695名党员无一人违纪，31个大队实现了生产无亡人，两个文明建设比去年都有新的发展和提高。

两个文明建设的新发展，各项工作的高水平，靠两个方面工作：一方面，提出一个科学的高标准的目标，以激励职工群众树雄心、立壮志、攀高峰、争上游。如1989年年初，提出"超产、夺标、创优、升级"目标，年底原油产量超国家计划3万吨，达到局一级企业，第一采油厂被评为一类班子，实现了预定目标。今年又提出"超产、夺标、争一流；特级、'五无'、创国优"的目标，各单位、各部门、各路工作，都围绕这个总目标开展工作。再如，第一采油厂的全面质量管理3年上了3个台阶：1987年获省质量管理奖企业，1988年获部质量管理奖企业，1990年又获国家质量管理奖企业，实现了"创国优"的目标；在精神文明建设方面，1989年被评为省文明先进单位，1990年又通过了省文明单位标兵验收，实现了"夺标"的目标。由于各路工作都有一个明确的奋斗目标，所以，在油田生产、企业管理、精神文明建设等方面，能一年上一个台阶，年年都有新发展。另一方面，高水平的工作靠平时对工作的高标准、严要求。党委班子多次在大会上要求，各单位领导班子的工作，年年要有新起色、新发展。如果3年之内无所创新，总是一般化，就要考虑其任职资格。这也是干部政绩考核的一条重要标准。对机关各部门的工作，要求在全市局同行中必须居领先地位。连续5年来，厂党群7个科室均被评为市局先进科室，去年全机关28个科室实现了满堂红。1990年以来，市局党委及其党群系统在第一采油厂召开了11次现场会，总结推广了文明小区建设、标准化业余党校、"三标"工作法、齐家式采油队等一批具有一定创造性的经验。各单位敢于同先进水平较量，站排头、创一流的思想意识越来越强烈，使得全厂各项工作充满朝气和活力，推动了两个文明建设蓬勃向前发展。

三、要充分发挥领导班子的整体功能，就必须牢记党的根本宗旨，正确行使手中的权力

班子的整体功能，是通过班子每个成员正确行使手中权力、履行自己的职责来实现的。因此，要经常提醒自己：手中的权力是人民给的，必须用它来为人民服务。在实践中，应始终注意做到以下几点：

第一，强化民主意识，全心全意依靠工人阶级。主要从两个方面入手。一方面，作为领导干部，要尊重职工的主人翁地位，增强民主意识。这种民主意识，一是表现在科学决策上。领导班子凡决定重大事项，都要从党和人民的利益出发，坚持调查研究，进行科学论证；坚持办事公开，广泛听取群众意见；坚持从实际出发，注意群众的承受能力。去年以来，党政领导班子共决定重大问题38项，基本没出现一次失误，比较好地体现了群众的意愿。二是表现在相信群众、依靠群众，坚持发扬"三大民主"上。比如，在油田开发上，每年都召开有干部、技术人员和工人群众参加的"三结合"技术座谈会，听取群众意见，集中群众智慧，制定出油田开发方案。今年制定"八五"规划，用了1个多月时间，发动7个采油矿的4870多名职工开展地下大调查和地下分析活动，共拿出了1940多口单井分析总结和调整方案，在此基础上召开技术座谈会，制定了"八五"规划。另一方面，教育职工增强参政意识，关心企业大事，当好企业的主人。从1980年建立职代会制度以来，召开职代会21次，研究重大问题85个，职工群众直接参政，提出提案376条，落实358条；提合理化建议38563条，被采纳12272条，累计经济效益960多万元。

第二，强化服务意识，把权力当义务，尽心尽力地为群众谋利益，办实事。重点体现在两个方面，一是发扬"三个面向""五到现场"的优良传统，实实在

在帮助基层抓工作，解决实际问题。1985年提出，把工作的重点放在基层，屁股坐在基层，工作抓在基层，问题解决在基层。两级领导和机关干部实行包队包点制度，每年有三分之二的时间在基层抓工作，参加劳动，做到施工现场有班子成员顶班的岗位，夺油会战有班子成员劳动的身影，排除险情有班子成员现场指挥。1990年在水泡子回收污油时，厂党政领导人人参加。书记、厂长第一个穿着裤头跳进齐腰深的水中捞油。全厂职工今年共回收污油8040吨。这几年来，领导班子平均每年为基层解决各类问题2700多个，先后帮助17个后进单位改变了落后面貌，进入先进行列，有4个队打上了金牌。二是千方百计为群众着想，实实在在解决群众最关心的问题。当"官"就得吃苦，有权就要负责，"忧国忧民、能办实事的班子，才是好班子"。第一采油厂是老区，旧房、危房较多，班子提出"一保油、二保楼"。1979年以来新盖楼房、平房316栋、35万平方米，使5842户职工住进了新居。在资金比较紧张的情况下，每年拨出150多万元，维修改造危房、旧房。楼区设在东风以后，每年要增加通勤人数二三百人。为解决职工通勤，为职工购进了50多台通勤车。同时，着力于改善一线职工的工作和生活条件，实现了上下班接送、喝水用餐、理发洗澡、住宿看病、娱乐场所等一条龙配套服务设施，稳定了一线队伍。另外，在财力、物力上扶持劳动服务公司，广开就业渠道，累计安置待业青年3081人，安置率达96%，缓解了就业矛盾。尽心尽力地解决职工最关心的问题，使群众切身感到党的温暖，进一步密切了党群、干群关系。

第三，强化公仆意识，带头端正党风，自觉经受执政和改革开放的考验。在这个问题上，核心是立党为公，不搞以权谋私，保持清正廉洁。近几年来，先后建立了《端正党风十条规定》《十要十不准》《领导干部抓党风十二条》等具体规定，一班人坚持从严要求自己，带头执行有关规定。在分配问题上，群众最敏感，眼睛都看着领导。因此，严格执行后线低于一线、机关低于基层、领导低于群众的分配制度，奖金每月一公布，让群众监督。还要求党政班子成员管好自己、带好亲属、管好身边工作人员，特别是对领导干部的亲属约法三章：不准打领导旗号走"后门"、办私事，不准收受任何人的钱物，不准帮助他人说情，拉关系。这些年，在各种不正之风侵袭面前，始终把党和人民的利益放在高于一切的位置，以身作则，严于律己，自觉过好"金钱关""人情关"和"用权关"。1987年以来，厂领导拒吃请、拒收礼、拒受贿54人次，金额达11200多元。全厂32个大队级领导班子拒礼拒贿209件次，金额达50500元。有的同志讲得好：用手中的权力，为群众办事情，千件万件都是应该的；为自己谋私利，一次也是可耻的。作为党员领导干部，在改革开放形势下，能够做到公正廉明，把使用权力同全心全意为人民服务有机地统一起来，使群众无论是在对现象的感觉上还是在对本质的理解上，都感到自己是主人，领导是公仆，那么，这个班子就会有很强的凝聚力和战斗力，就能发挥最大最佳的功能。

（大庆市1990年度思想政治工作会议典型材料，摘自《油海创业之路》）

充分发挥职工的聪明才智
广泛开展以原油生产为中心的合理化建议活动

第一采油厂工会

第一采油厂现有职工 14000 人，共管理着 4643 口油水井，136 座各种油水泵站和变电所，年产原油约 1500 万吨。随着油田开采时间的不断延长，油田综合含水率不断上升，油井产量逐年递减，套管变形，设备老化，原油稳产难度越来越大。为了摆脱困境保稳产，从 1985 年开始，全面开展了群众性合理化建议活动，依靠群众的智慧和创造力革新挖潜提建议，解决了大量的生产难题，有力地促进了原油生产。截至目前，全厂共提合理化建议 40615 条，采纳 12675 条，有 45 条在市级以上获奖，获经济效益 1615 万元。连续多年被评为省、市级先进单位，1991 年 2 月，又被评为"全国职工合理化建议活动先进集体"。

一、牢固树立全心全意依靠工人阶级的思想，不断提高职工对合理化建议活动的整体意识

合理化建议活动是发挥职工群众的积极性和创造力，搞活企业，发展生产的一种好形式。为了使这项活动能够扎扎实实地开展起来，深入持久地发展下去，几年来，始终没有放松对干部职工的思想教育，用深入细致地宣传教育，不断提高职工对合理化建议活动的整体意识。

首先，牢固树立全心全意依靠工人阶级的思想。坚持企业民主管理，教育各级领导干部尊重职工的主人翁地位，在企业的大政方针、生产管理、生活福利等各方面问题上，主动征求职工的意见、要求，使职工群众参加活动的热情日益高涨。如：1987 年，全厂的原油生产出现了前所未有的紧张局面，厂领导召集技术权威人员对全厂生产形势进行了全面分析，归纳整理了 12 个方面的生产难题，层层召开动员大会向职工征求建议。一时间，群情激奋，3000 多条合理化建议像雪片一样飞到管理者的手中，12 个生产难题一下就解决了 8 个，生产走出低谷，超额 1.8 万吨完成了全年的原油生产任务。

其次，结合主人翁思想教育，坚持正面宣传合理化建议活动的重大意义。活

动之初，就针对一些职工对合理化建议活动的种种模糊认识，积极开展以主人翁责任感为主题的讨论活动，从深化主人翁教育入手，宣传合理化建议活动的重大意义，使职工们清醒地认识到，作为企业的主人，为企业的兴衰大计出谋划策、提合理化建议是大家的责任和义务。这种正面宣传教育工作，在以后的几年工作中，始终坚持如一，经常组织职工学习上级工会和党政领导有关合理化建议活动的指示精神，同时还通过"学铁人、学先进""岗位形象讨论"等活动，不断强化职工的主人翁意识，使"当主人不忘提建议"的思想在职工群众的头脑中深深地扎下了根。在正面教育的基础上，每年5月都要召开一次全厂合理化建议宣传动员大会，具体安排部署全年的合理化建议工作，同时轰轰烈烈地开展"红五月万人合理化建议活动"。

再次，通过培养树立典型引导带动职工群众。开展合理化建议活动之初，在许多职工对这项活动的意义还不甚了解的时候，专门举办了3期合理化建议活动骨干培训班，对全厂350多名生产技术骨干进行了有关知识的培训。在骨干的影响带动下，全厂很快掀起了一个活动高潮。比如，中七联合站工人刘永辉，从骨干培训班回去后，一下子就搞了3项革新，提出了13条合理化建议，其中，加药线工艺流程改造，每年可为国家节约破乳剂5700多公斤，价值3万多元；脱水器液压自动放水，每年可节约资金6万余元。在他的带动下，全站职工展开了一个大竞赛，一下就提出了近百条合理化建议。随着活动的不断深入开展，我们每年都要总结树立一批先进典型召开经验交流会，号召大家学习。5年来，共培养树立集体和个人典型75个，在职工中产生了积极的影响，使职工们参加活动的热情有增无减。

二、积极为合理化建议活动创造畅通的渠道和良好的环境，激发职工群众提合理化建议的热情

合理化建议活动应当做一项重要工作常抓不懈。为了给活动创造畅通的渠道和良好的环境，首先加强了组织制度建设，层层建立了合理化建议活动领导组织机构和由各方面技术权威组成的审定小组，每个班组都设有合理化建议活动征集员，并且建立健全了征集、审定、信息传递、采纳落实和表彰奖励等各项管理制度，使合理化建议活动从发动征集到采纳实施都有一套系统的组织领导和管理方法，形成了组织化、制度化，常年有人抓、有人管，职工提建议随时有门进、有人找，为活动的深入开展，打下了良好的基础。其次是围绕生产管理难点，组织灵活多样的竞赛活动，依靠群众解难题、攻难关。由于第一采油厂管理的油水井大部分是20世纪60年代和70年代初投入生产的，经过20多年的开发利用，原油含水

逐年上升，单井产量逐年下降，套管断裂、设备老化问题日趋严重。再加上开采方式由过去单一的自喷开采，发展到多种形式的机械开采，生产工艺发生了较大变化，这些都给原油生产带来了很大困难。在开展合理化建议活动中，主要是围绕生产管理中的薄弱环节，开展多种形式的竞赛活动，依靠群众的积极性、创造性和主动性解难题攻难关。比如，定期把生产管理中的难题向职工交底亮相，征集专题建议，集中解决一些疑难问题。1988年，针对注水井测压关井影响产量问题，向职工征集建议。地质大队罗士秀同志在查阅大量测试资料的基础上，建议缩短注水井测压关井时间。根据他提出的测压程序，关井时间由原来的3天72小时，缩短到8小时。这条建议得到了厂领导的重视，很快加以推广、实施，使第一采油厂在限电的情况下提前完成注水任务，超额完成注水17.4万立方米，增油10000吨。同时，结合生产实际，制定计划方案，有组织、有计划地开展主题竞赛活动，就是在活动中，提出一个口号，调动激发职工群众的情绪。几年来，除了每年5月规定开展全厂万人献计合理化建议活动月以外，各基层单位也经常结合本单位实际，开展合理化建议活动月、活动周等主题竞赛活动，发动职工为生产提建议搞革新。1987年夏季，采油一矿部分低洼井被水淹，岗位工人上不了井，每天影响产量147吨。为了解决生产难题，开展了"为抢产夺油献计献策做贡献"的合理化建议活动。职工们纷纷投入到活动中来，仅2天时间，就提出合理化建议100多条。采油工人范秋涛经过认真地思索，提出把1988年施工月亮泡提升站的计划，提前到1987年6月施工，以免更多的低洼井被淹。这个建议被直接反映给厂领导，很快被采纳。45天时间改建了月亮泡提升站，并扩建了东西污水站，每天排水16万方，使全矿大部分水淹井很快恢复正常生产。

在合理化建议活动中，还不定期地举办合理化建议成果发表审评会。对职工提出的合理化建议公开发布，设专家评委，当场进行评议打分，从而增强了职工的责任心，促使职工积极提出一些深层次、价值大、效益高的合理化建议。1988年，采油四矿职工张洪义在负责中三注水管线改线施工中，发现设计图纸与现场实际不符，马上进行勘查核实，建议有关部门和施工单位针对地面建筑物多的实际改变管线走向，并提出了具体建议方案。这条建议在发表审评会上发布后，立即得到专家评委的重视，采纳实施后，节约施工费12万多元。

围绕生产开展的多种形式的竞赛极大地激发了职工关心生产、管理企业的积极性，据统计，目前全厂每年平均有12020名职工参加建议活动，占职工总数的90%，解决了大量的生产管理难题，甚至有些专业技术人员都感到棘手的问题，也被工人的合理化建议攻破了。如机采井冬季冻井口、难管理问题，长期没有彻底解决。中八队老工人林文政经过认真观察反复琢磨，提出改造井口流程的建议，被肯定后，他起早贪黑，反复实践，设计出了CJ-I型新型井口流程装置，充分利用油井流程的热量进行保温，不但彻底解决了冬季管理的一大难题，还节省单井安装费500多元。目前，这项设计已经获得国家专利。在原油生产中，第一采油厂正是依靠群众智慧，才攻克了一道道难关，在困境中连续5年超额完成了原油生产任务。

为了不断提高职工合理化建议的质量，还加强了职工业务技术培训工作，通过举办各种培训班，岗位练兵、技术大赛等形式，加强职工技术培训，每年都要举办一次全厂大型生产技术运动会，激发职工的学习热情，使职工的业务技术素质不断增强，合理化建议的质量明显提高。目前合理化建议的采纳率已由活动之初的10%提高到35%。

三、狠抓推广落实和表彰奖励工作，增强合理化建议的实效性，保护职工的积极性

为了使群众合理化建议及时地应用于生产实际，在推广落实工作上，主要抓了以下几个环节：第一是抓了审定讨论工作。全厂各级审定组织都定期召开会议，对职工提出的合理化建议进行逐级讨论审定后，根据其实用价值分级确定推广方案，并及时报请行政部门尽快实施。第二是对有突出效益的合理化建议，及时召开现场会给予推广。如1988年，中七队老工人李友良针对抽油机密封填料易磨损漏油问题，提出了用破尼龙袜子代替密封填料胶皮的合理化建议。经审定后，认为实用性很强，就及时在中七队召开了现场会，向全厂进行了推广。第三是对于一时不能采纳的建议，由审定组织负责向建议者说明原因，保证职工提的合理化建议项项有着落，件件有回音。

为了保证职工提合理化建议的积极性和热情，第一采油厂非常重视表彰奖励工作。根据国务院的有关指示精神，专门制定了合理化建议奖励条例，对于效益突出的合理化建议，一经审定采纳，便给予一定的奖励。有时为了鼓励职工的精神，各基层单位还进行特殊的奖励。如友谊管理站职工周登科看到站里天然气管线每天放空时都要放走大量的轻质油，就向站长提出回收轻质油的建议。得到同意后，他就把行李卷搬到队上，白天正常上班，晚上起来四五次回收轻质油，2个月共回收3吨，获得经济效益2000多元。为了表彰他这种爱站如家的精神，站里召开了群众大会，当场奖励了他1000元钱。对于在合理化建议活动中成绩突出的集体和个人，每年都召开一次总结表彰大会进行表彰奖励。5年来，共对1765名积极分子和1672项重大成果进行了奖励兑现，奖励金额达27900余元。

群众性的合理化建议活动对于全厂的双文明建设，产生了积极的影响，主要

表现在：一是增强了职工的主人翁责任感，关心集体、关心生产的人越来越多；二是促进了企业民主管理，职工们在活动中积极为原油生产出谋划策提建议，从而更加拓宽了企业民主管理的渠道；三是密切了干群关系，活动中，干部重视职工的建议，职工关心干部的工作，相互关系更加密切了；四是解决了大量的生产难题，促进了生产的不断发展。

在开展合理化建议活动中，虽然做了一些工作，也取得了一定的成绩，但深知，合理化建议活动作为企业民主管理的一个重要内容，作为调动职工积极性的一种好形式，作为发挥群众智慧促进生产的一项有力措施，是一项长期的任务，需要深入持久地开展下去。为此，今年年初，第一采油厂根据全总和省市总工会的指示和质量品种效益年的精神，结合厂实际，重新修订完善了合理化建议工作的有关组织制度，决定今年的合理化建议工作重点放在提高建议的质量和增强实效性上来，并在坚持宣传教育的基础上，本着给干部加压力、给工人鼓干劲的方针，规定了合理化建议任务指标，以下战斗令的方式落实到基层单位，同时还大张旗鼓地表彰了一批先进单位和先进个人，以促进合理化建议活动向深层次发展。

（1991年全国石油系统合理化建议和技术改进工作会议经验材料，摘自《油海创业之路》）

深化党员责任区活动
逐步建立党员管理一体化机制

第一采油厂党委

第一采油厂现有矿（大队）党委（总支）33个，基层支部331个，党员3931人。1989年以来，本着党的基层组织建设为经济建设服务的指导思想，逐步建立了党员责任区、"创先争优"、民主评议党员三者有机结合的党员管理一体化机制，提高了党员管理水平，促进了党员作用的发挥，有力加强了两个文明建设。去年被评为省先进党组织标兵，国家质量管理奖和省文明单位标兵创出了原油生产1504.3万吨的历史最高水平。

一、总结经验教训，形成党员管理一体化思路

近几年来，党员责任区、"创先争优"、民主评议党员三项工作取得了一定的成效。然而从基层党员管理现状看，经过调查发现，前些年三项工作分别布置分别抓，存在着一些弊端，主要表现为"三多一大"，即工作头绪多，内容重复多，占用时间多，花费精力大。这些问题虽然出现在基层，但根本原因在于对党员管理工作规律缺乏深刻的把握，把同属党员管理的三项工作割裂开来甚至对立起来，影响了党员管理工作的进行。为了解决这些问题，党委多次进行调查研究，发现了电力维修大队的典型。这个大队是党员管理抓得比较好的单位。1988年下半年，他们从发挥党员作用这一根本目的着手，把党员在责任区中发挥作用情况作为民主评议党员的核心内容，把民主评议党员作为检查考核责任区工作的制约手段，年底一次性进行总结检查，收到了较好的效果。基层党员、干部普遍反映，两项工作合理安排、统一检查，既节省了很多时间和精力，又增强了整体工作的实效性。电修大队的经验令人深受启发，明确了包括"创先争优"活动在内的各项工作之间的关系，即党员责任区作为基本组织形式，为党员发挥作用创造条件；"创先争优"作为激励措施，赋予党员管理以实质性内容；民主评议党员则可以作为基本制约手段，为实现党员管理一体化提供保证。三者互为补充、互为制约，在工作上互相衔接、渗透，使党员管理形成了一个动态、连续和完整的过程。认识

明确后，厂党委大胆提出了实行党员管理一体化的设想，并在电修大队和采油四矿等单位进行了试点。结果表明，实行一体化管理，既深化了党员责任区活动，又把党员管理三项工作紧密结合在一起，进一步突出了党员管理工作的实效性。

二、从实际出发，建立党员管理一体化的工作机制

在建立一体化工作机制上，注意联系油田生产建设实际，重点抓了三个方面：

第一，科学确立目标体系。坚持以责任区职责为基础指标，以"创先争优"为核心指标，以评议优秀和合格党员标准为检查指标，共制定出9项31条具体工作标准和考核指标，并按百分制进行分解。衡量党员发挥作用情况主要是看其在责任区的表现。比如，把党员在责任区所履行职责的具体指标组成目标体系的基本内容，确定了党性原则、组织观念、法纪观念、学习态度、思想作风、群众工作、岗位表现和献身精神等8个方面的定量化责任指标，使每个党员人人担指标、个个有压力，这样有利于增强党员做好责任区工作的内在动力和积极性。同时又把"创先争优"作为一体化管理的核心指标来设置，不仅体现了党员管理的根本目的，对基层来说也能避免"创先争优"活动仅在五六月份突击一阵子的问题，用指标保证活动贯穿全年，从而使党内始终保持后进赶先进、先进更先进的热潮。民主评议党员中，还坚持把党员是否优秀、合格，作为衡量其在责任区发挥作用的尺度，把优秀和合格党员标准移入目标体系，用于检查党员发挥作用情况，这样就使民主评议党员与党员责任区及"创先争优"工作紧密结合起来。把党员责任区职责、"创先争优"目标和民主评议党员标准捆起来，以党章规定的党员标准为依据，突出主要指标，简化重复指标，经过重新组合使指标由三套变为一套，并做到指标贯通，系统而又集中地反映了党员管理的主要内容。

第二，定期检查考评。过去三项工作检查考评各归各，检查考评时间和方法不一致，工作量大，重复内容多，有时流于形式，削弱了检查考评作用。从去年开始，把三项工作的检查考评放在年中一次性进行，达到了简化、方便的目的，提高了效率。检查考评时，联系基层实际，把党员责任区、"创先争优"、民主评议党员工作中的通用性指标综合归纳，分定量与定性两个方面制定党员管理工作检查考评标准共20条，下发基层实行，规定责任区先进面不达标的不能评为先进支部，不做责任区工作的不能评为合格党员，责任区工作事迹不突出的不能评为优秀党员，使检查考评有章可循。在时间上，根据基层党建工作的特点，厂对矿（大队）、矿（大队）对小队党员管理工作实行一季度一安排，半年初评，全年总评。在考评上，针对原有考评程序和方法复杂、工作量大、且易于流于形式的弊端，为对每个党员在责任区的工作做出全面准确的评价，还对考评程序和方法予以统一规

范和实施,主要采取了分区综合考评法。基层支部以责任区为单位进行考核,通过听(听党员个人汇报)、查(查《党员一体化管理工作纪实手册》)、访(访区内群众)、看(看岗位管理水平),每季度评出合格、基本合格、基本不合格、不合格党员以及一、二、三类责任区。在此基础上,每年"七一"前以支部为单位对党员集中评议一次,并进行年度定格。

第三,进行奖惩兑现。在党员管理一体化工作上,坚持达标者升级奖励,不达标则要降级处罚。其具体内容是:党员按合格党员、矿厂市(局)优秀党员升级;责任区按三类、二类、一类责任区升级;合格和基本合格党员占95%、一类责任区占90%的支部可参评标准化党支部,全年4个季度连续达标支部可参评厂和市(局)先进党支部。同时,按规定兑现奖金。相反,对基本不合格和不合格党员进行组织处置,并制定和落实帮教办法;对二、三类责任区和未达标支部在适当范围内通报批评,限期整改。不合格党员和不达标单位扣发半年或年度奖金。今年"七一"对市(局)、厂两级72个先进党组织、442名优秀党员、44名模范党务工作者进行了表彰,对因素质和能力较差的7名基层支部书记做了调整,对一体化工作搞得较差的4个支部提出了严肃的批评,并兑现了奖惩。由于奖惩分明,提高了基层支部抓好党员管理工作的主动性和党员达标合格的自觉性。全厂1840个责任区,今年上半年经矿(大队)党委综合考评,一类责任区达三分之二;全厂参加民主评议的3837名党员,99.4%的党员被评为合格和基本合格党员,24名基本不合格和不合格党员也都分别制定了达标措施。

三、采取有力措施,保证党员管理一体化工作的顺利运行

党员管理一体化工作机制的运行,不仅需要目标来导向、考评来规范,最重要的是加强具体的组织领导和工作指导,使这一新事物在当前形势下更好地发挥作用。在实践中主要采取三项措施加以保证:

一是建立领导责任制。对一体化工作,厂党委领导纵向上按照分管系统、横向上联系包点单位,建立条块结合的下管一级责任制。党委主要领导亲自抓,主管领导具体抓,其他领导协同抓。厂党委抓矿(大队)党委、矿(大队)党委抓基层支部,通过每年签订责任状的形式,自上而下形成了一个组织保证网络。按照责任制的要求,坚持定期研究分析,深入基层落实责任。采油六矿北十队曾是会战初期有名的标杆队。进入改革开放时期以后,放松了党的建设,队伍乱、管理差,连续4年先进不沾边。十三届四中全会以来,厂党委和矿党委一起深入到这个队帮助支部进行思想作风整顿的同时,从发挥党员作用入手加强教育管理。按照责任区职责规范党员行为,在全队党员中开展党员形象讨论、争创党员先锋

岗等活动，激励党员发挥作用，使这个队党建工作明显进步，前年到今年3次被评为市（局）先进党支部。

二是建立健全制度。在实践中逐步健全和完善了分级管理、分层教育、分区监督等三项工作制度。第一采油厂有近4000名党员，坚持对他们进行分级管理，主要是体现管理的有序性和一级抓一级的原则。科以上干部党员由厂党委直接管理，一般干部党员由矿（大队）党委管理，工人党员由基层支部管理。按照制度要求，各级党组织对管理对象做到了"三清"，即基本情况清、具体表现清、存在问题清。为使管理落到实处，有据可寻，还以党员责任区、"创先争优"、民主评议党员基础资料为主项，逐人建档以便考核。由于每个党员工作环境、思想基础和理解能力不同，管理教育的形式和内容也应有所不同，以体现教育的层次性。对矿（大队）党员领导干部主要教育他们认清实行党员管理一体化的发展趋势，切实把这项工作摆上党委的重要议事日程；对一般党员主要教育他们认清自己的职责，提高"达标""争优"的积极性。与此同时，侧重抓好基层小队党员干部的教育，因为一体化管理的基础在支部，只有增强他们的素质才有利于一体化工作的实施。针对第一采油厂新任支部书记逐年增多而其自身素质不适应工作需要的问题，坚持每年集中轮训一次支部书记。组织进行党务工作知识培训，教育他们认清进行一体化管理的必要性和一体化内部三项工作的有机联系性，自觉抓好一体化工作。党员在责任区的工作情况，除了定期的检查考核外，还需要有经常性的组织监督，以体现监督的约束性。因此，根据分区监督制度要求，在支部和党小组的每次组织生活会上，每个责任区的党员都要汇报思想和工作，开展批评和自我批评，虚心接受其他同志的意见和建议，为党员一年一度的评议、评优提供依据。通过建立健全以上三项制度，保证了党员管理一体化工作的正常运行。

三是加强检查指导。在形成党员管理一体化机制过程中，各级党组织及时检查指导，有力地推动了这项工作的顺利开展。在探索一体化管理的初期，就得到了上级党委组织部门的大力支持。当抓点取得经验时，市（局）党委组织部又帮助总结经验，在全局党员责任区工作会议上交流，市委组织部通过部刊介绍了第一采油厂的做法，并提出了许多建设性意见。第一采油厂党委对一体化工作坚持一季度一交流、一季度一检查。去年厂党委组织了4次检查，通过检查总结了38个党组织和党员做好党员责任区、"创先争优"和民主评议党员工作的先进典型，分别在厂、矿（大队）召开的党建工作经验交流会上做了介绍，同时还研究解决了一些工作中存在的实际问题。比如实行一体化管理后，发现机关的党员管理工作在有些方面不如基层搞得好。通过调查，得知问题的症结在于责任区工作不够落实，因而进一步明确了机关科室责任区与其所包基层小队责任区联系起来，扩大活动区域，实行同奖同罚，使机关责任区工作有了新的起色。

（1992年黑龙江省组织员培训班发言材料）

以稳油控水为中心
充分发挥思想政治工作的服务和保证作用

第一采油厂党委

第一采油厂有职工 15400 多人，油水井 5000 多口，1993 年原油生产年计划为 1510 万吨。为实现原油上产目标，以管理局提出的稳油控水为中心，各行各业、各项工作紧紧围绕中心转，特别是思想政治工作强化为中心服务和保证功能，渗透到稳油控水的各个方面，使之自觉围绕中心，紧密结合，成为有力保证，较好地促进了以稳油控水为中心的各项任务的完成。

一、宣传舆论紧跟中心，把对稳油控水重要性的认识变为群众的自觉行动

1993 年，面对稳油控水艰巨任务，加大思想政治工作的力度，通过宣传舆论去动员群众、教育群众、调动群众的积极性，使广大职工把对稳油控水重要性的认识变成为油拼搏的自觉行动。

一是坚持理论引导，发挥宣传舆论的鼓动作用。实现稳油控水目标，首先要用建设中国特色的社会主义理论武装群众，把对稳油控水重要性的认识统一到党的基本路线上来。从年初开始，就在闭路台播放《关于建设中国特色社会主义理论讲座》和《学习十四大报告辅导讲座》，连续播放了 76 个小时。还利用厂、矿两级业余党校举办理论培训班 169 期，组织 3500 多名党员、干部系统地学习了建设有中国特色社会主义理论。以矿为单位，组织职工联系稳油控水和改革开放的实际，学习讨论实现稳油控水目标同执行党的基本路线的关系。如采油三矿党委开展了"联系一个实际问题，学习一个理论观点，提高一个思想认识"的学习活动，坚持一周一题，三日一讲，见到较好效果。老标杆中一队，近两年有部分职工对油田长期稳产意识有些淡薄，产生了"守摊子"思想，对稳油控水劲头不足，造成生产管理被动，连续 7 年夺牌不沾边。在开展"三个一"学习活动中，他们以"如何以实际行动坚持党的基本路线"为题，组织职工连续讲了两个星期，干部群众认识到，坚持以稳油控水为中心，就是坚持党的基本路线的实际行动。

大家统一了认识，振奋了精神，决心打一个翻身仗。根据全队生产管理中存在的抽油机陈旧、低洼井多、管线腐蚀严重、管理工作难等问题，每个党员承包一个井组，带领广大职工苦干、实干、巧干，连续3个多月，全队职工每天早上5点干到晚上8点多，解决了生产上的210多个问题，扭转了生产管理上的被动局面，全队不仅超额完成原油生产计划，实现了稳油控水目标，而且还18项管理方式创出新水平，其中有12项达到金牌队指标。

二是抓住宣传重点，发挥宣传舆论的推动作用。在宣传思想工作中，把宏观政治宣传转移到重点围绕稳油控水宣传上来，加大了对稳油控水宣传的力度和分量。厂闭路台至今播放的1650条新闻中，有1221条是稳油控水内容，并制作了以稳油控水为内容的专题片30多部，同时还开办了"来自稳油控水一线的报道""夺油上产英雄谱""状元榜""作业英雄传""曝光台"等7个专题节目。从年初开始，坚持每天通过闭路电视公布每个矿原油产量，把完成任务好的单位请到闭路台介绍经验；对连续几天完不成任务的单位，也把单位主要领导请到闭路台分析原因，提出上产措施，做出限期达标的保证。7月份，试验大队由于进口泵质量出现问题，既影响了试验又影响产量，连续20多天每天欠产10吨左右。这个大队的欠产情况在全厂曝光以后，厂党委主要领导在干部大会上责令他们一周内把产量搞上去。大队领导和机关工作人员组成了3个上产夺油突击小分队，由大队领导带队，人人身穿工作服，奔赴3个试验队抓产量。他们一方面修复国产泵代替进口泵，一方面抓日常管理，24个小时跟班作业，一周内就恢复试验井15口，使日产由956吨上升到1020吨，到年底超产2000多吨完成了全年计划任务。

三是广泛宣传典型，发挥宣传舆论的激励作用。把宣传舆论工作的出发点放在充分调动广大职工的积极性上，从正面教育入手，通过先进典型去引导和激励职工为油拼搏。除了闭路电视台各种专栏大力宣传各类先进典型外，今年以来还先后组织3次先进典型巡回报告会。2月份，组织了以蔡晓芸为代表的8名为油奉献的典型；6月份，又树立了9名保卫油田生产，同不法分子做斗争的典型；9月份，又宣传了10名在稳油控水中做出突出贡献的典型。组织这些典型人物在闭路电视上讲体会，到各大队巡回做报告，厂宣传部还把他们的事迹打印下发到基层组织职工学习，有的还在市局新闻单位播发，使全厂职工受到教育和激励，形成了一个学先进、赶先进的热潮。中一队工人施保涛去年做了换肾手术后，一直在队里做些力所能及的工作。听了稳油控水先进事迹报告以后很受感动，第二天便骑着自行车上井参加作业井会战。有一天他在井上病情发作，晕倒在地，住了两天院，病情稍有好转又跑到井上，谁也挡不住。他说，大家都在为稳油控水做贡献，自己实在坐不住啊！先进事迹报告会后，许多单位提出"稳油控水当模范，确保全厂超十万"的口号，涌现出了一大批夺油抢产先进人物。第三季度夺油会战中全厂就涌现出夺油会战标兵 50 名、模范 200 名、先进个人 500 名。

二、工作部署围绕中心，把稳油控水工作的难点作为思想政治工作的重点

以经济建设为中心，不仅是行政工作的根本任务，也是企业党委头等重要的任务，是党委发挥政治核心作用的本质内容。所以党委的各项工作，特别是思想政治工作要紧紧围绕中心转，始终把稳油控水工作的难点作为党委思想政治工作的重点抓住不放。

一是树立全局观念，把稳油控水作为党委部署工作的出发点。稳油控水是采油厂头等任务，党委同行政班子负有同等的责任，党委一切工作部署都必须从这个大局出发，把主要精力放在稳油控水上。年初，专门召开党委会，研究全年思想政治工作如何为稳油控水服好务，做出了《关于开展以稳油控水为中心的上水平活动的决定》，广泛动员群众，围绕稳油控水目标争一流，上水平。各级党组织通过组织群众参与目标的制定、参加上水平竞赛和组织表演观摩、总结表彰上水平先进典型等多种形式，把思想政治工作渗透到稳油控水各个环节，促使各项工作上了台阶。6 月份，全厂 8 个采油矿有 4 个未完成计划指标。厂党委为解决难题，立即召开稳油控水形势分析会，并组织 8 路人马深入基层搞专项调查，一方面协同厂长组织各方面技术人员制定措施，另一方面组织党群部门深入采油三矿总结稳油控水经验。这个矿 1993 年以来无一口新井，在稳产难度很大的情况下，月月超产，综合含水实现负增长，自然递减率、综合递减率分别低于计划指标的 5.42% 和 3.58%，实现了稳油控水的上水平目标。党委召开了现场观摩和经验交流会，推广了他们稳油先稳人、人人抓管理、从严带队伍等方面经验，在全厂迅速掀起了一个"学三矿、抓管理、上水平"高潮。到 8 月份，又有一矿、五矿等 4 个矿实现了稳油控水目标。到年底，全厂制定的 13 个系统 38 项上水平目标，基本上全部达到预定要求，有 29 项好于 1992 年指标。

二是主动排忧解难，在稳油控水中注重多干实事。稳油控水工作是一项繁杂的系统工程，各方面困难不少。党委工作就要瞄准稳油控水中的难点，虚实结合，从队伍思想上和具体工作上多方面为职工排忧解难。7 月，按计划指标第一采油厂还欠产 3 万多吨。从当时全厂生产形势看，一方面欠产，另一方面还有 100 多口新井因工作量不到位而未投产。如不及时解决这个问题，全年计划将难以完成，全厂干部工人都十分着急。在这关键时刻，厂党委建议书记、厂长分别在四、六

矿组织前线会战领导小组,帮助2个欠产大户上产夺油。其他党政领导带领党政工团,分别下到各采油矿抓管理,稳住老井产量。如党委主要领导负责的四矿会战前线,会战领导小组每天早6点半召开碰头会,一口井一口井落实工作量,当天任务必须当天完成。地质、基建的同志为了保证射孔、压裂任务正点到达,到兄弟单位求援,任务不落实不回厂,有时到半夜12点才回家。会战队伍发扬"三要十不"精神,昼夜突击,从7月20日到8月15日第一战役结束,四矿日产油由3900多吨上升到4800吨;第二战役上升到5300吨,连续会战近3个月,日产最高达到了5500吨。与此同时在厂长的指挥下,六矿共投产新井25口,日产油由4700多吨上升到5500多吨,从而使全厂日产由41000多吨上升到42800吨以上,达到了超产计划要求。这件事可总结出,党委的保证不是空的,大有实事可做,把稳油控水的难点作为党委工作的重点,帮助排忧解难,不仅不是越位,而且正是党委的本职工作所在。

三是维护厂长权威,确保稳油控水工作协调运行。油田的稳油控水工作,是在厂长的决策指挥下进行的。厂长的决策能不能有效和协调运行,很大程度上取决于行政指挥是否灵,政令是否畅通无阻。因此,维护厂长的权威,保证稳油控水各项工作的顺利运行,也是党委思想政治工作的一项重要任务。10月份,根据管理局对产量的安排,厂长从全局出发,向全厂提出"超产10万吨,为全局分忧"的要求,并把超产指标分到各矿。这时队伍中出现了三种倾向:第一是有的单位叫困难,分配的产量承受不了;第二是有的单位讲条件,向厂里要钱、要设备;第三是还有的单位不在乎,能不能完成年底再说。针对这些问题,党委组织全厂职工学习局党委领导的有关指示,开展"超产十万吨,我们怎么办?"的专题讨论;并以"全厂职工总动员,为超产10万做贡献"为题,厂党委书记以党课形式对全厂党员干部进行教育,从而形成一个超产10万吨的强大舆论声势。与此同时,厂党委还召开了2次书记矿长会,一次是学习十四大报告,统一对超产10万吨的认识;一次是分析稳产形势,落实超产措施,并从10月下旬开始,要求每周一、三、五矿长参加厂生产会,二、四、六书记参加厂生产会。各级党群、行政部门都围绕着超产10万吨使劲,使全厂职工超产信心大增。三矿、四矿、五矿分担全厂压力,主动要求在原定超产指标基础上,各自主动要求再多超产5千吨产量。党委通过这些工作,维护了厂长的权威,保证厂长超产10万吨的决策落到了实处。到年底,全厂超产18万吨,实现了预定的目标。

三、党群活动融于中心,在稳油控水中注重思想政治工作的实效性

党群部门是做思想政治工作的骨干队伍。要求各部门通过开展各项活动,拓

宽为稳油控水服务的渠道，充实服务内容，使思想政治工作和稳油控水工作融合在一起，渗透到各个环节，保证稳油控水目标的实现。

首先，活动内容紧贴中心，使思想政治工作与稳油控水融为一体。把过去那种比较单一的政治思想教育活动转变为以稳油控水为中心开展的活动，使思想政治工作直接服务于生产，保证生产。如共青团围绕稳油控水在全厂开展"共青团稳油控水优质井组"活动、"百井地下大调查、大分析"活动等，引导青年在活动中练作风、学本领、做贡献。在"共青团地下分析"活动中，为使青年达到"熟悉地下，精通操作，提出措施，增油降水"的目标，全厂各级团组织共举办技术培训班96场次，培训青工1800多人，举办各种技术比赛74场次，知识竞赛62场次。在提高技术业务知识的基础上，全厂有1000多名青工参加了地下大调查、大分析活动，地下分析67场次，分析了410口重点井，提出各种稳油控水措施520条，累计增油34000多吨。与此同时，全厂青年还组织了300多次义务会战，恢复作业井480井次，使360口二类以下井达到一类井水平，创样板井175口。这些活动，不仅达到了增油降水的目的，而且锻炼了青工队伍，涌现出100名稳油控水管理能手，240多名青年在稳油控水活动中入了团，有79名团员、青年入了党，占入党人数的74%。

其次，活动形式服务中心，使思想政治工作与稳油控水协调一致。思想政治工作的各项活动要立足于实，也就是说活动形式要服从稳油控水这个中心内容，使稳油控水见实效。如厂工会过去组织职工开展劳动竞赛形式不够明确，要求比较笼统。去年，为了使竞赛活动直接服务于稳油控水，开展了"以稳油控水为中心的班组达标竞赛"活动、"为稳油控水提合理化建议"活动。各单位尽管采取形式不一样，但都能直接服务于稳油控水。如地质大队开展了"为稳油控水献一计活动"；五矿开展了"百条稳油控水好建议评选活动"；四矿开展了"献绝招、献绝计、献绝活"活动；六矿为了更广泛地发动群众，开展了"十、百、千"合理化建议活动，即：全矿840名职工提建议达千条以上，采纳百条以上，实施重大合理化建议十条以上。结果这个矿共提出稳油控水合理化建议1800多条，采纳270多条，累计增油2万多吨。1993年，全厂共提合理化建议7650条，采纳2830条，累计增油8万多吨。

再次，活动方法促进中心，使思想政治工作同稳油控水同步发展。党群部门开展各项活动，坚持以促进稳油控水为目的，同时也要推进思想政治工作、党的建设等自身工作的开展。如组织部门在过去开展的"党员责任区""创先争优"的基础上，以党支部为单位，以党员责任区为活动点，开展了"创稳油控水模范党员责任区活动"。把稳油控水目标层层分解到党员责任区，落实到党员人头，规定责任区没达到稳油控水目标,党员不能评合格党员,责任区不能评合格责任区,党支部不能评先进党支部。这样,使全体党员人人有明确的稳油控水目标,人人都有压力。如曾荣获总公司金牌三连冠称号的中四队,针对本队井多、井况复杂、增油措施少、管理难度大的实际,把12名党员分别分到12个班组。对每个党员规定在产量、管理、安全等方面创出8项新水平的要求,并在党员中开展"三比三看"活动,即:比贡献,看谁为稳油控水做的工作多;比质量,看谁生产管理水平高;比效益,看哪个责任区生产任务完成的好。党支部设立了评比台,月考核、季评比,从而激发了党员奋发向上的动力和拼搏精神。6月初,为了恢复2口"老大难"井,党员们自觉组织突击会战小组,冒着酷暑高温,连续作战。有5名同志离家较远,为了不影响会战,晚上就睡在会议桌上和汽车驾驶室里,天不亮又上井。经过5天会战,油井恢复了生产,日增油17吨。1993年以来,这个队党员突击处理施工井、积压井达60多井次,12个党员责任区全部被评为"稳油控水党员模范责任区"。到年底,全队超产原油2000多吨,并再次被评为金牌采油队。全厂8个采油矿的647个党员责任区,合格率达98%,其中有446个被评为"稳油控水模范党员责任区",占党员责任区的69%。这些活动的开展,不仅促进了稳油控水,同时,也促进了党的建设,增强了党组织的战斗力,使两个文明建设得以同步、协调发展。

(1993年度大庆石油管理局政工会议典型材料,摘自《油海创业之路》)

认真做好新时期的统战工作
努力为油田经济建设服务

第一采油厂党委

第一采油厂现有统战对象1200多人，占全厂职工总数的9%。近几年来，在上级业务部门的指导下，结合本单位实际，紧密围绕稳油控水这一中心，加强新时期统战理论的宣传教育，充分调动统战对象在稳油控水中的积极性，见到了较好效果。截至去年年底，全厂统战对象共获得市、局以上科研成果38项，其中2项科研成果获国家奖励，18人获省部级以上奖励，有32名同志被选拔到科级领导岗位。去年被省委、省政府命名为"共建共育先进集体"，连续5年被省政府命名为"双文明单位标兵"。回顾几年来的工作，主要有三点体会：

一、加强宣传教育，充分认识统战工作在新时期的地位和作用

做好企业统战工作，关键是加强党对统战工作的领导。抓统战理论的宣传教育，就是解决对新时期统战工作的地位和作用的认识问题。随着党的中心工作的转移，一部分同志认为统战工作在革命战争年代是法宝，现在不"时兴"了；统战工作是地方党组织和政府的事，企业不应管得太多；知识分子成为工人阶级的一部分，企业没有多少统战对象等等，致使个别单位对统战工作的重视和领导只停留在口头上，不是落实在行动上。针对这些思想和现象，采取多种形式的宣传教育，增强各级党组织的统战意识，把企业统战工作认认真真地搞好。

首先，抓好统战理论学习，用邓小平同志建设中国特色社会主义理论指导工作。一是厂、矿两级中心学习组，把新时期统战理论、统战政策作为重要学习内容，不断提高领导干部的统战政策水平；二是利用厂、矿业余党校基层干部办班培训的时机，安排统战理论知识的学习内容，提高基层干部的政治素质；三是每年办一次统战干事培训班，提高基层专兼职统战干事工作能力。在抓好统战理论学习中，坚持理论联系实际，注重解决工作中遇到的实际问题。如试验大队是担负油田三次采油试验的科研生产单位。这个大队党委通过学习，认识到企业统战工作不是无事可做而是大有可为。他们结合本单位党外知识分子多的特点，组织

广大党员、干部，认真学习邓小平、江泽民等中央领导关于统战工作的重要讲话和有关文件，并结合实际进行认真讨论，统一思想，提高认识，增强做好统战工作的自觉性；党政领导经常深入到统战对象中间与职工广交朋友、加强联系，带头做统战工作，充分调动了党外知识分子投身油田科学实验的积极性。青年工程师姚玉明工作勤奋，刻苦钻研，毕业不久就担任工艺队副队长。他结合自身成长过程和体会向科研人员宣传党的统战理论和知识分子政策，激励他们努力为稳油控水和科学实验做贡献，并主动承担项目新、风险大、困难多的中区西部注聚合物试验的资料解释任务，去年通过了总公司的技术鉴定，获得科技进步三等奖，还光荣地加入了党组织。

其次，抓好统战理论的宣传，形成有利于开展统战工作的氛围。近几年来，结合油田生产实际，相继开展了爱国主义、大庆精神和会战传统教育。在开展这些教育过程中，坚持把统战理论的宣传教育融汇其中，达到双重教育的目的。一是为基层下发各种宣传材料，进行统战理论的灌输，还为基层订阅了《统战理论研究》，下发了《九十年代统一战线部门工作纲要》《统战工作手册》等书刊；二是选树一批有代表性的统战对象先进典型。如省劳模、侨眷陈良铸，省自学成才标兵、台属李林，市优秀党外知识分子钟孝权，市三八红旗手少数民族职工关晓平等；三是运用报告会、演讲会、智力竞赛等形式进行宣传教育。1990年以来，组织先进人物在全厂巡回演讲做报告32场次，统战知识竞赛18场次，组织参观学习21场次。通过宣传教育，大大提高了基层组织抓统战的自觉性。如采油六矿中11队的一名青年女工，因失恋感到前途迷茫，盲目信教。队党、团支部发现后，及时对她进行人生观、价值观教育。矿党委专门成立帮教小组多次与她谈心，使她重新树立了正确的人生观，捧起了技术书籍，工作很有起色。在一次巡回检查中，她听到中123-32井抽油机有异常声响，发现曲柄轴松动，立即停机进行检修，避免了事故的发生。去年"三改"后担任了井长，还被评为厂里的采油女状元。

二、树立"大统战"观念，建立规范化的企业统战管理体系

在坚持宣传教育，加强各级党组织对统战工作的领导的同时，着重在建立规范化的企业统战管理体系和基础工作上下功夫，使企业的统战工作有组织、有计划地开展和落实。

第一，领导带头，落实责任。近年来，坚持以稳油控水为中心，把统战工作的重点放在油田生产建设这个主旋律上。一是明确责任。党政班子成员中有分管统战的领导，负责本单位的统战工作。二是建立制度。厂党委每季听一次统战工作汇报，矿（大队）级党委每半年研究一次统战工作开展情况。三是抓住重点。

厂矿两级党政领导与党外代表人士和重点对象结成联谊对子，面对面地做好重点人物的工作，并以此为基点，建立新的目标、责任，层层分解落实到各级领导。去年八、九月份，第一采油厂原油产量紧张，厂党委开展了"百日夺油会战"，地质大队党总支及时在知识分子中开展了"我为增油献一计"活动。为使活动真正见到实效，党政班子领导分头来到各区块抓落实。党总支书记李功勋和联谊对象北一区断东区块党外知识分子刘苗在调查中发现该区块因注水不合理，使地层压力下降，致使设计未能达到要求。他们查资料、想措施，提出"改变注水系统，提高地层压力"的方案，实施后使该区块日产油增加210多吨。夺油会战中，这个大队的科技人员共提出各种增油措施、建议、方案150多个，实施110多个，方案符合率达95%，实现日增油2310多吨，降水10800多立方米。

第二，完善组织、形成网络。1988年第一采油厂就建立了统战工作管理机构，通过几年来的丰富和完善，目前已形成较为系统的管理网络，并纳入厂党委目标管理体系。厂党委副书记主抓统战，宣传部负责全面工作，设专职统战干部；矿（大队）级单位根据实际设专（兼）职统战干事，并根据职级的不同，制定岗位规范；同时把统战工作纳入厂双文明建设考核内容，把考核结果与当月奖金和年终评选挂钩，形成了上下结合、专兼结合、点面结合、横向到边、纵向到底的管理系统。为保证网络功能的正常发挥，着重在反馈系统上下功夫。今年3月份，得到群众反映，在友谊大街一经营场所内，有人搞非法传教，向市、区有关部门进行了汇报，阐明厂党委的态度，坚决要求政府有关部门依法予以取缔。同时，专门召开会议，要求各单位加强对职工、家属、学生的思想教育，严禁党、团员、干部信教。此外，还通过开展丰富多彩的业余文化生活，吸引群众参加，巩固全厂安定团结的大好局面。近几年来，根据实际和形势的需要，相继成立了"第一采油厂民族宗教工作领导小组""市区政协委员联络组"和"侨联小组"，形成正规化的管理体系。

第三，健全制度，打好基础。根据形势要求，结合本厂实际，重新完善了统战工作岗位规范，制定出统战干事岗位责任制、民族宗教工作职责、侨务工作职责、党外知识分子工作职责等规章制度，使各项工作在法规和制度的约束下合理进行，避免了工作中的失误和违反原则的事情发生。如有个单位在为一名回族职工办理调转关系时将回族副食补贴当作附加工资取消，党委得知后，立即责令予以整改，并补发以前的补贴，使这名回族职工很感动。在完善制度的同时，认真做好基础工作。一是按要求建立完善了各类统战对象名册、重点人档案、典型事迹材料汇编，并采用现代化管理手段，把名册、数据输入计算机；二是各单位统战干事经常走访统战对象，发现问题，及时汇报，及时解决，真正做到心中有数；三是与组织部、干部科、劳资科、科技科等职能部门建立业务联系，随时掌握统战对象的动态资料。

三、创造有利条件，充分调动统战对象在稳油控水中的积极性

做好企业统战工作的目的，就是调动一切积极因素，为经济建设服务。在具体工作中，紧紧围绕稳油控水这一中心，开展各项活动，创造有利条件，让广大统战对象在稳油控水这一主战场上建功立业，大显身手。

第一，充分信任，大胆使用。尊重知识、尊重人才是邓小平同志一贯倡导的思想。第一采油厂统战对象中知识分子占多数，他们文化层次高、技术业务精，是油田科研生产的骨干力量，做好这部分人的工作，对油田科研生产和建设有着重要的作用。采取的主要做法是政治上充分信任，大胆使用。如工程二大队副大队长宋贞启，是一名党外知识分子。在担任基层队长时，工作大胆、严格要求、不怕得罪人。1988年提拔为副大队长时，有些同志认为他不是党员，不适合做领导工作。这个大队党委进行了认真的讨论分析，认为选拔宋贞启符合党的统战政策和知识分子政策，应该在工作中大力支持他，政治上充分信任他。担任副大队长后，党委让他负责大队的生产经营和财务管理工作。他严格把关，不徇私情，坚持原则。一次有一个推销员找他推销保温材料，因质量与设计要求不符，被他拒绝。这位推销员就找到他家，送上近300元的礼品，当场被他严厉批评，并马上向大队党委进行了汇报，受到了群众的称赞和拥护。党外知识分子黄焕文，中专毕业后一直从事材料供应工作。去年8月份，厂里急需一批抽油杆，因资金紧张，只能先进货、后付款，许多厂家不给发货。黄焕文同志急油田生产之所急，想方设法在齐齐哈尔得到货物，又连夜联系车辆把抽油杆直接送到施工现场，保证了生产正常进行。在去年"三改"中，被推选为副站长。1990年以来，在统战对象中共选拔科级干部32人，目前，32人均在各自岗位上发挥骨干作用。

第二，积极帮助，大力支持。知识分子已成为工人阶级的一部分，但知识分子有特殊性和复杂性，对他们，不仅在政治上充分信任，在工作中更应积极帮助，大力支持。如采油三矿责任地质师万亚辉，刚提拔到岗位上时，思想有顾虑，心想自己既不是党员又不是行政领导，干好本职工作就行了。矿党委书记颜世贵、矿长姜亦善发现后，一面做他的思想工作，一面为他开展工作创造条件，让他主持生产会，发表意见，行使权力，很快打开了局面。去年在"争一流，上水平"活动中，他负责的地质工作被评为全厂第一。近年来，党委坚持在职称、晋级、奖励、进修、出国、住房等问题上一视同仁，一碗水端平，不搞党内党外。在第一采油厂公务出国人员中有一半是统战对象，使广大党外知识分子都有施展才华的用武之地，增强了"建功立业"的竞争意识。

第三，满腔热情，关心爱护。在做统战工作时，坚持做到坦诚相待，热情关怀。如地质大队青年工程师王权利毕业不久夫妻双双考了研究生。因双方家都在外地，想结婚没钱买房。厂领导得知后，为他俩特批一套房，使他们安心完成学业。王权利的爱人刚毕业就得了脑血栓瘫痪在床。这无情的打击，使他非常痛苦。厂和地质大队党政领导又一次伸出援助之手，联系医院，请最好的医生为王权利的爱人治疗，并在资金紧张的情况下为他们报销了全部医疗费用。王权利激动地说："是党组织的关怀，使我们树立了生活的勇气，我要用学到的知识来报达党的恩情。"

以上是第一采油厂党委在做好企业统战工作中的一些经验和体会。厂党委将在今后的工作中，认真总结新时期企业统战的工作经验，探索新的路子，加强对统战的领导，认真搞好企业统战工作，更好地为油田经济建设服务。

（1994年大庆市统一战线工作会议典型材料，摘自《油海创业之路》）

有针对性开展创建活动
不断提高文明单位创建水平

第一采油厂党委

第一采油厂建于 1960 年 10 月,是大庆油田最早建立的采油厂。全厂下设矿(大队)级单位 32 个,职工总数 14471 人,油田管理面积 161.25 平方千米,建厂 30 年累计生产原油 2.7 亿吨,去年被评为"国家质量管理奖企业""黑龙江省文明单位标兵"和"中国石油天然气总公司管理先进厂"。

1988 年,省委、省政府授予第一采油厂"省文明单位"后,以此作为新的起点,结合实际,按照创建目标具体化的要求,提出了以"五无"(即原油无欠产、党员无违纪、职工无犯罪、生产无亡人、生育无超标)为重点的双文明建设奋斗目标,全厂上下共同努力,扎扎实实地开展创建活动。

一、围绕原油稳产开展创建活动,促进原油生产任务完成

作为采油厂,确保原油稳产是一切工作的中心,创建活动也必须紧密围绕这个中心来进行。第一采油厂是一个老厂、大厂,每年担负的原油产量占大庆的四分之一。产量年年增加,1988 年 1400 万吨,1989 年 1447 万吨,1990 年 1475 万吨,今年又增加到 1500 万吨,上产的难度也越来越大,主要表现在:地面与地下的矛盾突出,油田综合含水逐年上升,平均已高达 75%,每采液 100 吨仅有油 25 吨,折算每年减产因素约 100 万吨;由于开采期延长,全厂 4263 口油水井,套管损坏井已占 20%,每年因此影响产量 15 万吨左右;再加上近几年受物价上涨影响,生产成本上升,生产建设资金每年缺口超过 5000 万元。一些基层干部对此也信心不足。面对这些矛盾和困难,党委组织全厂开展"国家需要油,我们怎么办"的大讨论,引导职工认清加快石油工业发展对于国民经济建设的紧迫性,认清完成生产任务的有利条件,增强上产信心,自觉发扬爱国、创业、求实、奉献的大庆精神,艰苦奋斗,不断进取,年年超额完成任务。

组织夺油会战竞赛,确保原油上产。根据这几年生产任务年年加码的实际状况,开展了群众性的夺油会战竞赛。在夺油竞赛中,各条战线的职工群众,人人争做一流工作。地质战线科技人员,积极开展地下大调查,每年平均提出各种

稳产措施都在3000条以上，为油田上产提供了科学依据；作业战线职工，冬干"三九"，夏战"三伏"，年年超额完成任务；基建战线做到当年基建当年投产，仅去年一年就投产新井300口，形成产能98万吨，替补了自然递减产量。主体单位七个采油矿以"比干部作风，看带头作用；比队伍干劲，看工作效率；比工作标准，看生产质量；比实际效果，看管理水平"为内容开展对手赛。采油二矿担负着全厂四分之一的产量。四油二矿地势低洼，每年雨季都有一批油水井被淹。为了保证正常生产，岗位工人天天拄着木棍，穿着水衩坚持上井。青年工人曾龙英患有风湿性心脏病，但他夏天每天都淌着一米多深的水上井检查、保养设备。他参加工作6年，所管3口水淹井口口保持一类，所录取的11万个资料数据齐全准确无差错，并一直保持安全生产，被矿党委评为"学铁人青年标兵"。全厂职工就是以这种拼搏精神投身夺油会战，并取得了会战胜利。去年，全厂在2000余口油水井上采取措施，在人员不增的情况下工作量比前年增加15%，超额完成了国家原油生产计划55000吨。

组织"十佳"达标竞赛，提高管理水平。近两年围绕原油稳产这个中心，全厂开展了创最佳油水井站、计量间、变电所、作业施工井、基建工号等为内容的"十佳"达标竞赛。北二注水站在20世纪60年代初首创了岗位责任制。30年来，这个站的职工根据生产工艺流程的变化，总结出了一套上标准岗、干标准活、交标准班的"三标准"工作法，实现了安全生产10000天。厂党委抓住这一先进典型，专门做出了学习北二注的决定，将这个站的经验总结印下发到全厂生产班组，掀起了一个学先进、赶先进的热潮。先进单位以更高的标准要求自己，努力争创排头。一些后进站也不甘示弱，瞄准先进迎头赶超。中十一油站管理水平较差，设备跑冒滴漏严重，是个三类站。在"十佳"达标竞赛中，站长带着工人到北二注学习，半年时间彻底改变了落后面貌，管理水平由三类上升到一类。通过竞赛，全厂评选出45最佳油井、52口最佳注水井、13座最佳计量间、11座最佳油水站等一批样板，有力地提高了生产管理水平。

组织"双增双节"竞赛，挖掘生产潜力。针对近年生产资金紧缺的矛盾，还以小指标竞赛形式开展"双增双节"活动，发扬大庆艰苦奋斗的精神，调动干部职工为国分忧的积极性。采油四矿中九队一些职工过去认为"油田家大业大，浪费点没啥"，这个队在对职工进行艰苦奋斗教育的同时，还将15年勤俭持家如一日的本队材料员于忠让树立为先进典型，并把他的修旧物品收集起来办了展览，组织职工对照找差距。结合实际，在班组之间开展了比谁挖潜增油多、比谁修旧利废多、比谁材料消耗少的"三比"竞赛，一月一评比，先进插红旗，并给予奖励，充分调动了职工节约挖潜的积极性。采油工王丰利过去大手大脚，搞规格化刷一口井扔一把刷子。竞赛中他改掉了以前的坏习惯，把扔掉的 10 多把旧刷子一把一把捡回来用汽油泡，泡开后继续用，一年多时间没领过一把新刷子。第一采油厂职工就是靠着这种精神，去年一年"双增双节"总额达 4618 万元，完成局计划的 212.3%，连续两年被市局评为"双增双节"先进单位。

二、围绕发扬传统开展创建活动，加强职工队伍思想建设

第一采油厂是以青年工人为主体的单位，全厂青年工人占职工总数的 69%，在采油、作业、工程等一线单位青工达到 90% 以上。这些青工基本上是大庆第二代，缺乏锻炼，思想不够稳定。在创建活动中，抓住传统教育这个主题，引导职工在增强对党的领导和社会主义信念的同时，自觉发扬大庆精神，做到队伍常新，传统不丢。主要抓了三个环节：

首先，抓好新工人入厂教育，让他们了解传统。每批新工人入厂，上的第一课就是传统教育课。请老干部、老标兵、老工人给他们讲大庆会战史和一厂发展史，给每一名新工人发大庆传统常识，组织他们参观"铁人"打的第一口井、厂老标杆中四队、首创岗位责任制的北二注水站、首创"四个一样"的李天照井组，还请一些青年标兵做继承发扬大庆传统的报告，使新工人一进厂就打下了传统的烙印。前年从黑龙江大学中文系毕业的大学生黄丽娟来大庆后，被分配到我厂采油五矿累计产油超过 100 万吨的南 3 排 27 井组，亲眼目睹了石油工人对党、对社会主义、对大庆的热爱。老工人胡远友为了生产需要，拆掉自己的自行车，做成小推车拉土垫井场等一桩桩感人的事迹，引起了她的反思，使她看到了自己同工人群众的距离。她说："石油工人爱国从爱厂、爱井做起，他们不是天天把爱国挂在嘴边上，而是把爱国化作实际行动融注于工作之中。"她先后在厂、市以及全国石油系统演讲 30 多场次，场场受到热烈欢迎。江泽民总书记视察大庆时看了她的演讲录像，在厂检查工作时接见了她。现在，近三年毕业来厂的 356 名大中专学生努力继承传统，工作积极进取，正在成为油田生产的骨干，其中有 241 人已向党组织提出了入党申请。

其次，搞好传帮带，让青年参加实践。新工人进厂顶岗后，采取订立师徒合同的办法组织老工人一对一地传思想、帮技术、带作风。采油三矿中四队是 20 世纪 60 年代以"高度觉悟，严细成风"闻名石油战线的先进单位。这个队建队 30 多年，严细作风一代一代地传了下来。老工人余章保，以"严师出高徒"而闻名。他工作 30 年，当了 20 年井长，所带的 18 名徒弟，个个是先进，其中有 3 人还当上了标兵。1986 年他收了刚参加工作的李文英做徒弟，老余给小李讲传统，传思想，工作上严格要求。一次李文英在一口井上刷漆，刷到底座有 10 多

厘米不好刷就没刷，老余检查时，手伸进去一摸发现没刷，就严肃批评了小李，给她讲了会战初期中四队的"一刷子漆"的故事，使她从此树立了要事事、处处出手过硬的思想。李文英凭着工作上的拼劲、作风上的严劲、学习上的钻劲，创出了一流的工作成绩：工作3年录取的近18万个资料数据无一差错，在全国石油系统采油技术比赛中取得了第2名的好成绩。她所带的井组年年是双文明先进班组，所管的13口井年年保持一类水平，计量间年年被评为全厂第1名。她本人参加工作2年入了党，当上市劳模，还被评为"全国新长征突击手""能源部劳模""省行业女状元"。前2年李文英也带上了徒弟蔡晓芸，小蔡自觉以李文英为榜样，处处严格要求自己，去年也当上了市劳动模范。经过老工人的传帮带，中四队37名青年工人，近3年来，有29人入了团，4人入了党，11人成为技术能手，8人当了班井长，80%以上成为生产骨干，全队1987年获全国石油系统铜牌队称号，1988年夺得银牌，1989年夺得了金牌。

再次，开展岗位形象讨论，让青年自己教育自己。在传统教育中，针对青年工人文化程度高，参与意识强，愿意独立思考的特点，开展岗位形象讨论，通过自我总结的方法进行自我教育。在讨论中组织青年工人对照大庆精神，看自己坚持了什么，丢掉了什么，全面总结自己的思想和工作，使广大青年普遍受到了一次深刻的传统教育，也使一些一度思想比较落后的青工受到了触动。508队青年工人张建洪，过去不安心当采油工，多次要求父亲替他找领导，让他去开车，遭到父亲拒绝。他父亲张龙宝，是个在采油队干了30年的老会战、老标兵。由于张建洪的人生态度与其父不一样，便认为父亲身上有"三怪"：一怪老头子管了一辈子闲事，操心操不到点子上，儿子想调离采油队的事他也不管；二怪父亲啥破烂都往队里拣，成天修修补补穷忙乎，也不比别人多拿一分钱；三怪父亲吃完饭就往队里跑，连家都不顾，成天泡在井上。在传统教育中，矿里把张建洪父亲的事迹编写成小故事，号召大家学习，父亲又多次找他谈心，使小张思想受到了触动，认识到自己对父亲看不惯的地方恰恰是需要自己继承和发扬的，从此转变了人生态度，安心扎根岗位，并学着父亲的样子，累计义务献工时350多个，去年光荣地加入了团组织。全厂95名后进青工通过岗位形象讨论，找到了不足，总结了教训，工作有了新的起色。

三、围绕转变风气开展创建活动，建设文明祥和的小气候

近几年由于在两个文明建设上出现"一手硬一手软"的问题，导致精神文明滑坡，社会风气不好。第一采油厂是一个大厂、老厂，又地处中区，转变风气任务十分艰巨。结合这些实际，第一采油厂积极开展创建活动，努力改变环境。

第一,开展"学雷锋、学铁人"活动,树立社会主义新道德、新风尚。为推动"双学"活动的持续发展,厂党委每年都专门发文件,对活动提出明确要求,坚持常年开展"雷锋精神在一厂,一厂处处有雷锋"活动,涌现了一大批先进人物。厂学雷锋标兵王洪胜,不仅认真做好本职工作,而且连续8年精心照料本矿残疾人吴升。他的事迹在省委《党的生活》刊出后,绥棱县残疾青年杨建军写信给王洪胜,称赞他是一位雷锋式的真正的共产党员,同时也向他倾诉了自己的遭遇,表示要自强自立,请求王洪胜为他购买电视机维修技术书籍,想学一技之长为社会做贡献。王洪胜接到信后,第二天中午就上书店买了书给他寄去,还写信鼓励这名残疾青年。由于他常年学雷锋事迹突出,连续2年被评为市优秀党员。在先进人物的带动下,全厂成立了276个学雷锋小组,拾金不昧、助人为乐形成了风气,仅去年以来就有好人好事8800多件。"双学"活动同培养职工见义勇为精神也同时联系起来。维修大队中年女工樊尚莲,在公共汽车上看到4名歹徒殴打一名被窃青年,便勇敢地上前制止,被歹徒拳打脚踢,连砍3刀,在全身14处受伤的情况下,还协同公安机关抓逃犯。为了表彰这种见义勇为精神,厂党委号召全厂干部职工向她学习,并破例晋升一级工资。她还光荣地出席了中宣部和公安部召开的"人民群众见义勇为先进分子"表彰大会,被评为市劳动模范标兵和省市"三八"红旗手。通过大张旗鼓地表彰和宣传,很多职工都能像樊尚莲那样,敢于同坏人坏事做斗争。维修大队锅炉房值班工人张雪峰、沈会忠在值零点班时,发现有5名盗窃分子在偷锅炉房外存放的管子,便要拉他们上厂保卫科。这几个坏人见势不好,大打出手,把他俩打昏在地,仓皇逃跑了。张雪峰、沈会忠带伤到保卫科报案,仅用5小时就把5名罪犯抓获归案,被盗的130多米管子也如数追回。

第二,开展系列兴趣小组活动,用社会主义思想占领职工业余文化阵地。在这方面,主要做好组织引导工作。东油库团员青年成立了"求实"读书活动小组、"求知"科技活动小组、"求新"文学创作小组和"求乐"文体活动小组。东油库党支部及时进行引导帮助,和青年们一起研究活动计划,安排活动场所和时间,还发动青年自制乒乓球台,修建篮球场地,配备台球、康乐球,各种棋牌以及图书资料200多种。系列兴趣小组定期开展读书报告会、故事演讲会、影视评论会,举办智力竞赛、小革小改成果展览、周末舞会和文体比赛等,还自办了《油花》文学刊物,把全库青工都吸引了过来。开展系列兴趣小组活动,陶冶了职工思想情操。东油库青年女工,《油花》刊物编辑魏剑巍,1985年参加工作,当时正赶上"出国热",一些人羡慕国外生活方式,甚至羡慕有海外关系的人,而魏剑巍在美国就有19位亲属。她的爷爷在美国经商,多次来信让她去那里定居，但她感到国外并不是一切都好，一切都美。她决心不仅要在油库当好工人，还要组织青年拿起自己的笔歌颂美，并创造美。她决定主办《油花》刊物，第一期刊出的第一篇文章就是"没有共产党就没有新中国"。有的人不理解她，讽刺她，她却不为所动，干工作更积极了，被评为市劳动模范。东油库青年工人在这种潜移默化的教育下，凝聚力和战斗力更强了。东油库开展系列兴趣小组的经验，得到了全国总工会和省市总工会领导的充分肯定。他们的经验被推广后，全厂各单位共成立各类兴趣小组320多个，参加职工有4000多人，这些小组经常活动，对提高职工的文化素养起到了积极作用。在石油系统开展的生产技术大赛和文化大赛上，全厂有75个工种近7000人参加了生产技术大赛，涌现出总公司、局、厂、矿4级技术能手1890人。厂被石油管理局评为"文化大赛先进单位"。

第三，开展各类共建活动，维护社会治安。去年配合整治社会治安任务，第一采油厂主动与市、区两级公检法司机关联系，开展警民共建活动，公检法司部门帮助厂在综合治理方面做了大量工作：（1）进行法制教育。一年来共建警方深入到我厂基层单位，为职工群众上法制课39场次。去年4月，市法院领导亲自到共建单位运输大队，在职工大会上讲了《刑法》。通过解剖典型案例，分析犯罪危害，教育职工增强遵纪守法自觉性。市司法局领导率领劳改支队犯人普法文艺演出队分别到厂基层单位为数千名职工演出，用他们不懂法不守法走上犯罪道路的切身经历，对广大职工进行了生动形象的法制教育。共建警方还采取办培训班、举行智力竞赛、参观监狱、旁听公审大会等多种形式进行教育，全厂职工受教育面达比例80%以上。（2）做好劣迹人员帮教工作。在共建警方的帮助下，健全了帮教网络，对劣迹人员现状进行调查摸底。全厂157名劣迹人员重新登记造册，处科级干部每人都承包了一名劣迹人员，结成对子，并把帮教重点放在劳教解除、拘留收容放回人员上。针对劣迹人员特点，单位、家庭、帮教对象形成三位一体的联系网，使他们上班有人帮，离队有人管。作业机队青年工人孙洪生，因聚众打架被劳教2年，家里同他断绝了关系。解教后父母仍不认他这个儿子，小孙又同过去的"哥们"混得火热。为了重点帮助他，单位领导多次到小孙家做他父母的工作，使他父母改变了原来的态度，主动把小孙接回家中，配合单位一同帮教小孙，使小孙重新得到了家庭的温暖，断绝了与"哥们"的来往，一心扑在工作上。一次检修作业机时，他的右手掌被履带夹下一块肉，忍着疼痛继续工作。后来班长发现他的手全是鲜血和油污，才硬把他拖下岗位。共建警方也积极协助厂基层单位做好帮教工作。5月份市司法局领导率领局机关9个科室的39名干部深入到厂劣迹人员较多的作业大队，找了32名劣迹人员谈心，使他们深受触动，这个大队劣迹人员去年无一人犯罪。（3）堵塞防范漏洞。警方与厂、矿两级保卫部门一起检查防范情况48次，查出隐患问题800多个，并帮助动手整改，还成立警民联防巡逻队20余个，抓获流氓盗窃分子10多人。通过开展警民共建，全厂157名劣迹人员行为良好率达到96.8%。另外，还开展了"争当文明居民"为内容的街企共建活动，规定凡未评为文明居民的职工不得评为企业先进个人，全厂有4004名职工被街道评为文明居民，占职工总数的27.6%，受到了表彰奖励。

近几年开展创建文明单位活动，见到了很好的效果。

一是全厂基本实现了"五无"目标。去年，在原油无欠产上，全年生产原油1480万吨，完成计划的100.4%，比建厂以来年产量最高的1989年增产26.5万吨，实现了原油1000万吨以上稳产17年；在党员无违纪上，全厂3776名党员无一人违纪；在职工无犯罪上，全厂职工因违法或犯罪而受到公安机关处理的仅14人，比1989年的83人减少了83.1%，14人中12人被放回，只有2人被捕判刑；在生产无亡人上，31个矿（大队）实现了生产无亡人；在生育无超标上，全厂5525名育龄妇女无一人计划外生育。

二是经济效益有了新的提高。全年实现工业总产值16.6亿元，完成计划的101.3%，比前年增加2951.9万元。

三是生产经营基础工作进一步加强。计量、设备、节能、档案管理均为国家一级标准，标准化管理达到国家二级水平，企业升级基本达到国家特级标准。

党的十三届七中全会通过了《关于制定国民经济和社会发展十年规划和"八五"计划的建议》。贯彻全会精神，第一采油厂制定了"八五"期间创建双文明单位活动的总体目标，即上特级，确保高产原油1500万；创"五无"，实现省文明标兵单位五连冠。未来要进一步发动群众投身到创建活动中，大力加强社会主义精神文明建设，不断夺取两个文明建设的新胜利。

（1994年4月黑龙江省精神文明活动经验交流会材料，摘自《油海创业之路》）

立足岗位　提高素质
引导青工为稳油控水建功立业

第一采油厂团委

大庆第一采油厂现有 35 岁以下青工 7122 人，占职工总数的 43.8%，其中团员 4213 人。在落实管理局提出的稳油控水目标过程中，积极响应局团委关于开展创"共青团最佳经济效益工程"活动的号召，结合厂实际情况广泛开展"共青团稳油控水"活动，带领全厂青工立足本职，立足岗位，提高素质，扎实苦干，为保证全厂原油生产任务的完成，发挥了应尽的责任。

一、摸清脉搏，对症下药，增强青工爱岗敬业的意识

随着社会主义市场经济的发展，人们的价值观也随之发生了变化，思想活跃的青年一代，受到的冲击更大。因此，要发挥团组织和团员青年在稳油控水中的生力军作用，就必须摸清队伍的思想脉搏，对症下药，方能事半功倍。根据了解，部分青工参与稳油控水活动存在着一些消极厌烦情绪，还有一些青工总想"下海"挣大钱，出现了一些追求时尚、讲究实惠的现象。针对这些实际，从提高青工对稳油控水重要性的认识、增强主人翁责任感、爱岗敬业入手，开展宣传和教育活动，做到稳油先稳人。一是开展市场经济观念教育，使广大青工掌握社会主义市场经济特征和发展规律，明确认识到，采油单位本身就是充满竞争的市场，参与"稳油控水"就是"下海淘金"，实现了稳油控水目标，就能在采油这个大市场上取得主动权，在竞争中立于不败之地。通过教育，仅采油三矿就有 30 多名青工打消了下海经商的念头，把精力重新投入到稳油控水工作上来。二是开展历史责任感教育，使广大青工认识到，稳油控水是大庆油田实现年产 5500 万吨稳产到 20 世纪末的重要措施，既是关系到为国家做出高水平贡献的大事，也涉及每一名采油工的切身利益，从而使青工自觉扎根一线生产岗位。如中九队青工刘庆喜，先后 3 次推迟婚期，4 次放弃调离采油队的机会，把整个身心交给了采油事业，为稳油控水做出了贡献。三是开展大庆精神铁人精神和二次创业教育，使广大青工明确了大庆油田是老一辈石油工人奋发大干出来的，不是喊出来的；是靠无私奉

献拼搏出来的，不是伸手要钱买来的；是艰苦奋斗的结果，不是坐着不干得来的。实现稳油控水，搞好二次创业，必须靠大庆的"爱国、创业、求实、奉献"精神。要做一名有所作为的青年，就必须立足岗位，为大庆的发展再立新功。

通过对以上三个方面开展教育，青工队伍的精神面貌发生了很大的变化，爱岗敬业成了青工的自觉行动，全厂共有 110 个井组，近 4820 名青工主动参加了稳油控水活动。活动中，广大青工把发扬"三老四严"的优良传统与严细认真的科学态度结合起来，取全取准第一性资料。4 年多来，共录取资料 736 万多井次、5864 万多个数据，做到了齐全、准确。这些大量可靠的第一性资料，为编制全厂"八五"规划，开展萨中地区一次加密后剩余油分布、产量递减规律和开采形势预测等专题研究提供了依据；广大青工把实施"3、6、9、10"工程与高度的岗位责任心结合起来，提高了生产管理水平。全厂分层注水井数由 1990 年的 195 口增到目前的 1023 口，分注率由 16.3% 提高到 78.4%，"3、6、9、10"工程连续 4 年取得好效果。其中 1994 年油井堵水对比 54 口，成功率 87.04%；油井压裂 123 口，初期平均单井日增油 11.8 吨，自喷井大修后转抽 9 口，平均单井日增油 12.3 吨；油井补孔 53 口，平均单井日增油 6 吨，新井投 345 口，初期平均单日产油 11.9 吨。

二、立足岗位，强化培训，培养青工的真本领、硬功夫

实施稳油控水这项系统工程，有许多技术难题需要依靠科技进步来解决，而科技进步又取决于职工队伍的技术素质。因此，第一采油厂贯彻邓小平同志关于"经济发展快一点，必须依靠科学和教育"以及"科学技术是第一生产力"的思想，立足岗位，从提高青工的技术业务素质入手，重点抓了三个方面的工作：

第一，抓技术培训。针对稳油控水技术层次高、实施难度大的实际，加大对青工技术培训的力度。在培训的指导思想上，紧紧围绕并服从和服务于稳油控水这个中心，使青工培训更加贴近生产；在培训内容上，组织青工学习《石油地质》《油田注水》等有关稳油控水方面的理论知识，加大岗位技能培训含量，加强实际操作和基本功训练；在方式方法上，采取长期与短期、室内与室外、集中与分散、脱产与业余"四个结合"。厂职工培训中心和教育中心与矿、小队形成培训网络，使青工培训逐步实现制度化、规范化，有效地提高了广大青工的整体技术水平。全厂各级团组织 4 年共举办技术培训班 408 场次，培训青工 14200 人，使青工基本做到了"精通操作，掌握技术，提出措施，拿出产量，判断事故，解决问题"。采油三矿中四队青工高群承包的 123-31 井产量大幅度下降，日产液量从 56 吨下降到 45 吨。她利用业余时间把学到的知识和实际工作联系起来，仔细

观察这口井的动、静液面，查阅资料，判断出主要原因是气体影响严重，于是重新制定最佳套压，使123-31井日产液量由45吨增到58吨。

第二，抓技术练兵。在加强对青工技术培训的过程中，始终坚持抓技术练兵不放松。在开展每日每班每人一题岗位练兵活动的基础上，稳油控水4年多来，重点组织全厂18个工种34个岗位开展了理论和实际操作练兵活动。在练兵活动中，一是突出练兵的全员性，要求全厂无论哪个工种、哪个岗位的青工都必须参加技术练兵活动，提倡青工"早上等车想一想，中午休息学一点，睡觉之前看几眼"，并把季度考核与经济挂钩，使全厂7122名基层岗位青工，达到本岗位应知应会的有6253人。二是突出练兵的生产性，根据生产实际画各种流程图12856幅，加密封填料、垫片4300多个，填写练兵卡片近万张，进行模拟事故处理3900多次，使青工的技术理论和实际操作能力都有很大提高。采油一矿青工霍苗苗所管的丁6-121井原来液面在井口进不到合理区，她根据自己掌握的知识，向矿里提出作业检泵方案，实施后，液面由井口下降了233.10米，含水下降5.6%，日增液量9吨。三是突出练兵的竞赛性，每年都组织全厂18个主要工种的青工开展技术大赛，培训技术尖子。4年多来，全厂共举办地下分析比赛528场次，分析井5340口，共有1528人获得厂级技术能手称号，有98人次在省、市、局组织的技术竞赛中获得岗位能手称号。四是突出练兵的效益性，增强青工的产量意识。1993年3月12日，南五队西9-18井正常生产抽不出油来，岗位工人和技术员立即赶到现场一起分析查找原因，最后判断是热洗时抽油杆拉长碰到井下开关，造成开关关闭。根据这种分析，他们立即停机重新对防冲距，使这口井及时恢复了生产，日产油17吨。

第三，抓"五小"活动。为了引导青工紧密围绕稳油控水，立足岗位，提高本领，根据全厂战线长、工种杂且专业性较强的这一特点，采取多种形式，开展青工"五小"活动。一是分战线有重点开展"五小"活动。采油战线以改进采油工艺、提高单井产量为重点；科研战线以研究推广新技术解决重大疑难问题为重点；基建作业战线以选择最佳设计方案、缩短施工工期、提高工程质量、降低工程投资为重点；后勤服务战线以满足前线所需、提高服务质量为重点。4年多来，团员青工共提小建议420条，完成小革新414项、小改造333项，累计增产原油334万吨，获经济效益1423万元。二是分类别多层次开展"五小"活动，根据不同时期全厂生产管理的特点和存在的实际问题，集中一段时间，组织和引导青工开展"五小"之中的某一单项活动。如1994年上半年，全厂出现了欠产。结合这一实际，开展"百口井地下调查分析"活动，组织全厂青工全面了解所管井的地质情况和生产情况，找出影响稳油控水的环节和不利因素，提出解决问题的方案和措施。

在此基础上，还开展了"百条稳油控水建议"评选活动，全厂青工共提调参、堵水、检泵等增油建议 520 多条，其中有 470 多条被采纳，累计增油近万吨。三是选课题、定项目，开展征集评选最佳成果竞赛活动。每年都与有关部门联系，选定一些直接影响全厂生产和管理的关键性课题，整理打印下发给全厂青工，组织围绕专项课题研究攻关，并定期征集研究方案，综合评优推荐有关部门。如过去手工绘制测试剖面，既费时，准确率又达不到标准。相关课题下发后，有关单位青年积极研究，很快征集到 8 个方案，其中工技大队青年张云峰的《计算机同位素测试剖面绘制程序》方案被采用，提高工效 20 倍，全准率达到了 100%。在黑龙江省首届青年科技成果展览会上，厂团委推荐参加的 9 项青年科技成果，有 1 项获银奖，1 项获铜奖。厂机关董增友研制的"抽油机井低压电器存在问题的治理"获全国青工"五小"竞赛一等奖。

三、创造条件，优化环境，形成青工岗位成才的良好氛围

团组织参与稳油控水活动，其中很重要的一条就是要引导青工用自己的聪明才智，诚实劳动，在本职岗位上立志、建功、成才。要使一大批青年人才脱颖而出，就必须为其岗位成才创造良好的环境。

首先，在思想上关心，引导青工成长进步。树立坚定正确的政治方向，是青工岗位成才的至关重要环节。为此，第一采油厂注重在提高青工的思想政治素质上下功夫。一是把培植青工的远大理想作为岗位成才工作的着眼点，狠抓青工的政治理论学习，建立完善了全厂 253 个学理论小组，组织青工系统学习建设中国特色社会主义理论，《邓小平文选》第三卷，学习党的路线、方针、政策，学习社会主义市场经济知识。4 年多来，全厂各级团组织围绕岗位成才共举办理论学习班 820 多场次，青工参加比例达 95% 以上，使广大青工在不同程度上懂得了远大理想对成才的重要作用，为岗位成才奠定了思想基础。二是把培养青工树立正确的成才观作为岗位成才的工作基础，先后召开"成才与奋斗"等专题讨论会 240 多场次，有 890 多名青工在会上发表了自己的想法，从而使广大青工明确了什么是成才？怎样才能成才？澄清了部分青工"有文凭就是成才""成才高不可攀"等模糊认识，使各层次青工都有奋斗目标，认识到通过努力都有可能成为人才。三是把典型引路作为岗位成才工作的重要激励手段，以王西利为代表的一大批以井为家、努力钻研、刻苦攻关、为人师表、助人为乐等青年先进典型为代表，开展各类典型引路活动 150 多场次，并将他们的先进事迹汇编成册发到基层，大

力进行宣传，激发了广大青工学典型、赶先进、立志岗位、奋斗成才的积极性。

其次，在工作上支持，发挥青工的体力智能优势。为了促使青工在工作实践中长知识、长才干，为稳油控水、经济建设服务，一是争得多方支持，会同厂技教科、干部科、人事科、科技科、财务科等有关科室联合起草了《第一采油厂青年职工岗位成才管理细则》，以厂党委文件形式下发到基层，并成立了由厂党政领导担任顾问的厂青年职工岗位成才评审委员会，组织领导全厂的青工岗位成才工作，每年拨专款做青工岗位成才的专项奖励资金，使岗位成才活动在全厂得以顺利开展。二是制定成才标准，从政治、生活、技术、纪律等方面做出了具体规定，共定出各类岗位成才标准33个，列出成才条件210多条，使青工感到这些标准既可望又可及，既新颖又有干头，只要真正做一番努力，取得一定成绩，便能在本职岗位上达到标准，建功成才。三是建立奖励机制，先后与岗位成才评审委员会制定下发了《第一采油厂青年职工岗位成才奖励办法》，对获奖者从精神和物质方面给予双重奖励，并享受在同等条件下优先晋职、晋级、评聘职称、评选先进和优先分配住房等待遇；并与厂党委组织部制定完善了《关于推荐优秀团员入党的规定》，与科技科制定完善了《青工"五小"活动成果奖励办法》。工程一大队团委在征得大队党委的同意后，制定出岗位成才青年"三优先"奖励办法，即优先入团、优先入党、优先提干，调动了青年岗位成才的积极性。青年工人李军立足岗位、无私奉献，被评为厂岗位成才青年后，大队团委积极向大队党委推荐，经研究批准，提拔他到管焊一队担任了副队长职务。

再次，在生活上体贴，鼓起青工上进的风帆。为了使广大青年安心生产一线、扎根一线，为稳油控水多做贡献，注意在生活上关心青工，解除他们的后顾之忧。采油六矿有一名青工，曾经是个"邻居见了惹不起、别人看了瞧不起、自己认为了不起"的后进人物，后经团支部带动和帮助变成了先进。去年，他看到有些职工住了好房，而自己因为没有钱买楼还住在20世纪60年代建的破平房中时，总发牢骚，工作也不尽心。队团支部得知后，及时向队里汇报，并多次同矿管房领导协调，为他调了一户别的职工搬楼腾出的好平房，使他感受到队里的温暖，又恢复了往日的干劲。

通过采取各项切实可行的措施，第一采油厂形成了良好的岗位成才氛围，激发了广大青工立足岗位、成才奉献的积极性。采油七矿青工祁卫东结合本职工作起早贪黑地学技术、废寝忘食地练本领，技校毕业仅1年多的时间，便获得全厂地质工比赛第1名的好成绩。1994年厂职工技术运动会上主体工种的34个比赛项目,前三名获得者全部是青工,厂里授予的427名技术能手桂冠也全部被青工夺走。4年多来,青工用所学的技术知识解决生产难题1230个,为完成以稳油控水为中心的各项任务做出了突出贡献。

(1995年全国石油系统"推广先进操作法,争当青年岗位能手"活动现场会交流材料,摘自《油海创业之路》)

以新时期党员标准大讨论为载体
深入扎实地开展党员学习活动

第一采油厂党委

第一采油厂1960年成立,是大庆油田最早成立的年产达1500万吨的采油厂,原油年产量分别约占大庆和全国原油年产量的四分之一、九分之一,年创产值上百亿元。全厂共有矿(大队)党委46个,基层党支部426个,职工18481人,党员4630名。党的十四届四中全会以来,厂党委结合实际,开展了以新时期党员标准大讨论为载体的党员学习活动,使党员的素质得到很大提高,党性观念得到明显增强,先锋模范作用得到充分发挥,保证和促进了全厂两个文明建设的发展。1995年,在油田进入高含水期开采和建设资金严重不足的情况下,全厂生产原油1505万吨,实现工业总产值120亿元,被评为国家质量管理奖企业、省最佳文明单位标兵。

一、认真研究分析,增强开展新时期党员标准大讨论的自觉性

1994年末,根据四中全会《决定》和上级党组织的指示精神,组织全厂党员开展了党员学习活动。经过一段时间,发现党员学习活动开展不起来,有相当一部分党员坐不住板凳、学不进去,一时难以进入角色;厂党委有关部门同志和一些基层党组织的领导也认为,党员学习活动内容多、要求高、没抓手,存有畏难情绪,致使这项活动一度在比较冷清。

这个问题引起了厂党委的注意,随后及时召开了党委会,进行了认真的分析,分析得出党员学习活动搞得冷清的原因,主要是没有采取适合本厂实际的方法,没有找到开展党员学习活动的切入点。本次的党员学习活动不同于日常的学习,只满足于一般号召不行,必须根据产业工人党员的特点,运用适合工人党员的学习方法和载体,才能把党员学习活动深入扎实地开展起来,收到实效。找到党员学习活动开展不起来的主要原因后,厂党委"一班人"又围绕运用什么方法和载体来开展党员学习活动的问题进行了研究。通过总结前段党员学习活动中有的基层党组织开展新时期党员标准大讨论的经验,厂党委成员一致认为,以新时期党

员标准大讨论为载体开展党员学习活动,是一种行之有效的好方法。经过认真研究讨论,厂党委成员从以下四个方面,进一步统一了运用这种载体开展党员学习活动的思想认识。一是这种方法能够体现党员学习活动的根本目的。开展新时期党员标准大讨论,可以达到内容和形式的统一,能使党员加深对建设中国特色社会主义理论基本观点的理解,明确党章规定的党员条件、义务、权利,能使广大党员提高素质,在本职岗位上自觉地执行党章,充分发挥全厂党员在原油稳产高产中的先锋模范作用,在改革开放和发展社会主义市场经济条件下做一个合格的共产党员。二是这种方法结合了厂以往党员教育中的成功经验。1989年后,在党员中开展了社会主义好、共产党好、大庆好的"三好"大讨论;1990年江泽民同志视察大庆油田到厂后,又在党员中开展了党员和干部形象大讨论。这些大讨论,都取得了显著的成效。这次运用新时期党员标准大讨论的方法来开展党员学习活动,也一定能收到理想的效果。三是这种方法如符合厂党员队伍的实际状况。厂中老年工人党员、文化低的党员、"文革"中和"文革"前入党的党员比较多。大多数党员没有很好地受过党的基本理论和基本知识的系统教育,对新时期党员标准认识不清,有的忘掉或背离了党员标准。通过新时期党员标准大讨论,就能澄清各种模糊认识,用十四大党章规定的党员标准来统一党员的思想,增强全厂党员在原油生产中实践和执行新时期党员标准的积极性和自觉性。四是这种方法有利于发动和吸引全厂党员积极地参加学习活动。开展大讨论,能改变那种依靠少数人空洞地说教,多数人被动接受教育的状况,解决学习教育方法单一呆板、缺乏活力和感召力的问题。能增强党员的参与意识,扩大党员的受教育面,可以让党员人人开口讲道理、谈体会,人人受教育、有收获。同时能使党员以党章规定的党员标准,紧密联系思想和工作实际,认真进行对照检查,"用自己的刀削自己的把",开展批评和自我批评,有针对性地解决党员存在的主要问题。

党委在统一了思想认识的基础上,果断地做出了把新时期党员标准大讨论作为党员学习活动载体的决定,并责成组织部、宣传部制定开展党员学习活动规划和开展新时期党员标准大讨论的实施方案。又按照党委的部署和要求,全厂各基层党组织和广大党员纷纷行动起来,积极地投入到以新时期党员标准大讨论为载体的党员学习活动中来。全厂很快出现了党员人人参加学习、个个参与讨论的学习活动热潮,参加大讨论的党员(除病休党员外)有4500多名,党员受教育比例达到了97%以上。

二、贯彻整风精神,精心组织好新时期党员标准大讨论

以新时期党员标准大讨论为载体的党员学习活动,是一次深刻的思想教育活

动。为了使这一教育活动真正达到提高素质、增强党性的目的，按照中央和上级党组织的要求，坚持贯彻整风精神，组织开展新时期党员标准大讨论，并做出具体安排。从1995年2月开始，到12月底结束，集中十个月时间，分四个阶段（学习教育、对照检查、表彰处置、检查验收），分层次组织党员开展专题讨论。

第一，突出学习教育。在大讨论中，按照中央、省委和市、局党委的要求，集中一段时间，通过办班培训等办法有计划、有步骤地组织党员系统学习邓小平同志《解放思想、实事求是、团结一致向前看（节选）》《建设中国特色的社会主义》《计划和市场都是发展生产力的方法》和《党章》《准则》。通过专题讨论、宣讲辅导、知识竞赛等多种形式，对党员进行思想政治教育。在这一阶段，共举办党员培训班247期，培训党员3677人次；组织宣讲、辅导67场次，开展知识竞赛46场次；党员写出学习心得体会3900多篇。在学习教育中，着重进行了"四个专题"教育，即进行共产主义理想、坚定走中国特色社会主义道路信念的教育；进行党的基本理论、基本路线和模范执行党的方针政策的教育；进行党的宗旨、密切联系群众、廉洁奉公和遵纪守法的教育；进行认真履行党员义务，正确行使党员权利，在油田二次创业中建功立业的教育。通过学习和教育，使普通党员和党员干部掌握了建设中国特色社会主义理论、党章的基本观点和基本内容，达到了"五个懂得"，即懂得了什么是社会主义，怎样建设社会主义；懂得了党的基本路线是一个中心、两个基本点，必须坚持一百年不动摇；懂得了解放和发展生产力是社会主义本质的重要内容；懂得了党的性质、纲领、宗旨、纪律和党员的条件、义务、权利的具体内容；懂得了分"三步走"基本实现现代化的战略任务和本厂二次创业目标、2005年原油稳产的远景规划。学习讨论前，部分党员对邓小平同志提出"抓住机遇，发展自己，分'三步走'基本实现现代化"战略任务不理解，特别是对本厂原油1500万吨能不能稳产到20世纪末的问题持怀疑态度，有的甚至说国有企业生产经营不景气，困难重重，"三步走"的蓝图能实现吗？第一采油厂建厂35年，已为国家生产原油3.4亿吨，年产1000万吨原油已经保持了22年，现在开采难度越来越大、生产资金越来越紧张，再稳产到20世纪末，怎么可能呢？通过学习讨论，大家一致认识到，邓小平同志高瞻远瞩，提出的经济建设分"三步走"的战略目标，既是全党的共同目标，也是每个党员的奋斗方向，不能有一丝一毫的动摇。大家联系本厂实际，深有体会地说，走建设中国特色社会主义道路和实现本厂到20世纪末原油稳产的目标，不是一帆风顺的，必然要遇到困难，只要继续发扬六十年代的大庆会战精神铁人精神，就一定能够为加快四个现代化步伐，继续为原油生产做出高水平的贡献。采油二矿党员、矿长于树明原有畏难情绪，认为产量多、困难大，对完成任务信心不足。通过学习，他坚定了走中国特色社会主义道路的信心，表示说：实现"三步走"的战略目标和完成国家原油生产任务，是我们的第一政治任务，必须树立大矿要有大发展的思想，要为实现建设中国特色社会主义的伟大历史任务知难而上、拼命大干，做出更大贡献。由于突出了思想教育，进一步提高了党员的思想理论水平，从而为对照检查奠定了良好基础。

第二，搞好对照检查。在大讨论中，注意引导党员联系实际，进行对照检查。这一阶段是党员标准讨论动真格、见成效的重头戏。用党员的话说就是"照镜子、清污垢、正形象"。用《党章》《准则》《入党誓词》对照自己在想什么、干什么、图什么，符不符合《党章》规定的党员标准的要求，哪些做到了，哪些没做到，发扬优点和正气，克服缺点和歪风邪气。党员除了要在党员中征求意见外，还要广泛听取群众的意见，找准自己存在的主要问题。同时开展谈心活动，沟通思想，认真开展评议，拿起批评与自我批评的武器，一人讲大家帮，总结一个评透一个。领导干部党员除了在所在的党小组、党支部做对照检查外，还要在班子会上对照检查。对照检查不合格的，由党支部帮助学习提高，找准问题，重新进行检查、评议，直到合格为止。全厂党员，除了重病、长期外出的外，都参加了对照检查。对检查出的问题都认真进行了整改。然后，在全厂评出了党员的"十佳百优"，即10名最佳党员、100名优秀党员。厂党委组织这些典型在全厂做巡回报告，把他们的事迹拍成专题片播放，有的单位还编成文艺节目在职工中演出。通过报纸、广播等各种宣传形式，广泛宣传这些优秀党员，使全厂党员和群众学有榜样、赶有目标。同时对有问题的党员，纪检监察部门查证核实，按照党的纪律规定处理，属于违法乱纪的该查处的坚决查处，不护短、不姑息迁就，全厂开除了2名党员的党籍，1名党员受到严重警告处分，13名党员责令限期整改。处置比例达0.34%。

第三，加强组织领导。厂党委成立以党委书记为组长的党员学习活动领导小组，下设办公室，由党委组织部、宣传部、纪检办、党委办组成精干的班子，协同配合，齐抓共管，并建立了责任制，确定了联系点，使党员学习活动有了可靠的组织保证。为了确保新时期党员标准大讨论的质量，制定了5条验收标准：（1）大讨论是否把党员学习活动深入扎实地开展起来了，上级所要求学习、掌握、理解的基本内容是否都做到了；（2）党员参加比例达到95%以上，基本都找准了自己的主要问题，群众反映的和自己检查的基本一致，主要问题得到了解决；（3）能改的问题得到了及时整改，有形问题改得实，无形问题认识深，复杂问题有了具体整改措施，大多数群众满意了；（4）党员振奋了精神，先锋模范作用更加突出了；（5）推动了两个文明建设，各项工作有了新起色。按照上述标准，在检查验收中，先以党支部为单位进行自查自改，然后由矿（大队）党委组织支部之间交叉验收，最后由厂党委组织复查验收，对质量不合格的整顿，进行补课。如对查出的两个不合格的大队级党委和22个党支部，由厂、矿两级党委有关领导带领机关工作人员去蹲点整顿，帮助补课，直到合格为止。厂电工三队党支部对新时期党员标准大讨论不够重视，以生产忙为借口，对学习活动抓得不认真，党员中存在的问题没有得到解决，个别党员参与偷卖电线、触犯刑律的问题没有处理，只是对照检查走过场。检查验收后，厂党委专门派工作组和党支部一起帮助党员搞好对照检查，重点解决党员作用发挥不好和个别党员违法乱纪问题，对违纪党员妥善地进行了组织处理。

三、开展专题讨论，有针对性地解决党员中的主要问题

通过实践可以得知，开展以新时期党员标准大讨论为载体的党员学习活动的出发点和落脚点，就是要提高党员的素质，发挥党员的先锋模范作用。在学习讨论中，注意引导和教育党员加深对邓小平建设中国特色社会主义理论和新时期党员标准的理解，同时又注意结合党员的思想、工作实际，区别不同层次，通过开展三个专题讨论，较好地解决了党员中存在的主要问题。

第一，领导干部党员重点围绕"手中有权干什么"的专题开展讨论，解决勤政廉政不够的问题。在厂390多名科以上党员领导干部中，"为谁掌权、为谁用权"的问题并不是人人都清楚，勤政不足、廉政不够的问题在一些人身上有程度不同的表现，个别人倒卖原油，贪污吃回扣，严重违法乱纪。针对这些问题，党委组织党员领导干部开展了"手中有权干什么"的专题讨论。在讨论中，组织大家学习毛泽东、邓小平、江泽民同志的有关文章和论述，以及党章关于党员干部的6项基本条件，学习铁人王进喜和党的好干部孔繁森的事迹，让大家在学习讨论中对照检查自己能不能正确对待、有没有使用好手中权力，是否保持了工人阶级先锋战士的本色；还组织党员领导干部解剖以权谋私的反面典型，观看有关廉政教育的电视专题片，使大家认识到，作为党员领导干部，手中有了党和人民给的权力，只能用来为党干事业、为民谋幸福，决不能为个人谋私利。通过讨论，不仅统一了大家的思想认识，而且实实在在地解决了党员领导干部在勤政廉政方面存在的问题。许多同志认识到，作为采油厂的党员领导干部，讲勤政，就要做贯彻执行党的基本路线和各项方针政策的模范，发扬王进喜那种"宁肯少活二十年，拼命也要拿下大油田"的铁人精神，严格抓好企业管理，搞好安全生产，坚持两个文明一起抓、两个成果一起要，这不仅是讲勤政，也是讲政治的具体体现。当前就是要为生产原油拼命大干，确保原油稳产到20世纪末，继续为国家做出高水平的贡献。在讨论中，坚持做到边学习、边讨论、边整改。一年来，结合学

习讨论，对科级以上党员干部的住房进行了两次清理，共查出有各种住房问题的115户，全部进行了整改。对5名党员领导干部超标准配车的问题也进行了清理和纠正，并将处理情况进行了通报。

第二，老工人党员重点围绕"继续为党干什么"的专题开展讨论，解决带头作用不突出的问题。第一采油厂参加过大庆六十年代会战的老工人党员占党员总数的46.2%，然而其中也有一些老党员思想滑坡、工作退坡，不能很好地发挥骨干带头作用。针对这些问题，在老工人党员中重点开展了"继续为党干什么"的专题讨论。党委引导老工人党员以党章为镜子，对照党员标准，回忆建厂初期参加石油会战的经历，重温入党誓词，启发他们认真围绕三个方面进行对照检查。（1）回忆和对照大庆会战精神，自己坚持得怎样、丢掉了什么？（2）重温和对照入党誓词和党员八项义务，自己多了点什么、少了点什么？（3）想想和对照党组织的要求、群众的意愿，今后继续为党做点什么、干点什么？在对照检查中，大家讲真话、讲实话、讲心里话，同时对存在的问题分析原因，采取措施认真解决。通过学习讨论，老工人党员普遍感到受到了一次深刻的教育，激发了对党的事业的追求。他们说当年入党是为了甩掉"中国贫油"帽子，如今在新形势下，就是要为油田二次创业做奉献，争当建功立业的标兵。采油二矿207队老工人党员杨正培，是大庆首创"四个一样"的第一任采油副井长。两年前，组织上安排他从事生产辅助性工作。大讨论激发了他的干劲，他找队干部提出无论怎样也要重返生产一线。到井组后，他工作中发扬大庆会战传统，坚持做到了不论黑夜白天，不论坏天好天，不论有无检查，不论领导在不在，对井组的各项工作始终做到"四个一样"。通过讨论，全厂有127名老工人党员主动申请带头承包艰苦生产岗位，履行党员责任区义务，自觉对青年工人做好大庆和铁人精神的传帮带工作。有76名在辅助生产岗位的老工人党员主动要求重返生产第一线。

第三，青年工人党员重点围绕"如今入党干什么"的专题开展讨论，解决理想信念不够坚定的问题。厂青年工人党员占党员总数的24%。这些党员绝大多数已成为生产建设的骨干。但由于他们没有经过大庆艰苦创业环境的考验，加上受社会上一些错误思潮的影响，理想信念易发生动摇。有的甚至产生了拜金主义、享乐主义和极端个人主义倾向。针对这一问题，组织青年工人党员开展了"如今入党干什么"的专题讨论。一是进行系统理论灌输，补好理想信念教育基础课，先后举办了21期青年工人党员理论学习班，轮训1083人；二是树立优秀青年工人党员典型，大力宣传党委命名表彰的12名青年优秀党员的先进事迹，使大家学有样板、赶有目标；三是开展党员的"三为"竞赛，即为党旗增光彩、为群众送温暖、为油田做贡献竞赛，激发青年工人党员为油田建功立业的积极性、主动性和创造性。在此基础上，又引导广大青年工人党员以党章规定的党员标准为尺子，进行对照检查，较好地解决了一些青年党员理想信念动摇的问题。试井二队青年工人党员吴跃南，过去错误地认为市场经济就是"金钱经济""能人经济"，看到社会上有些人"下海"经商发了财，觉得自己每月辛辛苦苦才挣几百元钱不合算。于是他和妻子一起开了个小卖店，每天上班人在井上、心在店里，经常迟到早退泡病号。在讨论中，吴跃南通过学习邓小平同志关于青年要有理想有纪律的论述，对照党员标准，衡量检查自己的行为，思想受到了很大震动。他认识到拜金主义、极端个人主义是理想信念动摇的根源。他说，作为一名党员，不能只顾小家，忘了大"家"，如果成天想着个人发家致富，就不配做一名共产党员。他表示一定要牢记党章规定的党员标准，积极为大庆二次创业做贡献。思想转变后，他毅然关掉了小卖店，一心扑在油井测试生产上，由于表现出色，还当上了班长。去年他带着全班工人提前一个月完成了全年900多口井的测试任务。全厂有50多名理想信念不够坚定的青年党员，通过开展讨论，转变了思想，坚定了信念。厂党委根据青年工人党员在思想上发生的可喜变化，因势利导，及时给他们交任务、压担子，使这些青年工人党员在油田现代化建设中充分发挥了骨干作用。去年，全厂以青年党员为主力，先后取得24项科技成果，其中19项推广运用于油田生产，累计增产原油40多万吨。

（1996年全国党员学理论学党章座谈会经验材料）

加强后备干部队伍建设
为油田二次创业提供人才储备

第一采油厂党委

加强后备干部队伍建设是组织部门的一项重要工作。近几年来，在局组织干部部门的具体指导下，按照干部"四化"方针，从厂实际出发，把后备干部队伍建设作为领导班子建设的基础工程，为油田二次创业积极提供人才储备，初步建起了一支由处、科和小队三级组成的后备干部队伍。目前，全厂有处级后备干部16名，其中40岁以下的占85%，具有大专以上文化程度的达100%；科级后备干部60名，其中35岁以下的占83%，大专以上文化程度占93%；小队级后备干部120名，其中30岁以下的占91%，大专以上文化程度占62%。同时，积极为各级领导班子推荐输送了一批优秀中青年干部。1990年以来，推荐到本单位处级领导岗位上的干部32名，推荐到外单位处级领导岗位上的干部9名。目前，厂党政班子成员及副总师中，40岁以下的年轻干部有3名，各矿（大队）班子中都有二至三名35岁以下的年轻干部，初步形成了两级领导班子的梯次结构。总结几年来的工作，主要有以下几点做法：

一、提高认识，通盘规划

后备干部队伍建设是一项系统工程，做好这项工作有一定的难度。特别是第一采油厂厂子老、干部老，一方面现任领导干部年龄趋于老化，另一方面领导干部后备力量不足。在实际工作中，重使用、轻培养的问题一度又比较突出，而且在干部使用上习惯论资排辈，都不同程度地阻碍了后备干部队伍建设工作的开展。针对这一问题，在厂党委的支持下，组织各级领导干部认真学习《邓小平文选》、党的十四大和十四届四中全会精神，从三个方面宣传引导、提高认识：一是从油田二次创业目标，看加强后备干部队伍建设的重要性。四中全会《决定》指出："必须抓紧培养和选拔优秀年轻干部，努力造就大批能够跨世纪担当重任的领导人才。"联系实际，要实现二次创业目标，同样也需要一大批优秀年轻干部。从第一采油厂的情况看，45岁以上的科级干部占了近三分之二，尽管目前还基本能够适应工作需要，但随着油田开发难度的不断加大和对人才需求的不断增加，干部队伍的现有素质将不能适应未来的发展。因此，要像重视油气储备和技术储备一样，重视人才这一最根本的储备。二是从厂领导班子年龄结构，看加强后备干部队伍建设的紧迫性。1990年分析厂领导班子状况时，19名班子成员，平均年龄52.3岁，其中50岁以上的就有13人，占68%。从分析结果可以看出，在5—10年内班子成员一半以上将退出领导岗位，后备力量不足将严重影响领导工作的连续性。因此，今后十年是培养年轻后备干部的关键时期，任务紧迫而又艰巨。三是从全厂干部队伍现状，看加强后备干部队伍建设的可行性。第一采油厂人才资源丰厚，共有各级各类干部4000多名，特别是八十年代以来陆续毕业了一大批大中专生，是干部队伍的新鲜血液。只要坚持标准，广开渠道，就能发现人才，为后备干部队伍提供数量保证。

提高思想认识以后，为合理确定后备干部队伍数量、质量和结构，第一采油厂对后备干部的需求进行了分析预测，在此基础上，着手制定全厂后备干部队伍建设五年和十年规划。规划对后备干部的选拔、培养、使用的原则、标准和方法等，都做了明确规定。在制定规划过程中，坚持四条原则：一是长远性原则。在队伍建设上，既立足当前又着眼未来。根据培养跨世纪人才这一战略需要，把规划分为十年规划、五年规划和当年规划，以保证后备干部培养工作的持续发展。二是整体性原则。就是按照人才需求，培养各方面的人才，既培养精通专业技术的专家，也培养懂经营会管理的人才；既培养党群系统干部，也培养行政系统干部；既培养"专才"，也培养"通才"。在实际工作中，正是因为遵循了这一原则，才保证了后备干部队伍专业结构的合理性。三是层次性原则。把后备干部分为处级、科级和小队级三个层次，同时按照后备干部培养成熟程度，分出近期、中期和远期三个层次，亦即A、B、C分类。四是可行性原则。在后备干部工作上坚持实事求是的原则，需要哪一级哪一类干部，就设计与之相适应的方案，确定标准，落实措施，使规划方案有较高的使用价值。几年来，第一采油厂认真落实规划，一大批德才兼备、政绩突出、群众公认的优秀人才被选进后备干部队伍，使这支队伍不断得到充实和优化。

二、突出重点，全面培养

后备干部的培养是整个后备干部队伍建设工作的重点。几年来，第一采油厂在实际工作中突出重点、全面培养，使各级后备干部的自身素质有了很大提高。

第一，坚持思想教育。思想教育是提高干部革命化程度的首要途径，因而也是培养后备干部的根本。特别是近年来中央反复强调我们的干部一定要讲政治，并深刻指出，优秀年轻干部不仅应当有知识懂业务，是胜任本职工作的内行，而且首先应当成为忠诚于马克思主义、坚定地走中国特色社会主义道路的骨干。为此，在后备干部培养上，从培养干部的革命化着眼，从思想政治教育入手，加大教育的力度，收到了很好的成效。对后备干部的教育，主要采取三种形式：一是系统培训。对后备干部进行系统的思想政治教育，是培养教育的首要环节。通过系统教育，引导后备干部确立正确的世界观、人生观和价值观，增强党性观念。按照局组织部门的要求，每年都积极派送一批后备干部到市局党校参加中青年干部理论培训班和基层后备干部培训班，接受为期3个月的系统政治理论培训，以打牢马克思主义的理论根基，提高政治理论素质。目前16名处级后备干部，有13名参加了培训，培训率达到81.2%。同时，每年还有计划地组织科级和小队级后备干部办班培训，每期一般都在10天左右。为保证培训质量，专门邀请市局党校教师授课，系统讲授邓小平同志建设中国特色社会主义理论、马克思主义哲学理论和党的建设理论，以及社会主义市场经济知识、现代科学技术知识和法律法规知识等培训率每年都保持在95%以上。二是实践调研。系统培训只是解决了"知"的问题，只有把通过系统培训掌握的理论运用到实际工作中去，才能真正提高自身的政治素质，也才能真正做到"知"与"行"的统一。为此，第一采油厂结合当前形势任务，特别是针对社会上出现的一些错误思潮，通过班子集体学习、开展专题讨论和召开理论研讨会等方式，定期给对经过系统培训的后备干部出题目，组织他们联系实际开展调查研究，使其消化学到的理论知识，增强洞察力和免疫力，在实际工作中提高思想理论水平。三是树立典型。及时从中青年干部中发现和培养典型，总结他们加强党性锻炼、提高自身素质的先进事迹，通过经验交流会、事迹报告会等形式予以广泛宣传。近年来总结树立了5名优秀中青年干部典型，起到了很好的宣传教育作用。对各级后备干部进行系统的思想政治教育，增强了他们的理论功底，政治素质有了很大提高。厂党委办主任周丽勇，被确定为处级后备干部后，党委让其参加了局举办的中青年干部理论培训班。周丽勇刻苦学习、善于钻研，较系统地掌握了基本政治理论，积极干好本职工作，淡于名利、甘于奉献，并在实际工作中勇于创新，表现出较高的理论水平。近年来党委办具体抓的"四大、三好"教育、干部形象教育、党的基本路线教育和大庆精神教育等，均受到了市局党办领导的好评，由于他工作成绩突出，党委办公室连年被评为全局党办系统先进单位，他本人也年年被评为模范党务工作者，去年被局提拔为副处级干部。

  第二，坚持实践锻炼。为尽快提高后备干部的组织领导才能和生产管理才能，以适应油田二次创业的需要，干部队伍必须加强实践锻炼，丰富实践经验，加快成才步伐。干部成才主要有三条途径：一是上下交流。就是把缺乏基层实际工作经验的机关后备干部放到基层单位领导岗位任职，把缺乏机关部门工作经验的基层后备干部放到机关部门领导岗位任职，通过交流锻炼，全面提高他们的领导、管理才能。干部交流，也遇到不少困难甚至阻力，但应从大局出发、从有利于后备干部成才的目的出发，坚持进行交流。原厂团委书记魏毓阔，工作十分出色，担任团委书记5年，夺得了市局共青团工作"五连冠"。结合他缺乏基层领导经验的实际情况，被安排到新组建的电修大队担任党总支书记，有的同志担心他走了，团的工作会受到影响。然而，成绩是人干出来的，人是培养出来的，只要重视培养，任何地方都能出现优秀人才。魏毓阔的调任得到了党委的支持。魏毓阔到电修大队任职后，由于自身素质好，处处以身作则，并带头钻研电修生产技术，领导和管理能力有了很大提高。大队组建6年，连续5年获得了局先进党组织和市双文明先进单位称号。他去年也被提为副处级干部。同时，对自身素质较好而又缺乏机关工作经验的基层后备干部，将被安排到机关任职，使他们积累经验、增长才干。测试大队绘管室年仅27岁的副主任孙智，从大庆石油学院毕业后，一直从事测试资料解释工作，成绩突出，曾被评为管理局开发系统优秀青年科技工作者。根据他的表现，党委把他提到厂机关任科技部任副主任。在调动问题上，他所在的测试大队舍不得放他走。组织干部部门领导同志亲自找大队领导做工作，得到了他们的支持。孙智到任后，在他所负责的新技术研究推广工作中，认真组织项目的研究和鉴定，近两年推广新技术上百项，为厂创出经济效益达400多万元。去年，他被列为处级后备干部予以培养。二是以老带新。第一采油厂老干部多，经验丰富，在后备干部培养工作中，应引导和调动老同志搞好"传帮带"的积极性，充分发挥这一优势，并注意组成以老带新的工作阵容，进行"短平快"培养，使年轻后备干部尽快成熟。1989年，年仅29岁的杨宝田担任工程二大队大队长。他事业心强、工作有魄力，但协调和统筹全局能力不够。具有丰富实践经验的厂主管领导就对杨宝田言传身教，出主意、当参谋、传经验、教方法，使杨宝田很快适应了工作。在厂主管领导的积极支持下，他对大队进行全面改革，实行全员承包、自负盈亏。通过几年努力，单位连上几个台阶，产值由1989年的560万元上升到1993年的2100万元，职工人均收入翻了三番，大队连续5年被评为厂双文明先进单位，1993年杨宝田被提拔为副厂长。三是强化培养。有计划地把那些具备发展潜力，近期能够成熟的优秀年轻干部，采取强化培养措施，促其早日成才。如上世纪八十年代毕业的优秀大学生高宏印，刻苦钻研，锐意进取，工作成绩显著。通过和他所在的地质大队领导协商，破格把他放在大队责任工程师岗位上进行锻炼。几年来，厂总地质师赵世远亲自对他进行帮助指导，每年的技术座谈会都事先给他出题目压担子,这些培养措施,进一步激发了他的事业心和责任感,获得了10多项重大科研成果的好成绩。他负责的《油藏数值模拟应用技术》《中区西部数值模拟研究》《注水井增注范围及应用效果》《萨中地区主力油层葡1组井网加密研究》《高含水后期主力油层葡2组内部挖潜方法的改进》等课题均获局以上科研成果奖,为第一采油厂的持续稳产起到了重要作用。前年局将他破格提为厂副总地质师。

第三,坚持深造提高。后备干部不仅需要有政治素质、实践经验,而且需要提高科学文化水平,这是由当前面临的形势任务所决定的。因此,针对当前知识更新加快而有些后备干部科学文化水平不适应工作需要的实际情况,坚持深造提高的原则,把后备干部队伍建成一支高素质高水平的队伍。一方面,在学历上深造。近5年来,在党委的支持下,先后把26名缺乏科学文化水平的处级后备干部送到中央和省、市党校及一些大专院校学习深造,其中19人获得大学学历、7人获得大专学历。另一方面,在技术上深造。从适应油田三次采油的需要出发,组织具备一定生产技术经验的4名处级后备干部和21名科级后备干部,参加大庆石油学院等单位举办的三次采油及其他专业技术培训,并获得了专业证书。通过多种形式的进修深造,各级后备干部的科学文化素质普遍得到了增强。科级后备干部李文学,大学毕业后,仍勤奋好学,善于钻研,在工作上有所建树。根据他的特点,把他送到局高级人才培训中心进修研究生专业。回到单位后,他把自己学到的高新技术知识运用于生产实践,见到了较好效果,目前任六矿副矿长,主抓生产工作。

三、从严管理,及时推荐

后备干部的培养和管理是相辅相成的,是整个后备干部队伍建设问题的两个方面。在积极培养的同时,应坚持从严管理、及时推荐,为人才的脱颖而出创造条件。

第一,跟踪考核。为及时掌握后备干部的思想和工作情况,制定了后备干部跟踪考核制度,规定每年对后备干部进行一次跟踪考核,厂组织干部部门负责考核处级后备干部,矿(大队)党委负责考核科级和小队级后备干部,并相应建立考核档案。为使考核工作更有实效,把定期考核与干部述职评议、组织活动等紧密结合起来。通过这些办法,对每一名后备干部做到了"三清",即思想情况清、工作表现清、群众反映清,以有助于管理和教育。有一名科级后备干部自身素质可以,但工作出现问题,不敢开展批评,群众有些议论。考核后,厂党委提出这个问题不解决,对他的成长进步不利。于是和他所在单位党委一起,找他谈心做工作，既肯定了他的工作成绩，又指出了不敢开展自我批评的实质，使他看到了自己的问题，表示了改正的决心。后来，他工作积极主动、敢抓敢管，取得了新的成绩。

第二，及时调整。对后备干部，坚持优胜劣汰原则，每年进行一次分析，实行动态管理制度，即根据上级部门要求和全厂实际情况，及时做好进出调整和培养方向调整。1993年以来，及时吸收了45名素质好、能力强、有发展潜力的年轻干部为处、科两级后备干部；同时将24名年龄偏大、思想或工作上有问题、不宜作为后备人选的干部，及时调整出去。对仍留在后备干部队伍中的同志，不拘泥于原定的培养目标，根据本人的表现和能力，及时调整培养方向。

第三，择优推荐。培养后备干部的目标在于使用。按照后备干部的成熟情况，在做好培养、管理和考核工作的基础上，对已成熟的后备干部及时向党委和上级组织干部部门推荐使用。一方面，在厂内推荐。每年组建新单位、班子改选换届或因工作调动，班子出现空缺时，坚持从后备干部中择优向党委推荐人选。最近两年，已有32名后备干部走上处级领导岗位、47名后备干部走上科级领导岗位。另一方面，向厂外推荐。第一采油厂地处中区，外单位干部一般都愿来工作，而本厂干部又多，每年是进的多、出的少。致使一些已成熟的后备干部，由于没有位置，得不到及时提拔。为改变这种情况，积极向市局组织干部部门和兄弟单位推荐，为成熟的后备干部创造更多的上岗机会。近5年来，已向外推荐使用的领导干部，如团市委书记郑新英、市监察局长孟德学、十厂纪委书记陈道荣、十一厂纪委书记张东光、四厂总地质师陈立和总会计师齐崇光等。同时，还向兄弟单位推荐了22名优秀后备干部，均都担任了科级领导职务。

在局组织干部部门的帮助和指导下，第一采油厂在后备干部队伍建设上，从规划、培养到管理，做了一些工作，取得了一些成绩，但也存在着一些问题。在新的一年里，要认真贯彻党的十四届四中全会和五中全会精神、贯彻中央和上级组织部门有关指示精神，进一步探索在发展社会主义市场经济形势下培养、管理后备干部的新机制、新途径和新办法，为油田二次创业提供更多更好的人才储备。

（1996年大庆石油管理局组织工作会议典型材料）

抓好新形势下的思想政治教育
引导党员不断加强世界观的改造

第一采油厂党委

从 1996 年下半年开始，第一采油厂党委根据江泽民总书记关于建设一支高素质的干部队伍和党的十四届六中全会、党的十五大《决议》，把引导树立正确的人生观、价值观作为改革开放和现代化建设整个过程中思想政治建设的一项基本任务的要求，结合油田生产、深化改革和党员干部队伍的思想实际，在全厂开展了"三观定本，三讲立身，争做二次创业带头人"的思想教育活动，引导党员树立正确的世界观、人生观和价值观，使党员干部的思想作风不断适应新的形势和任务的要求，在油田二次创业中发挥了先锋模范作用。

一、从事生产建设，必须加强学习，打牢科学世界观、人生观、价值观的根基

大庆油田是国家重要能源生产基地，要完成第一采油厂每年 1500 多万吨的原油生产任务，不能就生产抓生产，必须加强政治学习，引导党员干部在改造客观世界的同时改造自己的主观世界，树立起正确的世界观、人生观、价值观。重点抓好三个方面的学习：

一是学习理论，在抓生产中增强政治观念。邓小平理论是科学的世界观和人生观。学习掌握好邓小平理论，在工作实践中才能保持头脑清醒，政治上坚定。把组织党员学习邓小平理论作为思想政治建设的首要任务，每年都要对科级以上党员干部培训半个月，普通党员干部和普通党员培训十天以上，引导党员用科学的理论改造主观世界，树立正确的人生观。去年党的十五大召开后，在讨论修改发展规划时，有的同志对稳产到 2010 年认识不太一致。对此，党委组织一班人反复学习"发展是硬道理"和"要讲政治"等观点，思想联系实际，从政治上看问题。大家一致感到，1500 万吨关系到全局的 5500 万吨，贯彻局党委提出的重大决策，努力实现稳产目标这就是政治，一点也不能含糊。领导班子在统一认识的基础上，一方面用这一思想去教育广大党员和群众，一方面带领 100 多名技术干部深入井站进行地下大调查，召开决策论证会和技术座谈会，努力为实现"九五"

和更长期原油稳产目标而拼搏。1997年第一采油厂超额完成原油生产计划41万吨，创造了历史最高水平。

二是学习党章，在生产活动中增强党性观念。第一采油厂有4241名党员，是油田生产建设中一支重要的骨干力量。他们的党性观念强不强，直接影响到党员作用的发挥，也直接影响油田稳产。为此，把党章作为党员的必修课，组织党员反复学习党章，加强党性修养。采油四矿在组织党员学习党章的过程中，采取"三学三对照"办法，即学习党的纲领，对照自己理想信念坚定不坚定；学习党的宗旨，对照自己为人民服务的思想树得牢不牢；学习党员的标准，对照自己先锋模范作用发挥得好不好。以此督促、鞭策党员加强世界观改造，增强党性观念。1996年前10个月，全厂产量吃紧，采油四矿党委在月月超产的情况下，提出多超产为全厂分忧。1997年8月，他们有21口井被淹，120名党员自觉组成9个突击队抢险。在党员带动下，全矿职工积极为原油超产做贡献，义务献工3100多个，提合理化建议876条，到年底超产3万余吨，为厂完成1500万吨任务做出了突出贡献。

三是学习科技，在生产实践中提高科技素质。学习科学技术有助于提高人的科学素养，形成正确的真理观。同时通过掌握油田开发的先进技术，也为党员在稳产中发挥先锋模范作用创造了条件。为此，十分重视引导党员学习科学技术，不断提高自身的科技素质。工技大队担负着油田地面工艺技术的研究。为加强学习，他们采取走出去、请进来的办法，去年就请专家、教授7人次来大队讲课，57名党员全部参加了学习。去年派出去学习、深造的19人中，13名是党员。工人出身的工程师许英州原来只有小学文化。为提高自己的科技素质，他先后自学了初、高中的全部课程及采油工程、机械制图等6门专业知识，潜心钻研井下落物打捞技术，取得了30余项科技成果，使打捞工具成为系列工具，并获得了国家专利同时还出版了10多万字的《油水井落物预防及打捞》一书，在全国各油田发行。许英州被评为大庆市自学成才标兵，并参加了全国科技大会。全大队党员自觉向许英州学习，10名党员通过学习由原来的大专文凭升为本科文凭，3名党员考上了研究生，11名党员参加培训并取得了专科文凭。1997年单位完成的20项科研成果中由党员挑头的就有16项。截至目前，全大队57名党员中有46名有技术职称。

二、身临改革实践，必须抓好教育，坚持科学世界观、人生观、价值观的标准

改革是一场深刻的革命，既涉及利益调整，也冲击着人的思想观念。在这场严峻的考验面前，应立足党员队伍的实际，引导党员树立正确的人生观、价值观，并以自身的行动去实践科学人生观、价值观的标准。

一是进行理想信念教育，确立正确的人生目的。树立正确的人生观，首要的是要明确人生目的，解决人为什么活着、怎样活着的问题。地质大队在完成我厂原油生产任务中担当着重任。由于市场经济的负面影响，有的党员在改革中心理失衡，价值取向变异，追逐名利，表现为拜金主义、利己主义。党总支及时进行改革形势任务教育，在党员中开展"三查"活动。一查思想是否滑坡，二查行为是否失控，三查工作是否失职。广大党员解剖思想，查找差距，端正了自己的理想追求。三采室有名党员工程师，过去认为干技术工作一无权、二无钱，要想出人头地，一是做官、二是下海，她觉得自己当官没条件，于是同别人合伙开了一个饭店，一天从早到晚把心思都用在饭店经营上。在理想信念教育中，党总支让她重温入党宣誓，看入党时自己是怎么讲的，现在是怎么做的，让她扪心自问，反省自己。通过党组织的帮助，她感到很惭愧。她提出，无论改革怎么改，党员的理想信念不能变，为油田稳产多做贡献，才是一个党员真正的理想追求。她关掉了饭店，一心扑在三采试验上。去年春，由于劳累过度，突发脑血栓，身体刚有好转又立即上班，一年中带领全室编制方案270多个，增油15万吨。全大队党员也积极争挑科研重担，占科研人员13%的党员，承担了40%的科研任务，提出单井措施3900多井次，增油42万吨。

二是进行党的宗旨教育，确立正确的人生价值。随着改革的深化，各种利益关系的调整，党员队伍中出现了忽视党的宗旨、群众观念淡化的现象。为此，结合深化改革的实际，在全厂党员中分三个层次开展讨论。即"党员干部手中有权干什么""老党员继续为党做什么""青年党员现在入党图什么"的大讨论，紧紧抓住为什么人这个根本问题，教育党员懂得立身做人的道理。青年科技工作者李传红三次推迟婚期的故事，在党员中产生了很大影响。1995年李传红已是27岁的大龄姑娘，预定7月份结婚，不巧正赶上进口泵出故障。为了完成注入工艺的改造，使试验走出低谷，她第一次推迟了婚期。试验任务一项接一项，转眼到了1996年，婚期已被推迟到8月份。到了8月，为寻找试验最佳效果，她第二次把婚期推到了年底。就在年底准备举行婚礼时，她又接到总公司外出的任务，第三次推迟婚期，直到去年5月才完婚。为了党的事业、为了三采试验，李传红把自己的婚期拖后了两年。许多党员在学习李传红先进事迹中感到，像李传红这样为了党和人民的利益，无私忘我做贡献的品德，才是一个党员的人生追求，才是一个党员最有价值的人生。

三是进行大庆精神教育，确立正确的人生态度。人是要有一点精神的。一个人的人生态度，对于实践他的人生目的和人生价值有着重要而深刻的影响。党委针对在改革中党员讲实惠、重金钱、摆阔气、贪享受、逐名利、图索取等思想倾向，对党员进行大庆精神教育。中四队是一个具有光荣传统的老采油队。在大庆精神教育中，党支部开展了"学理论、忆传统、谈发展、做奉献"的活动，采取党员干部带头讲、请老党员回队讲、党员群众人人讲等形式，大讲大庆精神的形成过程，大讲坚持大庆精神的动人事迹，特别是实现金牌三连冠的奋斗经历。全队11名党员一致感到，大庆精神是无产阶级人生观的具体体现，共产党员在新的形势下应带头发扬这种精神，用正确的人生态度和实际行动去实践这一科学的人生观。这个队去年在人员没有增加而生产规模扩大一倍的情况下，全体党员主动挑重担，一个人顶两个人干。元旦前夕，要求五天时间要抢投8口新井。在家的8名党员组成突击队，连续四天四夜不离队，提前完成任务，为1998年生产赢得了主动。

三、面对市场大潮，必须严格管理，落实塑造科学世界观、人生观、价值观的措施

由于受市场经济大潮的影响，一些党员价值取向偏移，出现了讲理想撇嘴、讲先进摇头、讲奉献摆手等观象。面对新的形势和任务，引导党员加强世界观的改造，树立正确的人生观，除了加强学习和教育外，必须强化管理，把外在的约束力转化为党员的自觉行动，把塑造科学人生观的措施落到实处。

首先，建立目标激励机制，增强党员的责任意识。近年来，党员责任区、"创先争优"、民主评议党员已融为一体，统一制定目标，在定性、定量两个方面制定出了一体化管理考评标准30条，一季一考评，用以激发党员的积极性，增强党员的自身修养。机泵厂近两年推向市场后，由于班子自身缺乏约束力，放松了对党员的教育和管理，党员模范作用不好，队伍士气不高。1997年计划产值1500万元，上半年实际只完成四分之一，累计亏损达1000多万元。班子调整后，他们从抓党员入手，建立严格的党员目标激励机制，全厂83名党员中有50多名主动利用节假日走访油田近20个单位，揽回近600万元的加工任务。铆焊车间党员董少武，带领几名骨干先后到七厂、十厂等8个单位揽回加工活近百万元，提前一个半月完成了年156万元的产值任务，上缴利润72万元，比1996年增长一倍多。在党员的模范作用带动下，机泵厂职工协同作战，提前一个月完成了1500万元的产值计划并超额完成15万元，实现利润500多万元，质量合格率达到100%。

其次，建立制度约束机制，规范党员自身行为。在市场经济大潮中，建立有效的制度约束，使党员无论任何时候、任何地方，都能做到慎独自守，不辱党员光荣称号。除统一制订学习制度、汇报制度、党员文明公约、"三德"规范外，所属各单位也都结合实际，制订相应制度，作为党员的行为准则。能源监察大队，是新成立的负责能源管理、监察收费的单位，要和1420多个用户打交道。工作中，几乎每天都要面临说情、行贿、请吃、请玩等腐败行为的考验。为此，大队党委除了开展"内练素质，外树形象"的活动外，还制订了《党员监察员职业道德规范》，对党员规定了监察工作的"五必须""八不准"。去年2月16日，党员赵新宇发现一个个体加油站漏交电费，让老板补交1996年电费4万元。老板当即拿出一万元现金说："这点钱你们先拿着花，想开点，抬抬手大家都有好处。"赵新宇同志当即严肃地说："我们要了你的一点好处，国家就失去了一笔较大的收入，我们不能为了个人利益去损害国家利益。"经过努力，如数收回了4万元电费。许多党员收费人员经常遭遇恐吓、威胁，甚至面临刀砍、棍打的情况，但仍临危不惧，坚持原则，按制度办事，仅去年就为厂收回能源费1500多万元。

再次，建立考核监督机制，增强自我约束能力。市场经济的负面影响涉及社会生活的各个方面。加强对党员的监督，是引导党员自重、自醒、自警、自励的重要措施，也是党员变被动为主动、变消极为积极，逐步形成和确立正确人生观的过程。为此，着重强化三个方面监督：一是组织监督，各党支部每季度对党员进行一次考核，对党员的思想、作风和工作进行鉴定，有问题及时提醒，督促整改。二是党内监督，党员之间通过一月一次的谈心会和每季度的民主生活会，开展批评与自我批评，随时纠正不良行为。三是群众监督。考核、定格前都要征求群众意见，民主评议吸收群众参加，对党员随时提出批评意见。其中，采油六矿还设立了举报箱和举报电话。有一名党员干部上班时参与打麻将，群众发现后向矿党委进行举报，经查实后，撤销了这名干部的职务，通报全矿，并举一反三，在党员中开展了"查思想、查作风、查纪律、查工作、查责任"的"五查"活动，使全矿党员受到了很大的触动和教育，自我约束能力明显增强。

以上是一些在党员教育方面所做的工作和粗浅体会，同兄弟单位比还有很大差距。第一采油厂要按照十五大的要求，进一步加强党的建设，充分发挥党的三个优势，为油田二次创业再立新功。

（摘自《大庆石油管理局1997年度思想政治工作会议材料汇编》）

坚持"三观定本""三讲立身"
争做二次创业带头人

第一采油厂党委

第一采油厂党委按照"讲学习、讲政治、讲正气"的要求,结合油田二次创业和党员干部队伍的实际,在全厂开展了"三观定本、三讲立身,争做二次创业带头人"为主要内容的思想政治教育,在具体操作中,采取了"三坚持""三树立"的做法,较好地解决了"三观"与"三讲"的关系,干部队伍的整体素质有了明显提高。

一、坚持从根本抓起,教育干部"举旗铸魂",树立正确的"三观"

解决"三观"问题是一个人的毕生课题。把坚持"三讲"教育作为树立正确"三观"的重要手段,教育党员干部在改造客观世界的同时改造自己的主观世界,树立起正确的世界观、人生观、价值观。

一是学习理论,坚定理想信念,教育干部确立正确的人生目标。树立正确的"三观",首要的是要明确人生目的,解决为什么活着,怎样活着的问题。在学习教育中,针对在市场经济条件下少数党员干部认为油田前途渺茫、无所作为的思想实际,组织大家反复学习"发展是硬道理"的论述,把人生的目的和追求定位在为企业发展做贡献上。通过学习教育,党员干部认识到,努力提高自身素质,为油田多做贡献,不断谋求企业发展,才是党员干部真正的理想追求。华谊公司由于资金短缺,基础薄弱,管理不力,年年亏损,有的干部想调走,有的要求去当工人。在学习教育中,他们开展了"三查"活动:一查思想是否滑坡,二查行为是否失控,三查工作是否失职。通过解剖思想,查找差距,端正了理想追求,决心为企业发展再创新的业绩。

二是学习《党章》,牢记党的宗旨,教育干部确立正确的人生价值。学习《党章》作为对党员干部进行"三观""三讲"教育的必修课,在党员干部中开展了"领导干部掌权为什么""党员干部手中有权干什么"的大讨论,紧紧抓住"为什么人"这个根本问题,教育干部懂得立身做人的道理,把人生价值体现在为人民谋利益上。根据群众反映集中的热点难点，克服各种困难，在局领导和有关部门的支持帮助下，以最快的速度、最妥善的办法，还清了拖欠近5年的3000多万元职工集资款，安排了280多名大龄待业青年就业，制订了解决两地分居的办法等，群众非常满意。

三是学习"铁人"，发扬大庆精神，教育干部端正人生态度。一个人的人生态度，对于实践他的人生目的和人生价值有着重要而深刻的影响。结合学习新时期铁人王启民，在党员干部中开展"学习新老铁人，做王启民式好干部"活动，组织大家学习新老铁人事迹，进行专题研讨，评比十佳状元，涌现出一大批王启民式的好干部。

二、坚持高标准，引导干部"依则整形"，树立人民公仆形象

树立正确的"三观"，是对党员干部的内在要求，"三讲"是"立身"的外在表现。要求党员干部严格用党规、党法来规范自己的行为，加强自身的人格修养，努力从个人品行上造就领导者的非领导行为，以自己良好的道德风范树立人民公仆的形象。

第一，引导党员干部正确行使权力，公正无私正其位。领导干部为人是否正直，为官是否正派，处事是否公道，这是思想品德和能力的外在表现，也是塑造自我形象的关键。所以，应教育党员干部要摆正自己的位置，做到公正无私用权、办事、待人。在群众关心的一些重要问题上，坚持做到"五公开"，即政策公开、条件公开、程序公开、办法公开、结果公开，接受群众监督。比如在住房问题上，严格按规定执行，领导不留一户楼、不批一张条、不开一户后门，全由分房小组操作，并由纪检委、职工代表组成监督小组，对分房全过程进行监督，对个别弄虚作假行为严肃处理。

第二，引导党员干部加强自检自律，洁身端行正其身。清正廉洁是领导干部立身之魂。教育党员领导干部在洁身自重上当楷模、做表率，以获得不令而行的人格效应。为此，一是抓好"四关"（权力关、金钱关、人情关、色情关）检行、"四自"（自重、自省、自律、自警）律己的教育，引导党员干部严格自律，做廉洁从政的表率。二是建章立制，规范行为。依据《党章》《准则》和中央的各项规定，结合本厂实际，制定完善了十多项规章制度，做到做人有规范约束、做事有规章可循，增强了干部自我防护能力。三是监督制约，有效控制。坚持领导干部住房、坐车、收入公开，重大事项申报，并设立举报箱、举报电话和党风监督员，对领导干部实行有效控制。全厂251名科级以上干部都经过"双评"证实，领导干部的形象群众满意率达到95%以上。

第三，引导党员干部树立浩然正气，坚持原则正其风。党员干部不仅要洁身自重，而且还要敢于坚持原则，秉公办事，旗帜鲜明地树立正气，带好队伍。经警大队是一支保卫油田的执法队伍。大队党总支结合自身的工作性质，在党员干部队伍中开展"做油田忠诚卫士，树秉公执法形象"的教育活动，在全大队形成了一个讲正气、树正气的良好氛围。

三、坚持联系生产实践，激励干部"创业攻坚"，树立开拓进取的榜样

在"三讲"教育中，采取"三讲""三看"的方法，激励干部创业攻坚，努力开拓进取，为油田持续发展做贡献。

一是讲地位，看责任，激励干部在生产活动中的拼搏精神。艰苦奋斗，勇挑重担，是大庆精神的重要体现，也是大厂要有大发展，大厂要有大贡献的必然要求。1998年由于6次限产，加上特大洪水造成的内涝和聚驱产量的提前回落，为夺油上产造成极大困难。各采油矿开展了向故障井、积压井要油的夺油会战，仅8月就处理故障井108口，日增油935吨。在各级领导干部模范作用带动下，全厂党政同心团结，奋力拼搏，年底超额完成了1512万吨的原油生产任务。

二是讲潜力，看发展，激励干部在科研攻关中的奉献精神。面对知识经济时代的到来，干部必须成为科技型。第一采油厂组织干部分析油田的潜力，分析工作难度，使大家看到，企业要发展就必须依靠科技进步。因此，全体党员干部特别是各级领导干部，进一步增强了带头学科学、用科学，带头搞科研的干劲。全厂厂、矿、队三级干部中，有近三分之一的人担任了科研和技术革新的带头人，在科研主战场上发挥领头雁的作用。

三是讲形势，看效益，激励干部在新的历史条件下的进取精神。没有良好的经济效益，就不会有油田的长远发展。1998年，由于国际油价跌落，使本来资金就很紧张的油田生产单位雪上加霜。为此，第一采油厂召开干部大会，给大家讲国际国内石油市场形势，使大家增强紧迫感和危机感，激励大家在挖潜增效上大做文章。全厂通过深化改革，强化管理，不仅做到了不超成本，还结余3780万元，为全局的节约增效做出了应有的贡献。

（摘自《大庆精神铸辉煌》）

适应现代企业制度需要
着力加强企业党建工作

第一采油厂党委

油田公司改制上市以来，正在进行现代企业制度建设。在这一过程中，通过加强党建工作，实现党对公司制企业的政治领导，是确保企业发展方向的根本问题，也是落实江泽民同志"三个代表"重要论述的必然要求。目前，企业党建工作遇到了许多新情况、新问题。第一采油厂结合历史与现状，坚持继承与创新，探索出一条符合公司制企业实际的党建工作新路子。

一、建立现代企业制度，要求企业党组织在党建工作上转变观念

建立现代企业制度，是对厂长负责制的深化和发展。与实行厂长负责制时期相比，企业党组织的工作内容、形式和途径也必然发生新的变化。通过认识这些变化，有助于进一步明确党组织在公司制企业中的地位和作用。今年3月，厂开展了一次"如何认识公司制企业党组织地位和作用"的调查。通过调查发现，有些政工干部的思想认识并不一致，主要表现为"三个无所谓"：油公司以后要与国际接轨，党组织要不要无所谓；政工干部一没权、二没位，有没有无所谓；公司制企业突出经济效益，党建工作又没效益，抓不抓无所谓。厂党委分析这些问题，感到主要是没有正确认识在公司制企业条件下党组织的地位和作用，应将这些问题放到基层党组织中去研讨，用十五届四中全会精神统一思想，使大家认识到，建立现代企业制度，尽管党组织的工作内容、形式和途径会有所变化，但企业发展的社会主义方向不能变，企业党组织政治核心地位不能变，加强企业党的建设的目标不能变。要与建立现代企业制度的要求相适应，就必须在以下三个方面转变观念：一是把认识从公司制企业不需要党组织转到依靠各级党组织牢牢把握党对企业的政治领导权上来。建立有中国特色的现代企业制度必然要体现出党对企业的政治领导权，这种质的规定性，是区别于西方现代企业制度的根本标志。因此，现代公司制企业绝不能离开党的领导。企业党组织不是可有可无的问题，而是处于政治核心地位的党组织如何实现党对企业政治领导权的问题。二是把认

识从片面认为政工干部没权没位转到有为才有位，通过积极的工作体现出自身价值上来。企业党组织的政治核心地位不是自封的，既是社会主义企业的政治属性决定的，也是企业党组织本身出色而有效的工作所体现的。同样，作为政工干部也要从传统的"党委一元化领导"的认识束缚中解放出来，克服对权力、地位的片面认识，积极工作，体现价值，在建立现代企业制度过程中有作为、做贡献。三是把认识从就党建抓党建转到围绕经济抓党建、抓好党建促经济上来。有些基层单位就党建抓党建，力没少出，效果一般。由于没有把党建工作放到企业经济建设的大环境中去认识和把握，使党建工作游离于经济建设之外，形成了"两张皮"。应当看到，实行公司制改造后，企业党建工作不是可抓可不抓的问题，而是如何紧密结合生产经营实际去开展、见实效的问题。

二、建立现代企业制度，要求企业党组织改进参与决策的方式

企业党组织参与重大问题决策，是发挥政治核心作用的基本途径。党组织参与决策的内容和方法，中央都有明确规定。公司制企业由于实行决策权和指挥权的分离，董事会成为企业决策机构，这就给党组织参与决策的方式带来了新的变化。要适应这种变化，就必须改进党组织参与决策的方式。结合实际，可以采取三种方式：一是渗透参与。实行公司制以后，党组织虽然不能代替董事会直接决策，但党组织成员可以依法进入董事会。通过角色转换，在决策中充分体现党组织意图。二是调研参与。党组织要在决策前围绕议题进行调查研究，既要研究议题本身的可行性，又要广泛征求干部和员工的意见和建议。在决策后，还要对决策实施情况进行调研性的跟踪反馈，履行好政治责任。三是制度参与。主要是坚持厂长定期向党组织报告工作制度、党政主要领导决策前的沟通制度、党组织负责同志参加厂长办公会制度等，以体现党组织在参与决策过程中的监督保证作用。参与决策方式的变化，对党组织负责同志的素质提出了新的更高的要求。这就需要抓好学习，增强素质，提高参与决策的效率、质量和水平。

三、建立现代企业制度，要求企业党组织结合实际坚持党管干部原则

党管干部是党组织发挥政治核心作用的重要途径。公司制企业领导体制的变化，带来了干部管理方式的变化。实行公司制改造后，从局、厂长负责制变为由董事会、监事会和经理班子组成的公司法人治理结构，二级单位的干部管理方式也将随之发生变化：厂长由公司总经理聘任（解聘）；副厂长、总师由总经理委托厂长聘任（解聘）；中层管理人员由厂长聘任（解聘）。这些新情况、新问题，并不表明党管干部的原则在公司制企业中不适用了。坚持党管干部原则，既是建

立现代企业制度的内在要求,也与行政方面依法行使用人权存在广泛的一致性,同时还有利于加强对企业人事管理工作的指导监督。要适应这种新变化,就必须在党管干部的前提下,研究新的对策。一是明确党组织在贯彻党管干部原则方面的职责任务。把坚持党管干部原则与改进党管干部方法结合起来,明确以下5个方面的职责任务:第一,从组织上保证监督党的干部路线方针政策的贯彻执行;第二,对拟聘任的行政领导人选和管理部门负责人人选,提出意见和建议;第三,负责管理党群系统干部;第四,抓好领导班子思想作风建设;第五,会同有关方面抓好干部的培训、教育、考察和监督,培养和推荐后备干部。二是探索新的企业人事管理办法。把党管干部原则与公司制企业运作规范结合起来。对经营管理、专业技术领导岗位及机关部门负责人实行聘任制,党群组织负责人实行选任制,届中职务变动时实行委任制。二级单位在负责中层经营管理者聘任过程中,可以采取3种竞聘形式:首先差额竞聘。经营管理者聘期内调整补充或聘任期满按民主测评结果需要参加竞聘时,实行差额竞聘。其次定标择聘。经营管理者与上级签订业绩合同时,按照"先定指标后定人"的方法,实行定标择聘。最后公开招聘。对急缺的经营管理者,企业内部暂无合适人选,可面向社会公开招聘。采取这些措施,可以逐步实现经营管理者由单一的组织配置向由组织配置与市场配置相结合转变,有利于促进经营管理者能上能下和优秀人才脱颖而出。三是完善干部教育管理监督机制。在干部教育方面,除了坚持政治理论学习外,还要加大市场经济、工商管理、金融财会、信息科学和法律法规等方面专业知识培训力度,着力提高干部队伍的综合素质;在干部管理方面,突出工作业绩考核,建立与公司制企业要求相适应的干部业绩考核机制,能者上,平者让,庸者下,真正把各级干部锻炼成公司制企业的精英;在干部监督方面,完善党内民主监督制度,大力推行与企业生产经营相关的各类责任追究制度,推行厂务公开制度,推行党风廉政建设制度,以形成全方位的监督网络,用有效的制度约束、规范和监督干部的行为。四是拓宽用人视野和渠道。树立正确的人才观,改变过去只把油气资源作为油田第一资源的陈旧观念,树立起人才是企业第一资源的新观念;改变过去只注重企业内部人才开发、忽视外部人才利用的封闭做法,拓宽用人视野和渠道,既要搞好企业内部后备干部队伍建设,又要搞好企业外部人力资源开发,更要搞好现有人才的潜质挖掘。

四、建立现代企业制度,要求企业党组织精干机构和队伍

党组织的工作机构和队伍是党组织发挥政治核心作用的组织基础。从油田40年的发展历史看,专职政工机构和政工干部队伍,在贯彻党的路线方针政策、

开展思想政治工作和精神文明建设、维护改革发展稳定大局等方面发挥了不可替代的重要作用，为油田开发建设做出了历史性贡献。在建立现代企业制度的形势下，油田公司作为上市公司的子公司，对控制非生产人员有着严格的要求。因此精简机构和人员包括政工机构和人员，就成了一种必然趋势。在实际工作中，应当把握好两个方面：一方面，精干机构和队伍要与基层实际情况相结合。油田是没有围墙的企业，点多线长，岗位分散，增加了思想政治工作的工作量和难度。因此，在政工机构设置和人员配备上，要实事求是、因地制宜。结合历史和现状，在厂一级，党委书记专职，党委副书记可兼任纪检委书记和工会主席。厂机关党群部门可以合并，成立党群工作部，或对职能相近的党政部门进行合并。在矿（大队）一级，党委书记专职，主要生产单位可设党委副书记兼工会主席；后线单位工会主席可由党委书记兼任；保留和压缩矿（大队）党办。在基层小队一级，一线队设专职书记，后线队书记可由队长或副队长兼任。另一方面，精干机构和队伍要与提高人员素质相结合。油田政工干部整体素质比较高，但是也存在知识面偏窄、复合型人才较少等问题。因此，首先要继续提高政工干部的思想政治素质。在抓好马列主义、毛泽东思想和邓小平理论学习的同时，要结合实际，教育引导政工干部理解和把握建立现代企业制度的意义、内容和要求，为深化改革做好思想理论准备。其次，要在培养复合型政工干部队伍上下功夫。要通过培训学习，不断拓宽政工干部的知识面；要安排政工干部与行政干部进行岗位轮换，增长多方面的实践才干；要从实际出发，积极做好政工干部的人才储备。其三，要搞好政工干部的工作业绩考核。按照政治上高素质、工作上高能力、业绩上高水平的标准，通过建立和完善政工干部业绩考核机制，使政工干部的业绩定量化、显性化。

五、建立现代企业制度，要求企业党组织改进工作内容和活动方式

做好基层党建工作是党组织发挥政治核心作用的具体体现。结合建立现代企业制度要求，基层党建工作无论是具体内容和活动方式，都有需要改进的地方。比如，公司制企业以市场为导向，给党建工作提出了如何通过教育管理，消除市场经济给党员干部思想上带来负面影响的问题；又如，公司制企业以追求效益为目的，而基层工作中存在的形式主义、组织活动质量和效率不高的问题就必须予以解决；再如，公司制企业以经营管理为中心，党建工作如何紧密结合生产经营实际也需要深入地探索研究等。充分认清这些变化，是加强和改进基层党建工作的前提条件。要因势而动，适应变化，增强工作的预见性、主动性和创造性。一要有针对性地加强思想教育。在市场经济条件下建立现代企业制度，给基层党员、干部带来的思想问题必将是多种多样的，困惑、疑虑、观望等思想和情绪如不及

时解决，不仅会影响到现代企业制度的建立和运行，更重要的会影响到对党和政府的信任。因此，要认真抓好党员、干部的思想教育工作。重点是抓好各级领导班子的思想教育，要求领导干部在建立现代企业制度问题上要带头解放思想、转变观念。对普通党员，通过结合实际的教育，释疑解惑，振奋精神，为在改革和建设中发挥作用奠定思想基础。二要改进组织活动的方式方法。公司制企业是追求效益最大化的经济组织，基层党建工作要服务于生产经营，就不能脱离企业实际搞空对空的教育。组织活动要克服形式主义，注重质量和实效，其内容除了传达贯彻上级党组织指示精神外，主要是根据生产经营中党员和群众存在的问题进行讨论，提出解决办法，检查落实情况。三要围绕生产经营实际开展党建工作。企业党建工作是否有生命力和战斗力，关键要看其在生产经营过程中发挥作用的程度。建立现代企业制度以后，围绕生产经营抓党建，应注意以下几个环节：一是突出重点。要把生产经营的难点作为党建工作的重点。在当前，要通过加强管理、提高效益来确保油田"两高一发展"目标的实现。二是选好载体。根据生产经营实际、单位工作性质和党员队伍特点，围绕生产经营目标，组织开展多种形式的活动，促进管理水平和经济效益的提高。三是加强指导。由于公司制企业是一种全新的企业制度，对公司制企业中开展党建工作的特点和规律，目前认识的还不多。因此在实际工作中，要认真调查研究，搞好工作指导，使企业党建工作更好地为企业的中心工作服务。

（摘自《2000年油田公司思想政治工作会议交流材料汇编》）

深入开展"建小家"竞赛活动
促进基层整体工作上水平

第一采油厂工会

第一采油厂工会现有员工12884人，下设22个矿（大队）级工会和252个小队工会。

第一采油厂的"建小家"竞赛活动是从1994年开始的，当时获得"全国模范职工之家"的荣誉以后，面对荣誉找差距，感到厂、矿（大队）两级工会的组织功能作用发挥的比较好，而基层小队工会工作比较薄弱，有的小队员工对于职工之家的认识，就是弄一间房子，摆上一个乒乓球台子，门口再挂上一块"职工之家"的牌子，根本就了解"职工之家"的深刻含义。再加上小队工会主席都是兼职，没有太多的精力去考虑工会工作，对于工会工作认识也只是停留在收收会费、组织个文体活动而已。面对小队工会的这种现状，决定开展"建小家、上水平"竞赛活动，来强化基层小队工会组织建设，促进基层工会工作上水平。这项竞赛活动开展七年来，由于注重结合改革发展的新形势不断加强机制建设，赋予"建小家"竞赛的新内涵，使竞赛活动常抓常新，有力地促进了小队工会工作上水平。截至目前，全厂职工小家合格率已经达到了90%以上，先后涌现出厂先进职工小家典型95个，采油五矿南七队工会还被评为全省模范职工小家，厂工会保持全国模范职工之家称号。回顾七年来的"建小家"竞赛活动，有如下三点体会：

一、要想使"建小家"竞赛常抓常新，必须要加强机制建设，不断激发基层工会的参与热情

"建小家"竞赛活动之所以常抓常新，主要的原因在于注重加强"建小家"竞赛活动的机制建设，不断激发了基层工会参与竞赛活动积极性。

一是建立申报、考核机制。以基础工作、特色活动、职工满意度、环境建设等为主要内容制定了严密的考核细则，并要求基层小队以自愿申报的形式参与竞赛活动。每个参与竞赛活动的小队年初要结合实际制定"建小家"方案，送到矿（大队）工会初审，报厂工会备案，在此基础上根据竞赛方案开展"建小家"活动，厂工会在年底根据参与单位的竞赛方案和小家竞赛的考核标准进行检查验收，验收合格的作为全厂的先进职工小家，使"建小家"活动有章可循，避免了盲目性。

二是建立激励机制。首先，在工会经费上向基层倾斜，对验收合格的"小家"给予1万多元的物质奖励，激发基层小队参与"建小家"活动的积极性；其次，在先进小家中选树典型，推动其向"模范职工小家"迈进，并积极向上级工会推荐，调动了先进小家获得荣誉不止步、提高水平再发展的积极性；其三，对以往在"建小家"竞赛中涌现出的先进职工小家实行动态管理，每年都组织一次复查，对复查不合格的小家，不仅取消其先进资格，并将验收结果作为所在矿（大队）工会工作考核的一项内容。

三是建立制约机制。把小家建设纳入矿（大队）工会主席目标责任制和个人业绩考核之中，合格小家数量达不到工会小家总数80％的矿（大队）工会不能评为先进工会，未评为先进工会的工会主席不能参加先进工会干部评选。通过这种做法，有效地调动了各级工会组织、工会干部参与"建小家"活动的自觉性。

二、要想使"建小家"竞赛达成共识，必须要围绕党政工作的中心突出特点，不断赋予职工小家的新内涵

开展"建小家"竞赛的初衷，就是要加强基层工会组织建设，促进工会工作上水平。所以活动之初就把工作重点放在了基层工会的组织制度建设上，小队工会也主要从各项制度的建立完善和各项基础资料的规范上入手去参与竞赛活动。这些工作也确实对促进基层工会的基础工作起到了很大的推动作用，比如规范了小队工会基础资料，由原来的十几本，简化到"三本一册"，即职工代表大会记录本、职工活动记录本、工会委员会记录本和会员花名册；近几年来，有80多个小队实行了工会基础资料微机化管理，有10多个小队建立了自己的网站。大家对工会工作的认识也从文体活动逐步扩大到民主管理、劳动竞赛等等。随着"建小家"竞赛的不断深入，"小家竞赛"要富有生命力，必须要在工会基础工作上水平的同时，围绕基层党政工作的中心，结合工会工作实际，突出自己的特色，找准工会工作和党政工作的结合点，在促进基层党支部建设和生产管理上发挥工会组织的积极作用，只有这样，才能使工会工作达成共识，真正提高工会组织的地位。将这一指导思想融入"建小家"竞赛活动之中，各基层工会纷纷围绕党政工作的中心，寻找突出"小家"特色的切入点，制定"建小家"竞赛方案，从而使职工小家各具特色，丰富多彩。

作业大队作业11队过去队伍很不稳定，经常因为奖金、加班等小事发生队干部和工人打架事件。在开展"建小家"活动中，这个队工会从抓民主管理入手，

努力建设民主和谐的职工小家。他们健全民主管理的机制，积极推行队务公开制度，增加了奖金分配、误餐费使用、材料费管理等员工关注的焦点问题的透明度，给员工一个明白，还了小队干部一个清白，促进了相互之间的理解和沟通，增强了队伍的凝聚力和向心力，经过不懈努力，这个队不仅走入了先进队的行列，还被评为油田公司金牌队。又如采油一矿聚北Ⅰ配制站是1996年建的新站，设备新、流程新、工艺新，员工队伍的技术素质与先进的生产管理存在较大的差距。在"建小家"竞赛活动中，他们紧紧围绕提高员工技能，开辟了读书角、英语角、微机角"三角"阵地，在培养员工多方面技能上下功夫。通过扎实有效的活动，这个站有一半以上员工成为了生产骨干，涌现出技术能手10多名，先后有7项技术革新在厂里获奖，有12人次在厂以上技术大赛中取得前三名的好成绩。

由于注重把"建小家"竞赛与小队的党政工作结合起来，不但强化了工会组织功能，也推动了基层整体工作的开展。采油四矿中十五队过去是一个后进队，队工会结合员工队伍中80%都是女工的特点，从开展"巾帼建功"竞赛、发挥女工作用入手开展"建小家"活动，促进了全队生产管理水平的提高，由后进队一跃为先进队，并夺得了油田公司银牌队。通过"建小家"活动的深入开展，第一采油厂已有20多个小队由后进队跨入了先进行列，先后有7个队获得"油田公司金牌队"光荣称号，有4座站被评为油田公司样板站。"小家"竞赛在全厂的影响越来越大，许多矿（大队）党政领导深有感触地说："工会的'建小家'竞赛活动抓得好，不但工会工作上水平了，基层党建工作和生产管理都上水平了。"每年年初，不光是基层小队工会干部积极要求参与竞赛，许多单位的矿（大队）党政领导也都亲自到工会帮助基层小队申报"建小家"竞赛，并且积极在环境建设上加大投入，为参与"建小家"竞赛的小队解决实际问题，全厂真正形成了党政工共建一个家的局面，大大提高了工会在员工群众中的地位。

三、要想使"职工小家"得到群众的认可，必须从代表和维护员工的利益出发，不断突出维护职能

首先，"职工小家"是员工群众共同的家，必须要得到大家的认可，否则就失去了建家的意义。而要做到这一点，就必须要不断突出维护职能，为员工说话办事。为此，参与竞赛的小队工会首先必须要加强"家"的环境建设，从感官上给员工一个舒服的家。坚持少花钱多办事的原则，加强了环境建设，达到了队队有"三室一场"，即：乒乓球室、台球室、图书室、篮球场，有的队还结合实际建立了练兵室、健身室、舞厅等文体活动阵地。行政在这方面也加大了投入力度，近几年来先后投资几千万元用于修建队舍，为站上安装了空调，配备了饮水机，

为员工食堂配备了消毒柜、电冰柜等现代化设备，改善了员工的工作和生活环境，使小队真正成为了广大员工喜爱的"第二家庭"。

其次，要求参与竞赛的小队工会必须为员工做几件看得见摸得着的实事，给员工一个温暖的家。各单位工会想方设法为员工办实事，比如积极和队干部协商，建立了更衣室、淋浴室、洗衣房，开设了理发、织补、生日餐等免费服务项目。有的小队还建立了员工家庭状况档案，了解员工的家庭生活状况，发现谁家有困难及时帮助解决。采油六矿聚603队员工韩在学身患尿毒症，急需医疗费治疗。队工会了解情况后，及时在全队发起了捐款的号召，仅半天就募集捐款15000余元，并亲自把钱送到韩在学手中，使他感受到了组织的温暖、工会的关心。

再次，要求参与竞赛的小队必须贯彻落实《工会法》《劳动法》《妇女权益保障法》，认真履行《集体合同》《劳动合同》，建一个代表和维护员工利益的家。竞赛中，我们曾先后翻印了《劳动法》《工会法》小册子，达到人手一册，并通过知识竞赛、有奖答卷等形式，增强了广大干部员工的法律意识。同时，还积极从落实《集体合同》《劳动合同》有关内容及要求入手，加强监督力度，切实维护员工的利益。中12队地处向阳垃圾场，员工整日生活在恶臭的环境下，身心健康受到了极大的影响。工会了解情况后，认为员工的利益受到了危害，应该得到有效维护。通过积极争取，为员工申请了有毒有害岗位保健费，成为油田公司采油工享受保健的唯一特例。在此基础上，还通过职工提案、向市政府有关部门反映等方式，积极协调处理此事，在多方努力下取缔了垃圾场，彻底解决了问题。通过有效维护员工的利益，使广大员工的心与"家"贴得更近了，增强了队伍的凝聚力。过去"单位没人愿意呆，工人进屋就发愁"，现在下了班，员工群众还想在"家"里多待一会。真是想"小家"，爱"小家"，眷恋着"小家"。

"建小家"活动的有效开展和不断深入，拉近了工会与党政、工会与员工群众的距离，提高了基层整体工作水平，为新时期工会工作打下了坚实的基础。在今后的工作中，还要积极向兄弟单位学习，认真总结经验，不断开拓创新，把"建小家"活动继续深入持久地开展下去。

（2001年度大庆油田有限责任公司工会工作会议材料）

适应发展 探索创新
建立思想政治工作新机制

第一采油厂第一油矿党委

第一油矿成立于1960年3月，目前共管理油水井1508口，下设21个基层党支部，现有员工1278人，市场化用工298人，2002年担负着220万吨原油生产任务。

去年以来，针对近些年由于生产环境差、思想政治工作作用发挥不够等客观原因，造成员工思想消沉、作风松散、积累矛盾多、不稳定因素多的现象，按照厂党委提出的思想政治工作创新要求，结合实际，积极探索，围绕解决当前思想政治工作中不同程度存在的责任不到位、运行不规范、评估不科学等问题，建立了思想政治工作新机制。近一年来，通过创新实践，试点运行，见到了一定效果，使全矿思想政治工作水平有了新提高。

一、建立责任机制，增强做好思想政治工作的责任意识

建立思想政治工作新机制，保证思想政治工作与生产经营全过程融合、全方位覆盖，关键是落实责任。针对实际工作中存在的党、政、工、团在思想政治工作中所承担的责任不明确，大量具体工作得不到落实的问题，创新建立了党、政、工、团四方互动，矿、队、班组三级负责，每个思想政治工作骨干为一个辐射点的"四三一"思想政治工作新体系，初步形成了思想政治工作时时处处在生产经营活动中发挥作用的局面。

一是分解目标，明确责任，增强了做好思想政治工作的自觉性。明确责任，必须依据党、政、工、团和矿、队、班组及骨干队伍的工作职责和范围，立足工作特点，发挥自身优势，形成思想政治工作合力。按照这一思路，将全矿思想政治工作总体目标细分为41条管理指标，量化分解到全矿6个部门（单位）。同时，根据"四三一"思想政治工作体系划分的责任范围，明确了党、政、工、团和矿、队、班组及思想政治工作骨干的责任。从而使每个部门、单位和各级各类干部都把做好思想政治工作当成自己的一项重要职责。如去年在做稳定工作期间，对全

矿 83 名有偿解除劳动合同人员、27 名内退员工分别落实了包保责任制，明确了党、政、工、团各部门和矿、队、班组及骨干人员的包保目标和工作责任，要求承包人员人人制定承包计划，签订承包合同，每天汇报工作情况，形成了逐级包、分片包、人人包、时时包的稳定工作局面。同时，还制定了"四有四不放过"的工作标准，即有人员档案、有包保措施、有信息跟踪、有效果分析；情况不清不放过、不亲自接触不放过、不明确表态不放过、不稳定因素不解决不放过。通过明确责任，全矿上上下下、方方面面关心稳定工作，党员干部走家串户家访谈心，各种保证措施到位，从而确保了 83 名有偿解除劳动合同人员和 27 名内退人员无一人参与上访。

二是健全制度，强化责任，增强了做好思想政治工作的主动性。健全制度是强化责任的重要保证。先后制定了《矿队党、政、工、团思想政治工作责任制度》《骨干队伍思想政治工作责任制度》《思想政治工作责任追究制度》等 12 项制度，健全完善了思想政治工作一体化责任体系。在建立思想政治工作骨干队伍中，分别明确了班组长、党团员、入党积极分子、老工人、先进人物等骨干队伍的思想政治工作职责，具体制定了"七个必访"的家访制度、"六个必谈"的谈心制度、季度思想分析制度、"一对一"帮教制度和信息反馈制度等 5 项工作制度。如北三队在抓思想政治工作骨干队伍建设中，通过狠抓制度落实，不断强化骨干的责任意识，提高骨干履行责任的能力。全队骨干积极配合党支部，随时随地做好身边每人每事的思想政治工作，使大量思想问题在第一时间得到解决。四井组井长苏丹，一天上班时发现本井组女工小周脸上有伤，情绪非常低落，于是找到同在这个队的小周的爱人小侯了解情况，掌握了情况。原来小两口住在岳母家，岳母身体不好，照看孩子比较困难，他俩工作忙，家里的事情比较多，夫妻俩闹起别扭，动了手，岳母也对小侯不满，撵他们搬出去。苏丹了解情况后，一方面及时向队里反映，一方面主动找小两口谈心，并到小侯岳母家说服劝解。同时，考虑到小两口都上白班，照顾孩子确实有困难，就向队里建议，将小周调到中十三联合站倒班，还帮助他们联系在龙岗租了一套住房，从而比较好地解决了他们的难题。小两口言归于好，一门心思扑在了工作上。近一年来，全矿 370 多名思想政治工作骨干先后家访 740 多次，谈心 1680 多人次，解决员工思想问题 550 多个。

三是量化考核，落实责任，增强了思想政治工作的实效性。要使思想政治工作责任成为重任，就必须把责任落实同工作考核联系起来，使做好思想政治工作不再是一种软要求，而是一项硬指标。为此，建立了一整套思想政治工作责任考核办法，分工作考核、业绩考核、责任追究三个方面，把各级各方思想政治工作责任落实情况，同月度奖金考核、季度工作评比、年终业绩奖兑现结合起来，并坚持由矿党委、小队党支部负责每月对思想政治工作进行逐级检查，考核兑现。如113队在管理上水平活动中，忽视了思想政治工作在调动员工生产积极性方面的重要作用，而是单纯采取行政命令式方法，工作任务安排过重过紧，加上一段时间加班会战多，有的员工因为一次没有参加会战就被扣了100元奖金，致使员工队伍思想不稳定，两名员工越级打电话向上反映问题。矿党委通过调查了解，认为出现这些问题主要是由于思想政治工作责任落实不到位。按照考核办法，队党支部书记、队长扣除当月奖金，相关人员扣除当月奖金的50%。这件事对113队触动很大，他们认识到，过去管理抓不上去要受处罚，现在思想政治工作抓不到位同样要受处罚，更加清醒地认识到了工作中的不足，理清了依靠思想工作调动员工生产管理积极性的思路。这个队班子成员通过深入班组和员工交朋友，发动骨干做好员工思想工作，坚持多种形式的正面激励，调动员工的工作热情，并认真解决员工在上水平活动中遇到的实际问题，倾心尽力为员工岗位上水平创造条件，对工作量大的井组，由队干部分片承包，带领员工一起攻坚啃硬，用自身的模范行动影响员工。通过加大思想政治工作力度，加深了双方的理解，增进了干群之间的感情，全队呈现出干部心里装着员工、员工心里想着工作的良好氛围。过去干部喊破嗓子推着干，现在员工争先恐后抢着干，管理水平直线上升，优质井由过去的40%上升到70%，优质计量间由过去的25%上升到65%，其中一座计量间还被评为厂级样板计量间，113中转站被评为油田公司样板站。

二、建立运行机制，注重提高思想政治工作的运行质量

思想政治工作是动态运行的过程，而运行的质量直接影响到它的工作效果和价值，直接关系到思想政治工作作用的发挥。按照"四三一"工作体系要求，通过建立动态运行机制，明确思想政治工作运行程序和标准，强化思想政治工作的规范管理，保证思想政治工作的运行质量。

一是制定计划，明确目标，确定思想政治工作任务。坚持思想政治工作与生产经营工作同步安排、同步部署的原则，围绕矿生产经营目标任务，制定全矿思想政治工作目标。通过召集生产管理、经营、开发人员调查研究，针对地下形势复杂、油田开发难度大、管理粗放、地面设施老化、综合治理形势严峻的状况，先后下发了1400多份问卷，分层次召开座谈会20多场次。组织党群部门与基层小队进行调查分析、研究讨论，找出了员工队伍思想观念滞后，工作标准低；干部作风松散，号召力弱；基层建设薄弱，不稳定因素多等突出问题。在调查分析的基础上，围绕矿全年生产经营管理"2431"的工作目标，把生产经营管理中的薄弱环节作为思想政治工作的切入点，把思想政治工作作为实现全矿生产经营目

标的重要保证，做到"一般性思想问题不出班，倾向性思想问题不出队，群体性思想问题不出矿"，努力塑造"三老四严，永创一流"的员工队伍形象。第一是实施温暖工程，通过架设"信息桥"、开展送温暖活动，了解员工的实际困难，解决员工后顾之忧，改善员工工作条件，理顺情绪，化解矛盾。第二是开展形势任务教育，引导员工转变观念，增强改革发展意识，树立爱岗敬业思想，自觉提高技能素质，为企业创效建功。第三是开展"三学三创，三戒三求，做'三会六有'干部"活动，促进干部队伍转变作风，通过干部的示范作用，激发员工的生产积极性，促进生产管理水平的不断提高。一年来，第一油矿思想政治工作通过在融合中渗透，从"围绕型"转向"融合型"，促进了生产经营工作水平大幅度提高。全年实现成本结余5万余元，共创出优质油水井668口，优质计量间55座，优质站20座，一类油水井达86%，一类计量间达90%。

  二是科学组织，协调运行，发挥思想政治工作功能。建立"四三一"大政工格局，就是形成党、政、工、团四方，矿、队、班组三级和思想政治工作骨干全面互动，上下协同，点面结合的有机运行体系。对思想政治工作运行过程中的"制定计划、组织实施、监督检查、信息反馈"四个环节，确定了严格的标准。还采取每月召开党政协调会，坚持月度检查指导和进行协调运行写实的方法，保证党、政、工、团多向参与，协调配合；矿、队、班组层层落实，各负其责；骨干队伍定点到位，动态辐射。从而发挥出思想政治工作新机制的自我调适、内控运行功能。如去年试行内部模拟市场改革，新的管理机制带来了员工思想的波动，不少员工怕改革后影响到自身利益，因而参与改革的积极性不高。为提高员工积极性按照"四三一"体系的运行要求，矿党委在全矿开展了"面对模拟市场怎么看、面对全员成本管理怎么算、面对机制改革怎么办、面对岗位竞争怎么干"的群众性主题教育活动，引导员工解放思想，树立市场经济条件下的分配观念、效益观念和竞争观念；行政部门深入基层征求意见，建立了五个配套保证机制，并加大宣传力度，解疑释惑，统一思想；群团部门开展了"为企业发展献计活动""创新创效点子工程""学技术、创效益、赛成果"等系列活动；各基层党支部注重做好方案实施过程中的日常思想政治工作，注意总结树立典型，扩大工作影响面。同时，矿领导坚持下基层调查指导，分析解决模拟市场改革中出现的问题。主管经营的副矿长王军深入到基层小队蹲点，针对模拟市场改革试行初期，因为小队考核分配等配套制度不完善，在员工中产生的干多干少一个样、改与不改一个样等思想抵触情绪，组织经营办人员调查研究，科学测算，重新修订了《经营管理规定及考核细则》等配套制度，明确了考核标准，拉开了分配档次，调动了员工参与改革的积极性。深入细致的思想政治工作，保证了全矿模拟市场改革的顺利进行。全矿2002年与2000年相比，单台抽油机维修费用由698元下降到540元，单台泵维修费用由91.3元下降到58元,单机维修电料费用由139元下降到97.8元。

三是健全网络，反馈预警，把握思想政治工作动态。注意发挥信息在思想政治工作运行中的重要作用，通过设立矿、队、班组信息员，建立班组与队、队与矿之间信息反馈渠道，制定思想政治工作预警制、信息反馈制、首问制，做到超前性、预见性掌握员工思想动态，及时发现解决突发性思想问题。由于第一油矿地处偏远老区，生产管理难度大，员工队伍中思想矛盾和问题复杂，因此问题积累多、越级上访多。通过健全网络，开通"信息桥"，员工的思想动态得到及时反映，超前化解了大量思想矛盾。如去年分房过程中，动迁户中有18户是离异或丈夫在市政、铁路工作或无业的女工，按条件可以分配旧楼，但由于旧楼用于厂二次分房，需统筹协调，较为迟缓。这18户女工家庭情况比较特殊，心理比较敏感，产生了误解，准备集体上访。通过信息员及时掌握了情况后，对矿、队领导立即分头，一户一户地做说服解释工作，矿、队信息员和思想政治工作骨干分工负责，逐一承包，坚持到岗位、到家中做好耐心解释说服工作。这期间，还经历了这18户女工的几次思想反复，矿里也及时请厂房产科有关同志与她们见面，还选派女工代表与厂有关领导对话，沟通情况，解释劝导，稳定了她们的情绪。几个月后，厂里分给她们旧楼时，她们又反映楼房破旧，有些问题自己解决非常困难，矿里又想尽办法，给她们新分的楼房安装护栏、修复地面、维修电路、更换玻璃，最终使她们满意，愉快地搬了家。通过历时11个月艰苦的思想工作，避免了这起集体上访事件的发生。一年来，全矿共建立思想政治工作预案18个，收集员工思想信息210多条，召开思想分析会78次，解决员工思想动态问题30多个。

三、建立评估机制，科学指导思想政治工作的有效开展

坚持"多层结合评估""定性定量结合评估""重点抽查与全面考核结合评估"的原则，共制定了8项评估标准，并采取过程评估、群众评估、业绩评估和效益评估方法，通过每季度查看活动资料、组织座谈会、走访谈心、调查问卷、测评写实、检查指标完成情况等方式，科学评估思想政治工作的效果、效益和效率，发现问题及时指导纠正，从而加强对思想政治工作全过程、全方位的控制指导，保证了思想政治工作的健康发展。

一是通过评估，突出发挥思想政治工作的融合作用。评估就是导向，上级怎么看，基层怎么干。过去，对思想政治工作的评价往往只注重思想政治工作本身和一般性结果，忽视了思想政治工作与生产经营融合的质量，以及它对生产经营

的服务和保证作用，造成就思想政治工作抓思想政治工作。要解决这一问题，就必须丰富完善评估标准。为此，把思想政治工作对生产经营主要指标及关键环节的影响程度作为确定评估标准的基础，制定了"看管理水平和工作质量、看员工对企业的态度和价值取向、看岗位责任制执行情况、看生产经营指标完成情况"等"八看"为内容的评估标准，以此来评价一个单位思想政治工作成果，使各级各方做思想政治工作的方向更加明确，用劲更准。去年年底，针对全矿管理现状和预计开春后生产管理任务突然加大，全矿上下忙于应付，工作标准低、效果差的实际情况，抓住冬季生产工作量相对较少的时机，组织全矿各采油队开展以"确定高标准、普及高水平"为主要内容的"精品工程"活动。工作进行了一个阶段，还组织党群、行政下基层进行思想政治工作过程评估，发现基层干部员工热情不是很高，普遍感到冬季天寒地冻，工作难度大，再加上精品工程标准高，思想上产生了畏难和抵触情绪。针对这种思想状况，矿党群和行政领导带领机关人员深入到小队与员工座谈，讲透精品工程活动的意义和重要性。同时，矿领导还坚持每天到生产现场和基层干部员工一起定方案、提措施、搞整改、上水平。副矿长梁继丰带领生产办同志跑遍所有基层采油小队，向员工讲清如果不抢前抓早，管理永远打不了翻身仗的道理，使干部员工走出了传统误区，理顺了情绪，增添了干劲。仅3个多月，全矿出现精品岗位57个，为春季生产管理全面上水平树立了标准、奠定了基础。

　　二是通过评估，突出发挥思想政治工作的激励作用。坚持对基层小队实行群众评估和效益评估，判断员工思想状态对生产经营效益的影响，进而找出基层思想政治工作过程中的缺陷和问题，加以完善和改进，不断强化思想政治工作的激励作用，用员工思想观念和精神状态的转变促进经营效益的提高。北一队工作长期被动，管理水平在全矿检查评比中始终处于倒数一二名。新班子调整后，为了加强工作指导，对这个队思想政治工作进行评估，采取向员工下发"思想政治工作评估调查表""员工思想状况调查问卷"等方式，调查了解思想政治工作存在的问题。通过调查分析，发现这个队因为周边环境差，生产设备被盗严重，盗放原油现象屡禁不止，造成重复性工作量大，员工心里厌战情绪和畏难思想多，队伍士气低落。新班子认真分析后，决定以"振奋精神、消愁鼓劲"打开新局面，干部全部下到井组稳定员工思想，并结合实际制定了"先易后难，先小后大，先内后外"的管理思路，对全队员工提出了要鼓三口气儿、长三股劲儿，即鼓勇气、志气、豪气，长韧劲、干劲、拼劲。队干部带头实践，率先垂范，分头承包最难管理的井站，党团员主动带头开展创样板井挂牌竞赛活动，在有效的思想政治工作促动下，全队员工增强了提高管理水平的信心。经过努力，全队仅用了3个月，管理水平跨入全矿前列。

　　三是通过评估，突出发挥思想政治工作的引导作用。去年，厂党委开展了爱厂教育活动，活动过程中，通过对爱厂教育情况进行阶段性评估，发现基层小队爱厂教育活动存在讲大道理多、讲空道理多的问题，干部员工易产生逆反心理，影响活动的效果。通过分析，产生这一问题的原因是爱厂教育的切入点没有选准。通过调查研究，重新以"算好三笔账"为切入点，开展爱厂教育活动，即算好个人收入账、算好福利待遇账、算好组织培养账。通过对比，使干部员工感受企业发展给他们带来的好处，明确个人与企业是利益共享、风险同担的共同体，从而更加热爱企业，关心企业发展。他们说"账越算越明，感情越算越深，责任越算越大。企业给了我们这么多，我们应该知恩图报，爱岗敬业，为企业多做贡献。"北四队员工张以建，是由仪表公司分流来的，经过培训单独顶岗后，班长考虑他岁数大，管井经验又少，就把全班最好的11口一类井交给他管理。可张以建干了一辈子仪表，现在分流到采油队，整天在野外工作，想不通，所以工作无精打采，能拖就拖，能推就推，管理水平直线下降，其中一口井被矿里连续两个月定为三类井，受到了经济处罚。通过算账活动对比，他受到很大触动，说："我是老工人了，工资级别高，福利待遇高，而管的井在全队最差。企业给我这么多，工作干成这样真说不过去。"认识提高后，张以建的工作态度有了明显的转变，在创优质井活动中，每天天刚亮就到井上，坚持按照标准干好每一项工作，井组管理水平有了很大提高，不但原来的一口三类井顺利通过了厂优质井验收，还有另外3口井被定为优质井。通过爱厂教育，干部员工树立了正确的学习观念、分配观念、竞争观念和利益观念，主动适应形势发展的要求，全矿员工学技术、强素质蔚然成风，共有1000多人次参加了矿举办的17期各类培训班，队伍素质明显提高，2人分别获全国采油工技术大赛第七名、油田公司技术大赛第三名，11人被聘为高级技师、技师，7人获得评聘高级技师、技师资格。

　　四是通过评估，突出发挥思想政治工作的凝聚作用。在评估过程中，坚持把党政干部做思想政治工作的效果纳入年度干部业绩评价，激发了全矿党政干部人人愿做、学做、争做思想政治工作的热情。工作中，他们真诚关心员工，为员工排忧解难，调动员工的工作积极性，发挥了思想政治工作的凝聚作用。108队队长郭俊在工作中发现一井组井长李洪春一段时间精神状态不好，井组管理水平也有所下降。于是，多次找他谈心，可他却始终闷着头不说话。郭队长感觉不对头，猜想肯定事出有因。经过多方了解，得知李洪春最近关节炎犯了，不想当井长，又怕队干部误解自己撂挑子，觉得只要工作得过且过，井组管理水平下降了，队里就会进行调整。了解到这一情况后，郭队长对照思想政治工作业绩评估标准，进行了自我评估，感到自己平时只注重抓生产管理，不注意关心员工，没有尽到思想政治工作的职责。随后，郭队长先后两次带李洪春到四医院检查，并亲自跑前跑后为他挂号、买药。郭队长的关心，使李洪春深受感动，表示边治病、边工作，决不打退堂鼓。经过努力，年底全井组管理水平又有新提高，一类油水井达95%，一类计量间达100%。另外，在送温暖活动中，为了达到"进千家门，知千家事，解千家困，暖千家心"的目的，矿对送温暖工作进行全程跟踪，全面评估落实情况和效果，保证了难情详知、帮扶到位，落实率达100%，特别是对4户特困员工和55户困难员工开展了送温暖和济危扶困工作，充分发挥了凝聚员工队伍的积极作用。

  一年来，思想政治工作新机制的建立，提高了第一油矿思想政治工作的水平，促进了全矿的可持续发展。面对油田改革发展稳定的新形势，按照厂党委"四个创新"的要求，工作还刚刚起步，仍存在一定差距。今年，第一油矿将以"解放思想，创新创效"主题活动为载体，在实践中继续完善落实思想政治工作新机制，为可持续发展提供重要的思想保证。

（2003年第一采油厂思想政治工作新机制经验推广会材料）

以开展"六廉"活动为切入点
努力培养一支勤廉兼优的干部队伍

第一采油厂第一油矿党委

第一油矿党委通过开展以"教育筑廉、制度管廉、个人述廉、单位示廉、群众评廉、组织考廉"为内容的"六廉"活动,经过半年多的时间,有效地增强了干部廉政建设的系统性、针对性和实效性。

一、教育筑廉

加强廉政建设,教育是基础。提高党员干部拒腐防变能力,关键是筑牢思想道德防线。重点开展"四个教育"、解决"四个问题"、把住"三个底线"。"四个教育",即开展理想信念教育,解决"三观定本"的问题;开展党的宗旨教育,解决掌权为公的问题;开展警示教育,解决自我约束的问题;开展法律法规教育,解决法纪律行的问题。通过"四个教育",使党员干部自觉把住"三个底线",即政治底线、道德底线、法纪底线。此外,矿党委定期推荐和选学有关文章,并购买下发《党员领导干部廉洁从政手册》帮助他们学习正面典型和厂、公司及省违法违纪案例文件。矿领导班子不但带头学,而且还经常深入基层对各党支部"廉政学习日"情况进行检查,与干部共同学习,使全矿党员干部把握住世界观"总开关",筑牢思想道德防线,树立"非分之念不可有,一念之差送一生"的思想,做到"信念不垮、本色不减"。教育筑廉,解决了党员干部思想认识问题,能够正确对待各种利益诱惑,在原则问题上能够把握自己,过好权利关、金钱关、美色关和人情关。全矿干部共拒礼拒贿50多次,金额达30多万元,涌现出以坚持原则秉公办事的好矿长胡以智同志、顶邪风打硬仗的经警队队长贾春同志为代表的一批廉洁自律典型,带动并打造了一支有战斗力的经警队伍,共破获破坏和盗窃油田物资刑事案件9起、治安案件39起,抓获盗油机动车辆8台,收缴原油300多吨,挽回经济损失100多万元,有效地维护了油田生产秩序。

二、制度管廉

制度是防止腐败强有力的手段,抓好了制度建设,就抓住了廉政建设的根本。

第一油矿重点完善八项制度，解决八个问题，堵塞八个漏洞。一是完善民主决策制度，解决权力过于集中、少数人说了算的问题，堵塞权力监督上的漏洞；二是完善党风廉政建设责任制，解决由谁主抓、抓什么的问题，堵塞责任不落实上的漏洞；三是完善效能监察制度，解决失职、渎职的问题，堵塞工程建设现场监督不到位的漏洞；四是完善油品管理制度，解决油品回收、发放、管理不善的问题，堵塞管理上盗卖、私卖油品的漏洞；五是完善物资管理制度，解决执行物资管理制度不严的问题，堵塞物资质量验收等方面的漏洞；六是完善奖金、工资、误餐费使用管理制度，解决胡支乱花、借机贪占的问题，堵塞财务管理上的漏洞；七是完善资产设备管理制度，解决管理不善的问题，堵塞固定资产流失上的漏洞；八是完善矿务公开制度，解决工作缺乏透明度的问题，堵塞决策和监督上的漏洞。半年来，矿领导班子先后两次修订完善本路党风廉政责任制度21项65条，并把每个月的工作考评与党风廉政责任制执行和落实情况结合起来，勤分析严整改，注重管好身边人保证不出事。通过制度管廉，促进了有章可循、按章办事，减少和降低了在管理过程中违法违纪的机率。如在轻质油的管理上，结合以往教训，按照公司、厂的规定和要求，完善了《零散轻质油回收及管理办法》，严格监督执行和落实，并按规定拆除了7个中转站的干燥器设备。此外，矿党委还根据《党员干部过失过错责任追究办法》的有关规定，对制度执行和落实情况进行全过程监督，对制度不落实和落实不到位的加大责任追究力度，共对30多名干部进行了诫勉谈话，追究了21人次党员干部责任。

三、个人述廉

个人述廉是干部接受监督的有效方式。以党支部为单位，每季组织干部进行述廉，做到"七个讲清"，即讲清党性、宗旨信念树得牢不牢；讲清职权范围内按制度办事公不公；讲清民主集中制执行得严不严；讲清遵章守纪行为正不正；讲清履行党风廉政建设责任制好不好；讲清工作作风实不实；讲清道德品质纯不纯。每季度最后一周召开一次由全体党员参加的述廉会议，全矿每名干部形成书面材料，向大会报告自己廉洁自律情况，与会党员认真履行党员民主权利，对干部进行监督，提出批评意见，并要求处分、罢免、撤换不称职的干部。党员大会述廉后，干部将述廉报告上报矿党委，作为考评干部的重要依据。半年来，全矿各基层党支部组织党员干部两次述廉，对提出的63个问题，全都进行了整改。通过个人述廉，请党员给干部找问题、挑毛病，强化党内监督，使全矿干部在一些小节上注意，知道自己哪些方面坚持得好，哪些方面坚持得不好，避免小苗头酿成大事端，干部自觉接受监督和自律意识明显增强。

四、单位示廉

单位示廉就是全矿每名干部将个人廉洁自律情况公之于众，由群众监督述廉是否客观真实、是否存在言行不一、欺上瞒下的问题。党支部每月利用"干部示廉单"，在公开栏向全体员工公示每名干部的廉洁自律情况，主要内容包括：是否有盗卖、私卖、转借和侵占企业物资设备、油品等行为；是否有利用职权私搭乱接油、气、水、电，为个人谋取好处的行为等九个方面，公示时间为一周。在此期间，员工可以利用举报箱、信息桥、党委书记电子邮箱、举报电话向党支部或上级党委反映问题。党委和党支部对有回避、隐瞒行为的干部，按照制度追究其责任。示廉结束后，以党支部为单位，向矿党委填写基层廉政季度报告单，由基层党支部签字后交矿党委备案保存。通过单位示廉，要求干部回答向上级党组织承诺与实际所为是否一致，并让群众监督，使干部谨慎用权。目前，全矿21个基层党支部经过示廉，共收到员工举报干部违纪问题2个，矿党委经过调查都不属实。

五、群众评廉

群众评价是检验廉政建设的"晴雨表""公平秤"。矿党委每季深入基层对干部廉洁情况进行检查，采取个别谈话、走访座谈、信访接待日形式并指派专门人员指导基层评廉工作。同时，矿党委充分发挥基层党风监督员在评廉工作中的作用，要求其深入班组和员工之中，收集了解每名干部在廉洁自律方面的情况，为群众评廉做好准备工作。群众评廉每月由工会主席和党风监督员组织一次员工大会，用干部廉洁自律民主测评表，就40个方面的问题全体干部进行测评，做到内容公开、过程公开、结果公开，并对群众反映的问题认真查实，其结果还将作为组织考廉的重要依据。群众评廉，不但保证了群众知情权、参与权、监督权的落实，而且发动群众积极参与到党风廉政建设中来，对干部进行有效的监督，促进干部廉政出公平、勤政出高效。目前，全矿两次测评，共发放测评表3500多张，组织召开座谈会3次，反映13名干部存在的问题，全部进行了整改。

六、组织考廉

组织考廉就是矿党委对干部廉洁自律情况进行综合评价，检验干部是否靠得住。组织考廉由矿党委统一领导，部门各负其责，依据个人述廉、群众评廉、组织调查情况等，每个季度按"六个方面""六必"对干部进行考核。"六个方面"，即遵守党纪政纪情况、员工评价情况、履行廉政建设责任情况、党性锻炼和修养情况、生活品德作风情况、执行企业法规情况。每个季度的考评结果都与每名干部见面，并由基层党支部召开专题民主生活会，组织干部依据考廉结果进行反思和检讨，使每名干部明确要解决的问题及怎么解决。此外，矿党委年底还对每名干部的考廉情况进行综合评价，分为优秀、合格和不合格，并记入廉政档案，作为评先评优、选拔任用和组织处理的依据。在组织考廉过程中还坚持做到"六必"，即对干部勤政廉政行为，按岗位职责要求"必考"；对管理、教育、监督工作不落实的，考核"必罚"；单位发生廉政问题对责任领导"必究"；对信访举报所涉及的人和事"必查"；对有轻微违纪，又不够纪律处分的"必谈"；对违法违纪行为"必处"。通过组织考廉，对干部不姑息迁就，严格考核，严肃查处，共对6名干部给予经济和免职等处罚，使全矿干部真正认识到违法违纪的成本大、代价高，时刻感到有约束不敢违。

（2003年第一采油厂纪检工作会议材料）

持之以恒做好稳定工作
为百年油田营造和谐的发展环境

第一采油厂党委

第一采油厂现有员工 14024 人，有偿解除劳动合同人员 1383 人，离退休人员 1853 人，退养家属 1490 人。

今年以来，以党的十六届四中全会精神为指导，认真贯彻中央和上级关于做好稳定工作的指示精神，按照油田公司总体部署和要求，把稳定工作作为全厂的一项重要任务，全面落实稳定工作长效管理机制，稳定工作不断取得新进展，为企业的发展创造了良好的环境。

一、坚定信心，常抓不懈，全面落实稳定工作长效机制

企业的持续发展需要一个持续的稳定环境，做好稳定工作是各级党组织的一项长期重要任务。在稳定工作中，专门制定了《稳定工作长效管理机制》，努力把这一机制贯穿于工作的始终，认真抓好落实。

第一，强化思想认识到位，增强做好稳定工作的自觉性。结合近年来的稳定工作实际，在认真分析稳定工作形势的基础上，着力提高全厂各级组织、各级干部的思想认识，教育引导大家站在实现"百年油田"宏伟目标的战略高度，充分认识做好稳定工作的重要意义。在全厂形成了人人重视稳定、人人关心稳定的良好局面。仅今年以来，厂党委专门召开的稳定工作会议就达 15 次。厂党委还组织有关部门成立政策宣讲小组、稳定工作督察小组、稳定情况调研小组，深入到基层和有关人员家中，宣讲上级政策、做好稳定工作。今年 10 月份，个别离退休人员因对生活补贴政策不满上访，厂党政主要领导亲自下到基层小队检查落实情况，并耐心对小队干部解释政策，强调稳定工作的紧迫性和重要性。今年 3 月份，针对第三油矿有偿解除劳动合同人员陈建民参与上访、思想十分顽固的实际情况，厂主管领导亲自到他家中反复做思想工作。在厂领导的带动下，各级领导干部以高度负责的态度冲在稳定工作的第一线，做耐心细致的思想政治工作，及时化解矛盾。因对基本工资制度改革政策不理解，第五油矿曾担任过小队干部的

人员思想上产生了一些波动，出现了一些上访苗头。矿党委书记宋云燕主动承担了难度最大的11名同志的思想教育工作。当得知原洗井队队长李正杰思想不稳定时，宋书记连夜到他家中走访，通过4个多小时的交谈，转变了他的思想认识，至此，李正杰不仅自己工作努力，而且还主动帮助队里做其他人的思想工作。全矿上下通力协作，确保了厂基本工资制度改革工作的顺利进行。

　　第二，强化责任落实到位，形成齐抓共管氛围。坚持全厂一盘棋，努力形成党、政、工、团齐抓共管稳定工作的工作格局。全厂建立了多级承包制度，矿领导、小队干部、党员骨干、亲属朋友共同承包稳定工作对象，同时，还分居住区对党员干部划分承包责任区，定期走访责任区内的重点承包对象，全厂形成了全方位、多层次的承包网络，通过落实全厂稳定工作责任制，进一步调动了大家做好稳定工作的积极性。第六油矿党委书记常有章牢记自己是稳定工作的第一责任人，在脚扭伤的情况下还坚持到基层督促检查。中十一队有偿解除劳动合同人员较多，支部书记到该队任职时间不长，其中给丁久玉做工作非常困难，常书记就找到丁久玉做深入细致的工作，使其思想趋于稳定。电修大队线检二队支部书记李再本年初因患肝部囊肿做了大手术，正在家里休养，当得知稳定形势紧张时，他不顾一尺多长的刀口还没有完全愈合好，拖着虚弱的身体在病床上挨家挨户打电话了解情况。有一名老同志白天没有联系上，当晚他就带着礼品让妻子搀扶着爬上四楼到老同志家走访，以真情感化了对方。目前，全厂在稳定工作中，没人说是哪个岗位、哪个人的事，而是一种全员的责任。行政、技术干部，老党员、老同志，一些亲属朋友都在做稳定工作。第二油矿有偿解除劳动合同人员李国良因离异后房子判给女方，多次找到矿里和厂服务中心要求解决住房问题，态度比较激进，甚至要到厂、油田公司去上访，矿党委书记、矿长非常重视，带着相关文件多次到其家中耐心讲解有关政策，终于使他的思想转了弯儿。重阳节来临之际，作业大队团委和大队稳定服务中心组织青年志愿者到离退休人员、遗属、有偿解除劳动合同人员家中进行了志愿服务，帮助他们做家务、包饺子，和他们一起话家常，受到他们的热烈欢迎。

　　第三，强化制度考核到位，认真落实责任追究。把稳定工作列入全厂双文明工作考核当中，明确了考核目标、原则、责任追究等内容，并采取定期检查和不定期抽查的办法对各单位的稳定工作进行综合评价。针对基层稳定工作任务较重的实际，厂把工作重点放在基层小队，在查找问题、督促整改的同时，与基层小队干部相互交流，了解基层的做法和经验，对基层的稳定工作进行指导和帮助，增强做好稳定工作的信心。还在平时不定期走访一些小队，特别是在非常时期，利用到基层小队了解情况的机会检查基层《稳定工作长效管理机制》落实情况。

同时，加强对各单位稳定工作的日常考核。把每月的例会、定期的情况反映和随时的情况汇报等工作制度化，并列入各单位的日常考核中，将帮扶再就业等重点工作以量化指标的形式下达到各单位，年终重点考核指标落实情况，使全厂各单位都把稳定工作当作一项重要的日常工作来抓，定期进行检查，落实包、保、帮、教责任。特别是对因工作失误，造成影响的责任人严肃追究。三年来，按照责任追究制度先后追究或考核了9名各级领导干部，进一步强化了做好稳定工作的责任意识。

二、拓展渠道，加强沟通，积极拉近情感距离

在做稳定工作中，坚持情理交融，采取多种形式，拓展情感沟通渠道，使不同利益群体充分感受到组织的温暖、同志的情义，在沟通交流中增进彼此的信任、拉近彼此的距离，起到了事半功倍的效果。

一是开展文娱活动，增强凝聚力。厂党委明确提出，做稳定工作要态度积极，打主动仗，绝不能头痛医头、脚痛医脚，越是在稳定时期越应该注重平时的感情沟通，做到未雨绸缪。全厂各级党组织和广大党员干部通过开展慰问、联欢、文体娱乐等多种活动，不断增进企业与离退休人员、有偿解除劳动合同人员等各类群体之间的情感，不断消除他们离岗后产生的隔阂，双方的理解不断加深，为稳定工作有效开展奠定了良好的感情基础。例如，每年的一月份是厂党委确定的"送温暖活动月"，在厂领导的带领下，全厂各级干部积极参加对有偿解除劳动合同人员、离退休人员等的慰问活动，广泛开展以"致一封慰问信、发一张征集意见卡、开一次座谈会、搞一次联欢会、吃一顿团圆饭、送一件纪念品"为内容的"六个一"活动。各单位采取多种途径送温暖、送真情、送欢声、送祝福，通过召开各种座谈会、联欢会等形式把他们请回来，一起回顾过去，畅谈今天，展望油田发展的美好前景，许多老同志都很受感动。许光弼是第二油矿的一名有偿解除劳动合同人员，他经营的"鲜族风味"店年营业额在大庆商厦美食城众多商家中位居首位，被誉为最佳服务档口和"五佳标兵"，去年还被评为油田公司"创业明星"。第二油矿领导干部到他的店里慰问，并送去奖状、奖金时，他激动地表示一定要继续经营好自己的饭店，努力为单位增光添彩。第四油矿党委于年初召开了有偿解除劳动合同人员中部分党员骨干参加的座谈会，参加座谈会的12名有偿解除劳动合同人员，以亲身的经历和感受畅谈了与企业有偿解除劳动合同后，矿、队两级组织和领导在生活上、思想上给予的关心、关怀，诉说了与企业难以割舍的感情，同时表示坚决支持矿里的工作，反对参与集体上访。今年3月份，又开展了以"热爱油田、关爱健康"为主题的文化体育系列活动，将有偿解除劳

动合同人员请回单位，采取小队搞、大队比、全厂赛的形式，先后举办了棋类、扑克、拔河等多项比赛，全厂560多名有偿解除劳动合同人员共同参加了这一活动。他们深感组织的温暖，许多参加活动的同志都表示感谢厂党委组织的活动。除了厂里统一组织的大型活动外，每逢重大的节日，各单位也都组织一些有益的活动，例如，第七油矿南八队，定期将离队的老同志请回队里，看看队里的新变化，使他们始终能够感受到企业的亲情。三年来，全厂共召开各种文体活动190多场次，举行各类座谈会近300场次，拨活动专款25万多元。

二是保持经常性联系，增强亲和力。在组织开展各项活动的同时，第一采油厂还特别注重加强与有偿解除劳动合同人员、离退休人员群体平时的沟通和联系，使之制度化、经常化，保持了联系渠道的畅通。基层干部、稳定骨干对自己承包对象的个人、家庭情况、思想状况都做到了如指掌、如数家珍，对有效开展稳定工作也起到了积极的作用。例如，作业大队服务队员工只有56人，干部只有2人，而有偿解除劳动合同人员多达47人，工作难度相当大，他们广泛发动群众，扎扎实实地落实承包制度，承包人定期与承包对象沟通联系，双方关系处理得非常融洽，队党支部始终能及时了解和掌握有偿解除劳动合同人员的家庭状况、思想状况，并有针对性地开展稳定工作，效果非常好。第一油矿有偿解除劳动合同人员程启良因丧子，身体多病，精神上受到了极大的打击，队领导多次到他家里嘘寒问暖，并积极帮助解决生活上的实际问题。年前，队里组织会餐，程启良行动不便，队干部就派车将他接到队里，通过唠家常了解到，程启良有偿解除劳动合同后时常感觉孤独寂寞、生活没意思，队干部就让老程经常坐班车到队上来，散散心、活动活动身体，使他不但病情有所好转，精神上也得到了充实，他感激地说："是组织的关怀使我增强了对生活的勇气。"

三是解决实际困难，增强感染力。在做稳定工作中，坚持动真情、办实事，千方百计解决有偿解除劳动合同人员等不同群体的实际困难，用一桩桩实事滋润他们的心田。每逢有偿解除劳动合同人员等不同群体家庭有婚丧嫁娶、大事小情，都以组织的名义给予帮助，对于经济上的困难，都想方设法给予帮助。第一油矿有偿解除劳动合同人员柳文山因爱人患尿毒症，多年来四处求医，医药费多达20多万元，同时还要供养儿子上大学，家庭十分困难，他本人几乎陷入崩溃状态。面对他的困难，矿里主动伸出了援助之手，不仅为他安置了一份临时工作，使家庭有了一定的经济补贴，还发动群众为其捐款，使他非常感动。今年年初，第三油矿中五队有偿解除劳动合同人员杨务军肺结核病复发需要住院治疗，由于妻子提出离婚，法院冻结了家庭固定资产，没有钱进行医治，队党支部得知消息后，队领导班子成员为其捐款5500元，并亲自把他送到了龙南医院，办理了住院手续。在住院期间，队领导还带着慰问品到医院看望他，康复后，又安排车辆接他出院。杨务军非常感动，多次来到矿里和厂信访办公室，逢人就夸："在我最困难的时候，是单位伸出了援助的双手，帮我渡过了人生的难关，我一辈子都忘不了。"对于生活中遇到的其他困难，厂各级组织和党员干部也都倾力相助。厂纪委副书记张云凤同志在基层督促检查稳定工作时，了解到有偿解除劳动合同人员田玉环1998年考的高级变电工技术等级证书至今没有拿到的情况后，立即和有关部门联系，为其开了证明，并送到了她的手中。作业大队有偿解除劳动合同人员邢维华，半身不遂瘫痪在床，想把儿子从第七采油厂调回中区工作，以便就近照顾。大队长把这一问题向厂领导进行了汇报，并多次与第七采油厂协商，终于解决了这一问题。

三、创造条件，多方协调，努力帮助实现再就业

帮扶有偿解除劳动合同人员实现再就业，使更多的人员有事可做，是维护社会稳定的一个有效途径，也是实践"三个代表"重要思想的具体体现。第一采油厂加大工作力度，积极开展工作，使全厂394名有偿解除劳动合同人员实现了再就业。

首先，加强宣传引导，促进就业观念转变。采取多种形式加强对有偿解除劳动合同人员就业观教育，特别是充分利用身边生动鲜活的再就业典型开展教育。一年来，不断加大对有偿解除劳动合同人员再就业典型的宣传力度，打印全厂27名有偿解除劳动合同人员再就业的典型事迹并下发到每一名有偿解除劳动合同人员手中，用身边的事例带动大家观念的转变。今年8月份，还组织部分有偿解除劳动合同人员先后到喇嘛甸、杜尔伯特、安达等6名有偿解除劳动合同人员创业的地点进行实地参观学习。作业大队有偿解除劳动合同人员赵淑荣在喇嘛甸养殖獭兔获得成功。她说："现在，我这个养殖场已经上网了，与全国各地的皮毛收购市场都有联系。你们再给我宣传宣传，那些在家闲着的和生活比较困难的，我真诚地欢迎他们来养兔，我免费提供技术，优先供给种兔，把这里建成一个獭兔养殖基地，那样大家富起来就更快了。"通过到有偿解除劳动合同人员创业基地现场学习，他们自强自立、勇闯市场的精神给予了参观者极大的震撼。为了加大宣传力度，厂安排闭路电视台为再就业典型拍专题片进行宣传，扩大了影响面。在典型人物的影响下，又有25名有偿解除劳动合同人员通过自谋职业实现了再就业。

其次，依据政策条件，做好企业内部安置工作。安置有困难的有偿解除劳动合同人员在企业内灵活就业是企业缓解再就业矛盾的一个办法。去年10月份，

依据上级政策,在比较困难的有偿解除劳动合同人员中招聘了 91 人,安置到各单位从事清扫和更值工作。由于这次招聘工作准备十分充分,各方面矛盾考虑周全,在实施过程中得到了广大有偿解除劳动合同人员的认可,这部分人员上岗后,原来的再就业矛盾得到了极大缓解,为维护厂稳定局面奠定了良好基础。试验大队有偿解除劳动合同人员杨庆泽是个老重点户,2002 年大规模上访期间还曾和油田公司领导直接对话,是个思想比较激进的人员,这次安排他到小队从事清扫工作后,他本人非常高兴,在队里工作十分认真努力,受到了员工们的认可,他过去的一些极端的想法明显转变。今年又招聘了 37 名有偿解除劳动合同人员,使他们走上了新的就业岗位。另外,全厂各单位还积极想办法为家庭困难、有技术特长的有偿解除劳动合同人员创造就业条件。如第一油矿针一名家庭困难的老同志有会修自行车的特长,就帮助他开办了一个自行车修理铺。从此,这名老同志有了固定收入。

再次,关注用工信息,帮助实现社会再就业。企业不可能大范围地解决有偿解除劳动合同人员的就业问题,因此,第一采油厂开通多种信息渠道,通过网络、社区、中介等方式及时了解掌握社会用工信息,根据有偿解除劳动合同人员的特点和愿望,及时联系,促其就业。地质大队地质室党支部书记隋凤芝在去年成功地帮助地质室一名有偿解除劳动合同人员找到了适合自己的工作后,今年她又多方打听就业信息,帮助另外 3 名有偿解除劳动合同人员在社会上应聘到了适合他们的工作,使本室 5 名有偿解除劳动合同人员全部实现了再就业。第一油矿北一队党支部书记张友礼、第三油矿测试队党支部书记张国斌、第七油矿维修队党支部书记胡庭涛等很多基层党员干部都通过自己的不懈努力,帮助本队的有偿解除劳动合同人员实现了再就业,在他们的帮扶下,今年全厂有 17 名有偿解除劳动合同人员实现了社会就业。此外,在帮扶有偿解除劳动合同人员再就业方面,全厂各级干部心似一团火,及时帮助解决困难。第一油矿测试队有偿解除劳动合同人员虞文虎准备在楼区里卖盒饭,但手头缺少物品,队干部知道后自费为他购买了 500 个饭盒和 500 双筷子,还送去了一个保温桶,使他既感动又深受鼓舞,小生意做得红红火火。

稳定工作意义重大,任重道远,虽然做了一些工作,也取得了一定成效,按上级要求,与兄弟单位相比还有很多差距,第一采油厂在今后的工作中,将牢记使命,持之以恒地做好工作,为实现创建百年油田宏伟目标努力创造和谐稳定的发展环境。

(2004 年大庆油田有限责任公司稳定工作会议典型材料)

进一步完善学习制度
努力建设学习型党员队伍

第一采油厂党委

保持共产党员先进性教育活动开展以来，围绕探索建立保持党员先进性的长效机制，第一采油厂党委联系几年来建设学习型采油厂、学习型党组织、学习型党员队伍的实践，进行了认真思考。永葆共产党员的先进性，必须从加强党员学习抓起，建立健全党员长期学习的制度。

一、建立健全党员学习制度是保持党员先进性的重要前提

共产党员的先进性不是与生俱来的，是在长期不断地学习、实践、总结、提高中逐渐形成的。胡锦涛总书记指出："勤奋学习，是共产党员增强党性，提高本领，做好工作的前提。"面对新的形势和任务，共产党员要保持先进性，就必须加强学习，这既是党员的重要义务，也是保持先进性的具体要求。

第一采油厂作为油田公司最大的采油厂，石油地质储量占四分之一，原油产量占27%，在创建百年油田中承担着重要的使命和责任。第一采油厂有3400名党员，作为员工队伍的先进分子和骨干力量，他们的素质能力如何，是否具有先进性，直接关系到能否履行好创建百年油田的责任。通过对先进性教育调查摸底情况的分析得知，部分党员中不同程度地存在与先进性要求不相适应、不相符合的问题，究其原因归根结底是学习不够造成的。在对待学习上，虽然多数党员认识比较明确，能够自觉学习、勤奋学习，但有少部分党员，不愿意学习，一提学习就皱眉头，坐不住凳子，"身在曹营心在汉"；不自觉学习，八小时内忙事务，八小时外忙应酬，唯独抽不出时间学习；不系统学习，三天打鱼，两天晒网，现用现学，临时抱佛脚；不深入学习，看书看皮，看报看题，走马观花，满足于一知半解；不善于学习，囫囵吞枣，照本宣科，不联系实际，不解决问题。往往提到找差距，大家首先想到的都是学习不够，整改措施的第一条也都是加强学习，但就是落实不到位。

分析部分党员不愿学习的原因，既有个人思想认识上的差距，更有党组织管理上的问题。从党员自身来讲，一是存在自满思想，认为自己的知识和技能够用了，不学习也照样能把工作干好，学不学无所谓；二是存在懒惰思想，怕学习吃苦、费脑筋，不如干点具体事；三是存在畏难思想，有的老党员认为自己年龄大、文化低，想学习也看不懂、学不会。从党组织的角度来说，在抓党员学习上，除了存在内容单调、方法简单、针对性不强、吸引力不足等问题外，更重要的原因还是提倡自觉性，缺乏强制力，强调的多、落实的少，安排的多、检查的少，要求的多、考核的少。由于缺乏制度约束，党员学与不学一个样，学多学少一个样，学好学差一个样，导致党员学习的自觉性、主动性和积极性不高。邓小平同志指出："制度问题更带有根本性、全局性、稳定性和长期性，我们过去发生的各种错误，固然与某些人的思想、作风有关，但是组织制度、工作制度方面的问题更重要。"加强党员学习，既要靠党员提高认识，又要靠党组织严格管理；既要靠个人自觉，又要靠制度保障。要使广大党员长期受教育，永葆先进性，必须建立健全党员长期学习的制度，从制度上保证党员学习的落实，并逐步将制度约束内化为党员的行为习惯，使广大党员真正把学习当成一种使命、一种责任、一种追求，在建设学习型采油厂的实践中，担当员工群众的表率。

二、建立健全党员学习制度要注重系统化、规范化

建立健全党员学习制度，必须能够保证党员学习有计划、有安排、有检查、有考核，形成全方位、可操作、实效性强的制度体系。通过对几年来实践的总结和思考，要建立健全四个体系。

一是建立健全责任体系。加强党员学习，首先必须明确责任主体，使党员学习有人管。各级党组织在党员学习上肩负无可替代的管理责任，党员个人承担着自觉学习的义务。第一，明确责任。建立厂党委、矿（大队）党组织、基层党支部三级负责制，明确各级党组织在党员学习中担负的不同责任，构建责任网络，形成厂党委负总责，党委职能部门分工负责，矿（大队）党组织组织实施，基层党支部具体抓落实的工作格局。第二，落实责任。厂党委围绕全厂中心工作确定年度党员学习的主题，定目标、抓思路；党委职能部门围绕总体部署，定方案、抓督办；矿（大队）党组织结合实际，定计划、抓指导；基层党支部按照要求，定措施、抓落实。形成层层负责任、分头抓落实的局面。第三，追究责任。年终，厂党委组织对各矿（大队）党员学习情况进行检查，将检查结果与评选先进党组织、双文明先进单位结合起来，对责任不落实的党组织，进行责任追究。近几年，厂党委每年都确定一个学习和工作主题，相继开展了"创新发展年""解放思想，

创新创效年""学习创新发展年"主题活动,组织和引导全体党员把学习的着眼点放在推进企业创新发展上,明确了学习方向,深化了学习内容,增强了学习效果。

二是建立健全运行体系。要使党员真正学起来,必须加强日常管理,从学习的组织上、措施上、检查上提供保证。明确学习方向。在对每个党员的综合素质、业务能力、工作水平、发展潜力进行综合评价的基础上,结合党员个人发展愿望,进行生涯设计,确定发展方向。制定学习计划。按照发展需要,结合生产经营和党建工作目标任务,制定年度党员个人学习计划,明确学习内容、措施以及要解决的问题和达到的目标。搭建学习平台。采取知识讲座、研讨交流、管理论坛、学习"沙龙"、网上平台等形式,丰富学习载体。拓展学习途径。通过岗位学习、团队学习、反馈学习、互换学习、竞赛学习、观摩学习等途径,增强学习兴趣。开展学习检查。按照一级抓一级的方式,采取定期与不定期相结合的办法,对党员学习情况进行检查,及时发现整改问题,保证学习活动的落实和取得良好的学习效果。厂党委班子严格落实党委中心组学习制度,每年初都制订详细的学习计划,实行课题制管理,班子成员结合分管工作学习思考,撰写发言材料,在周五集体学习时交流,并为基层党员干部宣讲辅导,为全厂党员做出了表率,带动了党员学习。

三是建立健全考评体系。考核评价是抓好党员学习的关键环节。通过考评,既可以检验党员的学习成果,促使党员认真学习,又能够发现学习机制本身的不足,进行修正和完善。要坚持定性与定量相结合、个人自评与组织鉴定相结合、定期检查与全面考核相结合的原则,对党员学习进行综合评估,全面评价党员学习效果。个人述学。以支部为单位,每半年召开一次党员大会,由党员个人对自己的学习情况进行总结,向全体党员汇报。党员议学。由全体党员对每个党员的学习情况进行评议,指出缺点和不足,提出意见和建议。群众评学。采取下发调查问卷、个别征求意见等形式,由群众对党员的学习情况进行综合评价。支部鉴学。年终,由党支部根据个人述学、党员议学、群众评学情况,结合日常学习表现,对每个党员做出总体评价,记入党员学习档案。第一油矿坚持把评议党员学习与民主评议干部和民主评议党员结合起来,要求干部述职时先述学,党员年终总结时先总结学习,并把学习情况作为综合评价的重要内容,增强了干部和党员的学习自觉性。

四是建立健全激励体系。根据马斯洛的需求层次理论,要最大限度地激发党员学习的积极性,必须综合运用多种激励方式,建立起体现时代特点、适应企业特色、符合党员需求的激励体系,具体如下。荣誉激励。在评选优秀党员的基础上,开展"党员学习状元、党员管理明星、党员技术尖兵、党员岗位能手、党员思想政治工作标兵"评选活动,授予荣誉称号,给予物质奖励。典型激励。利用企业网、板报、宣传栏、光荣榜等多种形式,大力宣传自学成才党员的先进事迹,增强学习光荣的自豪感。培训激励。对学习上表现突出、成绩优异的党员,多提供培训机会,优先安排学习深造。竞争激励。对优秀党员通过公开竞争及时提拔任用,促使党员在竞争中进一步加强学习。创新激励。制定管理创新、技术创新、文化创新和岗位创效成果评审奖励办法,激励广大党员把学习力转化为创新力,在创新创效上下功夫。全厂科技系统的党员骨干充分发挥先锋模范作用,带领技术人员围绕瓶颈技术,大力开展学习攻关,取得了以获得集团公司技术创新一等奖的"含聚抽油机井杆管偏磨防治技术研究"为代表的一大批科研成果,为油田持续有效开发提供了有力技术保障。

三、落实党员学习制度要把效果体现在党员发挥先锋模范作用上

建立和落实党员学习制度,目的是通过加强党员学习,提高党员队伍的素质和能力,在创建百年油田的实践中充分发挥党员的先锋模范作用,永葆党员的先进性。

第一,发挥党员学习制度的持久性,促进党员坚定理想信念。保持共产党员的先进性,首先必须坚定党员的理想信念。坚定的理想信念来源于深入持久的理论学习。马列主义、毛泽东思想、邓小平理论和"三个代表"重要思想,是一脉相承、博大精深的理论体系,其科学性、系统性、发展性,决定了要想深入地理解和掌握它,绝不是一朝一夕的事情,必须长期不断地学习。有的党员理想信念动摇,对社会主义前途产生怀疑,对共产主义失去信心,根本原因就是理论学习不能坚持经常、深入持久。理论上的肤浅和片面,导致认识上的短浅和狭隘。落实党员学习制度,组织党员有计划地全面、深入、系统地学习马克思主义理论,就能够使广大党员不断加深对科学社会主义的理解,坚定共产主义的远大理想和建设中国特色社会主义的信心,树立正确的世界观、人生观和价值观。具体工作中,要认真落实理论学习制度,组织党员深入学习贯彻"三个代表"重要思想、党的基本理论和路线方针政策,以及中央和上级党委的精神,使广大党员不断坚定理想信念,加强党性修养,并将崇高的理想信念同实际工作紧密结合起来。在深入学习讨论的基础上,厂党委以科学发展观做指导,围绕公司创建百年油田的战略部署,确定了以建设学习型采油厂,实现持续有效发展为目标,以"三老四严,永创一流"为核心理念,以人才、管理、技术、文化创新为主要措施的发展思路,广大党员带头学习、带头攻关、带头奉献,有力地推动了全厂奋斗目标的实现。

第二,发挥党员学习制度的实践性,促进党员提高能力素质。作为员工队伍

中的优秀分子，党员是创建百年油田的中坚力量。面对新的形势和任务，部分党员的能力素质还不适应当先锋、打头阵的要求。落实党员学习制度，要求党员在制定学习计划时，就要带着问题、带着任务、带着目标去学习，增强学习的针对性和实效性；在考核评价时，不仅看党员学了什么、学了多少，还要看学习效果，看能力素质提高了多少，工作难题解决了多少，促使党员联系实际进行学习。按照油田公司党委"创百年油田，做百年先锋"主题活动的部署和"把党员培养成人才"的要求，结合建设学习型采油厂，在各级党组织和广大党员中开展了"创建学习型党组织，争当学习型党员，做百年油田先锋"主题实践活动，引导广大党员联系实际开展学习攻关，做到层层有课题、人人有项目，实现学习工作化、工作学习化。该活动不仅提高了工作水平，而且在实践中提高了党员队伍的整体素质，党员已成为管理、技术和操作人才队伍的主体。

  第三，发挥党员学习机制的实效性，促进党员创造一流业绩。对于企业来讲，保持共产党员的先进性，最终要落实在创造一流业绩上，使广大党员在平凡的岗位上做出非凡的贡献。落实党员学习制度，在评估党员学习效果时，把生产经营任务和油田开发指标完成情况、工作质量和水平，以及创新成果等作为重要考核内容，促使广大党员把学习的落脚点放在提高工作水平上，不仅要认认真真地学，而且要扎扎实实地干，以学促干，以干激学，形成学习与工作的良性互动。几年来，第一采油厂在基层党员干部中开展了以"争当优秀干部、争创一流业绩"为内容的"双争"活动，并形成机制，通过综合考评，每年评选出80%的合格干部，再从合格干部中推选出10%的优秀干部和5%的杰出干部，进行表彰奖励，使广大党员干部既感到压力，更受到激励，带领员工积极投身发展实践，推动了全厂创新发展，实现了连续31年年产原油1000万吨以上的好成绩，荣获股份公司"油气田开发管理先进单位"称号。

（2005年大庆油田有限责任公司保持共产党员先进性教育活动研讨会材料）

构建长效机制　推进基层建设
在创建百年油田中发挥主力作用

第一采油厂党委

近年来，第一采油厂党委立足创建百年油田，深入落实集团公司《基层建设纲要》和油田公司《关于加强基层建设的指导意见》，继承发扬抓基层、打基础的优良传统，树立长期抓、全面抓、深入抓的思想，在总结基层建设实践的基础上，着力构建长效机制，较好解决了抓一时而不长远、抓局部而不系统、抓表面而不深入的问题。全厂236个基层队，95.3%成为达标队，在固本强基活动中推动了创新发展。

一、构建"五比五争当"活动机制，强化党支部核心作用

基层党支部是基层建设的核心，是推进发展的战斗堡垒。为了落实党支部"八抓"职责，在总结"五比五争当"（比学习、比思路、比创新、比稳定、比成效，争当学习状元、争当管理明星、争当科技标兵、争当岗位能手、争当思想政治工作模范）活动的基础上，形成了长效机制，实现了活动的经常化、长期化，在基层党支部中营造了比中学、争中干、赛中进的创先争优氛围。

一是明确思路谋发展。各基层党支部在"五比"中，纷纷着眼油田发展，瞄准先进水平，联系工作实际，积极谋划发展思路，呈现出争先恐后想创新、你追我赶求发展的局面。中十六队党支部组织一班人到厂内外先进单位参观学习，对照先进水平找准差距，明确方向，形成了实施"四个工程"（素质工程、争优工程、稳定工程、安全工程），做好"四个维护"（能力维护、利益维护、健康维护、情感维护），追求"十百千万"（管理十全十美、操作百作不误、维护千方百计、安全万无一失）的发展思路。党支部通过召开员工大会、深入生产岗位宣讲等形式，广泛进行形势、目标、任务、责任教育，把员工的思想和行动统一到新的目标上来，推进了全队创新发展，一类油水井、站等各项管理指标名列全厂前茅。全厂不论是先进队还是一般队，不论是前线生产单位还是后勤服务单位，队队有发展思路，年年有发展进步，基层整体水平不断提高。

二是融入管理促发展。各基层党支部坚持把支部工作与管理工作有机结合，

把生产管理的难点作为支部工作的重点,做到在融合中发挥优势,在服务中履行职能,在保证中推进发展。聚中十四队党支部充分发挥政治优势,积极服务生产管理,针对交接班过程中存在的重视显性设备、忽视隐性因素的问题,组织班子成员调查研究,集思广益,丰富拓展了"三一四到五报"交接班方法,创造形成了"立体点项"交接班方法,把交接班内容量化、细化为具体管理点项,将地下、地面、空中的显性设备和隐性问题进行全方位的立体式交接。这一做法在全厂得到了推广,并在油田公司管理现场会上重点做了经验介绍。各基层党支部围绕管理抓工作,服务生产搞活动,促进了基层建设水平的提高,涌现出6个油田公司功勋集体。

三是引领队伍保发展。基层党支部落实"五比五争当"机制,激励党员在"五争当"中发挥先锋模范作用,影响和带动员工群众。通过开展党员旗帜工程、党员先锋岗、星级管理岗、挂牌示范岗、精品责任区等活动,使广大党员自觉做到一时一刻牢记党员标准、一言一行符合党员称号、一点一滴体现党员作用、一心一意为党旗增辉。萨中Ⅱ配制站党员做出"我的操作无差错,我的岗位请放心"的承诺,带头做到"岗位行为零失误,服务行为零缺陷,心理行为零距离",党员承包的岗位全部达到先锋岗水平,为员工做出了表率。中四队党员提出"我是党员,我当红星""我是党员,我打百分"等响亮口号,带头践行"三老四严"优良传统,发挥了先锋模范作用。全厂党员在暴风雪、地震、大暴雨等危急时刻,冲锋在前,连续奋战,攻坚啃硬,用模范行动诠释了共产党员的先进性。正是在党员的影响和感召下,广大群众积极向党组织靠近,发展新党员860人,入党积极分子达到1680人,党组织的凝聚力和战斗力不断增强。

二、构建"双争"管理机制,提升基层干部能力素质

面对新形势、新任务赋予基层干部的新使命、新要求,第一采油厂突出抓好基层干部队伍的能力建设,从2002年开始建立了以"做合格干部,争当优秀干部、争创一流业绩"为内容的"双争"管理机制,明确了活动目标和具体内容,建立了责任体系和运行措施。实施过程中,紧紧抓住规划、指导、考评等关键环节,确保机制有效落实。

一是精心制定规划,靠目标导引。坚持从源头抓起,根据基层干部的工作岗位、个人素质和基础工作的差异,准确定位,制定符合实际的"双争"计划,明确"双争"目标。各矿(大队)党委对小队干部规划认真审查,坚持"三不过关":差距不准不实不过关,目标没有进取性、可行性不过关,措施没有可操作性不过关。第二油矿帮助每名干部确定能力提高的目标和措施,做到差距找的实、目标

定的实、提高措施实、工作效果实。矿党委书记对48名小队书记和队长的规划逐个审查，提出意见。个别干部的规划经过几次修改才通过。第三油矿在制定干部"双争"规划时实行全员分析，通过个人分析草拟、员工分析补充、领导分析完善，为每个小队干部制定了"挑战指标"，激励大家挑战自我，奋发进取。

二是认真指导帮助，靠组织促动。为了帮助基层干部落实"双争"措施，提高能力素质，实施了全过程分类跟踪指导。建立了矿（大队）领导指导小队正职、小队正职指导本队副职的指导体系。制定了《干部指导协议书》，明确了指导责任、方式、时间和目标。要求指导方做到"三个了解、三个必到"，即了解被指导方能力素质情况，被指导方制定个人规划时必到；了解被指导方"双争"目标和措施，被指导方工作标准和水平降低时必到；了解被指导方能力差距，被指导方能力提高不明显、业绩不突出时必到。第七油矿落实矿领导和小队书记、队长两级承包指导责任，帮助基层干部总结教训、查找差距、制定措施；结成基层干部帮带对子40个，发挥优秀干部的示范作用；采取岗位轮换、干部代理制等方法，增强了措施的针对性和实效性，促进了干部能力的提高。

三是严格考核评价，靠政策激励。每年对小队干部进行一次"双争"考核。在考核内容上，包括综合素质、工作业绩、员工满意度三大方面，做到素质考核与业绩考核相结合；在考核方式上，采取季度跟踪考核和年度综合考核评价方法，做到个人总结与组织考察相结合，民主评议与员工测评相结合，理论考试与业绩评价相结合；在考核结果上，以矿（大队）为单位，按照党支部书记、队长、副队长、技术员分类排队，确定名次。采取抓两头、带中间的方法，对评选出的杰出干部和优秀干部，召开大会进行表彰奖励，重点宣传。对连续两年评为优秀干部的，列为后备干部重点培养，优先提拔使用。对排在后面的干部，采取思想教育、培养提高、组织调整等措施促其进步。第五油矿实行干部业绩计点考核，制定了生产任务、管理指标、成本控制、安全生产、廉洁自律等12个方面的考核记分点，一月一考核，一季一公布，结果记入干部业绩考评档案，激励干部积极向上。作业大队制定了干部考核首位升级、末位竞聘制度，将排在首位的干部，副职提拔使用，正职作为后备干部培养；排在末尾的干部，让出岗位，重新进行岗位竞聘，本人仍可参加。增强了干部的争先意识。在"双争"机制激励下，全厂基层干部人人思学、思干、思进。评为优秀干部的倍加努力，更进一步；进入合格行列的积极进取，追赶先进；排名靠后的不甘落后，奋起直追。实现了整体素质的提升。几年来，全厂涌现出"双争"杰出干部70人、优秀干部480人，被提拔到副科级岗位34人。

三、构建"学习型小队"创建机制,推动基层创新发展

建设学习型企业,塑造知识型员工,是企业持续发展的需要,是创建百年油田的根本保证。第一采油厂于2003年提出了创建学习型采油厂的目标,构建了以五类学习型组织、八个学习型系统、四项学习机制、十条学习途径为主要内容的学习型采油厂框架。把建设学习型小队作为创建学习型采油厂的重点,建立了"学习型小队"创建机制,保证了创建工作的长期化、系统化、规范化。

一是搭建团队学习平台,提升学习能力。确立了"学习——超越自我"的学习理念,通过反思学习、共享学习、互换学习、团队学习等学习渠道,采取网上学习、知识讲座、管理论坛、学习"沙龙"等多种形式,开展全员学习,努力营造天天都是学习日、处处都是大课堂、人人都是好学员的学习氛围,促进团队学习力的提升。南三队在班组中采取了"60分钟快乐交换"学习方法,每周召开一次"快乐交换学习会",以讲故事的方式,围绕提高操作技能、解决生产难题、岗位创新创效,交换学习体会、工作方法和创新想法,分享学习乐趣,共同学习提高。岗位员工针对技术薄弱环节制作学习题卡随身携带,每天互相提问,在交换知识的过程中提高了技术素质。全厂基层小队积极创新学习方法,采取"1+1"互助学习、5分钟知识共享、8小时班长、沟通反思会等多种方式,交流学习心得,共享学习成果,做到知识互换、优势互补,实现了学习工作化、工作学习化。

二是开展"百做不误"练兵,提升执行能力。从增强员工标准化操作能力出发,广泛开展"百做不误"大练兵,把"百问不倒"延伸发展为"百做不误",强调理论知识和操作技能的综合开发与运用,注重理论学习能力和实际动手能力同步发展,做到了"说"与"做""学"与"练""会"与"用"的统一。制定了"百做不误"岗位练兵考核验收办法,定期对基层岗位练兵活动进行全方位的考核评价。采取分工种集中训练、导师带徒单独教练、交接班互考互问、班组技艺对抗赛、绝招绝技观摩会、录制标准化操作教学录像片等形式,广泛开展岗位练兵活动,员工技能素质全面提升。涌现出集团公司技能专家3人、油田公司技术能手46人、厂岗位能手628人,在油田公司技术大赛上获得团体总分第一名。

三是围绕生产难题攻关,提升创新能力。注重将学习力向创新力转化,制定了"层层有项目、人人有课题"指导意见,引导员工带着问题去学习、带着任务去学习、带着目标去学习,在学习实践中提高能力素质,在解决问题中提高管理水平。为了激励广大员工创新创效,厂专门制定了管理创新和岗位创效评审奖励办法,举办了技术革新成果展,激励广大员工立足岗位,创新创效。各基层队积极开展"金点子"工程、"金手指"舞台、岗位创效明星、结攻关对子等活动,

形成了重学习求发展、真学习求生存、精学习求创新、深学习求超越的学习攻关氛围,实现了队队有成果、班班有成效、人人有提高。五年来,全厂员工完成技术革新1619项、青工"五小"成果1103项,提创新创效点子4980个。

四、构建"基层企业文化"建设机制,推动基层管理升级

加强基层建设,推进企业发展,重在文化引领。第一采油厂作为"三老四严"的发源地,以"三老四严,永创一流"为核心理念,建立了"基层企业文化"建设机制。连续四年召开企业文化建设成果发布会,总结推广基层企业文化创新实践,形成了理念文化、行为文化、环境文化"三位一体"的文化体系。使基层企业文化建设在继承中创新,在实践中做强,在融合中发展,形成了各具特色的个性文化,取得成果40项,实现了以文化发展推动基层管理升级。

一是突出文化引领,更新管理理念。注重发挥企业文化的引领作用,引导基层更新管理理念,提升管理水平。南三队在全面总结发展实践的基础上,提炼形成了"追求和谐,创造完美"的发展理念,统一员工价值取向,实施品牌管理,全力打造队伍建设的素质品牌、生产管理的精品品牌、经营管理的效益品牌、基层建设的一流品牌,实现人企和谐、发展共赢,促进了管理水平提升,被评为油田公司功勋集体。各基层单位纷纷结合自身实际,提出了"永远做油田精品""超前防范,超值服务,超越自我""真诚服务,合作双赢"等管理理念,推动了基层队的创新发展。

二是突出文化融合,创新管理方法。引导基层单位在促进文化与管理的融合中,探索新的管理方法,提升管理层次。中七联合站提出"以人为中心",赋予管理理念"尊重人、理解人、感化人、培育人、塑造人"的人文底蕴,构建了以"关心员工利益、关怀员工能力、关爱员工健康"为内容的"亲情关爱"安全管理文化。实行了"班前三讲、班中三想、班后三看",设立了安全亲情管理信息员,建立了"安全亲情档案"和"安全亲情展示板",将每名员工和亲人的合影、亲人的安全寄语挂在站门口,使员工在工作时能够看到家人期盼的目光,回味家人温暖关爱的话语。在站内醒目位置都能看到"安全,家人的期盼;平安,永远的祝福"等安全亲情警示标语。通过以情感人、以情动人、以情育人、以情塑人,提升了管理水平,外输油含水合格率达到98.7%,污水含油合格率、生产设备、岗位一类率均达100%,被评为油田公司管理样板站。各基层单位充分发挥文化的融合功能,积极创新管理方法,形成了"首问制""三全成本管理""点项管理""主副岗动态管理"等管理创新成果,在文化融合中促进了管理升级。

三是突出文化塑造,规范管理行为。注重发挥文化的塑造功能,全面落实股

份公司《职业道德建设手册》，提高队伍职业道德素养，规范员工管理行为。经保系统立足行业特色，培育形成了以"原则面前不让步，威胁面前不畏惧，金钱面前不伸手"为核心内容的"三不"行为文化。广大警员在油田保卫工作中，自觉践行"三不"理念，坚持秉公执法、敢于斗争、坚毅清廉，塑造了一支纪律严明、技能高超、作风顽强的经警队伍，涌现出以"油田忠诚卫士"许伟、刘炯慧为代表的一批先进典型，展示了新时期经警的崭新形象。各基层单位积极推进企业文化创新实践，培育形成了以"十大示范"为准则的基层干部示范行为文化，以"共振智慧，协力超越"为理念的技术团队"合璧"行为文化，以"精于细心、显于细处、情于细微"为内容的操作层细节行为文化，以"表层物质环境、中层制度环境、深层人文环境"为内容的矿（大队）机关"三层"环境文化，以"自然环境景点型、人文环境家庭型、发展环境学习型"为内容的生产班组"三型"环境文化，以"人人精心、事事精细、项项精优"为内容的"精优"现场文化等，充分发挥文化的塑造功能，在提智塑行中优化了管理行为，提升了管理水平，激活了发展动力。

　　以上是第一采油厂在基层建设上的点滴做法，还很不成熟和完善，将继续探索基层建设长效机制，不断提高基层建设水平，为创建百年油田做出新的贡献。

（2006年大庆油田有限责任公司基层建设经验交流
暨"先优模"表彰大会典型材料）

探索构建油田思想政治工作心理疏导长效机制

第一采油厂党委

在推进改革发展、构建和谐社会的大背景下,思想政治工作所面临的形势和担负的任务已从传统的以政治工作、道德教育为重点,发展为以心理疏导和思想解惑为重点。这就要求新时期的油田思想政治工作突破以往的观念和模式,在人文关怀和心理疏导上下功夫,通过构建思想政治工作心理疏导的长效机制,解决员工的心理冲突和思想困惑,为构建核心企业、和谐社会做出新的贡献。

一、更新观念,营造建立心理疏导长效机制的舆论氛围

关注员工的心理健康,提升员工的精神追求,丰富员工的精神生活,构建和谐的精神家园是社会进步的重要标志,是人类发展的必然要求,应该成为企业和个人的重要生活主题,也应当成为新时期思想政治工作的重要内容。因此,要在油田倡导"健康心理、阳光人生""和谐心态、和谐油田"以及"人文积淀、精神升华"的理念,为人的精神世界注入丰富的营养,为构建油田思想政治工作心理疏导的长效机制营造良好的舆论氛围。

首先,更新健康观念。健康的定义,不仅仅是身体上没有缺陷和疾病,还包括具有良好的生理、心理状态和社会适应的能力。特别是随着社会变革的加剧和油田改革的深化,员工面临的利益冲突和社会适应问题凸显,精神困惑和心理问题增多。在这种情况下,油田的稳定与发展、企业的效益与和谐都需要员工的健康心理做支撑。因此,要加强舆论宣传,通过宣传机构和企业的宣传网络,利用宣传栏、印刷品、网络、健康知识讲座等多种形式,帮助员工树立对心理健康的正确认识,鼓励员工遇到心理困扰问题时积极寻求帮助。员工长期处在不良情绪状态下,容易导致免疫功能下降和心理障碍,引发各种生理疾病。此外,心理问题往往还是企业员工不规范操作、不合理上访以及出现人际冲突、干群矛盾,甚至违法犯罪的心理诱因。因此,做好新时期油田的思想政治工作,必须从增进员工的心理健康意识入手,把心理教育纳入油田的思想政治工作之中,通过丰富多彩的心理健康活动,如举办心理沙龙、组织心理拓展训练和团体训练小组、观看

心理影片等，宣传普及心理健康知识，增强员工的心理健康意识，从而改善员工的心智模式，增强员工的幸福感和满意度，促进员工的自我成长和全面发展。

其次，培养和谐理念。新时期的思想政治工作既要关注人的精神领域和道德品质，还必须从身、心、灵三个方面关注教育对象，开展思想政治工作。第一采油厂在基层车队实行了"八个一"工作法，即上班前爱人的一声叮嘱、早点名时的一次安全例会、出车前的一次检查、行车中的一脚油门、十字路口的一脚刹车、转弯时的一次瞭望、回库时的一次收包、回家后的一声平安，使员工时刻感受到来自组织和家庭的关爱，使心灵受到感动与激励，从而增强了责任意识和安全意识。第一采油厂在员工教育上大力推进新闻文化"四到工程"，即厂内新闻到小队、企业文化到班车、一报一册到岗位、手机短信到个人。通过企业网使基层小队及时收看到厂内新闻；利用班车VCD宣传企业文化理念、生产管理、安全环保、节能降耗、操作技能等；开展"一报一册"（《大庆油田报》《形势任务宣传册》）进生产岗位试点；运用手机短信将安全提示、生日祝福、节日问候等发给员工，使宣传思想政治工作到岗位、上餐桌、进家庭，用化整为零的方式，让员工随时随地了解油田情、厂情、矿情、队情，用先进的文化和企业的声音占领员工思想阵地。同时，以"尊重实现平等、真诚赢得认同、理解换取支持、沟通拉近彼此、互助体味温馨、宽容放飞心灵"为原则，对员工提出了"为人处事想一想、利益面前让一让、发生冲突忍一忍、怒火难耐静一静、争执不下放一放，以及表达善意夸一声、心存误解谈一次、有了困难帮一把、出现纠纷劝一句、行为出轨拦一下"的人际交往规范。同时开展了"温暖在一厂，真情在身边"系列活动，通过"一声真心地感谢""一份关切的问候""一席善意的劝解""一次主动的帮助"等活动，努力营造想事干事、共谋发展的思想氛围，遵章守纪、勤奋务实的工作氛围，互助友爱、健康和谐的人际氛围，平安快乐、平和适度的生活氛围，引导员工建立和谐人际关系，努力实现人企和谐、人际和谐、人与自然和谐，从而推进和谐采油厂建设进程。

再次，提升人文意识。一是在观念塑造上，开展"算账"教育。重点在干部中算好"廉洁从业'七笔账'"，即政治账、经济账、名誉账、家庭账、亲情账、自由账、健康账；在青工中算好"爱岗敬业'四笔账'"，即开展就业前后工作环境、工资收入、福利待遇、个人发展等四个方面算账对比活动，真正增强员工幸福指数和敬业意识，进一步提高对企业的归属感。同时，持续开展大庆精神铁人精神和会战传统教育。以中华人民共和国成立60周年和大庆油田发现50周年为契机，广泛开展"爱祖国、爱油田、爱一厂"主题教育活动。二是在精神培育上，进行典型引领。在广大员工中，深入开展"学习朴凤元、甘当好工人"活动，并注重用身边典型教育身边人。选树典型由重业绩导向为主，向业绩导向和素质导向并重转变，不求"高、大、全"，而是突出个性特点，使典型既具有激励性，更具有导向性。2008年三八妇女节，第一采油厂对17名在倒班岗位上工作30年以上的女工进行了表彰；同时，选树了情暖员工的好书记、敢于负责的好站长、勤勉敬业的好主任、科技攻关的带头人、勇于创新的技术员等典型。连续两年评选了20名最具责任心青工。每年，在党员中评选管理明星、科技标兵、学习状元、岗位能手、思想政治工作模范。大力宣传了"我不能在这个站干一辈子，但要为这个站负责一辈子"的站长、"扎根倒班岗位三十二年、默默奉献巾帼建功"的变电女工、"一辈子为了油"的老工人、"技术精湛的好技师、精心带徒的好师傅"的工人技师、"用实干擦亮事业起点"的最具责任心青工等先进典型。下一步，还将在四个群体中进行素质导向典型选树的探索。在工人中，选树最具责任心员工、最自信员工、最诚信员工、最乐于奉献的员工、愈挫愈强的员工；在技师中，选树创新创效的技师、技能精湛的技师、带徒成才的技师；在基层干部中，选树道德高尚、情趣健康的干部，默默奉献、不事张扬的干部，专干实事、群众拥护的干部；在中层领导中，选树鼓励创新的领导、推动变革的领导、关心群众的领导、发展他人的领导等等。通过评选活动，使典型选树工作涵盖全面、特点鲜明、事迹鲜活，更好地融入和推进各项工作，促进员工队伍建设。三是在人文关怀、凝聚员工上，第一采油厂心系员工、情牵员工，搭建企业与员工的情感通道，对员工进行人文关怀。有针对性地做好一人一事的思想工作，丰富发展形成了日常思想政治工作的"八清八必到"，即对每一名员工做到：性格脾气清、身体状况清、特长爱好清、思想现状清、技能水平清、工作状态清、家庭情况清、社会交往清，生病住院必到、谈心家访必到、家庭纠纷必到、解决困难必到、节日慰问必到、婚丧嫁娶必到、子女升学必到、买房搬家必到。建立了五项工作制度，即谈心制度、家访制度、写实制度、分析制度、报告制度。使组织对员工的一言一行、一举一动都十分清楚，掌握了思想政治工作的主动权。四是在完善人格、健康心理上，把工作重点放在提高员工的自我调解能力上，通过为员工推荐有关心理健康方面的书籍，为员工普及自我管理情绪、控制情绪的知识，注重引导员工正确地对待自己、他人和社会，正确对待困难、挫折和荣誉，帮助员工形成健康心理和健全人格，建立一种阳光的心态，树立对人、对事、对物的正确看法，形成平常、积极、知足、感恩的心智模式，使员工经常处于积极的情绪状态，防止产生负面消极情绪，愉快工作、快乐生活。

二、加强领导，建立油田心理疏导长效机制的组织体系

构建油田思想政治工作心理疏导的长效机制是一项新的系统工程，需要确立领导机构，明确工作归属，建立组织体系，整合企业资源。

第一，明确分工，建立油田心理疏导长效机制的领导机构。党中央早就把心理健康教育纳入思想政治教育之中，作为思想政治教育的重要组成部分。党的十七大报告又把注重人文关怀和心理疏导作为加强和改进思想政治工作的重要举措。可见，心理疏导是新时期思想政治工作的重要手段和基本方法。据此，油田心理疏导长效机制的领导机构应归属于思想政治工作部门，即由思想政治工作部门统一领导和管理。这样，有助于将思想政治工作与心理疏导有机融合起来，充分发挥各自的优势和作用。

第二，整合资源，形成企业心理疏导网络。由于心理咨询在企业起步较晚，只有20多年的历史，因而专业资源有限，不能满足员工对心理疏导的需求。因此，要构建油田思想政治工作心理疏导的长效机制，就必须发挥心理咨询机构的专业优势，实现资源共享。一方面要利用社会资源。目前从事心理卫生和心理咨询工作的专业人员主要是精神病专科医院和医院心理门诊的医务工作者、社会心理咨询机构的心理咨询师（近年来通过国家统一考试的具有资质的心理咨询师）。企业可以采取"请进来"的办法，将这些专业人才组成专家或志愿者队伍，按企业所求，尽职责所能，为企业提供专业的心理疏导服务，达到资源共享。另一方面，要加强企业专业队伍建设。培育企业自己的专兼职心理辅导员队伍。

第三，加强干预，建立心理危机预警机制。尽管心理危机的发生具有一定的突发性和偶然性，但还是可以通过预警机制防患于未然，加强心理疏导工作的预见性和超前性。比如，通过心理筛查加强对重点人员的心理疏导和监控；及时解决人们在工作、学习和家庭生活中出现的各种矛盾和冲突，尽量减少心理问题和心理危机的诱发因素，消除心理隐患；从理论和实践层面探讨心理危机发生的规律性，并遵循客观规律开展心理危机干预工作，增强工作的科学性和针对性。如针对春季人的心理处于不稳定期，容易引发心理和精神疾病，是心理危机的高发期的特点，在春季到来之前开展心理健康宣传和教育活动，同时加强对重点人群的筛查和监控，以避免心理危机事件的发生。同时，要建立、健全公共突发事件和重大灾难的危机心理干预机制，将危机心理干预列入油田整体工作，统一规划，统一安排。面对给员工的生命安全和社会稳定可能造成严重影响的公共突发事件和重大灾难，以心理干预的方式，对受灾人群、遇难者及其家属进行心理救援，降低灾后精神疾病的患病率。

三、制定措施，确保油田心理疏导长效机制的有效运行

油田心理疏导长效机制的运行需要抓住一个核心、两个重点、三种途径，即以促进员工的自我成长和全面发展为核心，以对员工开展心理健康教育和对心理骨干的专业培训为重点，以设立心理疏导室、开展团体心理训练和组建心理团体为途径。具体措施如下：

一是开展心理培训，培养油田的心理疏导员和心理骨干。油田要增设专项资金，开展对心理疏导人员的专业培训。可以采取走出去、请进来的办法，选送心理素质好、思想觉悟高、有助人情结和奉献精神的员工到高校、医院和社会的心理咨询机构进行培训；也可以在油田开设心理咨询和心理疏导专业人员的培训班，请专家学者对相关人员进行培训和督导，通过初级班、中级班、高级班的系统培训和实践锻炼，成为油田心理疏导的骨干队伍，也可以鼓励员工通过培训报考国家心理咨询师资格认证考试，获得国家承认的心理咨询资质。2007年以来，第一采油厂在员工中倡导"和谐企业，从心开始"的理念，与首都师范大学心理咨询中心共同开展了构建思想政治工作心理疏导长效机制课题研究，将心理学知识纳入基层小队干部培训内容，2008年举办的6期共300人的基层干部培训班，均增设了心理学内容。下发《心灵解码》《心理门诊》等学习书籍和《心态大讲堂》系列光盘，倡导基层学习心理学相关知识。举办"压力与情绪管理""阳光心态塑造""性格领导力管理""CP心态教练理论""人性化管理三阶段"等心理学知识系列讲座，受到干部员工欢迎。在部分员工中尝试开展了心理测试和心理咨询，给员工下发了"心理健康测试指标""心理老化的十个标志""心理调节疏导方法"等宣传单。下一步，还将依据员工心理特点和心理规律，从增进心理健康、营造阳光心态、实现自我和谐入手，计划与中国石油中心医院精神卫生科（职业心理卫生科）合作，开展"员工帮助计划"的试点，探索解决职业心理健康问题。

二是探索心理疏导载体，为员工创造心理疏导和精神宣泄的良好条件。在对第一采油厂员工心理健康状况的调查中，66.3%的员工都认为有必要提供心理咨询服务，这说明大多数员工出现心理问题时，愿意尝试心理咨询服务。第一采油厂基层单位为一线员工设立"心理减压室"，内设谈心茶座、减压沙袋、心情笔记、心理书籍等，举办心理讲座和咨询，对员工进行心理关怀与疏导。如第一采油厂萨中Ⅱ配制站建立"情感室"，把《"六没、六有"情绪调整法》挂在墙上，告诉员工"有点情绪没关系、流流眼泪没关系、出点差错没关系、提提要求没关系、声音大小没关系"，让员工知道干部的态度是"有情绪立即交流、有苦衷立即沟通、有成绩立即表扬、有缺点立即指出、有要求立即去办、有意见立即接受"，

形成了干群情感的融洽和谐，确保了全队的稳定发展。

三是举办团体心理训练，解决员工的共性心理问题。在座谈中，员工谈到，现在经济收入增多了，生活水平提高了，但工作要求越来越高，学习压力越来越大，使员工的心理负荷不断增加。此外，员工普遍反映的共性问题还有人际沟通问题、情绪管理问题、亲子关系问题、夫妻关系问题以及与领导相处融合的问题等。这些共性问题可以通过团队心理训练的形式予以疏导和解决。第一采油厂第四油矿从创造充满情感、互相理解的心理环境和营造家庭型人文环境入手，塑造了良好的和谐氛围。在小队班组开展了"沟通从心开始"活动，建立了"家庭民主沟通会"和"小家议政会"制度，让广大员工集思广益，畅所欲言，人人参与管理。通过采取在单位挂"全家福"照片，配备"小药箱""针线包"，举办"我们是一家人""我爱我家"主题联欢等活动，增强个人对集体的亲近感和责任感，使员工之间形成一种互相信赖、互相关心、同舟共济、荣辱与共的心理状态。

四是开展心理团体活动，提高员工自我教育能力。员工团体是企业文化的重要载体，是企业思想政治工作不可或缺的组成部分，是员工陶冶思想情操、展示智慧才华的广阔舞台。健康有益的团体活动，不仅能够培养员工的兴趣爱好，扩大求知领域，使员工生活丰富多彩、充满乐趣，而且对员工的心理成长具有积极的作用。可以通过开展各种团体活动，如心理健康知识讲座、心理培训、成长小组、拓展训练、心理测试、心理沙龙等，宣传心理健康知识，提高员工的心理保健意识，增强员工的挫折承受能力和社会适应能力，以使员工在参与各种活动的过程中，感到成长的快乐，感受成功的喜悦，感悟人生的美好。

五是加强对重点人群的心理疏导和心理监测，预防心理危机事件的发生。对于一些特殊员工和易感人群，需要予以重点关注，如生活困难员工、患重病的员工、单亲离异员工以及学历低的员工等。这些人群面临的问题如果得不到及时解决，就会诱发心理问题，产生心理障碍和精神疾病。尤其是以烦躁、冲动、偏执为特征的不健康心理，可能会导致一些公共突发事件，成为社会的不稳定因素。因此，对这些群体的思想政治工作需要与解决他们生活中的具体困难相结合，配合心理疏导，给他们提供宣泄不满情绪、阐发思想观点的机会。此外，针对女性员工群体，可以举办婚姻问题、亲子关系讲座，调适职业女性在事业与婚姻、家庭关系问题上的困惑，为她们排忧解难。针对青工群体，可以策划"健康快车进心灵"活动，解决在学习、交友、成长等方面遇到的困惑和问题，为青年健康成长送上"心灵鸡汤"。针对领导层、管理层和技术人员群体，可以进行心理减压辅导，帮助他们调整认知，宣泄情绪，快乐生活。第一采油厂针对需要给予特别关注帮教的人群，总结细分了"人际紧张型、工作懒散型、粗心大意型、家庭变故型、心理异常型、随意放纵型、违规违纪型、经济困难型"八种类型。对这些重点人做到了"四个掌控",即行为特征掌控、生活圈子掌控、心理波动掌控、异常活动掌控,并在第一时间开展工作,避免一些小问题酿成大事端。同时,还依据不同类型人群的特点,制定了有针对性的对策。如对心理异常型员工的多疑、固执、不安全感和自我为中心的问题,要求干部在工作中要先与他们建立信任关系,在互相信任的基础上交流情感,使其对自己有正确、客观的认识,产生要求改变的愿望。鼓励他们积极主动地进行交友活动,在交友中学会信任,学会自我调控,消除偏执、不安的反应。总之,要加强对思想政治工作的重点群体和易感人群的心理监测和心理疏导工作,通过建立员工心理健康档案、开展心理测试、聘请心理专家答疑解惑、召开心理恳谈会、进行团体心理训练等方法,促进情绪交流、宣泄渠道的畅通,避免不良心态的积累、恶变,为构建和谐企业创造良好的心理氛围。

(2007—2008年度中央企业党建思想政治工作优秀研究成果特等奖材料,编辑时有删节,标题为编者所加)

用大庆精神育人铸魂

第一采油厂第三油矿中十六联合站

中十六联合站隶属于大庆油田第一采油厂第三油矿。自1997年建站以来，他们继承发扬以"爱国、创业、求实、奉献"为主要内容的大庆精神，始终高扬"我为祖国献石油"的主旋律，用"三老四严"优良传统历练队伍，为在市场经济条件下进一步发挥国有企业的政治优势，在建立现代企业制度的同时创造性地开展基层思想政治工作，探索出了一条新路子。

一、坚持以人为本，增强思想政治工作的凝聚力

面对油田重组整合、业务拓展带来的深层次矛盾，面对打好高科技新会战、保持生产经营良好态势带来的更高要求，面对社会价值观念、生活方式变化带来的深层次思想问题，中十六联合站把"以人为本"作为开展思想政治工作的出发点和落脚点，尊重人、理解人、关心人、帮助人、感化人，提出了"永远做油田精品"的理念。

一是注重情感关爱，用"心"凝聚队伍。中十六联合站发扬大庆会战时期思想政治工作的优良传统，把思想政治工作做到员工的心坎上。首先是坚持"八清八必到"制度。八清，即对员工的性格脾气清、身体状况清、特长爱好清、思想现状清、技能水平清、工作状态清、家庭情况清、社会交往清；八必到，即生病住院必到、谈心家访必到、家庭纠纷必到、解决困难必到、节日慰问必到、婚丧嫁娶必到、子女升学必到、买房搬家必到。其次是"五个一"原则，即把员工进步作为第一目标、把员工冷暖作为第一责任、把员工情绪作为第一信号、把员工需要作为第一重点、把员工满意作为第一追求，使员工认同十六联、热爱十六联、奉献十六联，形成了"企业以人为本，人以企业为家"的良性互动局面。

二是注重心理疏导，培育员工健康向上的心态。中十六联合站总结出了员工容易产生异常心理的十大时间节点，即政策出台时、利益分配时、任务繁重时、家庭矛盾时、工作挫折时、身体不适时、岗位调动时、意见分歧时、建议未果时、沟通障碍时。明确了干部做好员工心理疏导的"十要十不要"原则，即要倾听意见，不要强硬控制；要适度宽容，不要心胸狭隘；要寻找亮点，不要计较短处；

要亲和友善，不要板起面孔；要吃透症结，不要蜻蜓点水；要准备充分，不要盲目出击；要换位思考，不要固执己见；要优化环境，不要紧张氛围；要情理相融，不要呆板教条；要善始善终，不要半途而废。建立沟通调解机制，制定了思想政治工作"六必谈"制度，即工作单位调动或岗位调整时必谈、改革措施出台时必谈、安排非日常性繁重工作时必谈、员工产生纠纷时必谈、员工发生思想波动时必谈、员工受处罚处分时必谈。通过心理教育、心理疏导、心理激励，促进员工的身心健康。

三是注重员工权益，通过解决实际问题做好思想政治工作。中十六联合站继承发扬大庆油田"一手抓生产，一手抓生活"的优良传统，从解决好员工最关心、最直接、最现实的问题入手，把思想政治工作融入不断改善员工工作生活条件和保障员工各项权益的过程中。坚持每年定期召开职工大会，拓宽日常民主管理渠道，实施安全隐患改造，将劳动保护覆盖到员工从上岗、值岗到离岗的全过程。坚持关注健康从员工健康时开始，提出"最好一餐在食堂"的口号，千方百计改善员工生活。以建设推窗见绿色、开门闻花香的"花园式站队"为目标，美化、绿化环境。在实现员工各种权益权利的过程中，扎扎实实地开展思想政治工作。

四是关注员工成长，促进员工与企业共同发展。面对油田"高科技新会战"对员工队伍提出的新要求，中十六联合站提出"永远的精品需要永远地学习，永远地学习创造永远的精品"的学习理念，"给钱、给物，更要给个好能力"的观念，确立了"建学习型小队、学习型班组、学习型员工"的目标，促进员工不断成长。按照一专多能员工、工人技师、技术人员、管理人员四个方向对员工进行职业生涯设计，为员工成长"铺路子"。组织"一岗精、二岗通、三岗懂"换岗轮训，开展"百问不倒、百做不误"岗位练兵活动，为员工成长"搭台子"。建立激励机制，设立"学历提升奖""导师带徒奖""技能提升奖""创新创效奖"，为员工成长"架梯子"。目前全站高级工比例达到45%，35人取得双岗操作证，16人通过三个岗位技能鉴定，26人取得大专以上学历。

二、坚持"三个结合"，增强思想政治工作的实效性

中十六联合站坚持"实"字上下真功夫、硬功夫，出实招、办实事、做实功、出实绩，常抓不懈、一抓到底，切实增强了思想政治工作的实效性。

一是坚持思想政治工作与生产经营相结合，虚功实做。中十六联合站继承发扬大庆油田坚持"抓生产从思想入手，抓思想从生产出发"的优良传统。"抓生产从思想入手"就是坚持思想领先，在解决生产问题时把思想政治工作做在前头；"抓思想从生产出发"就是结合生产实际，确定思想政治工作任务，使思想政治

工作紧紧围绕企业生产经营这个中心进行。在指导思想上，把为生产经营提供服务保证作为思想政治工作的首要任务；在方式方法上，始终把符合"贴近生产、贴近实际、贴近群众"要求的主题教育活动作为重要手段，使思想政治工作成为促进发展的生命线、构建和谐的连心线、提升效益的动力线、安全生产的保障线。

二是坚持思想政治工作与严格管理相结合，互为支撑。中十六联合站坚持健全完善员工政治学习等思想政治工作制度，用思想政治工作保障生产管理"六化"的实现，即资料录取全准化、岗位操作标准化、设备管理十字化、节能管理精细化、环境管理清洁化、内务管理军事化，营造严细深实、积极健康向上的工作氛围。把党员考核具体划分为33小项100分，既量化了党员评比标准，又规范了党员日常管理，更重要的是激发了党员的工作热情。坚持把思想政治工作寓于各项管理制度之中，实现了二者的双向互动、高度融合、有机统一。

三是坚持思想政治工作与企业文化相结合，以文化人。中十六联合站在把"我为祖国献石油"的主旋律作为员工价值目标的基础上，逐步形成了"四种精神"，即目光远大、执着追求、艰苦创业、埋头苦干的拼搏精神，解放思想、实事求是、不断创造、勇于进取的创新精神，立足岗位、胸怀全局、严细认真、崇尚一流的敬业精神，心想事业、情系油田、淡泊名利、默默无闻的奉献精神，创造了独具特色的企业文化。同时，积极实施"三到工程"，即企业文化到班车、一报一刊到岗位、手机短信到员工，使思想政治工作与企业文化建设紧密结合、融为一体，内化于心、固化于制、外化于行，取得了潜移默化、润物无声的效果。

三、抓住"两个关键"、坚持"四项保证"，增强思想政治工作的执行力

在开展思想政治工作的过程中，中十六联合站紧紧抓住"两个关键"：始终坚持将思想政治工作纳入上级党委的统一领导，增强思想政治工作的权威性，保证思想政治工作的正确方向；始终坚持加强基层组织建设，充分发挥党支部的战斗堡垒作用，保证思想政治工作落到实处。同时，坚持"四项保证"，在制度、机构、队伍、经费方面为开展思想政治工作提供有力保障，切实增强思想政治工作的执行力。

一是坚持"一岗双责"，为思想政治工作提供制度保证。中十六联合站坚持大庆油田党委制定的干部"一岗双责"制，党政领导正职共签一份业绩合同，明确班子成员均须承担思想政治工作与行政工作双重责任。建立信息反馈制度，每个班组都从思想政治工作骨干中选定一名信息员，定期向党支部汇报班组员工思想状况。建立思想政治工作季度思想分析制度，每季度由班组长对班组员工进行

一次思想分析，突发性、倾向性问题随时发现随时分析，准确掌握员工思想问题的根源，使思想政治工作有标准、有规范。

二是发挥党支部的主导作用，为思想政治工作提供组织保证。中十六联合站按照基层单位支部建设好、领导班子好、队伍素质好、经营管理好、文化氛围好、环境建设好的"六好"要求，开展"选配一个好书记、建设一个好班子、带出一支好队伍、完善一套好制度、构建一个好机制、创造一流工作业绩"的"六个一"创建活动。配备专职党支部书记，全面履行基层党支部的职责，做到抓方向、抓思路、抓服务、抓自身、抓队伍、抓热点、抓文化、抓群团。团支部作为党组织的助手，在创油田精品的实践中发挥了突击队作用。

三是发挥党员干部带头作用，建设"大政工"队伍，为思想政治工作提供队伍保证。"队伍好不好，关键看领导；班子行不行，先看前两名"。中十六联合站党支部高度重视发挥党员干部的示范带动作用，以党支部书记、队长为主，挑选有能力、威信高、善于做思想工作的党员、团员、班组长等组成思想政治工作骨干队伍，形成干群结合、专兼结合，党政共同负责，党政工团齐抓共管的思想政治工作"大政工"队伍。

四是建立活动场所，设立奖励基金，为思想政治工作提供物质保证。在大庆油田公司和第一采油厂的支持下，中十六联合站建立了荣誉室、党员活动室、阅览室、青工阵地、培训室、职工之家，购置各类图书1500余册，订阅报刊20余种。同时，用上级有关部门颁发的奖金设立中十六联合站奖励基金，对评出的精品员工、学习标兵等进行物质奖励。

四、注重典型培育，发挥思想政治工作的激励功能

中十六联合站坚持用先进典型引领队伍，营造出人人学典型、个个争先进的浓厚氛围，充分发挥了思想政治工作的激励功能。

一是学习先进典型。大庆油田英雄辈出、典型众多。中十六联合站党支部利用当年的老标兵、老模范、老会战等典型资源，开展"学会战传统，讲身边故事"活动；积极响应油田公司关于开展向"新时期好工人朴凤元"及"刘备战班组"学习的号召，用先进经验指导实践。通过典型示范、言传身教，引导员工继承优良传统、弘扬大庆精神，创造新的业绩。

二是培养树立身边典型。每年选树3个"精品管理岗位"、10名"星级员工"、15名"学习型员工"等先进典型，重点表彰，用"身边的人讲身边的事，身边的事感动身边的人"的自我教育法激发员工。坚持月评10件事，季评10名文明人，评选"精品操作员工""精品分担区""精品管理设备""精品资料报表"，

让员工创精品的身影随处可见。

三是用典型示范领跑队伍。"评比选树立标杆，人人身边有样板"。典型选树工作涵盖全面、特点鲜明、事迹鲜活，使典型既具有激励性，更具有导向性。干部员工对比先进找差距，形成了人心思干、人心思进、人心思上的创先争优氛围，推动了全站各项工作的开展。

中十六联合站开展思想政治工作的经验具有重要的时代意义，带来多方面的启示：加强和改进基层思想政治工作是企业生产经营管理的基础性工作，必须常抓不懈；基层思想政治工作关乎企业发展和社会稳定的全局，必须全面加强；制度建设是做好基层思想政治工作的根本保证，必须建立健全。做好新形势下的企业思想政治工作，关键是要加强党的领导，充分发挥基层党支部的作用，实现重心下移，把思想政治工作融入企业生产经营管理的全过程、企业文化建设的全过程，实现思想政治工作规范化、制度化，以建立思想政治工作的长效机制。

（2009年6月中国思想政治工作研究会、中宣部思想政治工作研究所调研组对中十六联合站思想政治工作进行调研后，在2009年8月1日出版的《求是》杂志第15期上发表的文章）

育科技人才　强发展实力
为建设百年大厂提供强劲支撑

第一采油厂

第一采油厂建于 1960 年 10 月，是大庆油田规模最大、产量最高的采油厂，已实现原油 1000 万吨以上 35 年持续稳产。多年来，始终把培养高素质科技人才队伍作为提升企业核心竞争力的重大举措，建设了一支专业覆盖全、技术造诣深、攻关能力强的科技人才队伍，为企业发展提供了强劲支撑。

一、着眼未来，用发展引领人才

油田开发靠技术，技术发展靠人才。第一采油厂努力把人员大厂建成人才大厂，全力培养百年大厂建设需要的科技人才。

一是围绕百年大厂创建，科学规划人才。作为大庆油田的主力采油厂，第一采油厂坚持担大责任、做大贡献、谋大发展，确立了创建百年大厂的发展战略，制定了"形成适应百年发展需要的优势技术系列"的阶段目标。实现上述目标，关键在科技，根本靠人才。为此，制定中长期技术人才发展规划，确立了"规划有序，核心突出，机制灵活，融智提升"的工作思路和"245"工作目标，即到 2010 年培养专家型技术人才 200 人，到 2017 年达到 450 人，科学有序地推进人才资源开发和利用，满足百年大厂建设对科技人才的需求。

二是围绕科技攻关，培养核心人才。科技创新的关键在人才特别是核心人才。围绕"瓶颈"技术攻关，重点对掌握国际石油开发前沿技术、攻关能力强的技术人才实施团队式培养开发，在团队攻关中提升科技创新能力，形成自己的核心人才队伍。在四大主体技术领域，建立了由高级技术专家、技术专家、技术带头人、技术骨干组成的 80 人核心技术人才队伍。在他们的带领下，全厂科技创新不断取得重大突破，形成支撑百年发展的油田开发优势技术集群，以现有技术为支撑制定的原油稳产规划，预计将使采收率达到 60% 以上。

三是围绕未来发展，储备后续人才。充足的后备人才是实现企业持续发展的有力保障。按照超前 15 年研究、超前 10 年试验、超前 5 年配套的技术研发思路，每年都有计划、有步骤、有重点地引进一些专业对口、学有专长的高学历毕业生，加快培养一批既掌握油田开发前沿技术，又具备很强技术创新能力的拔尖人才。目前，拥有各类科技人才1200名，其中博士、硕士研究生53人；高级工程师、工程师职称613人，占科技人才总量的50%以上。他们中间有40多人担任油田公司级以上重大科研项目负责人，有力推动了油田开发技术不断取得重大进展。

二、搭建平台，用事业成就人才

人才需要在事业中体现自身价值。对人才，第一采油厂坚持有多大能力就给多大舞台，搭建多种成长提高平台，让人才在推动事业发展中快速成长，实现价值。

一是搭建培训平台，提升科研水平。科学研究需要以扎实的理论功底做基础。对技术人员进行全方位、分层次、有针对性地理论培训，有目的地选送技术骨干到科研院所进行培训；开发网络培训学院，开设网上课堂，促进自主学习；定期邀请专家来厂进行新理论、新技术、新知识培训；厂及各单位每季度召开技术座谈会，定期举办科技成果报告会，提供学习机会，探讨难点问题。推行职业导师制，将核心骨干人才和一般技术人才"捆绑"在一起，让核心技术人才在担当科研攻关任务的同时，也担当起人才培养的重任。

二是搭建实践平台，提升技术创新能力。实践是锻炼培养人才，实现科技创新有效平台。坚持在实践中培养人才，让人才在实践中尽显才华，推动科技创新。新入厂大学生先要到采油队实习，提高解决实际问题的本领，使他们补上实践课；让技术人员带着课题到现场，在生产中搞科研，在实践中出成果，提高他们的科研水平和解决技术问题的能力；选派优秀技术人才到基层挂职锻炼，增加现场经验，提高他们的综合能力；梯次配备科研项目攻关人员，把优秀技术人员放到公司以上的项目中，通过课题攻关进行摔打磨炼，提高他们的自主创新能力。

三是搭建成大才平台，提升国际竞争力。科技的竞争是高端人才的竞争。积极拓宽科研人员成才途径，按照其成长规律和职业发展需求，建立了高级技术专家、技术专家、技术带头人、技术骨干四条发展通道，完善了技术人才提能培养机制、提质使用机制、提效考评机制和提速激励机制，引导科技人员勇于攻关，岗位成才，当大学者，成大专家。同时，按照企业需要与个人需求相结合的原则，注重个性化培养，通过出国学习、国际技术合作等途径，促使人才技术水平快速提升，与世界先进水平保持同步。几年来，1名专家赴美国科罗拉多矿业学院学习提高采收率技术，4名专家和技术带头人赴加拿大滑铁卢大学学习三次采油、采油工艺等技术。先后选派6名骨干技术人员参加SPE国际学术会议，进行学术交流，追踪世界前沿技术的最新发展，提升科技竞争实力。

三、营造环境，用政策激励人才

良好的环境是人才健康成长的保障。第一采油厂通过营造良好的人才发展环境，增强他们的归属感、成就感和责任感，激发人才潜能，焕发人才热情，激励人才投身科技事业。

一是营造舆论环境，以荣誉鼓舞人才。舆论是导向，正确的舆论导向能够引导人才力争上游。每年都开展科技人才典型选树活动，通过媒体宣传、事迹报告会等形式，大张旗鼓地宣传科技人员的先进事迹，努力营造科技人员光荣、科技攻关重要、科研成果重奖的良好环境，使科技人才受到鼓舞激励。先后选树了油田公司功勋员工王研、油田公司杰出青年任刚、彭占刚等一大批先进典型。硕士研究生彭占刚，2004年参加工作后扎根基层搞科研，很快成为技术拔尖人才，被评为油田公司十大杰出青年，成为全厂科技人员学习的榜样。

二是营造利益环境，让待遇倾斜人才。利益是杠杆，科学运用杠杆能够有效激发人才潜力。坚持好人才给好待遇，肯定人才价值。制定了《优秀科技人才奖励实施办法》，年年评选奖励优秀科技人才。2000年以来，对优秀科技人才奖励共计1600余万元，先后有2人获油田公司技术创新突出贡献奖，给予20万元的奖励。同时，还给予科技人才在疗养休假、入党晋级、培训深造等方面优先的待遇，营造科技人才"吃香"的氛围。给予核心技术骨干提供较高标准的办公条件，创造出国交流、学习考察等发展条件；建立技术津贴、定期体检、学术休假等制度，不断改善科技人才工作和生活条件，使其全身心投入科研攻关。

三是营造情感环境，用真情凝聚人才。情感是催化剂。切实关心人才的安危冷暖，以真情感动人才。制定了《科技人才定期联系制度》，各级领导都把科技人才作为企业的宝贵财富，把人才冷暖作为第一责任，把人才需要作为第一重点，把人才满意作为第一追求，千方百计解决科技人才的实际困难，解除他们的后顾之忧。春节召开座谈会和联欢会，送去慰问信和慰问金，平时定期听建议，节日送温暖，充分尊重人才、关心人才、爱护人才。真心实意地关爱，进一步提高了科技人才的责任感和使命感，调动了他们的工作热情。科技人才自觉投身科研，回报企业。2000年以来，在全厂员工的共同努力下，先后获得国家科学技术进步奖1项，省部级科学技术进步奖9项，油田公司技术创新奖126项；获得国家专利33项，国家软件著作权3项。

（2009年10月大庆市人才科技大会典型材料）

承载使命　提升能力
打造堪当重任的基层领导班子

第一采油厂

第一采油厂作为油田的主力采油厂，始终坚持原油持续稳产政治纲领不动摇，持续推进"四好"班子创建活动，突出提升基层领导班子引领发展、高效执行、创新实践的能力，着力培育堪当发展重任的基层领导班子，为确保原油持续稳产、推进科学发展提供了组织保证。

一、培育大局观念，增强进取意识，提升基层班子引领发展能力

第一采油厂从强化持续稳产的大局观念出发，重点实施理论建设、目标引领、行为示范"三项工程"，不断提升基层班子引领发展的能力。

一是靠理论导引，找准发展定位。推进实施理论建设工程，以党委中心组为载体，加强基层班子政治、哲学、管理等理论知识学习，重点学习了党的十七届四中、五中全会精神、科学发展观、《大庆油田可持续发展纲要》以及油田领导来厂调研时的指示要求。面对新的形势和任务，广泛开展"认清新形势、谋划新发展、推进新实践"学习讨论活动，强化基层班子的大局意识和发展意识，自觉做到立足局部想全局，立足当前想长远，把自身的发展统一到做原油稳产中坚、控制成本表率、科技创新先锋、企业管理标杆、队伍建设排头、传承大庆精神铁人精神模范的发展定位上。使基层班子普遍做到认识有深度、思想有高度、推进有力度，发展有想法、工作有章法、创新有办法，呈现出人心思进、人心思上、着眼大局、拼搏进取的发展氛围。

二是靠目标导向，明确发展责任。推进实施目标引领工程，以《大庆油田可持续发展纲要》为指导，确立了打造产量大厂、效益大厂、科技大厂、创新大厂、人才大厂、文化大厂的发展目标。围绕落实目标任务，突出"珍惜一厂光荣史、高举旗帜向未来"主题，开展"讲传统、讲形势、讲任务、讲责任"教育活动，使基层班子明确了持续稳产的责任并统一认识，落实油田4000万吨持续稳产政治纲领，必须实现厂原油1111万吨三年硬稳定目标，必须有永担重任的责任意识、永站排头的争先意识、永不停留的超越意识。

三是靠工作导行，推进发展实践。推进实施行为示范工程，建立领导干部"十项示范"标准，发挥以身作则的示范作用。深入开展"下基层、强服务、保稳产、促和谐"活动，制定领导干部联系点制度，建立"五跟班"管理机制，做到带着责任跟班、带着问题跟班、带着感情跟班，服务生产一线，确保队伍稳定，提升管理水平。实施"一线工作法"，做到决策在一线形成，矛盾在一线化解，问题在一线解决，形象在一线树立。今年以来，厂领导班子带头深入基层，共查改各类问题37个。建立民主议事恳谈会制度，与一线员工面对面交流，广泛征求意见和建议。建立现场办公制度，厂、矿领导班子定期深入基层，现场办公，分析开发形势，制定稳产措施，解决管理难题。在今年产量任务较重的形势下，基层班子带领干部员工精细管理，夺油上产，推进了打造"六个大厂"、确保持续稳产的发展实践。

二、科学培养选配，强化整体功能，提升基层班子高效执行能力

选好干部、配强班子，是加强班子能力建设的重要措施。第一采油厂注重"三培养三促进"，坚持优化配置，改善结构，不断增强基层班子的战斗力和执行力。

一是注重针对性培养，促进综合能力提高。加强班子和干部能力考核评价，每年采取召开专题民主生活会或个别约谈方式，通过个人深入查找、班子帮助查找、上级指导查找，分析能力不足，明确努力方向，制定提升计划。先后对6个班子和28名干部进行重点能力指导，使工作业绩明显提升。注重后备干部培养，坚持先育后用，逐年调整，始终保持一支年富力强、素质过硬、结构合理的100人的中层后备干部队伍。通过有计划、有重点的进行党务、生产、技术和管理等多岗位培养、全方位锻炼，促进能力提升。近几年提拔的37名基层领导干部，具有三种以上岗位工作经历的占64.8%，大学以上文化程度的占89%。持续的能力培养，多岗位的实践锻炼，使近三分之一的基层班子成员成为"多面手"，综合能力显著增强。

二是注重超前性培养，促进实际能力增长。着眼发展，立足需要，超前培养，实岗锻炼。加强前瞻性能力分析，针对干部能力"短板"，保持主要业务不变，对所分管工作定期进行"微调"，在不同业务中"催化"能力，促进能力释放，先后有21名能力强的副职走上了正职领导岗位。建立干部退出机制，在新老交替中促进班子能力提高。特别优秀的年轻干部提前放到班子中锻炼，着重培养、交任务、压担子，以老带新，使其早成熟、快成长。几年来，超前培养20名优秀干部，均在分管工作中取得突出成绩，部分干部承担了油田公司级以上科研攻关任务。

三是注重交流中培养，促进能力结构优化。从有利于干部成长，有利于工作开展出发，坚持定期进行干部交流，优化班子能力结构。开辟四条干部交流途径，在机关与基层之间、生产单位与科研单位之间、主体单位与辅助单位之间、同层面不同岗位之间进行交流，每年岗位交流率在20%左右。目前，基层班子47名正职中，有14人从事过同级党政两个岗位工作，10人从事过同级技术岗位工作，20人在不同工作性质单位担任过主要领导。采油矿分管技术的16名副职中，有7人从技术单位中选任，分管技术的副职同时也担负相应生产管理方面的工作。在基层班子中，形成了思路互动、能力互补、工作互助的局面，增强了班子整体功能，提升了工作水平。

三、提供有效平台，激发创造潜能，提升基层班子创新实践能力

实践永无止境，创新才能发展。第一采油厂积极创造条件，营造氛围，充分调动基层领导班子的积极性、主动性和创造性。

一是强化因需分类培训，赋予创新本领。根据基层班子职责要求，制定学习培训计划，进行重点集中培训。在培训组织上，做到上级要求、单位实际、个人需求、应对未来"四个结合"；在培训方式上，体现分类培训、层次分明、因人施教、学以致用"四个特点"；在培训内容上，突出政治理论、专业知识、应用技能、前沿管理"四类培训"。先后选派24人到国内知名高校参加脱产学习，择优推荐10名中青年管理骨干赴国外进行拓展培训。注重不同类别干部知识与能力交叉培训，平均每年举办各种培训和讲座12场次，人均参加学习培训在60学时以上。

二是建立正向激励机制，赋予创新动力。注重目标激励，实施定标分解。将厂战略任务和总体目标，细化为具有发展性的具体目标和完成标准，分解到各矿、大队，落实到班子成员，以目标的先进性激发工作的创造性。注重业绩激励，推行双向考核。每年签订基层单位和领导干部业绩合同，将创新工作纳入业绩考核。年底，依据单位和个人业绩指标完成情况，对基层班子进行考核评价，对班子成员进行业绩兑现。实现单位与个人创新业绩双挂钩，创新责任共担当。注重政策激励，推进发展。制定《管理创新、岗位创效管理办法》，鼓励创新行为，奖励创新成果，形成创新机制。制定考核奖惩政策，对在节能降耗、成本控制、油气生产等方面创新成效突出的单位，给予奖励。这些措施，极大调动了基层班子的创新热情，形成了重创新、想创新、比创新的良好局面。

三是形成管理运行体系，赋予创新载体。在创新管理上，形成确定课题、过程指导、总结交流的创新管理运行体系。年初，围绕厂发展目标和重点工作，分系统、分类别给基层班子确定研究课题。近年来，相继围绕确保1000万吨以上

持续稳产目标、构建"萨中模式"和打造"六个大厂"战略任务，分别给基层班子确立创新课题，明确创新重点。加强过程指导推进，确保课题研究有效开展。2009年，围绕构建"萨中模式"，组织召开示范区推进会、技术路线研讨会；2010年，围绕落实《大庆油田可持续发展纲要》、推进"六个大厂"建设，厂领导集中深入基层单位召开调研分析会，帮助基层分析形势，指导工作，解决问题，使基层班子研究内容更加清晰，创新任务更加具体。年底，以召开管理成果交流会、科技成果表彰会等形式，总结表彰、交流推广创新成果。2008年以来，第一采油厂共取得省部级以上管理创新成果12项，推进了全厂创新发展。

  站在新起点，面向新征程，第一采油厂将全面贯彻《大庆油田可持续发展纲要》，持续加强基层领导班子建设，在推进科学发展、持续发展的伟大实践中再做新贡献！

（2010年12月9日大庆油田人事工作会议书面典型经验材料）

创建"2+1"民主管理模式　提高基层党建工作水平

第一采油厂第三油矿党委

大庆油田第一采油厂第三油矿是"三老四严"的发源地，现有基层党支部21个，干部213人，党员467人，员工2054人，管理油水井3516口，2014年担负150.3万吨原油生产任务。

近年来，矿党委继承发扬"三老四严"优良传统，积极探索，大胆实践，建立实施了"2+1"民主管理模式，推进了基层民主建设，提高了基层党建工作水平。"2+1"民主管理模式："2"是两项制度，领导班子民主议事制度、基层干部民主推荐制度；"1"是一个保证，机关干部民主联系制度。具体如下。

一、民主议事制度，就是推行领导班子"四必议"民主决策制度，落实党委参与重大问题决策

民主决策是民主管理的首要环节，加强基层民主建设，就要扭住龙头，通过民主决策定好事。近年来，第三油矿在大力实施矿务公开、队务公开等民主管理制度的同时，积极探索矿领导班子民主决策制度，依据集团公司关于落实"三重一大"制度的实施办法，建立实施了矿领导班子"四必议"民主决策制度，把党政"一把手"商定变成班子集体决定，把根据惯例变成依据制度，把简单仿照上级变成规范议事程序，避免了"一言堂""拍脑门儿"等问题，为科学决策重要事项奠定了基础。

第一，制定"四条标准"，明确"四必议"内容。作为矿一级油田主体生产单位，第三油矿涉及油田开发、生产管理、安全环保、经营管理、队伍建设等方方面面，业务多、事务杂，究竟哪些事项应该实行民主决策，必须有个具体明确的标准。为此，从规范民主决策内容入手，通过在班组、基层队、机关各个层面广泛征集意见，在班子会上反复研究讨论，确定了"四条标准"：凡是涉及生产经营管理的事项，如工作规划制定、生产经营指标分配等，必须实行民主决策；凡是涉及员工利益的事项，如劳动组织结构变革、奖金考核办法等，必须实行民主决策；凡是涉及人的事项，如干部调整、工人调动、技师评聘等，必须实行民主决策；凡是涉及钱的事项，如成本费用消耗、月度奖金分配、误餐费使用等，

必须实行民主决策。按照这"四条标准",矿党委组织机关各岗位详细梳理,最终确定了40项民主决策内容。例如,油田开发是全矿的工作重心,将年度开发规划的制定作为班子民主决策的重要事项。前几年,随着上产力度加大,地下开发形势变差,为扭转这一被动局面,经过班子集体决策,制定了"实施油田开发调整"的工作思路,一个区块一个区块分析,一个层系一个层系研究,一口井一口井挖潜,仅2013年就编制实施各类调整方案3700多个,是2012年的两倍多。同时结合油田开展的管理提升活动,实施了"一口井工程"、测试"六定六法"管理。经过一年半的不懈努力,全矿开发形势显著改善,自然递减率、综合含水等开发管理指标全部达到几年来最好水平,为原油持续稳产奠定了坚实基础。

  第二,做到"四个分清",规范"四必议"程序。为了提高民主决策的针对性和实效性,根据事项性质的不同,按照专事专议、主管负责、互不交叉的原则,矿领导班子对40项"四必议"内容逐项研究,在议事程序上做到"四个分清",即分清哪些要上党委会,如任用干部、发展党员等;分清哪些要上党政班子会,如年度工作规划、经营考核办法、劳动组织改革等;分清哪些要上矿长办公会,如奖金分配、员工奖惩、技师评聘等;分清哪些要在班子碰头会上通气,如召开重要会议、举办大型活动、临时重要事项等。同时,对问题比较敏感、程序相对复杂的事项,还补充制定了《设备分配管理办法》《食品采购管理办法》等7项管理制度,使全矿所有重要事项决策都有章可循。如操作人员岗位调整,过去没有明文规定,存在随意性,造成基层干部有看法,员工群众有议论。通过制定《员工岗位调整管理办法》,规定凡是工人岗位调整,都要上党政班子会,每个季度集中研究一次。现在,没有一个员工调整岗位是不上班子会的,工作透明了,调岗人员明显减少,干部员工一致好评。

  第三,强化"四个监督",保证"四必议"落实。为了防止出现不遵守民主议事制度的问题,矿党委建立了党委监督、纪检监督、基层党风监督员监督和职工代表监督的监督网络,党委宏观掌控,纪检监督执行落实,基层党风监督员和职工代表反馈信息,确保该上会的事项必须上会。对不履行"四必议"民主议事制度的问题,矿党委坚持原则,严明纪律,及时进行纠正。一次,一名副矿长在没有经过班子集体研究的情况下,就把厂分配的车辆给分了。矿党委不含糊、不迁就,态度坚决地进行了纠正,并对当事人进行了严肃批评,维护了制度的严肃性。

二、民主推荐制度,就是推行基层干部"两推选"民主用人制度,落实党管干部原则

  依靠广大党员群众选拔干部,是民主管理的重点,加强基层民主建设,就要

抓住关键，通过民主推选用好人。近年来，矿党委坚持公开、民主、竞争、择优的原则，创新实行了基层干部"两推选"民主用人制度，把由党委直接考察任命变为群众推荐与党委把关相结合，由在一个支部内选干部变为全矿范围内选干部，由本队员工投信任票变为党代表和职工代表公推公选，由"少数人从少数人中选人"变为"多数人从多数人中选人"，拓宽了选人用人渠道，保证了员工的知情权和参与权，形成了充满活力的选人用人机制。

一方面，对基层党支部书记岗位实行公推公选。基层党支部书记公推公选，就是由全矿党员和职工代表公推基层党支部书记人选候选人，再由矿党代表公选基层党支部书记人选，最后由矿党委研究任命基层党支部书记。整个过程分为发布公告、推荐报名、资格审查、理论考试、民主测评、支部公推、大会公选、组织任命等八个环节。在具体操作中，突出抓好三个重点。

一是广泛发动，民主推选。公推公选基层党支部书记的核心是民主推荐、民主选举，必须有广大党员和员工群众的广泛参与。第三油矿加强宣传教育，在制定方案时，多次召开党支部书记、党代表等不同层面的座谈会，把征求意见的过程作为宣传引导的过程；在发布公告时，将实施方案在矿、队主页和公开栏上张贴公告，以党支部为单位召开党员大会和员工大会，让大家充分理解公推公选的目的、意义、方法、步骤；在推荐报名时，采取个人自荐、群众举荐和组织推荐相结合的报名办法，发动党员和群众积极推荐优秀人选；在支部公推时，组织基层队全体党员和职工代表进行公推；在大会公选时，明确参加矿党代表大会的党代表必须达到五分之四。使员工意愿得到了充分体现。

二是设定标准，民主考核。公推公选的目的就是通过党员群众的广泛参与，推选出最优秀的基层党支部书记人选。对理论考试、民主测评和大会公选都设定了标准。在基本知识考试上，组织优秀基层党支部书记从政治理论、党务知识、形势任务、大庆精神铁人精神等方面出题，考试成绩达不到80分的被淘汰；在群众信任度测评上，明确参加测评人员必须达到员工总数的80%，群众信任率达不到70%的被淘汰；在思维应变能力考察上，竞选人发言结束后，由党代表进行现场质询，提三个问题，根据回答情况进行好、中、差评价。

三是全程公开，民主监督。公开、公平、公正是公推公选的基本原则。对此实行了"阳光"操作、民主监督。全程公示：从报名推荐一直到大会公选，每个阶段结束后，都把结果及时在矿、队主页和公开栏上进行公示，时刻置于党员和群众的监督之下。群众监督：在理论考试环节，临时组织相关人员出题，出完即考，并安排职工代表全程参与监考、批卷，确保成绩的真实性；在支部公推和大会公选环节，实行不记名投票，现场唱票计票，安排投票人员计票监票。严肃纪律：矿党委制定了纪律要求和违规违纪处罚办法，设立举报电话。确保了过程规范严密，保证结果公平公正。2010年以来，对空缺出来的7个基层党支部书记岗位全部实行了公推公选，竞争上岗人员实现了从"要我干"到"我要干"，从"凭自觉"到"有承诺"的转变，强化了责任意识，推动了基层党支部建设。

另一方面，对生产和技术干部岗位实行民主推荐。采取由基层干部和职工代表民主推荐的方式，对基层队生产和技术干部岗位实行公开竞争。主要有三种方式：一是职务归零，重新竞争。为解决少数干部不思进取、工作平平的问题，制定了同类岗位在职干部统一免去职务，重新竞争上岗办法。先后对联合站站长、采油队副队长、工艺队技术岗位等进行了重新竞争，矿主要领导不设权重票，把选择权交给基层干部和员工，共有15名在职干部落选，达到了治懒、治散、治混的效果。二是业绩考评，末位竞争。建立完善了干部业绩考核办法，采取年度业绩指标考核、政治理论和工作业务综合素质测试、主管上级和员工民主评价的方式，每年年底，对基层干部的德、能、勤、绩、廉情况进行考核，按照党支部书记、队长、技术员等8个岗位类别进行打分排队，将排名末位的8个干部岗位拿出来重新竞争，2014年6人退出了干部岗位，实现了能者留、优者上、庸者下。三是岗位空缺，公开竞争。对由于人员变动产生的空缺岗位，在全矿范围内进行公开竞争，为优秀人才搭建成长进步的平台。

实行基层干部"两推选"民主用人制度以来，全矿共有83人从操作岗位走上干部岗位，52名干部在竞争中落选。同时，向外输送干部47人。干部队伍素质能力的提升，巩固发展了集团公司百面红旗单位中十六联合站、基层建设百个标杆单位中四采油队等先进典型，带动了全矿"三基工作"走在油田前列。

三、保证措施，就是推行机关干部"周三基层工作日"民主联系制度，为民主决策和民主用人提供坚实基础

充分尊重民意、广泛了解民意、切实落实民意，是民主管理的基础，加强基层民主建设，就要通过民主联系强保障，把民主决策、民主用人等建立在广泛的群众基础之上。为此，第三油矿发扬"三个面向，五到现场"的优良传统，建立实施了机关干部"周三基层工作日"民主联系制度，每周三，全体机关干部下到基层工作生活一天，把深入基层由一般性要求变成制度性规范，把了解民情民意由矿领导扩展到全机关，把上边的精神宣贯下去，把下边的情况收集上来，保证议事用人的质量，实现了上下之间、干群之间、机关与基层之间沟通交流的制度化、全员化、经常化。

第一，明确"四包"责任，注重联系内容的广泛性。将9名矿领导和30名

机关工作人员按照生产、经营、党群相搭配,划分成9个小组,每个小组承包2~3个基层队,其中既有前线队,也有二线队;既有先进队,也有一般队。制定了机关干部"四包"职责,即包生产任务、包管理指标、包安全生产、包队伍稳定。各小组围绕落实"四包"责任,坚持做到"三个必须":一是重要会议必须参加。承包队召开班子民主生活会、党员大会、职工大会、队务会等重要会议,机关干部全程参加,广泛了解油田开发、安全生产、经营管理、队伍建设等方方面面的情况,听取员工意见和建议,及时进行工作指导。二是重点工作必须参加。承包队制订工作规划、组织生产会战、进行安全培训、开展思想教育等,机关干部与基层干部员工一起研究讨论,帮助出谋划策,并身体力行为员工做榜样。三是重要活动必须参加。承包队举办劳动竞赛、技能比武、文体活动等,机关干部主动参与,与员工打成一片,在和谐的氛围中实现无障碍沟通。如每个季度,矿、队两级都召开安全形势分析会,9名矿领导和机关干部分头下到承包队,为员工宣讲油田内外发生的安全事故,通报全矿安全形势,与员工一起分析"三违"行为可能造成的严重后果,使基层干部员工的安全意识不断增强,为全矿安全生产奠定了坚实基础。中四采油队已实现安全生产19926天,2011年在集团公司安全环保工作会议上做了经验介绍。

第二,采取"五同"方法,实现联系方式的多样性。每到周三,全体机关干部穿上工服工鞋,带上工帽,拿上工具,从承包队早会开始,全天与基层干部员工同开会、同劳动、同就餐、同学习、同解决问题,在全方位接触中,深入了解基层生产、生活情况和队伍思想动态。一是了解基层的困难。发扬大庆"抓生产从思想入手,抓思想从生产出发"的优良传统,通过参加班子议事、现场检查等方式,了解基层生产、生活、培训等方面存在的问题,按照"首问负责制"和"限时办结制",及时帮助基层协调解决问题,以实际行动取信于民。二是听取员工的诉求。通过跟班劳动、个别交流等方式,在与员工的朝夕相处中,倾听员工的呼声,反映员工的意愿。三是收集员工的意见。对员工提出的好方法、好建议,及时向党委汇报,为矿领导班子民主决策提供参考。如机关干部在跟班劳动时,发现三次加密调整新井投产后,出现了同一井场的井分属几个采油队管理的混乱情况,对此有采油工反映管理责任不清。矿领导班子经过反复研究,并征求基层意见,创新实施了"区域化"管理模式,不仅解决了管理范围交叉、工作推诿扯皮问题,而且提高了工作效率,全矿采油工总数由299人减少到262人。

第三,落实"三做"任务,突出联系结果的实效性。矿党委明确了机关干部联系基层的三项任务,即做政策的宣讲员、形势的宣传员、矛盾的调解员,抓住不同时期的工作重点,做好上情下达,传递组织声音,凝聚员工队伍。一是重要决策做好宣传讲解。在矿年度工作部署、改革方案、经营考核办法、管理规章制度等下发后，机关干部及时在每周三召开的基层队队务会上进行宣讲，统一思想，凝聚共识。二是关键时期做好宣传发动。在夺油上产、专项治理、管理提升、劳动竞赛等阶段性重点工作上，机关干部深入基层、深入现场、深入群众宣传形势，加油鼓劲，形成了群策群力攻坚克难的氛围。三是热点问题做好宣传引导。在毕业生引进、子女招工考试、商品房购买等涉及员工切身利益的敏感问题上，机关干部承包到户、联系到人，及时做好释疑解惑，确保了队伍和谐稳定。如第三油矿针对维修队、车队、综合队三个后线单位队伍规模小、工作量不饱和、管理职能交叉问题，实行了生产保障系统专业化整合，将精简下来的 22 人全部充实到生产一线。承包这三个队的矿领导和机关干部深入到员工中间，反复进行宣传解释，对有意见的员工逐个谈心交换意见，使大家正确理解了改革举措，保证了改革平稳实施。近年来，先后进行了多项劳动组织结构改革，没有发生一起不稳定事件，连续数年被评为大庆油田"维护稳定先进单位"。

以上是第三油矿实施"2+1"民主管理模式的基本情况，还存在着许多不足，今后要学习先进经验，不断总结完善。

（2014 年中国石油天然气集团公司党建工作会议典型发言材料）

创新"两型五级"模式 坚持"五个一"领路 激发导师带徒工作新活力

第一采油厂团委

2012年以来,第一采油厂团委找准党政所急、青年所需、共青团所能的交汇点,创新提出"两型五级"师带徒模式,为全厂青年基本技能、多岗位操作技能及创新能力提升搭建起广阔平台。主要以创新型导师带徒工作为抓手,坚持"五个一"领路,为各单位提供工作样本、方法参照为手段,激发了全厂导师带徒工作新活力,总体呈现出上下一盘棋、优势资源利用更充分、与生产结合更紧密、师徒攻关劲头更足、成果含金量更高的特点。

一是配好"一个对子",充分利用优势资源。针对基层青工经常遇到的成长方向不明确问题,通过多层调研,提出"两型五级"模式指导师徒结对,精确定位青年培养方向。"两型"指技能型、创新型。"五级"分别为:技能型Ⅰ级是基层小队为新入厂、新转岗青工搭配的对子;技能型Ⅱ级是基层小队为培养多岗位技能青工搭配的对子;创新型Ⅰ级主要围绕小队生产瓶颈问题进行攻关,由小队牵头选配师徒;创新型Ⅱ级主要围绕矿(大队)生产瓶颈问题进行攻关,由矿(大队)牵头选配师徒;创新型Ⅲ级主要围绕厂层面生产瓶颈问题进行攻关,由厂团委牵头,在全厂范围内优选师徒配对。创新型师徒的结对方式,第一是能有效地为解决生产难题集中智慧和力量,第二是能够打破队与队、矿与矿的界限,充分发挥厂、矿、队三级人力资源优势。2012年以来,依托任相财工作室连续开展了"争做任相财好徒弟""名师高徒助稳产,立足岗位做贡献"等4次创新型Ⅲ级师徒结对活动,将各矿创新工作室的精英成员吸纳到厂创新型师徒队伍中来。这一群体的工作不受时间、空间限制且创新意愿强烈,形成了专家工作室向外辐射,基层站队互联的良好局面。

二是坚持"一个培训",创新能力培养从零做起。针对创新型师徒培养缺乏有效方法的情况,通过开办青工创新技能培训班,在全厂招募有创新意愿的青年学员,从零开始,为他们选配师傅培训创新技能,总结了一套"创新能力培养从零做起"的创新型师徒培养流程。在培训课程上,确定"机械制图、工艺流程及设备原理、创新思维、创新课题研讨"四门课程,全方位提升青年创新技能及创新意识；在训练模式上，集中理论授课后，师徒结对针对生产难题开展成果攻关，每月开一次师徒碰头会，对成果研制进行跟踪指导，实时反馈；在考评方式上，师带徒考评与成果研制挂钩，并严格通过现场应用效果评定创新成果，实现"培、训、用"闭环管理。使创新型师带徒效果和创新成果的含金量显著提升。2013年、2014年培训班师徒分别研制成果49项、57项，数量和质量逐年提升，其中的《多功能密封填料盒压盖》一项，有效解决了盘根盒跑、冒、滴、漏及与光杆的摩擦耗能问题，试用后单井日节电约11度，已在第一采油厂120口井推广应用，年累计创经济效益30余万元。

三是开展"一个活动"，加快创新型师徒成长。为加快创新型师徒的成长速度，通过开展"送技术进基层"活动，组织师徒征集岗位难题、集中攻关然后走进基层送技术服务，促进现有师徒技术水平在学中用、用中学的渐进式循环中不断攀升。在基础性调查阶段，收集需要解决的技术难点，需要改进的生产工艺等信息；在集中攻关阶段，先由创新型Ⅰ、Ⅱ级师徒攻克一部分问题，然后聚焦真正的生产难点，由创新型Ⅲ级师徒集中力量再攻克一部分；在送技术阶段，各级师徒走进一线岗位针对上述问题送技术培训、送革新成果、送操作妙招。活动的开展一举三得：充分发挥师徒作用，解决了岗位生产难题；对导师带徒的效果和成果进行了检验；形成了不断发现新问题、解决新问题、持续提升技术和创新能力的良性循环。2014年的活动中，共征集到岗位难题91项，厂层面组织师徒先后4次走进一线站队开展送技术活动，由师傅指导、徒弟主讲，受到了青工的欢迎。

四是创办"一个展览"，解密创新吸引青年。为了在全厂推广创新型师徒培养做法，连续两年开办了成果展，展示师徒成果，解密、解析创新，宣传创新型师徒培养经验，提高青年对创新的认识，起到为创新型师徒扩大"生源"的作用。策划成果展的立足点主要有三个：第一，借助成果展给青年上一堂创新课。2014年，展览分为"创新灵感来自生活点滴""创新不怕起点低"等6个展区，由浅入深、循序渐进地解密创新，告诉青年什么是创新、怎样搞创新、创新需要做什么。2015年，展览分为"隐患管控新措施""修旧利废新途径"等6个展区，为青年解析在哪些方向上可以创新，创新应该从哪里入手。第二，让徒弟本人讲成果，使他们获得被认可感和价值感。他们在创新中克服困难的拼劲儿、钻劲儿和韧劲儿，也能够真切地感染参观青年。第三，让有意义的事儿变得有意思。用互动体验区、成果验收视频和打油诗代替晦涩难懂的技术术语，加强青年对创新创效的感性认识。2014年展览共举办了15个场次，接待了700余名青年的参观。今年，已经举办了8个场次，接待了370名青年参观，五月还将继续举办。

五是完善"一个机制"，调动内在传带热情。2012年，重新制定了《第一采油厂深化导师带徒活动管理手册》，厂里也给政策、给条件、给支持，逐步完善了对优秀师徒和革新成果的奖励机制，增强了对师徒双方的吸引，调动起师徒内在热情。一方面，连续两年在"五四"大会上大张旗鼓地对厂10对金牌师徒、20对优秀师徒进行表彰，同时提高金牌师徒、优秀师徒两个奖励标准。另一方面，厂正在讨论把对革新成果的奖励分为两部分，一个是发明奖励，一个是根据推广应用效果给予应用奖励。参与厂创新型优秀师徒评比的师徒成果水平明显提高，参评师徒数量由去年的40对上升到今年的76对。"五小"成果、"六新"成果的申报数量也由2012年的96项增加到2014年的270项。

两年多的实践，第一采油厂导师带徒工作每年一个新台阶，2013年，技能型和创新型师徒已基本覆盖厂油气生产、科研技术、服务保障的各个领域；2014年，在厂创新型Ⅲ级导师带徒示范点的带动下，各单位都组建起了技术攻关团队带徒弟、解难题，9个主力单位都成立了创新型Ⅱ级导师带徒示范点，技能型师徒技能鉴定通过率达到98%。

以上这些数据虽然不能全部概括导师带徒工作的成效，但是管中窥豹、可见一斑。今后第一采油厂将继续探索对技能型和创新型师徒的有效培养方式，为原油生产解难题、为青年成长成才搭建更好的平台。

（2015年大庆油田纪念"五四运动"96周年暨"十大"金牌师徒表彰座谈会发言材料）

坚持"三个引导" 优化载体建设
努力为老同志传播正能量创造有利条件

第一采油厂离退休职工管理中心

大庆油田第一采油厂现有离退休职工 5502 人，其中党员 1821 人，下设离退休职工党支部 80 个。近年来，认真贯彻上级有关文件精神，围绕中心，服务大局，积极落实大庆油田和厂党委关于离退休工作的安排部署，坚持"三个引导"，优化载体建设，持续推进正能量活动的深入开展，为第一采油厂实现"堪当主力重任、永做贡献大厂"目标营造了良好的氛围和环境。

一、坚持"传道解惑"，加强思想引导

多年来的工作实践可以得知，要保持老同志政治上的坚定、思想上的与时俱进，始终自觉为党的事业传递正能量，正面教育是手段，思想引导是基础。除了要加强对老同志的理想信念、根本宗旨、党性党纪教育，还要注意做好对老同志的经常性思想教育工作。

一是注重教育引导，使老同志认识大局、把握大局。老同志对当前的形势比较关心，特别对一些热点问题比较关注。有的老同志常为一些道听途说的事情所困惑，主要原因就是不了解时事。因此，离退休职工管理中心（以下简称中心）邀请有关专家就学习党的十八大精神、习近平总书记系列重要讲话精神等，做专题理论学习辅导，让老同志及时了解大局、澄清思想、统一认识，引导他们把学习讲话精神的政治热情、思想认识成果转化为增添正能量的具体行动。深入开展"学党章、强党性、永葆先进纯洁"党课竞赛活动，让老党员亲自备课、授课，教学相长；同时组织开展"我为企业献一计""入党为什么"等大讨论活动，引导老同志以积极的心态、辩证的思维，正确看待国家和企业的发展变化，以平和的心态看待个人得失，做感恩社会的"时代老人"。

二是注重方式创新，使老同志寓教于情、寓教于乐。老同志退休后，由于生活半径缩小，思想领域相对封闭，导致产生不同程度的失落感、孤独感，存在很多的不适应。针对这一情况，中心着力健全走访慰问制度。在重大节日全面走访、重点慰问的过程中，及时为存在生活困难和思想困惑的老同志排忧解难、答疑解

感。二矿退休职工张师傅长期患病春节前才出院，支部书记温庆元去她家探望，帮助擦门窗，打扫天棚、地面，又和其爱人共同购置了年货，贴上春联，把温暖送到老人的心坎上。通过"以情感人"的具体形式，达到寓教于情、以情施教的目的。同时，充分发挥老年社团功用，相继开展了书画、摄影、朗诵、老年秧歌、广场舞等文体赛事，送演到前线、到社区，近万人次参与，在共享文化艺术盛宴、陶冶情操的同时，潜移默化地达到了"寓教于乐"的教育目的，为构建和谐矿区、支持企业发展增添了正能量。

三是注重作用发挥，使老同志以学促为、学为结合。老同志退休后，绝大多数都有继续服务社会、奉献社会的良好愿望。中心以老年大学和活动中心为阵地，积极组织引导他们发挥自身优势，促进老有所为。以"石油金秋"微信公众号上线为契机，借助大庆油田人才院网络培训学院平台，组织老同志参与自媒体宣传，维护企业良好形象。目前，有近千名老同志加入了"石油金秋"微信公众号，为企业发展建言献策。充分发挥老同志的自身优势，组织他们为青工和学生讲会战优良传统，宣传红色故事，开展生动活泼的爱国主义教育，向社会传播正能量。老会战陈磊、关长有积极参加宣讲团，结合自己在会战时期的亲身经历，宣讲会战故事，弘扬光荣传统，深受青工和学生欢迎。近两年来，共组织报告会30余场，受教育青工和学生达4000余人次。

二、坚持"联合发声"，加强方向引导

第一采油厂5000多名老同志分散在大庆市4个大区198个小区居住，另有176人长期居住在外地，点多、面广、居住分散。为强化思想政治教育，中心提出了针对老同志"联合发声"的舆论引导方法，形成了强大的舆论导向合力，为开展正能量活动营造了良好的舆论氛围。

一是党政工团共同发力，信息传递齐声共鸣。由于老同志总量大，居住分散，集中学习困难大，给开展正能量活动带来了一定的压力。为此，中心结合实际，组织开展了"构建和谐，有你有我"主题活动，动员全体老同志，积极参与到正能量活动中来。在活动中，以提升优质服务为突破口，党政工团齐抓共管，定措施、搞活动，虚实结合，将日常服务管理与正能量活动密切结合，促进了正能量活动的深入开展。特别是在形势发生深刻变化的敏感时期，与厂相关部门紧密配合，分区域召开了6场座谈会，向老同志通报企业发展情况，加强舆论引导和信息传递，使老同志在关键时期不失语、不乱语，确保了离退休职工队伍的和谐稳定。

二是支部之间相互补位，舆论引导同频共振。将离退休党支部和老同志退休前所在党支部紧密结合，坚持敏感问题联合发声，日常工作相互促进。一方面，

在老同志产生思想困惑或遇到生活困难时，充分利用在职党支部对老同志个人情况比较了解的特点，共同做老同志思想工作，共同出面解决问题，使老同志感到自己虽然退休了，企业和组织没有忘记自己。另一方面，充分发挥离退休党支部与服务对象距离近、接触频繁的优势，加强与退休前所在支部的沟通交流，确保工作职能互补。第七油矿东光离退休党支部与南八采油队支部结合，多年联合开展"讲队史老党员传斗硬精神、说今朝新党员亮队旗明志"主题党日活动，请老同志为在职员工讲述石油故事，弘扬石油精神，不仅激发了在职员工工作热情，也推进了正能量活动的深入开展。

三是联系社会无缝对接，服务工作落地有声。在为离退休工作提供组织保证的基础上，中心积极与离退休职工所在街道社区、兄弟单位退管中心等相关单位和部门合作，努力做到优势互补，实现离退休工作"共赢"。目前，通过与社区、兄弟单位充分沟通交流，实现了社区活动室、老年大学等服务设施资源共享、场所共用；通过交流工作经验，消除服务盲区，达到了宣传教育、舆论引导等工作多方面共同努力、共同推进的良好效果。2015年初，部分退休职工对养老金调整标准存在异议，经过深入调研了解情况后，第四油矿龙南离退休党支部与当地社保部门一起将有关资料说明挨家挨户送到老同志手中，答疑解惑，耐心做老同志的思想工作，使老同志对社保政策有了正确的理解和认识，不仅打消了上访的念头，更让老同志成为养老金标准调整等政策的宣传员。

三、坚持"典型引路"，加强行为引导

榜样就是一面旗帜，中心通过积极培育先进典型、认真选树先进典型、广泛宣传先进典型，做到"以典型带一般不一般"，充分发挥典型的示范引领作用，在老同志中形成了学习先进、赶超榜样的良好氛围。

一是深入挖掘选树，让典型成为关注点。充分发挥厂、矿两级关工委组织的作用，组织老同志像会战初期那样召开座谈会评功摆好，优中选优。积极培育坚强政治核心、战斗堡垒作用突出的离退休党支部典型，通过总结评比，先后涌现出第一油矿东湖党支部、第四油矿立志党支部等集团公司优秀离退休党支部等典型集体。以不同年龄、不同层次划分，深入挖掘退休后积极为企业发展献计献策、做出贡献的先进典型，赋予典型人物荣光、让典型事迹闪光、让典型为集体增光，以典型促激励、以典型带发展、以典型创佳绩，进一步掀起了向先进学习、向榜样看齐的热潮。先后涌现出杨永先、薛秀兰、赵德君等集团公司优秀离退休共产党员，刘春莲、朱红娟等集团公司优秀离退休文体骨干，李寅召、刘诗来等油田公司健康老人。

二是宣传先进事迹,让典型成为闪光点。坚持对外提高美誉度。以大庆油田内外部媒体为平台,加大典型宣传力度,让典型的先进事迹广为人知。近年来,坚持每年推出一批典型,每年宣传一批事迹。连续多年在《中国石油报·金秋周刊》《大庆油田报》《大庆日报》等报刊刊发典型事迹,内树榜样,外塑形象,以此为激励推动群众向典型看齐,典型向更高标准看齐。通过在厂有线电视、微信平台开辟专栏,制作专题网站等方式,利用分享会、座谈会等活动,大力宣传典型的先进事迹,使其立得住、叫得响。同时,充分发挥老同志政治素质好、威望高、时间充足等优势,组织老同志深入厂、矿、队进行宣讲,深入开展社会主义核心价值体系教育和大庆优良传统教育,以老带新,进一步推动了员工队伍思想政治建设。

三是营造赶超氛围,让典型成为辐射点。发挥老同志的政治优势、经验优势、威望优势,组织开展"请回来讲经验,手把手传技能"活动。邀请老同志中的技能专家帮助青工提高技能,做好"导师带徒"的"传帮带"工作。中心聘请全国技术能手、国务院政府特殊津贴获得者任相财老师傅为员工讲解技术创新方法,近两年共培训员工800多人。在传本领、传技能的同时,还组织以孔雀舞闻名的退休职工李寅召等有舞蹈、书画特长的老同志对所在小区的儿童进行兴趣教学;退休职工李惠安、袁定远常年坚持收集健康养生材料并印成小册子,发给有需求的老同志;退休职工武庆义、冯喜生等组建"夕阳红"帮扶小组,通过入户交流、结对帮助等形式,为高龄、残疾、重病卧床老人送温暖、递关怀,用实际行动彰显了老党员的良好形象。

与各油田兄弟单位相比,中心的工作还有很多差距和不足。今后,将在上级业务部门的正确指导下,虚心学习借鉴先进经验,进一步提高离退休工作水平,持续推进正能量活动深入开展,为大庆油田离退休工作健康发展做出积极贡献。

(2016年7月5日中国石油天然气集团公司离退休职工管理局"为党的事业和集团公司改革发展增添正能量"活动推进会经验材料)

执纪律利剑　擎思政法宝
把思想政治工作融入监督执纪问责全过程

第一采油厂纪委

思想政治工作是党的生命线和政治优势，是大庆的优良传统和制胜法宝。近年来，第一采油厂纪委按照大庆油田纪委和党委部署，在抓反腐倡廉过程中，充分发挥思想政治工作优势，将其融入监督执纪问责全过程，不断强化"不想腐、不敢腐、不能腐"的目标和效果。

一、在源头上融入，扭住常态不放，筑牢思想防线

第一采油厂纪委在咬耳扯袖、红脸出汗上花大力气、下狠功夫，开展了有效的思想政治工作，做到防患于未然、拒病于初始，筑牢不想腐的思想防线。

一是纪检干部沉下去，案例示廉进矿队。把基层矿队作为思想政治工作的根据地，把典型事例变成针对性案例，把同类人的事讲给相关人听，广泛开展案例进矿队、进机关、进项目巡回宣讲活动。先后组织编辑了三类教案、30个案例，做到"三统三讲"，即统一要求、统一课件、统一宣讲，部室领导到矿大队班子讲、矿大队纪检干事到基层班子讲、监察骨干到项目组讲，做到一案一剖析、一案一启示。三年来，宣讲193场次，246名副科级以上领导干部、4490名党员干部受到教育，参与率96%。

二是党员干部动起来，参观警廉进阵地。对党员干部和要害岗位人员，每年都有针对性地组织参观活动。在参观廉政教育室、中四采油队、北二注水站的同时，做好三个规定动作"写、讲、签"，近三年组织员工写参观心得4350余篇，讲廉政党课892堂，签订家属助廉公开信5490余封。对新任职领导干部，上好廉洁勤政"三堂必修课"，即会战传统教育课、廉洁从业课、廉洁谈话课。近三年对新提拔的245名基层管理干部进行了廉洁自律任前谈话。

三是专家学者请进来，法纪讲廉进课堂。坚持法纪教育不断线，开展以"学法纪、促规范、保廉洁"为主题的党纪政纪法纪教育，邀请大庆市检察院、公安局相关领导和讲师，以及中国制度反腐专家，培训党员干部1566人次，组织57名处级干部、183名科级干部进行廉洁从业测试。为了增强咬耳扯袖的效果，教

育前，下发基层干部诉求单，不搞被动式培训；活动中，组织交流互动，不搞填鸭式教育；培训后，督促成果运用，不让警示一阵风，真正使利剑高悬、警钟长鸣。

二、在过程上融入，牢牢把握大多数，筑牢纪律防线

在监督执纪问责过程中，强化入情入理入心的思想政治工作，让法纪真正抵达内心，让威慑切实触及灵魂，用思想政治工作加固不敢腐的纪律防线。

一是采取预警法，问题预防必苗头预警。在执纪之前，纪检监察部门抓早抓小抓苗头，做到"三个预警"。即采取组织函询和谈话了解的方式，对苗头性、倾向性问题进行预警，变"后期问责"为"前期整改"；采取组织约谈和问责的方式，对整体性、趋势性问题进行预警，变"被动等待"为"主动出击"；采取信访意见和季度分析通报的方式，对管理性、制度性问题进行预警，变"结果处理"为"源头防范"。对领导干部认真落实"四个第一时间"和"三必谈、三必问"，将矛盾化解在未然，问题消除在基层。年初以来，先后对13名党员干部进行了谈话了解和函询，对矿（大队）领导27人次进行了提醒谈话和信访约谈，下发信访意见和季度分析通报6份，提出信访意见8条。

二是采取恳谈法，案件办结须矛盾了结。在执纪之中，采取恳谈法，不仅让案件办结，还让情绪了结，不让心结变成死结。对被处理人员做到"三讲清、三了结"，即讲清楚违纪事实，让他明白哪些行为违了纪、违了规，在案件上彻底了结，不留死角；讲清楚党纪条规，让他明白量纪尺度，在纪律规范认识上彻底了结，不留疑虑；讲清楚处分处理情况，让他明白组织惩前毖后、治病救人的原则，在思想上了结对组织、对执纪人员的不良情绪，赢得理解和认可。在调查处理某试井队长违规采购物资问题时，发现该队长一直强调违规采购是为了解决生产急需，对组织调查存在抵触情绪，为此多次找他恳谈，从规章制度上引导，从违规危害上教育，最终使他认清了错误，解开了心结，发自内心地接受了处理结果。近三年来，对违纪违规人员开展恳谈78人次，查办的58件案件全部实现"零申诉"。

三是采取公开法，不实之情要适度澄清。在执纪之后，对查实的进行处理，是对党员干部的爱护与帮助；对不实的予以澄清，更是对党员干部的爱护与支持。坚持为敢担当的干部担当，为敢负责的干部负责，抓住有利时机传递正能量，确保党员干部形象不损、斗志不减。具体做到"四必澄清"，即对典型性问题必澄清，对关注度高的热点问题必澄清，对信访歪曲严重的诬告问题必澄清，对有损企业形象的敏感问题必澄清。坚持到矿（大队）、基层小队召开员工大会，适当范围内公布一些调查情况。今年，某采油队一实名举报线索，在认真核查后，到

这个队澄清情况、公布结果、讲清事实、消除疑虑，得到了全队员工一致认可，避免了重复举报再发生，维护了党员干部的形象和尊严。今年上半年，对信访举报调查情况深入基层解答7件次，将制度解释到位、政策宣传到位、矛盾化解到位；对反映问题不属实的12名党员干部进行结果反馈与心理疏导。

三、在结果上融入，拓展监督执纪成果，筑牢制度防线

把监督执纪成果视为最宝贵的资源，融入对管理的思考，对业务部门的建设性意见，通过通报讲评、座谈互动等有效的思想政治工作，促进监督执纪成果多维拓展，从整治到建制，带着问题堵漏洞，转变观念抓整改，筑牢不能腐的制度堤坝。

一是强化治本意识，由结果处理向源头治理拓展，把监督执纪成果转化为制度的完善。尽管监督的对象是事、问责的对象是人，但不能仅仅盯住人、盯住事，还要追溯本源，扎紧制度的笼子。在处分决定上，做到"三个体现、三个通报"，即体现处分结果、体现管理要求、体现制度缺失的内容，并通报到主管领导、通报到业务部门、通报到管理对象。在调查处理某作业队长套取员工奖金问题时，发现一些基层队不同程度存在以非合规渠道解决外雇人员费用的问题，为此多次召开征求意见会、恳谈会，根据建议统一外包给华谊公司专业队伍，归口管理，健全制度，杜绝了同类问题的再次发生。

二是强化合规意识，由建设性意见向长效性机制拓展，把监督执纪成果转化为管理的提升。监察工作不仅要看违规、看核减，更要增强合规管理的主观能动性，努力使监督执纪成果固化为长效性管理机制。为此，把项目讲评会作为思想教育的平台，做到"四个必讲"，即发现的实际问题必讲准，暴露的管理漏洞必讲透，整改意见建议必讲到，危害后果必讲清，让人们重视、警醒、甚至感到后怕。发现某矿热洗车存在柴油定量管理不到位、不规范的问题后，进一步统计到全厂共有3000多口井需要高压热洗，关系到300多万吨产量，就建议主管部门重新修订了热洗车柴油配备标准和审批流程。可以说，监察的是热洗效果，解决的是热洗效能；监察的是柴油问题，解决的是原油问题；监察的是工作问题，解决的是制度问题。三年来，开展合规监察项目16个，审核金额共计30.2亿元，促进修订完善各类管理制度6项，为厂避免损失2818.81万元。

三是强化防控意识，由个性化问题向共性化整治拓展，把监督执纪成果转化为内控体系的加强。多年来，始终注重举一反三、触类旁通，做好同类事情的管控。利用年底总结的机会，把近几年来处理处分的问题、合规监督发现的问题、审计发现的问题，进行了系统的梳理。既看问题表象，又看思想根源；既看整改

情况，又看制度缺失；既看个性问题，更看共性问题。抓住突出的共性的问题，开展了系统的规章制度体系审计，向厂出具了详尽的审计报告。厂据此修订了《第一采油厂规章制度管理实施细则》，完善了14个部门、166个管理岗位职责描述和操作岗位工作职责。

纪律利剑当高擎，思政法宝不可丢。今后将持续深入践行"四种形态"，促进思想政治工作与监督执纪问责的深度融合、同频共振，推进党风建设和反腐败工作水平不断提升。

（2016年8月大庆油田所属单位纪委书记监察部门负责人会议典型经验材料）

传承"三老四严" 当好标杆旗帜

第一采油厂第三油矿中四采油队党支部

中四队是一支有着50多年历史的采油队,"三老四严"是传家宝。

2009年,时任国家副主席习近平同志在中国石油总部调研,浏览中四队网页时指出:"这里是'三老四严'发源地。"

2016年,习近平总书记做出重要批示,要求大力弘扬以"苦干实干""三老四严"为核心的石油精神,凝聚新时期干事创业的精神力量。

党和国家领导人对"三老四严"的充分肯定,激励着中四队人对这份精神的传承与坚守。"三老四严"的红色基因已经融入中四队人的血脉。

中四队的历任党支部书记,首要做的一件事,就是让每名员工都传承"三老四严"的石油精神,让这个传家宝在全队人的心底扎根,凝聚成一种强大的精神力量。

走进中四队,78名员工每天晨会都齐声共唱队歌《身在四队做传人》:"四队的采油人,都有一个根,'三老四严'是我们的队魂!做人讲求实,干事讲认真,'三老四严'好传统继承不丢根!"这一唱,就唱了整整10年。在大庆油田开展大庆精神大庆传统再学习再教育再实践中,我们更是将传唱队歌、参观传统教育室、请老会战讲创业历史、重温会战年代经典故事,作为全队育人铸魂的规定动作。

有人形象地比喻,"中四队就是个大熔炉",不管是哪个年代出生的人,不论他的文化程度高低,在中四队"三老四严"作风的锤炼下,都会成为"一块好铁""一块精钢"。

几年前,大学毕业生小高刚来队里时,看到采油队的野外工作环境,心理落差很大。为了帮他尽快融入队伍,队里就安排他做"三老四严"宣讲员。每讲一次他都会感动一次,慢慢地,他从倾听者、讲述者变成了传播者、践行者。现在,小高不仅是队里的生产骨干,还创建了中四队微信公众号,使"三老四严"优良传统被更多的人熟知。

从建队到今天,中四队共培养市局级以上标兵、劳模25人。正是"三老四严"这个好作风、好传统,让他们在不同岗位上走得更远、走得更实。

传承"三老四严",不仅要说得好,更要做得好,这才是硬道理。作为老典型,中四队按照大庆油田"当好标杆旗帜,建设百年油田"的总体要求,把好作风好传统体现在项项工作上。

　　2016年全国两会期间,习近平总书记参加黑龙江代表团审议并发表重要讲话,强调:大庆就是全国的标杆和旗帜,大庆精神激励着工业战线广大干部群众奋发有为。

　　作为标杆站队,必须要有标杆担当。近些年,大庆油田含水率越来越高、开发难度越来越大。作为最基层的生产单元,中四队提出要打造"精准开发的效益型采油队",向精准要产量,靠精准挖潜力。队里一名当了30多年采油工的老师傅,所管的一口油井产量突然下降,为了彻底搞清原因,他翻看和对比了这口井一年内的一万多个生产数据,对地下81个注水层摸了个透,终于找到了"病根",为技术人员编制开发方案提供了第一手资料。

　　进入新时代,高质量发展成为大庆油田的主题。中四队积极响应大庆油田创建效益型标杆"三牌队"的部署,从日常生产的细节想办法、出实招。针对抽油机有的部件加紧了费电、加松了有隐患的实际,全队员工经过无数次的试验和摸索,终于找到了实现设备最佳运行状态的窍门,每口井每天节省5度电,全队一年下来就省下了40多万元。

　　老油田进入高含水后期,油水井管理的问题层出不穷。是绕着困难走,还是顶着困难上?中四队人义不容辞地选择了后者。有个技校毕业的工人技师方萍,就是个整天和生产难题较劲的老师傅。为了搞革新,他拿出老铁人"识字搬山"的劲头,自学石油专业英语,自己翻译英文产品说明书,先后开展96项革新,成为善于解决生产难题的"土专家"。以他为骨干的"方萍维修电工工作室",成为大庆油田技能专家工作室。

　　这些年,体会最深的就是,新时代传承"三老四严",既不能摒弃传统,也不能墨守成规,必须要坚持实事求是,在继承中创新,在改进中加强。中四队总结形成的生产管理"两册三化三控制"、安全环保"两环五控"、节能降耗"十六计"等新方法,为大庆油田基层建设提供了鲜活经验,成为"三老四严"落地生根的实践范例。

　　传承"三老四严",时间是最好的检验。对于中四队来说,一时做到"三老四严"容易,但几代人都把它继承和弘扬下去,需要的是不懈的努力。

　　50多年来,传承"三老四严"在中四队就像接力赛,一代做给一代看,一代接着一代干。有一幅画,名字叫《岁月》,是一名维修工自己创作的。在他的笔下,半个多世纪的时间,"三老四严"就像一把火炬,指引着几代石油人不断前行。

大庆油田会战时期，中四队干部职工"放大镜检查清蜡钢丝""血染镐把""夜守干线炉""冒雨取油样"的故事广为流传。改革开放以来，中四队员工坚持"锦旗不能褪色，传统不能走样"，样样工作走在前面。进入新世纪，中四队人面对市场经济的大潮，传统不丢，作风不变，坚决做到"不让工作在我手里延误、不让差错在我手里发生、不让虚假在我身上出现、不让传统在我这里走样"。

十多年前，一场特大暴风雪袭击了大庆油田。中四队 100 多口油井全部停转。风霜雨雪是军令。全队员工自发从四面八方，第一时间赶回队里，蹚着没膝的大雪，连续奋战 10 多个小时，以最快的速度恢复了全部油井生产。对中四队来说，不讲附加条件，不讲客观理由，一心一意抓生产，实实在在干工作，是每个员工对"三老四严"最好的理解。

几年前，大庆油田进行金牌采油队验收。就在中四队验收前一天，一名采油工在巡井时，发现一口注水井的一个指标与金牌队的要求有 0.1 的差距，立即向队里进行汇报。在 0.1 的差距面前，只有两种选择，要么如实上报数据，影响到一个重要的荣誉；要么忽略掉这个 0.1 的差距，换来有水分的金牌。队干部没有丝毫的纠结和犹豫，如实上报数据，分析差距原因。

在中四队的干部员工看来，"三老四严"讲的就是实事求是，一个微小数据不仅会影响到油田开发，更会让"三老四严"的好传统变色。金牌丢了，以后可以再夺回来；但传统丢了，却永远无法弥补。这就是中四队人几十年来，对传承"三老四严"的理解和坚守！

从建队到今天，累计巡回检查的路线可以绕地球一百多圈，148.34 万次巡回检查无一遗漏，录取的 5057.13 万个生产数据无一差错，25.54 万张报表无一涂改，进进出出 1727 人，没有一个人掉队，也没有发生一起大小安全事故。

几十年来，"三老四严"作为工作标准被提出、作为精神财富被传承，已经铭记在几代石油人心中。在高质量发展的新征程中，中四队人会一如既往地珍视好传统，让"三老"不老、让"四严"更严！

（2019 年中国石油天然气集团有限公司"守初心担使命，践行四个诠释"报告会暨"两优一先"表彰大会发言材料）

围绕项目抓党建 抓好党建促发展

第一采油厂第五油矿党委

2019年，矿党委以南Ⅰ-1联合站四个施工改造项目为试点，成立大庆油田首家党建协作区，引领保证在建工程全部实现安全环保零事故、零污染，工期提前3个月，减少投资375万元，276道工序全部质量为优。大庆油田党委召开现场会推广经验。

一、一体共建，让党的领导在引领保证项目建设上贯穿始终

党建协作区成立伊始，就立足重建制度、流程，确保项目建设各链条衔接顺畅、运行高效。

一是实行一体化领导。成立联合党建协作区领导小组，由属地单位党委书记任组长，副职领导、施工单位党政领导、基建中心副职领导、监理单位党支部书记任成员，下设共建党支部和联合项目部。共建党支部由属地单位、施工单位、监理单位三方党员构成，负责人为南Ⅰ-1联合站党支部书记；联合项目部由三方主管施工运行人员构成，负责人为属地单位行政负责人。同步制定了17项工作职责，明确了每一个项目推进工作组、每一处项目施工现场的责任人和目标任务，形成参建各方一个声音、一个标准、一个行动的一体联动格局。

二是建立一体化制度。围绕项目和施工需要以及人员实际，梳理制定了工作计划、培训计划、活动计划，建立了《联席会议制度》《干部跟班蹲点制》《主题党日活动规定》《"2+1"考核管理办法》《承包商、分包商及外雇工管理规范》《党员积分评比制度》和《"四共"工作清单》，使所有参建党员干部学习培训有时间有地点、开展活动有计划有目标、执行任务有标准有规范。

三是实施一体化运行。党建协作区的党员干部坚持例会在晚上，每天晚6点召开碰头会，研究解决施工问题，统筹安排次日工作，确保日事日毕和次日运行不受阻；坚持现场办公，以往审图10天，现在2天完成，过去施工方开具风险作业开工单需厂、矿多个部门审批，办理时间需2、3天，现在通过现场签批半天就能解决；坚持"宁要一个过得硬，不要九十九个过得去"，坚持每天联合巡查、旁站观察、平行检查，对每道工序的每个检验点进行全要素查验；坚持效益

账大家算、效益点共同抓。如安装二部针对需要粉刷的注水站墙体建议由"砸皮儿露砖"改为"胶粘挂网",节约成本55万元并缩短工期2个月。

二、全面融合,让党的力量在引领保证项目建设上处处彰显

党建工作做实了就是生产力,做强了就是战斗力,做细了就是凝聚力。坚持把党建工作的发力点与项目建设的需求点全面融合,固本强基。

一是融合思想,联合共进。思想统一才能引领有力。邀请老会战与施工人员面对面交流,感悟"三老四严""五毫米见精神"等优良传统,筑牢建精品工程的思想根基;开展"施工问题怎么看、共产党员怎么办"大讨论,带动队伍形成了"六同六通"的思想坐标;推行干部立责任状、党员带责任区、施工划责任田、岗位明责任制,让所有施工人员在干每一个活儿的时候都能拥有"为项目负责一辈子"的思想定位。

二是融合管理,齐心推动。安全管理是项目建设中的难点也是重点。南Ⅰ–1项目施工不停产,施工区与生产区频繁交融、施工操作与生产操作紧密关联,施工高峰时每天施工人员达200多人、进场特种车辆180台次、高风险作业近50处,导致施工初期曾一度出现"少人干、多人看,谁都管谁也没管好"现象。对此,党建协作区干部跟班蹲点了解情况,通过整合安全监督人员、推行总监负责制度、开展党员流动监督、建立项目管理平台,实现统一管理、共同检查、连带考核。项目开工以来,党建协作区干部放弃节假日、休息日,机动组织联合检查38次,事不过夜整改安全隐患40余处,过程中形成"六不准、十必须、八做到",安全工作基本要求在大庆油田工程建设领域推广。

三是融合情感,凝聚力量。坚持用"心联心、心暖心"凝聚参建各方干部员工思想。面对施工人员,多一些平等对待,少一些颐指气使;面对现场问题,多一些攻坚克难,少一些推诿扯皮;面对"三违"行为,多一些教育指导,少一些训斥指责。汇聚所有参建干部员工形成心往一处想、劲往一处使的强大合力。坚持班前会必开、履行"一岗双责"必讲、党员承诺必践、安全宣誓必做,用固化的形式增强集体归属感和认同感。由三方党员自发成立的志愿服务队,高温天送绿豆水给施工人员、雷雨天送热姜汤到施工现场、中秋佳节送月饼慰问祝福,整个施工期间始终充溢着同心协力一家亲的浓厚氛围。

三、示范带动,让党的优势在引领保证项目建设上充分发挥

项目建设的问题表象上看是现场管理的问题,深层次看还是人的问题。要充分发挥党组织号召人、带动人、培养人的优势,通过共建党支部、专业党小组、

全体党员的共同努力,实现党建工作有干头、项目施工尝甜头。

一是党支部带动增干劲。共建党支部每月一主题开展特色党日活动,全体支部委员带头上好一堂党课、解决一个施工难题、开展一次谈心交流、进行一次现场指导、培养一名党员典型,全程参加每天的施工问题协调会,共认领解决问题57个,成为群众心中真正的"主心骨""领头雁",项目建设的"教练员""监督员"。在项目推进过程中,因人员缺少、工期过紧、安全压力较大,队伍曾一度士气低落、畏难情绪漫延,党支部书记刘丽萍召开支委会商议并策划开展"项目明星"争创活动,先后有11人受到表彰,18位"明星"被制成形象展示牌,统一悬挂在施工现场的灯杆上,让典型亮起来、多起来,带动队伍好起来、强起来。

二是党小组带动攻难关。项目施工的难题就是党组织攻关的课题。共建党支部根据项目需要成立了生产运行、安全监督、标准施工三个专业党小组,发挥党员先锋模范作用。生产运行党小组将施工横道图细化到天,将整体工程量划分成12个区域并行施工,使新建中控室等项目工期由150天缩短到65天;安全监督党小组针对7项高风险作业编制出10余种安全培训课件,并开展旁站监督、查违纠患,共发现整改隐患问题68个;标准施工党小组编制出《南Ⅰ-1项目标准化施工手册》,使参建各方均有标可依、都按标施工、全部达标验收。

三是党员带动做先锋。开展"党员身边无违章"岗位讲述、"我是党员看我的"亮明身份、"当先锋践承诺"劳动竞赛,实施党员首件示范工程,编制《党员优质工序指导书》,发动党员骨干针对七个重要施工环节、八项质量验收标准给施工人员打样立标,让大家学身边有榜样、做身边有示范,使写在本册上的"文本标"变为眼前可见的"施工标"。路管公司党员嵇立新在南北路施工中反复论证,将新旧路衔接布筋间距标准由20厘米缩小到2厘米,保证施工工序一次性验收合格,施工人员说,这在以往还是第一次。

根深则叶茂,固本则枝荣。第一采油厂第五油矿将坚持以高质量党建引领保证高质量发展不动摇,继续探索走好更有效率、更具活力的抓党建促生产、强党建保稳产的新路。

(2020年3月20日大庆油田党建协作区建设总结推进会典型发言材料)

文化篇·

塑造"三老四严，永创一流"形象
依靠文化创新促进企业发展

第一采油厂党委

实践"三个代表"，塑造"三老四严，永创一流"形象，是第一采油厂在第一次党代会上提出的新时期企业形象，是今后三年党建工作的主题，是积极推动企业文化建设，实现大庆油田可持续发展的必然选择，符合党的十六大提出的"发展是党执政兴国第一要务"和"通过理论创新推动制度创新、科技创新、文化创新以及其他各方面创新"的精神，适应了"以文化发展促进管理升级"的要求。"三老四严，永创一流"既有底蕴丰厚的历史传承，更兼具与时俱进的创新品格。从企业文化建设理论上看，塑造"三老四严，永创一流"形象，是对厂历史文化的有机整合，及全新的文化理念阐释，使之成为全厂广大员工的统一价值取向。从实践角度看，塑造"三老四严，永创一流"形象，对推进企业文化建设实践，全面提升企业整体素质和核心竞争力，推动管理优化升级，形成持续文化力具有重要的作用。"三老四严，永创一流"为第一采油厂依靠文化创新促进可持续发展战略目标的实现提供了精神动力和保证。

一、"三老四严，永创一流"形象体现了传统文化精华与新时代特征的统一，在继承和发展中突出了与时俱进的深刻内涵

进入可持续发展的新时期，走文化创新推动企业发展之路已成为必然选择。在企业文化建设的实践中，一方面对传统文化进行高度概括和凝练，同时又把握时代进步、企业发展的新趋势，在继承发展中使"三老四严，永创一流"蕴含了与时俱进的内在品质，形成了思想内涵、时代内涵、文化内涵的高度统一。

一是"三老四严，永创一流"形象集中体现了"三个代表"的思想内涵，是党的建设的内在要求。"三个代表"重要思想要求始终代表先进生产力的发展要求。回顾第一采油厂的发展史，可以看出，20世纪60年代大庆油田建设了世界级的大油田，为实现我国石油自给做出了巨大贡献；70年代原油生产突破1000万吨，有力地支持了国民经济建设；80年代坚持改革开放和以原油生产为中心，实现了原油持续稳产；90年代依靠科技进步，原油生产突破1500万吨，到2002

年 1000 万吨已连续稳产 29 年。现在，面对可持续发展的新形势，厂党委提出塑造"三老四严，永创一流"形象，反映了企业先进生产力发展的内在要求；"三个代表"重要思想要求始终代表先进文化的前进方向。以"三老四严，永创一流"为精神动力，对第一采油厂的发展起到了重要的文化推动作用，是根植于第一采油厂深厚历史底蕴的文化成果。"三老四严"形成于 20 世纪 60 年代，是第一采油厂极其宝贵的精神和文化财富。"永创一流"是第一采油厂 40 年奋斗史的精神写照，从会战初期的"岗位责任制""四个一样"到新时期"永远做油田精品""四个不一样"，文化品牌的打造贯穿着"永创一流"的精神主脉。在创造和总结大量管理、科技经验的同时，涌现出了以薛国邦、曹亚范、王友全、王淑芳和李文英等为代表的一大批先进典型。进入发展新时期，"三老四严，永创一流"反映出第一采油厂根据新时代新形势不断进行文化创新的理论和实践勇气；"三个代表"重要思想要求始终代表最广大人民群众的根本利益，只有企业发展才能满足最广大员工群众的根本利益。20 世纪 60 至 70 年代，代表广大人民群众的根本利益主要体现在早日建设大油田，领导干部关心职工疾苦，深入基层、深入群众，为职工排忧解难上。进入改革开放和油田可持续发展新时期，塑造"三老四严，永创一流"形象就是用实事求是、严谨求实的科学态度，用开拓进取的创新实践，追求第一采油厂的持续发展，以满足员工群众日益增长的物质文化需要。"三个代表"重要思想是党的立党之本、执政之基、力量之源，作为马列主义、毛泽东思想和邓小平理论的新发展，在理论上的一个重大创新就是把代表先进生产力的发展要求、代表先进文化的前进方向、代表最广大人民群众的根本利益作为党的先进性的重要标志，作为党的理论建设、政治建设、组织制度建设乃至作风建设的内在要求。厂党委提出实践"三个代表"，创新第一采油厂形象，体现了"三个代表"的重要思想内涵。去年以来，厂党委通过开展"三戒三求""双争"活动、"四比四看四争当"活动，把塑造"三老四严，永创一流"形象作为检验各级党组织工作的重要标志，成为全厂党的建设的内在要求。

二是"三老四严，永创一流"形象集中反映了油田发展的时代内涵，是创新发展的必然选择。实现油田的可持续发展，必须走创新发展之路，而企业文化创新是企业发展的动力。油田重组上市、加入 WTO、市场经济的严峻挑战和知识经济的迅猛发展给第一采油厂企业文化的更新换代创造了前所未有的机遇。塑造"三老四严，永创一流"形象，就是积极适应大庆油田新时期发展的形势，充分发挥自身文化优势，吸纳借鉴国内外先进文化成果，赋予"三老四严，永创一流"形象全新的时代内涵，塑造创新发展的崭新文化形象。"三老四严，永创一流"形象反映了建立现代企业制度的文化管理内涵。建立现代企业制度是油田公司体制改革的战略目标。企业文化是管理的最高境界，"三老四严，永创一流"形象的文化本质决定了它既是一种精神境界，也是一种管理境界。"三老四严，永创一流"作为企业文化层面的形象理念，通过与现代企业管理制度的有机融合，达到了用文化创新促进管理升级的目的。"三老四严，永创一流"形象反映了企业可持续发展的根本要求。企业可持续发展是物质文化和精神文化的全面发展。"三老四严，永创一流"作为实现第一采油厂可持续发展的精神支柱，为可持续发展提供了重要保证，反映了依靠文化创新促进企业管理的全新发展观，适应了可持续发展的时代要求。"三老四严，永创一流"企业形象的塑造反映了提升企业核心竞争力的创新特色。创新是企业核心竞争力的灵魂，核心竞争力是一个企业管理创新、技术创新、文化创新的能力，积极推进管理创新、技术创新和人力资源开发创新，充分反映了"三老四严，永创一流"的创新特色。

三是"三老四严，永创一流"形象集中展示了企业自身的文化内涵，是企业文化建设的核心理念。企业文化是个性化文化。"三老四严，永创一流"是独特的企业形象。"三老四严"发源于三矿中四队，形成于会战初期，既是一种严细认真地工作标准，更是员工自觉形成的价值取向，体现了岗位职责的制度约束与行为养成的文化自觉有机的统一，是享誉全国的大庆精神主要内容之一，也是第一采油厂的基本经验；"永创一流"体现了全厂员工不懈追求的精神风貌，印证了"第一车原油外运"、首创"六分四清""1000万吨稳产29年"和创全国精神文明建设标兵单位的恢宏发展历程，是历史文化积淀形成的精神品格，是企业可持续发展需要的时代精神，反映了传统文化与现代企业精神的融合贯通，体现了与时俱进的创新意识。"三老四严，永创一流"是文化实践的产物，是企业的灵魂，是企业发展的根本。以"三老四严，永创一流"为内核，衍化出了新时期的发展理念、经营理念、管理理念、人才理念、技术理念。同时，"三老四严，永创一流"独特的文化内涵和独有的教育功能、引导功能、凝聚功能和展示功能，将进一步指导新时期第一采油厂的发展实践，塑造新时期的崭新形象。

二、"三老四严，永创一流"形象体现了昂扬精神与科学态度的统一，在培育和倡导中彰显了奋发有为的企业品格

企业品格是企业的风格，是企业精神的外在表现。塑造"三老四严，永创一流"形象，在对外展示第一采油厂新时期企业形象的同时，对内凝聚、激励干部员工把昂扬向上的精神状态与科学态度高度统一。经过各级党组织的倡导和培育，逐步达成全厂的共识，得到广大干部员工的认同。初步形成了"四种精神"。

一是培育创新发展理念，形成了勇于开拓、崇尚一流的进取精神。适应企业

发展的时代要求，必须具备勇于开拓、崇尚一流的进取精神。"三老四严，永创一流"形象提出后，第一采油厂党委通过开展"创新发展年"活动，积极倡导创新意识，营造创新氛围，搭建创新平台，培育干部员工树立正确的发展观。同时明确了"创新发展"思路，引导全厂重点在管理、技术、人力资源开发方面取得创新、突破和发展，从而形成了勇于开拓、崇尚一流的群体精神和浓厚氛围，推动了创新发展的实践。中十六联合站在创新发展中依靠企业文化建设，积极创新和实践发展理念，使全站工作年年有创新，年年有发展。发展理念也逐步从建站初期的"我们就是十六联，我们就要创样板"延伸到"团结奋进，崇尚一流"，最终定位于"永远做油田精品"的发展理念。通过培育，"永远做油田精品"成为全站员工的统一价值导向，为全站的发展提供了强大的凝聚力和源源不断的动力。全站员工塑造精品意识，打造精品管理，营造精品环境，在全大庆油田树立起了精品管理的标杆，先后获得了油田公司管理样板站、金牌站、油田公司功勋集体、集团公司先进集体和"全国青年文明号"等荣誉称号，2001年荣获全国五一劳动奖状。

二是培育创效经营理念，形成了讲求科学、精打细算的求效精神。实现效益最大化是现代企业追求的共同目标。塑造"三老四严，永创一流"形象就是通过培育全员的效益经营理念，实现高水平、高效益、可持续发展的战略目标。第一采油厂党委在大庆油田进入新的发展时期，从战略发展高度把"以原油生产为中心"转变为"以追求经济效益为中心"，为第一采油厂的持续发展提供了后劲。全厂上下积极培育员工树立成本管理意识、经营效益理念，使经营效益理念渗透到每一名员工的思想意识中，形成了讲科学、精打细算的"求效"精神。全厂加强成本预算管理，统一预算编制方法和结构，完善预算定额及费用标准，逐级分解预算指标，实行预算全过程监控，从而形成了矿（大队）控制费用、机关职能部门控制指标的双向成本控制机制。各单位坚持以经济效益为中心，加强成本预算管理，强化生产成本控制，优化操作成本支出结构，完善班组经济核算体系，保证了目标成本的实现。同时，全厂把创效精神与科学管理相结合，使效益意识渗透到生产管理的每个环节、每道工序。针对近几年抽油机井检泵率和返工率"两率"急剧上升，造成产量紧张、维护性作业费用上升的问题，广泛开展"作业质量年"活动。通过建立健全管理约束机制、大力推广应用成熟技术、加大杆管更换力度等一系列措施，"两率"攀升的势头得到了有效遏制。2002年抽油机井检泵率、综合返工率分别达到42.9%和16.2%，比2000年底下降了30.59%和29.07%，比2001年底下降了24.57%和13.57%，比2002年初确定的55%和18%的目标值分别降低了12.1%和1.8%。提高了机采井时率，降低了作业劳务支出。两年来共多生产原油54.3万吨，创造产值4.34亿元。经营效益理念的倡导和培育，掀起了群众性的"增收节支，为企业创效"活动、"创新创效金点子"活动、"我为企业发展献一计"活动的热潮，广大员工立足岗位，挖潜增效，从一滴水、一度电、一方气、一个闸门入手，开源节流，积极创效，促进了企业效益的提高。2002年第一采油厂共节水601.2万立方米，天然气增收9084万元，新技术推广获经济效益9747万元，全年实现成本结余11988.72万元。

三是培育技术开发理念，形成了突破禁区、挑战极限的探索精神。塑造"三老四严，永创一流"形象，必须培育全新的技术开发理念，敢于突破禁区，挑战极限，创新核心技术，提高可采储量，实现高水平、高效益开发油田的目标。全厂广大科技人员按照"三老四严，永创一流"的要求，在科技攻关上刻苦钻研，大胆探索，增强了可持续发展的责任感和使命感。为了突破制约油田发展的瓶颈，他们以无畏的探索精神和严谨的科学态度，对增加老区可采储量，提高油田最终采收率进行立项攻关。开展了以萨零组储层物性特征及潜力分布研究、水淹层多资料综合解释方法、微型构造与沉积相带迭合绘制技术为主要内容的油藏精细地质研究。通过积极实践，破解了这一制约老区油田开发的前沿性难题，探索出精细开发油田的新途径，为第一采油厂的可持续发展提供了智力支持。2001年，全厂共取得厂级科研成果49项、技术革新成果266项，有9项科研成果通过了油田公司的评定验收。2002年，厂广大科技人员继续挑战极限，突破瓶颈，努力创新5项关键技术，开辟"五个突破"试验区。同时重点研究聚合物驱上返层地质特点、剩余油分布规律、层系组合原则和井网综合利用方法及封堵和分注技术，进行三次加密与三次采油相结合的配套技术攻关，争取在注采系统调整、采油工程、地面工程方面的瓶颈技术方面都取得新的突破。全年开展公司级科技攻关项目11项、厂级科技攻关项目55项，开展现场试验13项，全年结束8项；推广新工艺、新技术38项，取得经济效益5530万元。

四是培育行为文化理念，形成了爱厂爱岗、团结奉献的敬业精神。企业文化既是一种管理文化，也是一种道德教育文化。第一采油厂党委把开展"爱厂教育"作为员工思想道德建设的重要内容。塑造"三老四严，永创一流"形象，培育爱厂爱岗、团结奉献的敬业精神，成为员工重要的行为文化理念和统一行为价值取向。全厂各单位在员工中开展了"爱一厂，争创一流业绩""知厂、爱厂、兴厂""重温光荣史，再创新辉煌""爱厂爱岗，争创油田精品""我的形象就是一厂形象"等丰富多彩、形式多样的系列教育活动，引导广大员工深入了解厂发展史，认识油田公司上市的新形势，争做合格的一厂人，自觉维护一厂形象，增强爱一厂、为一厂发展做贡献的责任感、使命感。广大员工为厂创新发展再立新功，爱厂爱岗、团结奉献的热情极大高涨，以张景昆、刘颖萍、高广太、朱严华、祁占宝为代表的新时期立足岗位、爱厂爱岗、敬业奉献的先进典型脱颖而出。厂党委充分发挥教育激励、典型激励作用，开展演讲、歌咏、展览等文化系列活动，大力弘扬爱厂爱岗、团结奉献的敬业精神，使塑造"三老四严，永创一流"形象变成广大员工的自觉行动，全厂共涌现出荣获全国五一劳动奖状单位 1 个，油田公司功勋员工 1 人、杰出员工 14 人，厂级杰出员工 20 人。

三、"三老四严，永创一流"形象体现了核心竞争力与科学管理的统一，在创新和发展中促进了企业管理优化

"三老四严，永创一流"作为厂企业文化的核心理念，发挥了企业文化建设所具有的文化管理功能，对企业的管理要素充分进行了文化层面的优化和整合，使第一采油厂形成了可持续发展的核心能力，为全厂发展战略、管理机制、管理方法的优化起到了极大的促进作用。

一是优化发展战略，形成了文化兴企格局。塑造"三老四严，永创一流"形象促进了第一采油厂发展战略的优化。第一采油厂在第一次党代会上确定了今后一段时期全厂的发展战略目标："塑造一个形象""取得四个突破""改善两个环境""实现一个目标"。"塑造一个形象"即实践"三个代表"，塑造"三老四严，永创一流"形象；"取得四个突破"即技术创新取得新突破、体制和管理创新取得新突破、人力资源开发取得新突破、思想政治工作创新取得新突破；"改善两个环境"即改善大庆油田治安环境、改善员工工作生活环境；"实现一个目标"即到 2004 年原油年产量稳定在 1100 万吨以上，并为全厂高水平、高效益、持续稳产奠定基础。厂党委把塑造"三老四严，永创一流"形象作为全厂总的发展战略目标的主线，就是依靠持续的文化力推动技术、管理、人力资源开发创新，建设学习型企业、创新型企业、效益型企业，从而形成以技术创新为先导、以科学管理为基础、以人力资源开发为依托、以创新党建和思想政治工作为保证、以提高企业核心竞争力为目标，最终实现大庆油田可持续发展的文化兴企格局。同时，厂大力改善油田治安环境，改善员工工作生活环境，为实现可持续发展营造良好的物态和人文环境。

二是优化管理机制，推动了企业管理升级。塑造"三老四严，永创一流"形象，依靠文化创新推动管理升级，就是按照现代企业管理制度的要求，通过推动企业文化建设优化管理机制。首先，按照现代企业管理体制的要求，推动企业管理体制的升级。第一采油厂建立起了以实现效益最大化为目标的内部经营管理机制、自我约束的成本控制机制、责权利相统一的责任激励机制、结构优化和配置合理的劳动用工机制、收入与业绩相挂钩的收入分配机制，推动了企业管理从指

标计划管理向目标经营管理的体制转型。其二实行文本管理，推动企业制度管理升级。今年，通过建立一整套的工作程序、操作规范、管理标准和内控原则，实现管理的制度化、规范化、标准化，围绕提高经济效益和企业素质，建立以文本为载体，以岗位责任制为基础，以责任目标、工作流程、管理规范和监督检查措施为内容的管理模式，从而形成全厂制度化管理体系。其三实施人力资源开发，推动企业人才管理升级。通过建立全员竞争上岗机制，人才开发培训机制，管理人员、技术人员业绩考核机制，建设复合型管理者队伍、专家型技术人员队伍、知识型操作人员队伍，为员工规划职业生涯，铺就管理层、技术层和操作层成才"三条路"，进一步完善用人机制。第七油矿积极导入"能力关怀"的人才培养新理念，大力实施能力关怀战略，以对全员的能力关怀、全过程的能力培养、全方位的能力展示为原则，分层次、分阶段制定员工能力培养目标，搭建技术、管理和文化能力培养平台，拓展能力展示空间，使全矿员工的综合素质不断提高，在厂第十八届技术运动会上夺得了团体第一名。全厂还在20个小队中推行专业化管理，通过重组班组、竞争上岗的方式，减少了125个班组，并实行跨站集中管理，流水作业维护，理顺了管理流程，降低了管理成本，使人力资源配置更加科学合理，提高了工作质量和效率。另外，加强HSE管理体系建设，提高环境素质水平。建立了厂、矿（大队）、基层小队、班组四级监督网络，落实安全生产责任制，完善环保工作制度和体系，努力做到无事故、无污染、无伤害，促进了企业环境素质管理升级。2002年，厂获油田公司颁发"健康、安全、环保杯"金牌。

三是优化管理方法，提升整体管理水平。按照塑造"三老四严，永创一流"形象的要求，厂党委鼓励各单位紧密结合实际，创新管理方法，全面形成用企业文化建设促进管理水平提升的共识。第二油矿积极响应企业发展新要求，通过更新管理理念，积极探索行之有效的管理方式和方法，在"四个一样"的基础上，创出了"四个不一样"的管理方法，即"素质高低使用不一样，管理好坏待遇不一样，技能强弱岗位不一样，贡献大小薪酬不一样"。"四个不一样"管理方法突出了"以人为本"的管理理念，为企业的发展创造了无限的空间，为员工的发展拓展了广阔的平台，极大地激发了员工为企业发展努力工作的积极性。另外，第一油矿、第二油矿实行了内部模拟市场管理方法，第六油矿创出了"计点法""星级制"管理法，仪表大队创出了"首问制"管理法。管理方法的优化，使第一采油厂的整体管理水平大幅度提升。全厂油田开发形势稳定，效益经营目标全面完成，生产管理水平逐年提高，2002年全厂优质井站由2001年的36.1%上升到48.3%，27座站所获得油田公司样板站称号，74座站所获得油田公司达标站称号，涌现出"金牌式"采油队5个、"银牌式"采油队6个和"铜牌式"采油队15个。

塑造"三老四严,永创一流"形象,为第一采油厂的企业进步注入了不竭的创新动力和可持续发展的活力。全厂将以党的十六大精神和"三个代表"重要思想为指导,进一步加强企业文化建设,以"三老四严,永创一流"企业文化形象激励全厂员工奋发有为、开拓创新,为大庆油田的可持续发展做出更大的贡献。

(2002年第一采油厂第一届企业文化建设成果发布会典型材料)

导入人才培养理念
大力实施能力关怀战略

第一采油厂第七油矿党委

第一采油厂第一次党代会召开以来，第七油矿党委在贯彻落实厂党委提出的塑造"三老四严，永创一流"形象的过程中，紧紧抓住人力资源开发这个关系企业可持续发展的关键问题，在油田公司"发展的企业为人才的发展提供广阔的平台，发展的人才为企业的发展创造无限的空间"人才观的指导下，导入"能力关怀"人才培养新理念，大力实施能力关怀战略。目的在于通过加强全员能力建设，引导员工用知识和能力实现自我，成就未来。通过实施这一战略，员工的综合素质不断提高，促进了全矿各项工作全面发展。2002年，全面完成了以经济效益为中心的各项任务，夺得了厂第十八届技术运动会团体第一名的好成绩。

一、树立新观念，明确能力关怀战略目标和思路

企业重组改制后，实现大庆油田可持续发展成为摆在面前的一道十分严峻而又必须解决的课题。第一采油厂结合实际，深入学习贯彻"三个代表"重要思想，联系第七油矿的发展，深刻体会到，在现代企业中，人、财、物、技术、信息等诸多因素缺一不可，而这些因素中起主导作用的是人，人是企业活力的源泉，人才是实现大庆油田可持续发展的根本保证，企业的活力关键在于全员的智慧和创造力。因此，解放思想、转变观念，树立新的人才培养理念，既是维护员工根本利益的需要，也是实现本单位发展的需要，更是油田公司在激烈的国际市场竞争中乘风破浪、永立潮头的客观要求。树立新的人才理念，必须要从传统的思维方式中解放出来，站在企业文化建设的战略高度来看待全员能力培养问题。把工作思路从过去的"有困难解决一下、逢年过节慰问一下、重大疾病捐助一下"的传统观念转变到员工能力素质的关怀上来，树立"给钱、给物，不如给个好能力"的新观念上来，从根本上增强员工的"造血功能"。员工有了过硬的能力，就有了生存的资本，就能端稳饭碗，适应未来激烈的竞争。员工能力素质的提高必然促进企业核心竞争力的提高，这就是提出"能力关怀"人才培养理念的根源所在。

在提高认识的基础上，围绕着怎样把"能力关怀"理念变成具体的战略，第

七油矿从长远发展的总体目标和战略出发，采取上下结合的方式，广泛深入地讨论、酝酿，最后通过矿职代会形成了《第七油矿实施能力关怀战略的方案》，明确了能力关怀战略的原则、总体发展目标和具体工作目标，建立了实施能力关怀战略的三个体系。能力关怀战略原则是：全员的能力关怀、全过程的能力培养、全方位的能力展示。能力关怀战略总体目标是：管理层向复合型转变、技术层向专家型转变、操作层向知识型转变。短期目标是：在两年内，管理层熟练运用计算机，精通本岗位的技术业务；技术层熟练计算机的操作和应用软件的开发，根据岗位职责的要求，围绕经济效益提出并实施增产措施和小改小革；操作层持一岗证人员达到100%，持两岗证人员达到80%，持三岗证人员达到50%。长远目标是：五年内，管理层具备创新管理能力，运用数字化手段，提高管理效率，降低管理成本；技术层精通技术业务，完成新技术推广，参与技术攻关项目，创新科技成果；操作层精通2—3个岗位技能，熟练掌握地下油水运行规律，提出并实施合理的挖潜增效措施。为了实现上述目标，第七油矿建立了三个体系：一是组织领导体系。成立了能力关怀领导小组，党政领导为第一责任人，矿、队签订了目标责任状。二是能力培训体系。针对不同层面文化技术素质，结合岗位、工种特点，制定培训计划，确定培训内容，建立培训管理制度。三是检查考评体系，把能力关怀纳入月度、季度、年度工作考核，同月度奖金和双文明单位评比相挂钩。

二、采取新措施，搭建能力培养平台

能力关怀战略既是情感关怀，也是物化关怀。能力关怀战略作为一项系统工程，针对不同层次、不同对象的具体情况，创造条件，积极实施，在全矿搭建全方位的能力培养平台。

第一，搭建技术平台。为了提高员工的技能素质，第七油矿千方百计地为员工搭建技术平台。一是建立技术培训基地。矿投资20余万元建立完善了800平方米的教育培训中心，配备13名兼职教师。矿培训基地常年坚持系统培训，2002年先后举办了计算机、石油地质、采油工程等5个专业，采油工、输油工、测试工等20多个工种的技能培训班56期，员工参加脱产系统培训10天、80个课时以上。培训率达到95%以上，特别是对技术尖子和技术骨干以脱产形式加大培训力度，促其早日成才，通过系统培训，提高了员工的素质。在厂第十八届技术运动会上，第七油矿夺得团体冠军，并获得8个单项第一名。二是为员工自学成才创造条件。积极引导员工充分利用业余时间自学成才，以基层小队为单位，成立了76个技术学习小组，并配备了37种技术书籍，互相进行学习交流，矿设立了技术指导站，队设立技术指导员，针对员工在技术学习上遇到的难题及时给予指导，在全矿形成了学习技术的浓厚氛围。工艺队计算机组长闫国顺，虽然只有高中文化，但平日通过坚持自学，先后完成了20多项科技成果，其中由他研究开发的"采油队油田开发地质生产数据综合管理系统"软件已在油田公司各采油队普遍推广应用，"Web浏览采油矿生产数据管理系统"应用软件获油田公司一等奖，"网络措施方案设计、审核的研制""作业施工总结网络管理系统"等6项科研成果获厂级一等奖。矿里每年还召开员工自学成才事迹报告会，宣传他们的先进事迹，引导员工向先进学习。全矿有1340名员工，61%的员工参加了不同类型的专业培训，参加中专以上学历培训的员工有382人，178人参加本科以上学历培训，其中312人获得了中专以上学历证书。三是开展技术竞赛活动。把开展技术竞赛活动作为员工相互切磋、交流技艺的平台，提高员工的技术素质。去年以来，先后开展了计算机大赛、数字化采油队网页制作大赛和加密封填料、换皮带、测电流、判断生产故障等技术竞赛18场次，56%的员工参加了比赛。竞赛极大地激发了员工学习技术的积极性，促进了员工技术水平的提高。在厂单井地下分析大赛、计算机大赛中，第七油矿参赛选手均取得了优异成绩。广大员工把学到的知识运用到生产实际中，188人提出210多项挖潜增产措施，实现增产7.6万吨，节约生产成本120多万元。

第二，搭建管理平台。在对管理层实施能力关怀战略上，首先是根据每个管理者的不同特点，采取个人成才设计和组织定向培养的措施，为全矿136名管理干部制定了个人生涯发展规划，使每个管理者都明确了自己的发展方向和目标。其次通过组织开设管理论坛、思想政治工作沙龙、办班培训、岗位交流和机关干部下小队挂职锻炼等方法，努力提高管理层的组织、协调、指挥、处理突发性故障、语言表达和写作等综合能力。一年来，先后举办了各类管理干部培训班6期，召开研讨会5场次，对全矿管理干部普遍进行了系统培训，形成矿以上的研讨成果78项，干部岗位交流32人，机关到小队挂职锻炼4人。这些方法有效地提高了管理层的能力。原506队党支部书记梁玉彬，在个人生涯发展规划中，针对复合型干部的要求，注重加强生产管理和工艺流程的学习，多次参加矿里举办的各类生产管理培训班，坚持理论联系实际，很快熟练掌握了采油队的各项生产操作技能。通过矿里开展的岗位交流活动，在不到3个月的时间里，明显提高了生产协调能力。去年一月份，他被调整到503队担任队长，针对该队井多、面广、管理水平相对落后的实际，充分发挥思想政治工作优势，调动了全队员工的积极性，使503队生产管理水平一跃进入全矿前三名。第七油矿还利用QC成果发布会、论文发布会等形式，创造条件，促进交流，提高管理者的创新能力。去年，全矿管理层发布各类管理成果27项，其中矿工艺队副队长陈研秋撰写的论文在厂QC

成果论文发布会上获得一等奖，矿质量员赵洪斌撰写的《论标准化工作与企业经营管理的关系》在全国第六届石油工业标准化学术论文发布会上获得三等奖。

第三，搭建文化平台。现代企业不仅需要高素质的专业技术人才，也需要建设有良好文化修养的员工队伍。为满足员工对精神文化生活的需求，第七油矿采取多种形式和方法努力营造独具特色的文化氛围，引导员工积极参与文化活动，陶冶情操，凝聚队伍。在对员工的兴趣、爱好进行广泛调查的基础上，以文化板块的形式搭建文化平台。全矿划分了美术、摄影、集邮板块，歌舞、曲艺、手工制作板块和体育竞技板块，通过这些文化板块为员工提供参与和展示自我的机会和舞台，先后建立了图书室、卡拉OK室、乒乓球室、台球室、篮球场、羽毛球场等"四室""二场"，充分发挥矿工会和团委在文化、体育活动中的组织作用。去年以来，组织开展了歌咏比赛、卡拉OK大赛、诗歌朗诵会和各类体育比赛22场次，特别是去年夏天，利用一个月的时间，在全矿广泛开展了"夏之韵"群众性文化系列活动，有95%以上的员工参加这一大型活动，充分展示出了新时期员工的精神风貌。其中员工隋红梅还参加了大庆油田有线电视台举办的"石油风采大放送"歌手大奖赛，荣获第一名好成绩。还有两名员工的摄影作品在大庆油田摄影展中获一、二等奖。通过搭建文化平台，开展文化体育系列活动，形成了健康、向上、和谐的队伍氛围，全矿涌现出了见义勇为、勇斗歹徒的张备清、谭江平、王喜权和拾金不昧的陈秀静、张彦铭等优秀员工。

三、建立新机制，拓展能力展示的空间

能力关怀是一项长期的战略目标，建立与能力关怀战略相适应的配套机制，是促进各类人才脱颖而出的主要保证。第七油矿围绕能力关怀，加大建设力度，拓宽员工展示能力的空间，加快了人才培养的步伐。

一是建立公平竞争机制。引入第二油矿"四个不一样"的管理理念，突破传统定式，建立了人人机会均等、能力业绩至上的公平竞争机制。在全矿实施干部、工人公平竞争岗位的办法，让有能力的人有机会、有作为，拓展了员工自我发展的空间，极大地激发了员工的积极性。聚中十四联是2002年新建的大庆油田最大的聚合物联合站，在配备领导班子时，在全矿公开竞聘，有28人报名竞聘4个领导岗位，经过本人申请、组织审查、民主推荐、民意测评、业绩考核、公开答辩等程序，并通过全过程公示，4名优秀人才在竞争中胜出，得到了干部群众的认可。他们上任后，在人员新、技术力量薄弱的情况下，对照中十六联标准，在建站初期，先后发现整改问题2100多个，提出工艺改进措施20项，确保了按期投产一次成功，积极营造具有聚中十四联特色的企业文化，建立了符合

聚中十四联特色的管理模式,实现了作业流程文本化管理。一年来,全矿先后有22名基层小队干部和机关工作人员、73名员工竞聘到新的工作岗位。干部和岗位员工公开竞聘机制的建立,激活了干部任用制度,激发了员工的进取精神,促进了各项工作水平的提高。

二是建立业绩激励机制。业绩激励是能力关怀的重要内容,实施能力关怀归根结底就是激发员工的积极性和创造性,鼓励员工向期望的目标努力。为了激励员工提高能力,建立了10万元的能力关怀奖励基金,制定了具体的奖励标准和考核措施,使业绩激励制度化、规范化、文本化。一年来,先后奖励做出重大贡献的干部、工人76人,奖励金额达8.5万元,单人奖励金额最多的达5000元。在物质激励的同时,还注意突出精神激励,在全矿开展了争当"管理明星""岗位能手""技术尖兵""文体精英"等活动,对涌现出的先进个人,利用报纸、简报、宣传栏、矿网页等载体,大力宣扬他们的事迹,使他们不但在物质上得到奖励,在精神上也得到荣誉,真正让优秀员工"吃香",进一步激发了广大员工积极向上的动力。如在厂第十八届员工技术运动会上,根据工种的不同,对取得单项第一名的8名员工,除了厂里的嘉奖外,还分别给予了3000元~5000元的奖励。

三是建立动态管理机制。管理创新、技术进步,要求员工能力不断提高,昨天的能力不等于今天的能力,第七油矿建立了动态的管理机制,就是要敞开"进口",通畅"出口",使员工在挑战中不断自我加压,让能力低的人下去,能力高的人上来。如在干部队伍管理上,实行了《第七油矿小队级领导干部及机关工作人员无过错免职暂行办法》,把平庸无过的干部列为免职对象,并建立了主动辞职和组织责令辞职的具体考核办法。在操作层面,实施严格的"三岗动态"管理,真正做到优者上、劣者下。全矿有72人竞聘到了自己申报的岗位,有28人由于工作不胜任,从主要岗位调整到次要岗位,有16人由于技能考试不及格和违纪被试岗。干部无过错免职和员工"三岗动态"管理,对干部工人的素质和能力均提出了更高的要求,调动了干部工人的积极性,进一步增强了竞争意识和创新意识,促进了全矿员工整体水平的提高。

以上是第七油矿实施能力关怀战略的几点做法,随着形势的发展,工作仍有许多方面需要进一步完善和提高,未来决心以党的十六大精神为指导,把实施能力关怀战略作为企业文化建设的重点,继续深化、推进这一战略,从根本上提高员工队伍综合素质,为大庆油田可持续发展做出新的贡献。

(2002年第一采油厂第一届企业文化建设成果发布会典型材料)

培育亲情关爱文化
实现企业与员工发展共赢

第一采油厂第四油矿党委

今年以来,中七联合站围绕"争创油田公司样板站,塑造中七联新形象"的创新发展总体目标,打造了"人企合一,发展共赢"的企业文化。通过积极倡导、培育亲情关爱理念,形成了具有自身特色的亲情关爱文化,培养了高素质人才,输出了高质量油品,创造了联合站精品,推动了中七联合站的创新发展。

一、亲情理念突出文化管理的融合功能,实现了企业与员工的互为认同

亲情理念自身的文化特性,能够发挥出文化管理的融合功能,实现从物态管理向人本管理的文化跨越,凸显企业与员工之间唇齿相依、荣辱与共的关系,让互为认同、协调发展成为两者之间共同的文化追求,使文化管理达到新境界。

一是亲情理念的文化内涵,形成了企业与员工的价值认同。传统的企业管理模式,往往忽视员工的多元化价值取向,造成企业与员工之间价值认同的割裂,影响了企业与员工实现共同发展所需要的互为依托、相生相息的和谐关系,制约了企业与员工的发展。亲情理念秉承先进的文化管理理念,是在文化与管理的融合中调节企业与员工关系,促进两者协调发展的文化理念。它赋予了管理崭新的文化品质,具有渗透、激励等文化管理功能,能够通过以情感人,达到以文化人的巨大作用。亲情理念内在的文化内涵,使企业与员工在"价值观"这一企业文化建设的核心层面达成高度一致,通过倡导企业价值取向与员工价值观的统一,形成了"我靠企业生存,企业靠我发展"的相互认同的价值观,使企业与员工构成利益共同体。中七联在亲情理念中,注重培育"只有企业发展,员工才能获得最大的利益;只有员工的贡献,才能推动企业发展,员工才能实现自身价值"的相互依存的价值观,从而使每一名员工与企业荣辱与共,在企业的创新发展中找到自身的价值定位,立足岗位实现人生价值,为企业的发展注入生机和活力。

二是亲情理念的人文底蕴,形成了企业与员工的归属认同。中七联把握"以人为本"这一企业文化的本质,突出以"人"为中心的文化管理。通过培育亲情理念,使管理从以"物"为中心,转变为以"人"为中心,赋予管理尊重人、理

解人、感化人、培育人、塑造人的人文底蕴，体现了管理的人性化内涵，使企业与员工达成了一种内在的默契，使企业让员工有归属感。中七联通过在每个岗位设立亲情管理信息员，建立员工"亲情档案"，全面收集掌握员工思想、工作、生活方面的信息，把企业对人的尊重和理解，渗透到员工的内心。如站上去年新分来5名市场化员工，刚开始觉得与在职员工身份上有区别，思想低沉，工作消极。站领导通过亲情信息渠道了解到情况后，分头与他们交谈，鼓励他们好好工作，立足岗位实现自身价值。在工作安排上站里一视同仁，把他们安排到了脱水岗、深度处理站等重要岗位，还安排市场化用工人员丛娜担任团支部书记。他们感到，单位一视同仁，得到了尊重、理解和关爱。浓浓的亲情人文关爱，营造了平等、和谐的人际关系，增强了企业的亲和力，使员工有了强烈的归属感，员工们全身心地投入到工作中。今年，全站12名曾要求调走的员工，主动撤回了请调申请。

三是亲情理念的关爱特色，形成了企业与员工的情感认同。中七联注重以情感人、以情动人、以情育人、以情塑人，用"关爱"搭建企业与员工的情感桥梁，实行了"三心换一心"为特色的情感关爱，即关心员工疾苦热心、批评错误诚心、解决思想问题知心，用这"三心"换来员工的一片真心，从而形成了领导关心员工，员工之间互相关心的"亲情链"，只要一人有难处，就会有一百双手温暖你、援助你。企业与员工情感交融，相濡以沫的浓浓亲情氛围，拉近了员工与企业、员工与员工之间的情感距离，使员工感到中七联既是单位，又是一个大家庭。员工陈桂发的爱人没工作，因患乳腺癌，需要一大笔手术费。站党支部一面向上级申请补助，一面组织员工开展"爱心捐助"活动，共为他爱人筹款1万多元；员工雷毓患有心脏病，站领导了解情况后，将她从单岗调到双岗，并把急救药放在同班工人那里，11月13日小雷上班时突然发病，同班工人立即拿出速效救心丸给她服下，使她得到了及时救治；员工裴丽、李玲患肾病多年，今年在岗位调整中，站里将她们调到运转设备少、噪音低、劳动强度较小的沉降岗工作。这一点一滴的亲情关爱，形成了巨大的情感凝聚力，大家感到，员工的利益依靠企业来维护，个人脱离了集体就难以发展和生存。

二、亲情管理突出文化管理的内化功能，实现了企业与员工的和谐互动

亲情管理作为一种管理文化，主要是通过企业文化的内化功能，把人性化管理融入到企业制度文化之中，同时把制度内化为员工的文化行为，从而实现刚性管理与柔性化管理的完美统一。

第一，管理制度突出人性化。亲情管理注重制度文化的人本化特征，赋予了管理制度人性化的内涵，使管理制度贴近员工的所思所想，变成约束员工的一种心理契约。如安全管理上，在完善严格、严密的安全规章制度文本的基础上，通过设立"安全亲情展示板"的方式，增强情感约束力。将每一名员工和亲人的合影、亲人的安全忠告挂在站门口，每一名员工在上班的时候，都能看到家人期盼的目光，回味家人温暖关爱的话语。在站内10个要害岗位，都标有醒目的"安全，家人的期盼；平安，永远的祝福"等安全提示，使每一名员工都在浓浓亲情力量的感召下，增强安全意识，遵守制度。在环境管理上，站内每一块草坪都设有"小草无语，请莫践踏"标牌；在每台设备上，都标有"保养设备，就是保护我们自己"；在民主管理制度中，提出很多诸如"为了我们共同的家园，献出你的智慧"等人文性的内容。这些具有人性化特点的管理制度，被全站员工广泛接受，形成了一种内在约束力，起到了事半功倍的管理效果。

第二，管理过程突出柔性化。亲情管理把柔性化管理融入刚性的制度要求之中，达到企业管理行为与员工个人行为和谐统一。中七联在各项管理过程中，注重运用柔性化管理手段，使亲情管理作用于员工的心中。过去，技术培训工作曾是一个难点，部分员工总是找各种借口逃避技术学习。针对这种情况，中七联的干部没有采取单纯考核的办法，而是多次深入到员工中去，找准员工思想深处的问题症结。针对员工中反映出的厌倦情绪，深入浅出地讲明提高技术能力对实现个人的价值和对个人的经济利益的影响；针对员工技术素质参差不齐的情况，站里进一步完善了培训体系，实行了分级、分班培训，技术干部还利用业余时间，主动到需要帮助的员工家里辅导补课。同时，激励员工自发学习，针对岗位建立技术学习评比台，站里季度评选技术学习先进，领导坚持为员工学习笔记写评语，定期进行技术学习讲评，还在员工中开展了"岗位学习竞赛""夫妻学习竞赛""我和孩子比比看"等学习活动。通过一系列的活动，员工们转变了学习观念，由过去的"要我学"，变成现在的"我要学"。输油岗、脱水岗、深度处理岗员工自发组成学习小组，坚持互帮互学，人人达到了"一岗精，二岗通，三岗懂"的水平。同时，亲情文化注重管理中的柔性化，员工违反劳动纪律或安全规定，站里绝不一罚了事，而是耐心地教育，帮助分析违反企业规章制度的危害。一次，增压岗的吴波违反了安全操作规定，站领导没有急于扣罚他的奖金，而是请来他的家人一起做工作，共同分析一旦出现安全事故，会给个人和家庭带来的严重后果，对企业整体利益造成的损害。通过站领导的帮助教育，家人的真情劝说，吴波从思想深处认识到违章操作的危害性，主动要求按照制度扣罚奖金。这种柔性化的亲情管理，形成了企业与员工、单位与家庭之间的"亲情链条"，增强了员工在制度执行时的适应性。

第三，管理落实突出自觉性。中七联通过亲情管理，注重提升员工的自觉性，通过针对性地引导培育，在协调、整合、重塑员工行为的同时，把员工行为同化为企业行为，使落实各项管理标准和要求变成员工的自觉行为。管理中，干部坚持以身作则，率先垂范，用自己的榜样行动影响带动员工。站里规定进站必须穿工服，不准带手机，每次干部进站，都自觉换上工服，关闭一切通信工具，在榜样的带动下，员工们逐渐养成了自觉执行制度的良好习惯。员工钱峰负责从中七联到东油库4.8千米的巡线工作，他自觉从严要求自己，认真执行管理制度，无论寒冬酷暑，始终坚持4小时一次的巡线制度。今年7月的一天下午，钱峰高烧39度，看到站里改造，人员紧张，他没有请假，坚持带病冒雨巡线，当他回到单位时，已是晚上6点多。钱峰的行为，得到了站领导和全站员工的赞扬。

三、亲情激励突出文化管理的导向功能，实现了企业与员工的发展同步

亲情关爱文化作为中七联的特色文化，通过把亲情激励渗透到管理之中，发挥出文化管理的导向功能，促进了企业与员工的同步发展，推动了"培育高素质人品，输出高质量油品，创造联合站精品"目标的实现。

一是境界激励，培育高素质人品。中七联以境界激励为主，努力培育高素质人才。全站积极倡导"爱岗敬业，乐于奉献，团结协作，明礼诚信"的良好风尚，采取站领导、党团员每季度向员工推荐一本好书，定期组织员工与自己心目中的英雄人物"对话"，员工交接班过程中相互赠送一句勉励的话语等方式，营造境界激励的浓厚氛围。同时，组织召开座谈会，以"我心中的新时期优秀员工应该是什么样的，我个人的理想是什么"为题开展座谈讨论，使员工通过自我学习、自我教育，认识到怎样做人，做一个什么样的人才有意义。员工中自觉开展了"比用语文明，比举止端庄，比礼貌待人，比团结友爱"的"四比"活动，员工队伍行为标准、个人品德、职业道德都有了明显的提升。现在只要打电话到中七联，就会听到礼貌的问候："喂，你好，这是中七联，请问你有什么事？"只要进入中七联，就会有人热情地接待："你好，有事吗？请问你找谁？"如今员工们排着整齐的队列、身着统一的服装、背着统一的背包上下班的场面，成为全站一道亮丽的风景，展示了员工队伍的崭新形象。中七联在外树形象的同时，更注重内强员工素质，全站进行多岗培训和多技能培训，使员工全面掌握岗位操作、设备维修、电器维护、微机操作等技术，全站涌现出一大批"百问不倒，流程在我心中"的技术尖子，"一岗精"员工达100%，"二岗通"员工达60%以上，"三岗懂"员工达30%以上。

二是荣誉激励，输出高质量油品。中七联建立了《员工贡献奖励制度》，开展了"岗位建功竞赛"活动，坚持每月评选"先进班组"，每季度评选"最佳管理明星""最佳创效状元""最佳岗位能手"，每年召开评比表彰会，为"先优模"

披红戴花，并向员工家庭颁发《家庭荣誉证书》，起到了激励先进、鞭策他人的多向激励效应。全站员工针对生产中的薄弱环节，先后自行解决了深度处理站阀门腐蚀渗漏、冬季外输岗收油困难等10多个生产实际问题。站上油系统4个岗位在荣誉激励下，制定了联手打造"先进管理系统"的目标。为了保证输出高质量油品，他们针对脱水生产工艺流程长、岗位多、生产协调滞后，影响外输油质量等问题，成立QC小组，开展了"科学操作，合理配合，平稳输送优质油品"为主题的质量管理活动，实现了精细生产操作，增强了岗位之间的衔接协调。员工们不仅在实践中提高了生产技能，也为全站生产运行提供了技术支持，保证了全站生产的平稳运行。技术员周荣星围绕提高外输油质量开展科研攻关，先后撰写了《曲线法优选脱水器界面》《降低电脱水脱后污水含油，减少后段污水处理能耗》等论文，通过在实际生产中运用，解决了长期影响外输产品质量的问题，外输油含水合格率由92%上升到99%以上。

　　三是竞争激励，打造联合站精品。中七联实行了"岗位比管理、管理赛水平、水平看效益、效益重贡献"的竞争激励。建立了分配和人才使用机制，以素质竞争、管理竞争、技能竞争、贡献竞争为主要内容，一方面对在生产管理、技术革新、技能竞赛、创新创效等方面做出突出贡献的班组和个人进行奖励，另一方面把素质好、能力强、业绩突出、群众认可的人才，调配到重要岗位上培养锻炼，站上先后有5名员工通过竞争走上班长岗位。贡献、分配、使用对等的竞争机制，使全站形成了良好的人才竞争和多层次激励环境，培养了一大批善管理、懂技术的优秀员工群体，推动了创建"精品联合站"工作。全站员工树立精细管理标准，建立完善文本管理规范，明确工作指标，明确工作责任，明确工作标准，保证了生产流程的畅通，使管理深入到每个班组、渗透到每名员工，形成了人人参与管理的良好局面。全站以建立实施HSE管理体系为安全工作核心，实施文本化、规范化、程序化管理，广大员工增强环保意识，以"少落一滴油，少排一滴水"为职责，抓住今年生产改造的契机，不断优化"绿色"工艺生产流程，彻底杜绝了污水排放，并实现了QHSE"四统一"，创造了"美起来、亮起来、绿起来"的环境。目前，全站生产设备、岗位管理一类率均达100%，实现了安全生产无事故，油田公司在中七联召开了安全工作现场会。今年10月，中七联被评为油田公司管理样板站。

　　亲情关爱理念秉承"以人为本"的文化宗旨，实现了企业管理在文化层面的全新构建，搭建了企业与员工之间的亲情通道，具有独特的文化魅力和文化感召力，为企业与员工共同发展创造了广阔的空间。

（2003年第一采油厂第二届企业文化建设成果发布会典型材料）

树立"三超"理念
以特色文化推动企业可持续发展

第一采油厂电力维修大队党总支

近年来,电力维修大队(简称电修大队)党总支围绕"三老四严,永创一流"的核心理念,积极创建富有自身特色的企业文化,在实践中总结、提炼,形成了"三超"文化理念,即超前防范、超值服务、超越自我。将企业生产管理、市场经营和人文管理在文化层面进行融合,充分发挥了文化管理的作用,为企业可持续发展提供了内在动力。

一、"三超"理念凸显了追求卓越的先进文化内涵,成为推动企业可持续发展的必然选择

在大庆油田可持续发展的新形势下,电力维护行业越来越需要建设富有自身特色的企业文化,以文化力提升核心竞争力,拓展企业发展空间。"三超"理念通过赋予企业追求卓越的文化内涵,整合管理、经营、人才等企业资源要素,为企业可持续发展注入了新的文化力。

一是"超前防范"具有管理文化的延展性,体现了事前管理与过程控制的统一。近年来,随着大庆油田生产规模的逐年扩大,油田用电总量大幅增加,相应的电力设施规模也在不断增大,加之厂用电环境复杂,电力故障逐渐呈上升趋势。这对过去以故障处理为主的"事后"管理定位,提出了严峻的挑战。电力维护行业必须摆脱传统的事后管理模式,突破传统管理模式的瓶颈,确立以追求卓越为内涵的价值取向。"超前防范"的文化管理理念是具有将"事后"管理向"事前"管理转变、被动管理向主动管理转变、单一故障处理向全方位过程管理转变的管理定位和培育超前管理意识、建立超前管理制度、明确超前管理职能、制定超前管理措施的管理文化体系,凸显了管理文化的延展特性。其管理模式不是管理手段的简单复制,而是对传统管理模式进行系统整合,实现了传统管理向文化管理层面的跨越提升,为油田生产提供高质量、高效益的电力维护服务,推动了企业可持续发展。

二是"超值服务"具有经营文化的竞争性,体现了追求效益与讲求贡献的一

致。目前,电修大队已与各采油矿之间实行模拟市场经营,采油矿为甲方,电修大队为乙方。今后,随着大庆油田现代企业制度的进一步深化,面对电力维护市场这块"大蛋糕",众多同行企业必将蜂拥而至。要在竞争中立于不败之地,既要依靠高质量、高技术赢得市场,更要依靠以"超值服务"为核心的经营文化战略制胜。"超值服务"不仅是一种服务承诺,更是一种经营文化;注重的不仅是超值的奉献,也是一种价值认同;不仅追求单纯的经济效益,更为注重在服务中,做到用户至上,合作双赢,诚信创效。因此必需牢固树立起与市场经济相适应的价值观念,使讲诚信、重服务、树品牌、占市场、增效益、促发展成为企业共识,让每一次"超值服务"都能换回一份认可,增加一份效益,从而形成以"超值服务"为主打文化品牌的经营发展战略,在市场竞争中立于不败之地。"超值服务"实现了市场经济条件下利益观与贡献观的全新文化定位,拓展了追求企业效益最大化的实现途径。

三是"超越自我"具有人文文化的前瞻性,体现了岗位技能与创新能力的并重。人力资源是企业的第一资源。"超越自我"是"超前防范"和"超值服务"的根本和保证。面对电力维护行业日益市场化的趋势,现代企业知识化竞争的特点和科学技术快速发展的前景,"超越自我"把人才作为企业创新创效的动力和源泉,既关注员工的岗位技能提高,同时适应发展需要,注重培育学习型员工,培育核心人才,增强员工的创新能力,提高企业的竞争力。"超越自我"是一个不断确定目标、不断学习充实、不断提高能力、不断挑战自我的循环过程,蕴含着人文文化的前瞻性,突出了"以人为本"所具有的依托人、培育人、发展人的核心文化思想,体现了与时俱进、创新求变、永创一流的文化特征。"超越自我"的人才理念要求员工树立追求无止境的进取意识,敢于突破,勇于创新,在创新中求变化,在变化中求发展,为企业可持续发展提供持续的智力支持。

二、"三超"理念创新了科学合理的制度文化体系,成为推动企业可持续发展的有效保证

理念创新需要用制度创新做保证。通过树立"三超"理念,有力地促进了科学合理的制度体系建设,使企业发展纳入科学管理的轨道。

第一,创新管理制度,强化全员责任保质量。结合第一采油厂用电设施多、用电环境差的实际情况,突破传统的单一"事后"管理模式,创新建立了"责任、方案、技术"一体化的制度文化体系。通过"超前防范"的文化管理功能,实现了各种管理要素的科学合理配置,形成了以明确责任为根本,以优化方案为保证,以创新技术为依托的检修维护模式。把检修责任与全过程管理进行整合对接,增

强员工"超前防范"的责任意识。通过完善《6KV线路定人定线承包管理办法》《6KV线路巡线管理办法》，把线路承包到个人，明确承包人巡线预防、检修普查和质量验收三种责任制度，还对特种杆实行"贴标签"制度，要求在检修完的特种杆上贴"检修合格"标签，既作为检修质量信得过的合格标志，又强化了对特种杆精细检修的责任。责任明确化，使员工自觉加大巡视防范力度，除每季度的巡线外，重点在检修前、化冻前和上冻后对线路进行巡视，把故障隐患消灭在萌芽中。同时，积极探索电力故障规律，优化维护方案，提高防范的前瞻性，做到了重点线路的"超前防范"。实行了"三个优先"，即对有重大缺陷、上一年累计发生故障率高、带油水井站多的线路优先检修，对重点线路进行解剖治理，并通过分级承包、深入检修、跟踪检查等措施，提高检修质量，减少线路故障。另外，注重应用新技术，提高维护的技术含量，增强防范的科学性。先后安装了具有过流保护功能的真空断路器、安装速断故障指示器，配备了新式数字仪器，应用小电流接地故障选址仪、带脱离器避雷器、防盗跌落保险、防盗操作机构、真空无油设备等新技术装置，提高线路技术防范水平。通过超前有效的防范意识和控制措施，大队今年检修合格率达100%，线路故障率、继电保护动作率等生产指标创历史新高。同时，先后多次避免了因反馈电、误操作和私搭乱接等原因有可能造成的重大事故的发生，确保了安全生产。

第二，创新经营制度，优化服务职能树品牌。"超值服务"作为一种经营文化理念，要求服务的质量、效益、效率与追求服务过程中的诚信度、认同度和美誉度达到完美的和谐统一，使企业不但占有较大的市场份额，获得显性经济效益，同时赢得市场信誉，树立良好的形象，谋求企业长远发展。为此，电修大队把"超值服务赢得超值的市场，超值服务换取超值的回报"作为企业的经营文化信条，建立了《电修大队对外服务管理手册》，队长为服务质量总监督，书记主抓文明服务和回访服务，副队长和技术员分别负责生产和技术服务，并利用服务质量反馈卡畅通反馈渠道的树状服务网络，使每名员工都成为服务网络的终端，每一名干部工人都有相应的服务责任，保证了《检修定期回访制度》《重大故障处理跟踪问效制度》《现场文明施工制度》《变压器现场吊换制度》《电修大队工作服务标准》等10余项服务制度的落实。广大员工树立了"超值服务"的品牌意识，自觉进行换位思考，心系用户，靠前服务，想用户之所想，急用户之所急，把服务做到用户的心里。大队员工自发提出了"3010"的抢修承诺，即30分钟赶到现场、1次处理完成、返工率为0，充分展示了"上得快、抢修快、送电快"的电修人精品服务形象，形成了"服务到细微一个点，真诚送用户一片心"的良好局面。今年，除正常完成电力检修维护任务外，还主动帮助其他单位铺设电缆、光缆 3000 多米，为各矿（大队）架设变压器台 28 座，协助架设防盗报警器 270 多台，解堵被冻管线 1 万多米，为机修厂改线 16 档，为机采大队架设 2 条 44 档导线的线路。通过超值服务，全年用户签优率上升到 98% 以上。

　　第三，创新人才制度，深化人才开发促发展。知识经济时代，人才已成为企业发展的根本。"超越自我"就是从企业发展对人才的需要出发，要求广大员工以自身的发展带动企业发展，从而实现个人的发展。为此，先后建立了《员工岗位动态管理办法》《员工技术革新成果奖励办法》《员工培训考核制度》等人才管理制度，并坚持将提高员工素质与促进管理水平相结合，提倡：知人，即理解人、尊重人，知人之表、知人之潜能；容人，即创造宽松环境，使人心情舒畅，不求全责备；用人，即为员工提供施展才能的舞台，创造晋升、发展的机会，建立机制，对脱颖而出的尖子人才突破常规给予重任；做人，即以诚相待、与人为善，团结敬业，与企业共荣辱。另外，通过宣传教育、成果反馈、政策兑现等手段，合理开发引进各类人才，无论是科班出身，还是在职进修人员，大队在使用、提拔上都做到人尽其才、才尽其用。员工们认识到，电修大队要实现"超前防范"和"超值服务"，最根本的是每位员工要做到"超越自我"，全大队形成了以学习促发展的浓厚氛围。2001 年以来，陆续投产和改造了 13 座微机保护变电所，面对全新的保护装置，变检队积极适应新技术发展趋势，先后派 8 人到外地学习，及时掌握先进的维护技术。同时还先后邀请 3 个厂家的技术人员进行授课和现场培训。在实际工作中，员工们利用午休和双休日，自学微机保护理论，对着电路图进行实际演练，使维护操作技能明显提高，适应了新技术的需要和企业发展的要求。

三、"三超"理念形成了自我激励的文化导向功能，成为推动企业可持续发展的深层动力

　　"三超"理念作为一种文化理念，在形成和发展过程中，逐渐深化员工对企业的价值和行为认同，从而发挥出文化的导向功能，成为推进企业可持续发展的深层动力。

　　首先，目标激励，凝聚队伍的整体合力。围绕建设一支检修质量优、管理水平高、技术手段新、作风过得硬的一流专业化电力维护队伍，今年以来，电修大队以"三超"理念为核心，将全年检修目标进一步细化、量化到每个队、班组和个人，制定相应的考核激励机制，使员工更加明确了"以电保油"的总体目标，形成全员性的目标激励。围绕目标的实现，打破传统贯穿春、夏、秋三季的检修模式，实行了"四个结合"的管理办法，即全面检修与重点治理相结合，保证检修质量；集中会战与计划安排相结合，保证检修进度；快速检修与全面质量跟踪

相结合，保证检修效率；全面服务与重点承诺相结合，保证检修的信誉。形成了队伍的整体合力，提高了电力维护水平。今年，全大队干部员工提前一个月做好了巡线的准备工作，检修期间发扬连续作战的优良作风，25个休息日奋战在检修一线，每个线路队由往年每天检修1条线增加到2至3条线路。检修过程中，共减少停电时间近200小时，减少了停电造成的产量损失；提高了检修效率，检修线路300条共1771.63千米，变（配）电所45座，检修时间比去年提前了61天，比去年同期降低了线路故障率5%左右。

其次，业绩激励，激发队伍的工作活力。通过建立完善《电修大队管理技术干部业绩考核办法》《电修大队质量责任追究制度》《"一岗双责"防盗电管理办法》等制度，明确了大队领导、生产管理人员和操作人员的质量责任，并把质量管理指标纳入管理干部和技术干部的业绩考核中去，激励广大干部员工创造优秀的工作业绩。线检二队过去队伍综合素质差、纪律涣散、作风散漫，李再本和王喜魁担任党支部书记和队长后，狠抓队伍作风，连续3个月坚持每隔1天突击检查抢修值班情况，整改抢修工人值班期间喝酒、赌博的问题。同时还坚持高标准管理，严格落实重点治理、重点杆型贴标签等制度，并亲自制作了一张反映二队所有线路检修情况、故障情况和原因、责任的图板，强化员工检修质量意识，降低线路故障。此外，坚持自身高标准严要求。今年检修期间，李再本做完肝囊肿切除手术不到2个月就坚持上现场，王喜魁心脏不好，一边服药一边坚持到一线指挥生产。在他们的带领下，二队的检修合格率、用户签优率均达到了100%，年百千米故障率降到了4.3次，各项生产指标均名列大队前茅，党支部连续两年被评为厂先进党支部，2002年李再本被评为厂级优秀党员、杰出基层干部，今年又被评为油田公司模范党务工作者，队长王喜魁被提拔为副大队长。今年以来，全大队基层小队干部和专业技术人员业绩考核合格率达到100%。

再次，成才激励，形成全员的学习动力。根据员工的成才愿望，采取教育成才、引导成才、培训成才、奖励成才等激励方法，做到兴趣上引导、费用上支持、环境上保证、机制上激励，为员工创造良好的成才环境。在全大队开展了读书自学活动，发出了《致大队员工读书学习倡议书》，实施"123"家庭读书工程，开展"少吸1包烟、少买1套化妆品、多读1本书"活动，为员工下发3万多元的百元购书卡，为各支部订阅《求是》《企业文化》《维修电工》等10余种书籍，督促全员自觉形成学习动力。青工唐伟杰大专毕业在线路一队工作后，曾先后两次在厂地面工程论文发布会上获得奖项，两次在厂技能大赛上获得第一名，2001年将他提拔为线路一队的副队长，同年他又以优异的成绩从天津大学电力系统自动化专业本科毕业，现已被列入后备干部人才库。目前，全大队涌现出一大批技术能手和一岗多技的知识型员工,全大队 203 名操作人员中,有 45 人取得大专以上学历、20 人取得中专学历、6 人取得工人技师资格、4 人取得助理技师资格、2 人在全国石油行业技能大赛上取得好成绩,有 21 人从基层操作岗位走上了管理岗位。

一年多来的管理实践,充分体现了"三超"理念追求卓越的文化内涵,形成了企业管理、经营、人才开发的全方位文化跨越,提升了企业的核心竞争力。"三超"理念成为推动电修大队可持续发展的一把"金钥匙"。

(2003 年第一采油厂第二届企业文化建设成果发布会典型材料)

建设以"三不"为核心的行为文化
塑造大庆油田"忠诚卫士"形象

第一采油厂经济保卫大队党总支

经济保卫大队（简称经保大队）承担着保卫大庆油田的神圣职责，建设符合自身特色的警队文化，是油田发展新形势提出的新要求。近年来，依据行业特点，积极探索，努力实践，建设了以"原则面前不让步，秉公执法；威胁面前不畏惧，敢于斗争；金钱面前不伸手，清正廉洁"为核心的行为文化，为警队建设和发展注入了新的文化动力。

一、培育行为理念，形成价值取向

理念文化在企业文化建设中处于核心地位，经保大队把"三不"精神作为警队的行为理念，就是要充分发挥理念文化功能，使"三不"精神内化为每一名警员的自觉行为，成为警队共同的价值观。

一是"三不"理念形成了团队精神。新时期油田保卫工作面临很多复杂的新情况、新问题，干警们经常面对恐吓威胁、利益诱惑等各种考验。针对油田保卫工作的严峻现实，迫切需要形成一种团队精神，并以此为灵魂引领队伍发展，鼓舞和激励广大干警为保卫大庆油田顽强拼搏。基于这种认识，从实际出发，上下结合，反复推敲，提炼形成了以"原则面前不让步，秉公执法；威胁面前不畏惧，敢于斗争；金钱面前不伸手，清正廉洁"为内容的"三不"行为理念。大队党总支以这一理念为核心，通过教育、渗透，发挥理念的凝聚、辐射作用，增强了干警的认同感，形成了干警普遍的自觉行为，全体干警自觉弘扬忠于职守、高度负责的敬业精神；敢于斗争，不怕牺牲的无畏精神；坚持原则，严于律己的自律精神；心系油田，公而忘私的奉献精神；善于学习，勤奋刻苦的钻研精神。"三不"核心理念整合提升了警队文化，外化为全体干警的团队行为，理念文化的感召力和约束力推动了工作实践，促进警队建设的不断发展。

二是"三不"理念凸显了文化个性。企业文化是个性化文化。经保大队的"三不"理念，突出体现了警队文化的个性特征，具有丰富的文化底蕴。经保大队在长期的油田保卫工作中积淀了许多优秀的传统文化，是形成"三不"理念的坚实基础，

"三不"理念是警队优良传统在新形势下的传承和提升,为警队文化赋予了鲜明的时代内涵,突出了鲜明的行业特点。经保大队承担着繁重的油田保卫任务,"三不"理念紧紧围绕经保大队的特殊使命,把干警所要遵循的共性点进行集中整合,并以此衍化出全新的工作制度、标准和行为准则,形成了独具特色的警队文化体系,内塑了高尚地从警品德。经济民警是油田的保护神,工作中面临的艰苦、危险、腐蚀、利诱,要求干警敬业、刚毅、智勇、清廉。"三不"理念内化成为干警们的自觉行为,成就了共同的价值追求,在复杂的油田保卫工作中为广大干警诠释着尊严。

三是"三不"理念发挥了导向功能。企业文化的导向功能主要体现在企业价值观对企业全体员工行为的引导上。"三不"理念充分发挥了导向作用。大队党总支通过教育引导、干部示范、典型激励、普及标准,抓认同、抓落实,在警队形成了持续的导向力,使全体干警主动地将个人行为与"三不"理念要求相对照,把个人价值观融于企业的共同价值观中,形成共同的价值取向。在思想、工作、行为、标准等诸多方面进一步明确了该做什么,不该做什么,把理念文化变成干警的普遍行为,激励和约束干警出色地完成油田保卫任务,充分体现了"三不"理念的导向功能。

二、制定行为规范,明确行为标准

"三不"行为文化在凸显理念特征的同时,其深刻的文化内涵进一步指导着警队管理文化,催生了制度文化体系的确立,在新的形势下形成了全新的管理规范、训练体系和警德标准,使"三不"行为文化成为全体干警自觉遵守的行为准则。

一是建立管理规范。坚持以文化发展推动管理发展,以管理发展推动警队发展的原则,进一步内化"三不"理念。通过建立符合时代发展要求和警队自身特色的管理规范,充分发挥制度文化的引导、约束、激励作用,以此统一干警行为。从规范管理入手,在原有的岗位制度、岗位职责、管理规程的基础上,进一步修订完善了工作流程、管理流程、操作流程等6个流程和管理标准、考核标准、管理制度、责任追究制度等12个标准、24项制度,形成了《经济保卫大队制度汇编》《经济保卫大队工作流程集》等管理文本,做到了岗岗有规范,人人有职责,事事有标准,项项有考核,形成了层层责任明确,一级管理一级、一级负责一级、一级监督一级的管理制度和标准。这些制度使"三不"行为文化从理念认同进一步物化为具体标准,发挥了极强的规范和约束作用。

二是健全训练体系。建立健全警队训练体系,是警队文化建设的重要内容,是落实"三不"理念,提升干警文化素养和技能素质的必要手段。经保大队以"三不"精神为指导，从培养高素质干警队伍入手，建立健全警队训练体系。先后制定了警员业务训练实施规划，明确训练目标、时间、内容、方法、步骤；建立了组织领导机制、考核评估机制、监督检查机制、奖励激励机制；与大庆警校联手，制定了经济民警政治思想、职业道德、业务技能统一培训大纲；定期选拔优秀干警参加全国安全保卫学习班进修，培训了良好的师资力量；以小队为单位每月组织召开战术战法研讨会，定期组织开展专业技能训练，提高警员的战术运用能力。同时抓好硬件投入，建成了警员技能训练场，班组建立练兵室，配备体能训练器材。使干警综合素质得到快速提高，建设了一支招之即来、来之能战、战之必胜的英勇善战的警队。

三是完善警德标准。经保大队作为窗口单位，塑造干警高尚的职业道德是震慑犯罪、展示警队及警员形象的内在要求，以"三不"精神为指导，健全完善警德标准，规范警员从警行为。"三不"精神在全体干警保卫油田的实践中得到了充分的展现。先后建立了《勤政八必须》《廉政八不准》《警员五条禁令》等警员道德规范。形成了"对党忠诚，一片赤心；爱岗敬业，一心不二；执行命令，一丝不苟；完成任务，一力当先；清正廉洁，一尘不染；服务油田，一往情深"的"六个一"的警德标准。大队党总支通过坚持不断地开展警德教育，使警德规范不仅是写在纸上、挂在墙上，更内化到全体干警的心中。让警德标准成为全体干警共同的行为准则，在建设纪律严明、道德高尚的经警队伍中发挥了重要作用。

三、注重行为养成，展示崭新形象

建立"三不"行为文化的根本目的是建设一支纪律过硬、作风顽强、技能高超的经警队伍。把警队文化变为干警的自觉行为，关键是抓文化教育，促进行为养成。经保大队在工作中加大力度，强化培养教育，在警队中形成了自觉践行"三不"精神，努力争做"油田忠诚卫士"的良好氛围，展示了新时期经济民警的崭新形象。

一是培养过硬作风，展示爱岗敬业、无私奉献的新形象。经保大队的神圣职责和油田治安面临的严峻形势，决定了经济民警必须笑对艰苦，爱岗敬业。不具备这种素养，在风餐露宿、爬冰卧雪、设卡蹲坑，甚至面临恐吓威胁的考验中就会掉队。坚持强化"三不"理念的文化引导，从宏观启发到微观渗透，以思想引导促行为养成。同时充分发挥先进典型的示范作用，在全队干警中广泛宣传"油田忠诚卫士"刘炯慧、许伟、朱立新等同志的先进事迹，激励全体干警爱岗敬业、无私奉献，进一步增强了干警保卫油田的使命感和责任感。今年元旦，东油库外输线被不法分子栽阀，大队接到汇报后，迅速成立特勤小分队，到外输线进行蹲坑设伏。干警们不畏呵气凝霜的严寒，爬冰卧雪，昼夜设伏，实在太困了，他们就抓把雪抹把脸；腿脚冻麻了，他们就互相搓一搓。队长牛永刚脸上起了冻疮，仍然坚持靠前指挥，有的干警手脚冻伤红肿，仍然坚持趴在雪地中。在9天8夜的设伏中，谁也没有一句怨言。当盗油分子出现后，队长牛永刚带领参战干警奋力冲上去，将盗油分子擒获，此次设伏成功抓获盗油分子4人，缴获盗油罐车2台，一举打掉了这个盗油团伙。近几年来，全大队先后有40多名干警在执行任务中，手脚被冻伤，有50多名干警在抓捕不法分子时身体负伤，干警们对此无怨无悔，没有一个要求调离警队，表现出了强烈的爱岗敬业、无私奉献精神。

二是培养铁的纪律，展示奉公执法、严格执纪的新形象。经济民警整日与破坏油田设施和盗窃油田物资的不法分子打交道，必须具有高尚的品德，才能在不法分子的腐蚀利诱面前挺直腰杆儿。坚持不懈地对广大干警进行法律法规教育，强化纪律观念，用"三不"精神约束行为，使干警自觉养成了"奉公执法，严格执纪"的过硬作风。一次，经警三队干警在夜查中扣回一台盗窃原油的罐车，按规定罚款2万元。车主不甘心被罚款，就托经保大队副大队长周铁的一位老同学来讲情，老同学握着周铁的手说："这是我铁哥们的事，给我点面子，能少罚点就少罚点儿，我改天请客。"周铁坚定地回答："改日我请你也可以，但今天的事得公事公办，没什么可商量的。"这位同学一见周铁不给情面，脸也红了，紧握着的手也松开了。车主见此情景只好如数交了罚款。临走时，这位老同学对周铁说："周铁，你真行，咱们老同学的情分，也就到此结束了。"全体干警在原则面前没有让步，在利诱面前没有伸手，仅今年以来，共拒绝收礼、贿赂66次，用实际行动展示了坚持原则、不徇私情、严格执纪、奉公执法的新形象。

三是培养高超技能，展示无所畏惧、智勇双全的新形象。在"三不"行为文化的培养下，广大干警进一步深刻体会到过硬本领在油田保卫工作中的重要性。每名干警自觉提升自身专业技能，在全大队形成了练硬功、强技能、依靠过硬本领克敌制胜的良好氛围，使警队真正做到了拉得出、打得赢。今年6月的一天，二队一班在一矿地区扣了一台偷油的东风车。在押回单位的路上，从后面追上来3台小车，为首的一人拿出2000元钱要求放车，被带班干部刘涛拒绝，这时，小车上下来10多个人，拿着已准备好的木棒、铁条疯狂地向干警们袭来，要强行将车抢回。面对不法分子的武力威胁、暴力对抗，干警们没有丝毫畏惧，凭借过硬的擒拿格斗技术与不法分子搏斗，迅速将不法分子制服。回到队里审讯时，干警们针对不法分子的抵赖，运用心理战与其周旋，经过几个回合的较量，彻底摧毁了不法分子的心理防线，一举端掉了这个长期盗窃原油的犯罪团伙。2002年12月22日18点左右，经警二队接到举报，采油一矿112队的北1-4-25井有人开井放油。队长孙利迅速带领 2 个班赶到现场，井场上留下了大锤、钢锯、管钳等工具，却不见有人。孙队长立即组织进行现场分析，制定了三区设伏、联合抓捕的行动方案。午夜 23 点 55 分左右，盗油分子进入了设伏区。当第一设伏区干警执行抓捕行动时，狡猾的盗油分子凭借先进的交通设备仓皇逃窜，这时，二、三设伏区联合出击，盗油分子成为"瓮中之鳖"，被迅速抓获。

"三不"精神，为警队的建设和发展提供了不竭的动力，注入了新的活力，促进了警队战斗力的提高。今年以来，全厂经保系统共出动警力 15.3 万人次、巡逻车辆 1.8 万台次，开展"严打"等集中整治行动 196 次，打掉犯罪团伙 82 个，抓获不法分子 350 人，收回被盗原油 4700 多吨和大量油田物资，挽回直接经济损失 2110 多万元，为大庆油田生产创造了安宁的环境。经保大队连续 5 年荣获大庆市社会治安综合治理先进单位，先后荣立大庆市公安局集体"三等功"、大庆油田有限责任公司社会治安综合治理标兵单位等荣誉称号。

（2003 年第一采油厂第二届企业文化建设成果发布会典型材料）

创建"三标"行为文化
努力培养高素质的员工队伍

第一采油厂第二油矿北二注水站

北二注水站,于 1962 年 4 月 1 日建成投产,在大庆会战中因首创岗位责任制而闻名油田内外。在大庆油田发展的新时期,注重在实践中传承和丰富岗位责任制,进一步增强员工的岗位责任心,培育形成了以"上标准岗,干标准活,交标准班"为内容的"三标"行为文化,以文化的独特魅力为北二注水站的建设和发展注入了新的动力。

一、立足岗位责任制的丰富发展,用"三标"优化管理行为

文化管理是管理的最高境界。"三标"行为文化是北二注水站立足于岗位责任制的发展而内生的特色文化,在管理过程中,突出了行为文化的管理特征,优化了全站员工的管理行为。

一是"三标"的制度化特征,使工作文本更加具体。"三标"行为文化来源于岗位责任制,催生了以岗位责任制为基础的制度文化体系,通过各项工作文本的具体细化,形成了对员工操作行为的有效管理。以岗位责任制为基础,从规范员工管理行为入手,围绕落实"三标",进一步制定完善了 8 大制度 36 大项 56 小项内容,形成了《北二注水站管理制度文本》。按照"上标准岗"的行为要求,制定了《岗位练兵制度》《巡回检查制度》《安全生产管理制度》等 7 项制度内容;按照"干标准活"的行为要求,制定了《岗位操作规范》《设备维修保养制度》等 5 项制度内容;按照"交标准班"的行为要求,制定了《立体式交接班制度》《四不交班管理制度》等 16 项制度内容。这些有针对性、具体可行的管理制度,发挥了制度文化引导、约束作用,规范了员工管理行为,使"三标"外化为员工的自觉行为。例如,为了做到"干标准活",站里制定了《问题整改通知单制度》,对员工在操作过程中出现的违规操作行为和管理上存在的问题,随时发现,随时下发问题整改通知单,明确整改人、整改措施和整改时间,到达限期,检查验收,细化了员工的工作标准。"三标"行为文化的制度化管理特征,在文化渗透和影响作用下,发挥了各项制度文本的管理效应。

二是"三标"的标准化特征，使操作行为更加规范。岗位责任制是员工的岗位行为规范，"三标"是岗位责任制的具体化，其突出的特点是要求员工按工作标准规范操作，具有标准化管理的文化特征。在管理实践中，积极探索以更标准的操作来提高安全系数和工作质量，使各项操作更为规范科学。为使工作过程中的每一项操作都做到标准化、规范化，制定了《注水站岗位标准化操作规程》，明确了15项操作规程，严格按照操作规程进行操作。不仅对启停泵、更换密封填料、清洗润滑油油箱等较复杂的操作进行了规范，对简单的开关闸门操作也进行了规范，要求"人与闸门之间距离为40—60厘米，侧身开关，手与闸门之间夹角为30度左右"的标准操作。培育形成了全站员工标准化、规范化、系统化的操作行为，使员工实现了"考虑问题系统化、操作行为标准化"。例如，对于清洗润滑油油箱的操作，岗位员工严格执行操作规程，用面团一点一点、一寸一寸地把油箱内的杂质粘净、擦干，高标准地完成每一项操作，经三人以上检查确认无问题后为准。"三标"突出体现了文化管理的标准化特征，使员工操作行为更加规范，促进了管理水平的提升。

三是"三标"的程序化特征，使管理环节更加紧密。"三标"行为文化在渗透和影响中，培育形成了岗位员工程序化管理行为，从上标准岗、干标准活到交标准班，规范了每项工作的操作流程，使管理环节更加完美。以"三标"行为文化为指导，制定程序化的管理流程，形成了《北二注水站管理流程文本》。制定了岗位管理流程，明确岗位管理程序；制定了工作操作流程，明确操作程序；制定了交接班管理流程，明确交接班程序。例如，在管理责任上，形成了队长、管站副队长、站长、主岗、副岗的管理责任流程；在交接班管理上，形成了点项交接管理流程，将全站交接流程划分为12项48点，明确主岗25个交接点、副岗23个交接点，制定交接班流程牌，每个点源明确具体控制项目，按点项进行检查的管理方法。员工在巡回检查或交接班时，在看、听、摸、闻的基础上，手拿点项检查卡或点项交接卡边检查、边分析、边记录，使交接班流程更加明晰、准确。"三标"进一步明确了该干什么，该怎么干，该达到什么标准，实现了生产管理程序化，操作流程科学化，管理环节完美化。

二、立足岗位责任心的全面提升，用"三标"培育自觉行为

岗位责任制的灵魂是岗位责任心，创建"三标"行为文化的目的在于全面提升员工的岗位责任心，使全站员工用心做好每一项工作。

一是塑造团队行为。为了促进"三标"行为文化的落实，注重团队行为塑造，追求岗位责任心与团队行为的高度统一，使"三标"成为每名员工的自觉行为。

先后开展了"做'三标'人、干'三标'活、创'三标'岗"活动和"争做标准化管理明星"活动,将员工的思想、目标和行动统一到"三标"上来,形成人人想"三标"、人人为"三标"、人人做"三标"的管理氛围。在每次集中检修设备时,全站12名女工都能够克服困难,团结一致,舍小家顾大家,下夜班的员工主动留下,休息的员工来到岗位,共同查找隐患,共同分析原因,共同制定措施,共同整改问题,共同执行"三标",确保了每次检修的高标准、高质量、高效率,实现检修合格率100%、优质率100%。今年7月份,国务院国有资产监督和管理委员会(简称国资委)在大庆召开中央企业企业文化建设研讨交流会,北二注水站被确定为参观点。接到任务后,全站员工心中装着共同的使命,为展示大庆的优秀文化和员工良好的精神风貌,大家主动做好每一项细节工作,圆满地完成了接待任务。

二是培育严细行为。在"三标"行为文化实践中,继承发扬大庆"三老四严""四个一样"等优良传统,坚持文化引导,通过活动促进行为养成,形成了"见微知著、严细认真"的工作作风,确保了各项工作高标准。一次,员工卢金萍上晚4点班,接班后不久,在检查时发现2号冷却水泵真空开关的挡板温度高,同时闻到一股焦煳味,她马上对开关和设备进行检查。她趴在地上用手电照电缆沟,但没有发现故障点。于是,拿来工服铺在地上,每隔几分钟趴在地上检查一次,1个小时过去了,还是没有发现问题。最后她把所有的灯熄灭了继续趴在地上检查,终于发现了2号真空开关后面有火星。顺着火星仔细检查,原来是电源线接头松动打火,她马上与同班进行倒泵处理,避免了一起事故的发生。全站员工在平时工作中的一些细小环节上,始终坚持严细认真。如在清扫室内地面卫生时,她们先用钢丝刷将地板砖缝内的脏物清出来,然后再进行清扫。在荣誉室内椅子摆放方面,她们做到横向成排,纵向成线,同排椅子之间距离为70厘米,前后两排椅子之间距离为60厘米。正是"三标"行为文化培育了全员的严细行为,实现了全站各项工作高标准。

三是内化自主行为。充分发挥"三标"的内化功能,在全站积极倡导形成"为岗位心甘情愿多工作,为集体心甘情愿多奉献,为他人心甘情愿多服务,为荣誉心甘情愿添光彩"的氛围,激发了员工的岗位责任心,提升了自主管理能力,全站员工自觉严格要求,规范自我,爱站如家。一次,员工马晶在上班途中,乘坐的交通车坏了。为了不影响正常的交接班,她从远望楼区打车赶到站上。站长知道后,在班组会上表扬了她这种舍小利顾大局的行为,并让她和班组的姐妹们讲几句,她说:"虽然花了点儿钱,可保证了交接班,大庆优良传统是用钱买不到的。"还有一次,女工赵娟母亲病重,作为女儿应该在床头守候,可站上人员紧张无法请假，她想：关键时候我不能给站上出难题。小赵没向队里请假，利用下班时间去医院照顾母亲，这样一个多月下来，她没缺一个班，没请一天假，没有降低过一次工作标准。今年9月，站上一号注水泵经施工单位和厂家检测后，为了找到最佳工作点，提高运行效益，站长吴丽颖不等不靠，带领当班员工自行进行调试。她们边调试、边记录、边计算、边分析，在注水泵旁一蹲就是一天，经过反复调试，最后确定了电流和流量的最佳工作控制点，实现每天节电1752千瓦·时，每年节省电费约50万元。内化自主行为使员工把"三标"融之于心、化之为魂、践之于行，既增强了队伍的归属感和荣誉感，也进一步激发了员工的主人翁精神。

三、立足岗位技能的持续增强，用"三标"激发提智行为

"三标"行为文化立足于员工岗位技能的持续提升，着眼于促进人的全面发展，蕴含着"以人为本"所具有的依靠人、培育人、发展人的文化内涵，提升了员工自我发展能力。

第一，营造氛围，人人树立学习精神。"三标"行为文化要求员工人人树立学习精神，坚持持续地学习，通过学习，促进能力的提升。北二注水站从激发员工学习动力入手，营造氛围，引导学习。围绕"持续学习与'三标'的关系""自我超越与'三标'的关系"进行专题讨论。同时，开展"争当学习明星""争做学习擂主"等活动，激励全站员工持续不断的学习，提升自身发展能力，促进"三标"的落实，最终实现个人与全站发展高度和谐统一的共识，树立了"人人讲学习、事事要学习、时时在学习"的持续学习精神，指引了团队的学习方向，激发了员工学习的动力，形成了人人愿学、时时在学、处处要学，持续学习、全员学习和互动学习的学习氛围。目前，全站有5人报考了成人大专班。

第二，搭建平台，人人钻研岗位技术。在"三标"行为文化的指导下，从提升员工岗位技能入手，优化学习方法，搭建学习平台，通过建立学习擂台、设立8小时班长、导师带徒等方式，开展示范学习，培养学习兴趣；通过"1+1"互助学习、60分钟技能交换、10分钟知识共享等方式，开展学习交流，共享学习快乐；通过技术比武、创效比赛、金点子竞赛等方式，开展竞赛学习，赛出学习乐趣。这些灵活适用的学习方法，激发了全站员工人人钻研岗位技能的热情。今年5月，站上刚刚改造投产的一号注水泵虽注水正常，但运行时单耗电达8.13千瓦·时/立方米，比全厂注水站平均单耗多耗电2.33千瓦·时/立方米。围绕这一问题，站长组织全站员工进行攻关，找来有关技术书籍，结合自身实践，边学习、边分析、边研究，一个部位、一个部位地查找原因，一个环节、一个环节的分析判断。经过一周的时间，在厂业务部门的协调下，经与设备制造厂家、安装单位和仪表

供应商共同分析测试，最后查出问题在于流量计计量不准确，整改后，使该泵恢复了正常。

第三，实践提升，人人出手过得硬。"三标"行为文化在生产实践中发挥了作用，提升了员工的技能素质，练就了员工人人出手过得硬、项项操作创全优的本领，实现了全站生产管理高水平。今年1月，员工赵娟、唐敏在启泵前调节分油压时，发现回流比较慢，开大来油量时回油还是较慢。于是，两人对来油和回油管路反复检查，经过分析判断，可能是稀油站内润滑油泵过滤器堵塞。她们立即打开过滤器，认真检查，发现滤网上有脏物，清除后，使设备恢复了正常生产。今年7月8日凌晨3点钟，值班员工卢金萍、刘红梅发现二号泵排量突然增加，电流上升，泵压下降。她们在泵房内逐点检查后，未发现任何异常现象，在检查外网压力时，发现管网压力略微下降。于是，她们运用所掌握的技能，认真进行分析，最后断定为干线穿孔，立即向队值班干部汇报，最终发现北三排注水干线穿孔，处理后，站内生产恢复正常。正是"三标"行为文化，塑造了全站员工过硬的技能素质，实现了生产管理高水平。到目前为止，北二注水站已实现安全生产15500多天，被评为油田公司"管理样板站"。

"三标"行为文化是岗位责任制在新时期的发展，为北二注水站的发展增添了新的活力。今年4月，北二注水站荣获中国石油天然气集团公司"企业精神教育基地"荣誉称号。未来，在"三标"行为文化实践中，北二注水站一定会有新发展，创出新业绩。

（2004年第一采油厂第三届企业文化建设成果发布会典型材料）

秉承"斗硬"传统　打造铁人式队伍

第一采油厂第七油矿南八采油队党支部

南八采油队（简称南八队）是一支具有光荣传统的综合采油队。大庆会战时期被会战工委命名为"斗硬"采油队。在新形势下，南八队传承"斗硬"文化，培育"斗硬"队伍，凝聚和激励全队员工团结奋斗、创新发展，在创建铁人式基层队的实践中不断取得新的成绩。

一、适应新形势，树立勇于超越思想，塑"斗硬"魂

"斗硬"文化在南八队40多年的发展历程中发挥了积极的作用。南八队地处大庆油田东部过渡带，开发中有地层条件差、油层含油饱和度低、油稠、含蜡高、管线易腐蚀等诸多困难。对照创建百年油田的宏伟目标和创建铁人式基层队的具体要求，南八队明确"斗硬"内涵，树立勇于超越自我的思想，在员工中铸牢"斗硬"之魂。

一是塑"斗硬"魂，就要树立勇争一流的精神。面对新的形势，努力赋予"斗硬"传统文化新的时代内涵，确立了战胜自我、提升自我、挑战自我，发扬"见红旗就扛，见排头就站"的思想，引导员工树立永创一流的精神，引领全队干部员工时时"斗硬"、处处"斗硬"、人人"斗硬"。由于南八队受地质条件影响，生产开发中存在着产量低、液面低、油层薄、连通性差、油层渗透率低、地下断层分布多等客观实际，油田开发受到严重阻碍。对此，发扬"斗硬"精神，严格录取基础资料，严细核实分析，组成产量、含水分析组，每周对全队的产量形势进行分析，把握全队产量变化情况，积极抢上增产措施，使各项生产经营指标均达到或超过厂标准，其中平衡比96%、注水合格率81.7%，今年1—9月份，全队超产原油210吨，超产天然气30万立方米。

二是塑"斗硬"魂，就要树立创新管理的意识。管理水平的持续提高必然促进企业经济效益的增长。为此，增强创新管理意识，打造"科学管理，铸就精品"的管理理念，要求做到人人出手过得硬，项项工程出精品。通过教育、引导员工树立持续提高管理水平就是"斗硬"的思想，适应新形势、认识新变化、确立新目标，不断地挑战自我、挑战极限，使全队各项工作一直走在全矿前列。队

中514站是投产近20年的老站，同年同类站早已达到报废年限并打倒新建，南八队发扬"斗硬"优良传统，严格管理、勇创一流，该站始终保持较高的管理水平，不但目前正常使用，实现连续安全生产6805天无事故，还一举夺得了"油田公司样板站"称号。这一典型激励了大家，使全队管理水平不断提高。南1-2-145井、南1-2-144井被评为百优设备，创出五好优井44口，优质率达70%；创优质计量间7座，优质率100%，其中3号计量间被评为油田公司十佳计量间；中514站被评为油田公司管理样板站，变电所被评为红旗变电所，连续12年保持无油污采油队；各项开采指标全部达到和超过厂、矿标准。

三是塑"斗硬"魂，就要树立迎难而上的勇气。随着形势和任务的发展变化，不断面临新的困难和挑战。为此，南八队努力打造"斗硬"精神，克服难题、攻克难关。如队南1-3-丁71井在今年8月发现量油不上液面，经分析，初步确定为第50根杆左右断脱。这类问题原来都需要作业队施工打捞，但从上报方案到作业的前期准备，必将花费大量的时间和费用，面对原油产量紧张、作业成本少等状况，南八队克服困难，勇于"斗硬"，决定自己动手捞杆，最后用了一天的时间将52根断杆捞了上来，不但及时处理了故障井，还节约11000元作业费用，赢得上产主动。今年年初，2丙42井由于年久失修，管线多处穿孔，急需更换管线，由于是冬季，工作难度较大。对此，南八队不等不靠，克服困难，从矿里领来1000多米管线，全队男同志全部赶到现场，顶着刺骨的寒风，仅用一天时间，就搭设了临时管线，保证了该井的正常生产。

二、提升新能力，增强过硬本领，育"斗硬"人

要想人"斗硬"，必先人过硬。树立了"斗硬"思想，还要有"斗硬"的能力。南八队用文化引领观念，靠"斗硬"提升技能，结合矿党委实施的"能力关怀"战略，从根本上增强员工的"造血功能"。员工有了过硬的能力，就有了生存的资本，就能适应未来激烈的竞争。

一是培养员工的技术能力。技术素质是核心能力，是一个人能力最本质的体现。把提高员工技术能力作为一项系统工程，针对不同层次、不同对象的具体情况，创造条件，积极实施，采取多种形式，力求全方位提高。队里以班组为单位，成立了11个技术学习小组，互相进行学习交流，设立技术指导员和兼职教师，针对员工在技术学习上遇到的难题及时给予指导，全队形成了学习技术的浓厚氛围。开展第二岗位技能培训活动，采取换岗轮训、主副岗轮换等形式，目前锅炉、变电、注水等岗位已有8人通过第二岗位技能鉴定，已有36人具备第二岗位的

生产技能。此外，还通过开展技术竞赛活动，不断提高员工的实际操作技能。先后开展了加密封填料、换皮带、测电流、判断生产故障等技术竞赛。通过系统培训，提高了员工的技术素质，在油田公司、厂、矿的各类技术大赛上均取得优异成绩，全队有2人获油田公司技术能手称号，18人获厂技术能手称号。全队员工把学到的知识运用到生产实际中，有32人提出53项挖潜增产措施，实现增产原油1800余吨，节约成本3万余元。

二是培养员工的管理能力。精细的管理必将带来管理水平的提高和效益的增长。南八队努力培养员工的管理能力，用严格的管理提高设备的利用率和生产管理水平。为了加大对采油设备的维修保养力度，狠抓抽油机减速箱渗漏工作，采取走出去、请进来的方法，多次组织岗位员工到兄弟单位学习，聘请有经验的老师傅手把手传授现场实际操作技能，通过努力，连续三年实现减速箱无渗漏。为提高计量间管理水平，抽调3名老井长利用一个多月的时间下到各个班组传授日常管理经验，个别班组在管理上有难题，他们随时赶到现场帮助处理解决并现场传授经验。通过不断强化员工的管理技能，南八队的管理水平始终保持全矿前列。1号计量间是1980年投产的计量间，掺水闸门丝杠腐蚀严重，岗位工人运用学到的技能，采取加胶皮或更换丝杠等方法，彻底解决了闸门渗漏，提高了管理水平，节约费用一万多元。

三是培养员工的创新能力。发展就是创新，创新是企业发展的永恒主题。南八队立足班组，创造一切时机，激发员工的潜能，培养员工的创新能力。结合矿里提出的"无加班"管理，充分发挥员工集体智慧，组织全队生产骨干对员工日常工作进行写实，从开始上班到下班进行了全程跟踪，摸清岗位员工日常的实际工作量，然后针对采油工的工作特点，研究讨论如何提高8小时的工作实效，最大限度地完成各项工作目标和任务，实现不加班或少加班的目的。通过一个多星期的跟班调查，结合ISO9001质量体系标准和各种管理规范，提出了63条具体整改措施，制定了《计量间综合管理手册》（以下简称《手册》），并在全厂进行了推广使用。《手册》从巡回检查的路线、点项，具体到操作规范，工具的使用保管，量表的使用等各个方面进行了详细的描述，对员工的操作提出了标准化的要求，规范了员工的操作行为。以前一口井量油从倒阀门到换算出数据，填好表要用45分钟，而现在通过文本规定的操作方法步骤及要点，只用30分钟就能完成，提高了工作效率。同时还鼓励员工围绕生产进行小改小革、"五小"成果活动，今年以来，全队提出21项小改小革、12项"五小"成果和68条合理化建议，通过实施，均见到一定的效果，提高了管理水平，节约了生产成本。

三、展示新形象，加强行为养成，兴"斗硬"风

员工的举止作为是企业文化建设的外化环节，南八队大兴严细认真之风、行为文明之风、团结互助之风，用文化的内在约束力培育员工的思想，规范员工的言行，提升员工的修养，使"斗硬"文化成为队伍的主旋律。

一是兴严细认真之风。员工良好的行为养成是一个逐渐转变的过程。这就要求必须从点滴做起、从小事做起、从身边做起，大兴严细认真之风。在生产管理上，大到管线保温、容器防腐，小到一个油嘴、一个标识，都按照标准操作；刷漆的调色、压力表安装的扣数、包缠胶带的圈数都统一标准。队干部每到一个岗位，最习惯摸摸照明开关，一是看看开关是否好用，更主要的是看看周围是否有灰，是不是卫生死角。走进宿舍，要看拖鞋、脸盆、被褥等物品是否摆放整齐，成一线。资料员查阅数据、岗位员工填写报表，必须一页页仔细地翻阅，不能把资料的边角压出褶来。这些日常工作中点点滴滴的良好行为，使干部员工均形成了过硬的作风，实现了队部井站花园化、宿舍公寓化、食堂餐馆化的标准。

二是兴行为文明之风。多年来，干部员工尽管换了一批又一批，但队伍文明之风始终没变，用制度规范，通过开展形象工程建设，制定了南八队干部员工形象标准。在仪容仪表上制订了"精神饱满、乐观开朗、言行得体、统一着装"，在人际关系上制订了"相互尊重、融洽沟通、以诚相待、乐于助人"，在岗位工作上制订了"遵章守纪、作风严谨、礼貌待人、简捷高效"，在团队意识上制订了"倡导全局观念、维护集体利益、施展个人才华、美化工作环境"等一系列行为规范，并严格督促约束，统一了全队干部员工的言行。注重榜样激励。外人到单位办事，随手将烟头等杂物丢到地上，马上身边会有人俯身捡起来，放到垃圾箱里。看到院内有碎砖头等杂物，员工捡起来要随手扔掉，马上加以制止，找来铁锹，在院外挖坑把它埋起来。开展了"向不文明行为告别"签字活动，将签字条幅悬挂在会议室，使大家每天都看到自己的承诺，约束自己的行为。现在每到南八队，张张温和的笑脸，声声礼貌的问候，整齐划一的步伐，就会映入眼帘，展现了过硬的文明风气。

三是兴团结互助之风。团结互助体现了员工的团队精神和道德风尚。为此，组建了由青年干部、班井长组成的"110"特色志愿小分队，郑重承诺"有难必帮、有求必应、随叫随到"，以24小时服务为宗旨，并开设服务专线，帮助解决生产突发各类事件。截至目前，这支小分队先后为队里解决日常生产事件30余起、突发事件20余次，充分发挥了青年突击队的作用。同时，还积极鼓励员工奉献爱心，展示新型员工的道德风范。市场化员工徐宝财，父亲已故，母亲身患多种

疾病，家庭生活十分困苦。去年，妻子石丽萍患脑癌病故，他无力承担2万余元的医疗费。对此，队里发出了"伸出援助的手、献出温暖的心"的倡议，仅用一天半的时间就筹集了1660元，在南八队的带动下，第七油矿全矿员工纷纷伸出援助之手，共捐款21000余元，及时送到了徐宝财的手中，解决了徐宝财的困难，同时全队员工也受到了一次集体主义的思想教育。大庆石油学院英语系的一名学生成绩优良，但家境贫寒。知道情况后，南八队马上成立了"爱心社"，并捐助其一年的所有学杂费，帮助其渡过难关，完成学业。

"斗硬"创造了南八队的历史，"斗硬"也必将成就南八队的未来。面对"持续有效发展，创建百年油田"的伟大实践，南八队将进一步传承发展"斗硬"文化，以文化引领南八队不断创新发展。

（2004年第一采油厂第三届企业文化建设成果发布会典型材料）

事事关己　服务到底

——第一采油厂仪表安装维修大队实施"首问制"建设服务文化

第一采油厂仪表安装维修大队在探索如何提供优质、高效服务过程中，为提高员工服务意识，创造性地提出了"首问制"服务模式。"首问制"是指在为用户服务的过程中，谁第一个接待用户，谁就必须完成信息传达、工作落实、过程跟踪和结果反馈等全过程服务，直至用户满意。"首问制"的推行，使该大队的对外服务工作杜绝了"事不关己、高高挂起"等现象，营造了"事事关己、服务到底"的诚信服务文化氛围。

仪表系统作为石油工业的"眼睛"，在保障原油安全生产、准确计量和自动控制等方面发挥的作用日益突出。仪表安装维修大队是第一采油厂一支专业化仪表队伍，负责全厂25000多台（套）的计量、自控仪表和150余套工控机系统的管理工作。这些仪表分布在160多平方千米厂区内的近260座站库（联合站、中转站、油库）里，点多面广、型号繁杂、问题各异。若想保持原油生产的"眼睛"永远明亮，就必须依靠优质、高效、全天候的技术服务。因为远离生产现场，来自采油矿的服务信息无法迅速落实，且部分员工服务意识淡薄，存在消极等待、低效拖延、推诿扯皮等现象，2001年，本着提高服务质量、赢得服务信誉的原则，仪表安装维修大队创新了"首问制"服务模式，通过落实责任、理顺流程、强化监督、责任追溯等措施，在员工中牢固树立"事事关己、服务到底"的意识；在对外服务过程中，没有员工个体形象，只有仪表大队集体的服务形象，员工的每一句话、每一个动作，都体现的是集体形象。"首问制"服务模式使员工的个人行为和企业的服务价值观有机结合，为企业提升服务质量、打造服务品牌奠定了基础。

在推行"首问制"过程中，仪表安装维修大队以责任为首要，一诺千金、注重结果；以跟进为核心，逐级落实、环环相扣；以监督为保障，痕迹操作、严肃考核，有意识地引导员工服务行为，培育企业服务文化。

第一，"首问制"的责任划分树立了员工的诚信服务意识。"首问制"服务归根结底是划分责任、打造诚信，主张"首先介入、过问到底"，谁第一个介入谁就是"首问人"，也是第一责任人。属于"首问人"岗位范围内的工作，应该立即答复处理意见、约定完成时限、做好相关记录；不属于其岗位范围内的工作，要马上协调、落实第二责任人承办，但是"首问人"不能因此就"全身而退"，还要继续督办进度、跟踪结果；最后，由"首问人"和承办人共同把信息反馈给用户。在首问服务的流程中，"首问人"要坚持"三不放"标准，即抓住问题不放、没有结果不放、用户不满意不放。正是由于首问服务的有效责任划分，根除了推诿扯皮、"事不关己、高高挂起"等服务过程中的不良作风，树立了干部员工的诚信服务意识，突出有求必应、有应必行、有行必果。自2001年推行"首问制"至今，全大队共接到各采油矿仪表报修任务5100多项，落实率达100%，为单位赢得了良好的信誉。

第二，"首问制"的过程跟进培育了员工的自觉服务意识。满意的服务结果，源自全员的自觉服务行为。为保障"首问制"的贯彻落实，在单位企业网构建了"首问服务网络监督平台"，对"首问制"进行全过程监督。首问服务的指挥中枢设在大队调度室，由当班调度每天在第一时间把各种服务信息录入数据库，利用企业网在全大队共享，实行全员监督。记录内容包括服务申请单位、申请人、申报时间、申报内容，以及首问人、首问时间、执行人、执行结果、反馈时间、反馈人、反馈结果等11项内容，可以细致地再现每一项服务的全过程。同时，值班调度坚持每4小时向"首问人"进行一次信息跟踪，了解各项工作进展。对已经完成的服务项目及时清理；对未完工作则注明原因、当前进度、预计完成时间，超过三天仍然没有结果，该项目将被"红牌"警告，并自动在大队主页上"弹出"。如此，既构建了启动迅速、跟进及时、监督有效的服务网络，给"首问人"加压，促使被动服务转变成主动服务，同时又营造了你追我赶、相互竞争、不甘落后的工作氛围。"今天事、今天办""急用户所急、做用户所需"等观念成了大家自觉遵守的行为准则。自2002年4月份推行网络监督平台以来，每天网上公布的服务项目"当天完成率"平均保持在99.8%以上，未完成工作"日累积量"最多不超过3项，"平均完成时间"最迟不超过3天，提高了服务效率，确保了全厂仪表系统安全、准确、平稳运行。

第三，"首问制"的责任追溯强化了员工的质量服务意识。首问服务能够保证优质服务的关键是"痕迹操作、责任追溯"。一旦某项服务出现程序脱节、质量缺陷、甚至造成事故，可以很快根据网络监督平台锁定出现纰漏的环节，确定相关责任人。2003年7月份，厂质量安全环保部在现场检查时，发现仪表安装维修大队在第五油矿检定的2台电能表，粘贴标识填写的检定日期与实际不符。按照2台仪表的原始检定记录进行追溯，最终确定为当时的核验员在出具检定标识时出现失误，属于服务质量不过关。虽然仅仅是一个日期的"小错误"，但是仪表安装维修大队高度重视,除对当事人进行通报批评并限期整改外,还追究了该员工所在小队主管领导的责任。2002年来,全大队共查出服务不及时、质量不过关等问题9起,追究责任15人,经济处罚5300余元。首问服务模式不因人的变化而变化,最大限度地减少了人为因素对服务质量的影响,强化了干部员工讲信誉、求效率、重质量的服务意识,为企业赢得了良好信誉。

(摘自《以观念更新推动理念创新以文化发展推动管理升级
——大庆油田有限责任公司企业文化创新实践风采录》)

继承发扬大庆精神　永做油田精品联合站

第一采油厂第三油矿中十六联合站党支部

中十六联合站隶属于大庆油田有限责任公司第一采油厂第三油矿，于1997年11月建成投产，占地面积4.4万平方米，设计日处理液量3.5万吨，是规模较大、自动化程度较高的现代化联合站，主要功能是把进站的油、气、水三相混合物进行分离，将处理合格的原油和天然气外输、污水回注地下。现有员工74人，其中干部6人，党员14人，青年职工占70%；中专以上学历21人，其中大专8人，本科4人。

中十六联合站地处"三老四严"的发源地。从投产第一天起，就继承发扬大庆精神铁人精神，用"三老四严""四个一样"优良传统历练队伍，用先进的企业文化育人铸魂，不断超越自我，追求卓越，实现了持续创新发展，先后荣获了全国五一劳动奖状、全国青年文明号、全国模范职工小家、全国巾帼文明岗、中央企业学习型红旗班组标杆、黑龙江省先进基层党组织、集团公司百面红旗单位、油田公司十大基层建设单位标杆等诸多称号。2000年8月24日，江泽民、温家宝、曾庆红等党和国家领导人来站视察，全站员工倍受鼓舞和鞭策。

一、用大庆精神铸魂，确立"永远做油田精品"理念

作为新时期大庆石油人，肩负起继承发扬大庆精神的历史使命，始终高唱"我为祖国献石油"的主旋律，必须发扬"有排头就站、有先进就当、有红旗就扛"的优良传统，奋发进取，永创一流。建站以来，中十六联合站坚持用大庆精神铸队伍之魂，使之成为员工共同的核心价值观，成为创新发展的强大精神动力。

一是发奋图强，首创样板站。1997年11月中十六联合站刚投产，由于建设质量问题，一个原想"样板起步、样板施工、样板管理"的现代化联合站变成了"问题站"，由此引发了大庆油田上下以继承发扬大庆精神和优良传统为宗旨，以查摆"中十六联现象"为内容，历时一年的大讨论、大反思、大整顿活动。面对全油田聚焦的目光，作为管理单位，中十六联合站没有怨天尤人，组织全站员工反复学习各级领导的讲话精神，深刻认识到淡化大庆精神和优良传统，就会出现"中十六联现象"；坚持大庆精神和优良传统，就能整改"中十六联现象"；始终发

扬大庆精神和优良传统，就能避免"中十六联现象"。中十六联合站要带头弘扬大庆精神，勇敢地叫响"我们就是十六联，我们就要创样板"。为了这铮铮誓言，9名党员主动向党支部做出"向我看齐"的承诺，19名团员发出"讲奉献、比干劲"的倡议，108名员工在"岗位争一流，为站多争光"的决心书上庄严地签上自己的名字；为了这铮铮誓言，全站员工拿出大庆会战时那股劲儿，连续3个月没休息，白天晚上连轴转，义务献工时3万多个，高标准整改跑、冒、滴、漏等问题107个；为了这铮铮誓言，年过半百的老站长尹树坤拖着严重营养不良的身体，半个多月没去医院打点滴，听说吃糖能补充能量，他就工作时嘴里含着水果糖，吃饭时把白糖拌在饭菜里，3天时间整整吃了2斤糖，满嘴泛酸，在医院工作的女儿知道后，只好把药拿到站上，趁着吃饭的空当儿给父亲打点滴，看着憔悴苍老的父亲，女儿心疼地流下了眼泪。辛勤的汗水浇灌出喜人的果实。1998年底，中十六联合站一类设备、质量达标率等10项指标全部达到100%，生产管理达到无泄漏站标准。1999年3月28日，是中十六联难忘的日子，就在这一天，大庆油田主要领导将大庆石油管理局有史以来第一块"管理样板站"奖牌颁发下来，中十六联合站成了名副其实的样板站。

  二是再接再厉，勇夺三连冠。面对样板站的奖牌，中十六联合站没有沾沾自喜，更不敢躺在荣誉上睡大觉。因为深知，创样板不容易，保持样板、发展样板更不容易。中十六联合站把发展的目光再一次盯在了代表联合站管理的最高水平、大庆油田刚刚开展的金牌站评比上。为了统一思想，激发斗志，在员工中开展了"继承好传统，再上新台阶"大讨论，引导大家充分认识发扬大庆精神绝不是一时之功，创出样板站只是一个新的起点，在前进的道路上不能有丝毫的懈怠，进而树立起"团结奋进，崇尚一流"的进取精神；开展了"围绕金牌找差距，制定规划谋发展"活动，组织生产骨干到标杆单位参观，对照先进找不足，学习经验抓整改。金牌站的各项标准都高于样板站，针对基础条件差、提高难度大的实际，向全站员工发出了"先天不足，靠我们后天奋斗去弥补；客观原因，由我们主观努力来解决"的号召，发动员工从点滴入手，查摆方方面面的低标准，列表上墙、专人负责、限时整改。脱水岗老师傅王富明是全站最认真的人，工作细致入微，看到4号脱水器看窗挂垢比较多，不怕倒流程麻烦，把看窗玻璃罩卸下来从里到外擦得干干净净，还戴上老花镜瞅了又瞅，直到满意才装上去。脱水转油岗由于脱水器电场不稳造成外输油含水波动，当班工人整宿盯着参数变化，往返泵房和主控室20多次，上下平台，开关阀门，累得连腿都抬不动了，保证了外输油质量合格。在全站员工的共同努力下，生产管理水平不断提高，连续三年夺得油田公司联合站评比金牌奖。

三是创新发展，永远做精品。在发展的实践中中十六联合站逐步体会到，管理永远没有最好，只有更好，必须始终保持谦虚谨慎的态度，不断向更高的目标迈进。面对油田公司"持续有效发展，创建百年油田"的宏伟目标，注重从大庆精神中汲取前进的动力，围绕厂"三老四严，永创一流"核心理念，在继承大庆传统文化的基础上，整合发展"我们就是十六联，我们就要创样板"和"团结奋进，崇尚一流"，确立了"永远做油田精品"的发展理念，不断超越自我，追求卓越，与时俱进，引领潮流。为了使精品理念深入人心，逢会就讲，在醒目位置悬挂，让理念入眼、入耳、入脑；把员工创样板、夺金牌时挥汗如雨、奋发大干的场面拍成录像片循环播放，鼓舞队伍士气；召开庆功会、表彰会，激发集体荣誉感。使"永远做油田精品"成为全站员工的矢志追求。围绕精品理念，又确立了育人、学习、质量、安全、行为、环境、服务等理念，形成了具有中十六联特色的理念体系，努力把中十六联合站建成"发扬传统的阵地，不断创新的群体，倡导科技的园区，优质高效的站库，铸就精品的车间，文明建设的窗口"。继金牌三连冠之后，先后又获得了全国五一劳动奖状、集团公司百面红旗单位等荣誉。

二、用大庆精神育人，锤炼"永远做油田精品"团队

铸造精品站，先育精品人。多年来，围绕"永远做油田精品"理念，坚持用大庆精神和优良传统培育员工队伍，努力打造适应百年油田要求的觉悟高、技能强、作风硬的精品团队。

一是坚持传统教育不放松，大庆精神内化于心。建站10年来，不管是在打样板、夺金牌的艰苦创业阶段，还是争一流、做精品的发展进程中，中十六联合站始终坚持对员工进行大庆精神和优良传统教育。多次组织员工到铁人纪念馆、大庆油田历史陈列馆、中四队、北二注水站、5-65井组等传统教育基地接受教育，了解岗位责任制、"三老四严""四个一样"的产生过程，聆听"放大镜照钢丝""父女井场相会"等传统故事，使大家重温当年会战的场景，增强发扬传统的责任感；收集创样板站时108名员工每人一个最感人的故事，汇编成"108将小故事"，在员工中广为传阅，增强发扬传统的荣誉感；积极开展"四个不一样""知荣辱、爱一厂、创百年""庆祝五亿吨、爱厂立新功"等主题教育活动，把树立社会主义荣辱观与弘扬大庆精神、创建百年油田紧密结合起来，增强发扬传统的紧迫感。使大庆精神深深扎根在每个员工的心里，激励大家立足岗位建功立业，成为中十六联合站实现一个个目标，年年取得新发展的强大精神动力。

二是坚持素质提升不间断，过硬技能固化于身。按照"永远做油田精品"的要求，在继承大庆会战时期形成的岗位练兵优良传统的基础上，实施了全员的能

力关怀、全过程的能力培养、全方位的能力展示。积极创建学习型小队，确立了"永远的精品需要永远地学习，永远地学习创造永远的精品"的学习理念，构建了"14441"（以提高全员素质为根；以组织机制、激励机制、创新机制、考评机制为干；以管理干部、技术干部、班长骨干、普通员工为枝；以点子工程、创效工程、激励工程、典型工程为花；以"永远做油田精品"的共同愿景为果）的学习型小队建设模型，把用人干工作转变为用工作育人，实现员工与企业双赢。为员工规划职业生涯，为其成长"铺路子"。根据员工的实际情况，按照管理、技术、技师、一专多能四个方向，为每一名员工设计了发展目标，制定了学习计划。创造学习机会，为员工成长"搭台子"。设立读书室、练兵室、练兵台，成立"读书班""英语角""微机小组"，坚持每周三下午的技术学习制度，开展了"一岗精、两岗通、三岗懂"换岗轮训，定期举办技术运动会。建立激励机制，为员工成长"架梯子"。设立了学历提升奖、一专多能奖、导师带徒奖、创新点子奖，开展了"精品管理员工""读书自学标兵""学习型员工"评比，激励员工自觉学习，不断提高员工的综合素质和岗位技能。青年职员工曲艳丽学技术有股拼劲儿，在练习铰法兰垫子时，手上磨出了大泡，还是缠上纱布继续练；长时间单腿跪着练操作，膝盖也硌出了血印儿。然而功夫不负苦心人，她参加工作两年就成为一名技术尖子，在公司技术大赛上获得了第三名。几年来，全站涌现出厂级以上技术能手15人、矿技术能手22人；获得公司级优秀科技论文3篇、厂级技术革新成果8项、合理化建议成果4项、技术论文10篇；向外输送骨干29人，其中14人被提拔到矿、队两级管理岗位。

  三是坚持作风历练不走样，严细认真外化于行。中十六联合站坚持用"三老四严""四个一样"的优良传统锤炼队伍作风，无论是生产管理、队伍建设，还是后勤生活、环境面貌，全部做到高标准、严要求，提出了"管理精雕细刻、技术精益求精、操作精工细作、经营精打细算、队伍精明强干"的目标，把每一项工作、每一件事情做精、做细、做好。为了精细生产管理，探索实行了"站区划片、岗位分块、点项巡检"的管理办法，从干部到工人，人人承包责任区，做到"台台设备完好，项项工作规格化，人人出手过得硬"，管理严细处处可见。如填写资料，必须用标准的仿宋体，这也是大庆油田40多年来岗位员工必须掌握的一项基本功。为了使每个人写字的形状、大小、间距都一样，我们开展了"每人一支笔，全站仿宋体"活动，员工练习仿宋字的纸摞起来有两米多厚。脱水班长徐庆梅给阀门加密封填料时，一连加了几次还有细微渗漏。外来施工人员对她说："这个阀门不常动，用一段时间就不渗了。再说不仔细看也发现不了，差不多就行了。"徐庆梅可不这么看"我们十六联没有差不多，干就干出高标准。"她反复加密封填料 10 多次，直到一点不渗为止。员工自觉养成了严细认真的好习惯，创建精品分担区、打造精品设备、填写精品报表蔚然成风。

三、用大庆精神塑形，打造"永远做油田精品"强势

在践行"永远做油田精品"发展理念的过程中，中十六联合站坚持用大庆精神塑造队伍形象，建立了以"标准记于心，规范立于行"为理念的行为文化，用以统一员工的行为，形成了事事有标准、时时用标准、人人讲标准的局面，展示了队伍的良好素养和精神面貌，形成了"永远做油田精品"的强劲态势。

一是立标准，健全管理制度。中十六联合站继承发扬大庆油田首创"岗位责任制"的优良传统，建站初期就按照 ISO9001 管理标准，制定了 89 项操作规程、42 个岗位规范、53 个岗位制度、27 项台账，形成了《岗位技术操作规程汇编》和《岗位责任制及工作制度汇编》。后来又根据文本化管理的要求，编制了《员工操作手册》《HSE 管理"一书一表"》等制度文本。做到了岗岗有制度，有操作规程；人人有职责，有工作标准。在质量管理上，建立了"质量分级管理制""质量责任追究制"，层层明确责任，一级负责一级，一级管理一级，一级监督一级，践行"不让一滴不合格原油外输"的质量理念。化验员李艳红牢记"化验数据是质量的眼睛"，坚持取全做准每一个油样。一次取样时正赶上外面风雨交加，为了准时取到真实的样品，她用雨伞把样桶紧紧地护住，宁可自己被雨淋湿，也要样品安然无恙。正是由于有完善的制度保证和员工的高度自觉，建站 10 年来，外输油质量合格率始终保持在金牌站标准以上。

二是抓执行，规范操作行为。制定了"操作无缺陷"目标，要求岗位员工人人达到"设备构造，一清二楚；流程熟练，一指就答；仪表性能，台台熟悉；操作标准，心中有数；处理事故，快准稳细"。把增强员工的岗位责任心作为落实岗位责任制的关键，组织老工人讲会战年代严格执行岗位责任制的小故事，用油田上由于违章操作造成的生产事故进行警示教育，拍摄标准操作典型示范片，引导员工自觉"上标准岗，干标准活，交标准班"。联合站是安全重点单位，为了确保安全生产，总结形成了"1+1=0"的安全理念，即每个人都树立一个安全第一的思想，掌握一套安全生产的技能，实现零隐患、零违章、零事故。交接班是安全生产的重要环节，每次交接班，班长都组织两个班的人员面对面站好，按照"三一、四到、五确认"（三一：重要部位一点一点交接，重要数据一个一个交接，重要工具一件一件交接；四到：听到、看到、摸到、闻到；五确认：确认点项名称、检查部位、设备运行状态、存在问题、采取措施）的要求进行交接，不让隐患在交接班时产生。同时还创造性地实行了"重要操作唱票制"。一次，四

台脱水器清淤交替倒流程，班长赵荣华事先写好详细的操作步骤，与小班人员一个唱、一个述、一边确认、一边操作，确保了操作无误。

三是重养成，提升文明素养。发动大家总结制定了员工形象标准和社会公德、职业道德、家庭美德规范，统一了日常礼仪和文明用语，从班前点名、迎接检查、穿衣戴帽、上岗走路、接打电话、食堂就餐等各个方面，都制定了行为标准，汇编成《员工行为规范》，把员工制定行为标准的过程作为认知、认同行为理念的过程，让员工熟知、熟记、熟练。为了抓好行为理念的落实，还举行了"新形象工程"启动仪式和"向不文明行为告别"百人签字仪式；挑选员工做"文明使者"，拍摄行为示范录像片，利用开会时间反复播放，使员工"人人都做中十六联形象的塑造者"。置身十六联合站，你能听到班前会上嘹亮的歌声和接打电话的文明用语，看到半军事化的内务管理和两人成行、三人成列的军人作风，体验到规范严格的交接班过程，感受到文明礼貌、热情真挚的氛围。全站员工以自己的一言一行、一举一动，共同塑造了中十六联合站的良好形象。

四、用大庆精神凝心，聚合"永远做油田精品"力量

中十六联合站坚持把继承发扬大庆优良传统作为凝聚队伍的重要措施，积极构建干群和谐、团结友爱、优美舒适、心情舒畅的工作环境，使员工队伍始终保持旺盛的生机和活力。

一是靠干部党员的表率作用凝人心。"喊破嗓子，不如干出样子。"坚持发扬会战时期"工人三班倒，班班见领导""工人身上有多少泥，干部身上也有多少泥"的优良传统，制定了干部"六个一"（一心一意干事业、一专多能强素质、一往情深爱员工、一丝不苟抓工作、一身正气做表率、一往无前创一流），党员"六个在前"（政治业务学在前、各项工作干在前、经济效益讲在前、员工困难帮在前、思想工作做在前、荣誉待遇让在前）的形象标准，全队干部、党员自觉践行形象标准，为员工树立了榜样。压力容器清淤是个又苦又脏又累的活儿，进去一身汗，出来一身油。队长任秀山第一个钻进伸手不见五指、头都抬不起来的容器里，佝偻着腰往外清污泥。他有腰疼的毛病，长时间猫腰，疼得豆粒大的汗珠噼里啪啦往下掉，别人劝他休息一会儿，但他硬是咬牙坚持，出来时腰都直不起来了。2006年冬天，中十六联合站遇到了建站以来最严重的一次输油系统险情，面对冒罐、污染、关井停产的危险，9名岗位工人在党员马旭辉的带领下，凭着过硬的技术紧急处理，在严寒中坚守操作平台10多个小时，避免了重大安全事故。对此，员工们由衷地赞叹："咱们站的干部和党员真是好样的"。几年来，群众对干部、党员的满意率始终保持在98%以上，充分体现了"我是党员一面旗，

处处飘扬；我是党员一颗星，事事闪亮；我是党员一团火，时时燃烧"。

二是靠细致的思想政治工作凝人心。党支部发扬"三访四到""四勤四看"的优良传统，坚持"抓生产从思想入手，抓思想从生产出发"，认真落实厂思想政治工作新机制，靠深入细致的思想政治工作增强队伍的凝聚力。培养了思想政治工作骨干队伍，建立了员工爱心档案，制定了"八清八必到"（八清：性格脾气清、身体状况清、特长爱好清、思想现状清、技能水平清、工作状态清、家庭情况清、社会交往清；八必到：生病住院必到、谈心家访必到、家庭纠纷必到、解决困难必到、节日慰问必到、婚丧嫁娶必到、子女升学必到、买房搬家必到）思想政治工作制度，做到掌握每个人的基本情况，做好每件事的思想工作。一名员工的母亲在医院病故，年轻的党支部书记王雪莹知道他是独生子，一边立即给其他干部打电话，一边在第一时间赶到医院，帮着料理后事，相继赶到的同事都为她的行为所折服，这名员工也被感动得热泪盈眶。

三是靠优美的工作生活环境凝人心。中十六联合站精心营造环境文化，通过物质环境和人文环境的完美结合，增强员工的归属感。应用VI系，营造视觉环境。在站名、单位简介、标语牌、警示牌、工作服等办公用品上应用企业标识，在办公楼建起宣传文化理念、行为规范、英模人物的文化走廊，使员工耳濡目染，逐渐认同并身体力行。建设优美站区，营造物化环境。净化、绿化、美化环境，号召员工采集花种，植树种花，将夏季拔掉的杂草统一放到指定地点，把冬季清扫到路边的积雪拍得方方正正，创建春有花、夏有荫、秋有香、冬有绿的花园式站区。规范整洁的生产现场，朴素舒适的岗位环境，清晰醒目的警语标识，赏心悦目的花园景象，寓文明管理于文明的环境之中，创文明环境于文明的行为之中。开展文体活动，营造人文环境。设立了乒乓球室、台球室、健身室，开展演讲会、故事会、联欢会、金舞台才艺展示、卡拉OK比赛、趣味运动会等丰富多彩的文体活动，在寓教于乐中，员工启迪了思想，陶冶了情操，完善了人格，体现了自身价值，不断增强了对中十六联合站的热爱、归属感、认同感和奉献精神，形成了"永远做油田精品"的强大合力。

回首昨天，大庆精神让中十六联合站以坚实的脚步一路走来；展望未来，大庆精神将使中十六联合站发展的步伐更加稳健。大庆精神永远激励中十六联合站奋勇前行。

（2009年在中宣部大庆思想政治工作调研时的汇报材料）

关于推进文化大厂建设的指导意见

第一采油厂党委

党的十七届六中全会，通过了《中共中央关于深化文化体制改革、推动社会主义文化大发展大繁荣若干重大问题的决定》。第一采油厂深入贯彻《大庆油田可持续发展纲要》，以大庆油田永续辉煌目标为引领，确立了"十二五"打造"六个大厂"的战略任务。为贯彻落实中央和上级精神，不断推动文化大厂建设向纵深发展，大力弘扬"三老四严""四个一样"优良传统，进一步发挥企业文化引领发展、凝聚队伍、提升管理、塑造形象的重要作用，确保愿景目标如期实现，制定本指导意见。

一、目的意义

第一，构建文化大厂是推进科学发展、铸就永续辉煌的发展需要。推动科学发展始终是文化大厂建设的第一任务，在形成正确导向，统一思想认识，凝聚队伍合力，激发工作干劲方面，具有无可替代的作用。新时期，在《大庆油田可持续发展纲要》中，明确提出了永续辉煌的奋斗目标，这是推进全厂科学发展的政治纲领和行动指南。通过建设文化大厂，切实将干部员工的思想和行动统一到贯彻上级要求上来，统一到发展目标任务上来，坚定持续稳产的决心，坚守永做主力的信念，坚持不懈地推进落实"纲要"，矢志不渝地开创全厂科学发展的新局面。

第二，构建文化大厂是弘扬大庆精神、确保持续稳产的现实选择。"三老四严""四个一样"是大庆精神的重要组成部分，是高度主人翁责任感和科学求实精神的生动诠释，体现了队伍的组织性和纪律性，执行制度的自觉性和严肃性，企业管理的主动性和科学性，在企业发展中发挥了巨大的作用，成为第一采油厂的传家宝。推进"六个大厂"建设，需要准确把握科学发展新要求、文化发展新趋势、员工精神文化新期待，大力加强文化大厂建设，引导全厂员工继承优良传统，树立过硬作风，发挥聪明才智，推进创新实践，为企业科学发展提供强大的精神动力。

第三，构建文化大厂是加强三基工作、建设"六个大厂"的有效途径。进入新时期，面对加强基层建设、基础工作、基本素质为主要内容的三基工作的新要求，需要以文化的大发展聚合力、强三基、促发展，形成文化生产力。通过建设文化大厂，充分发挥文化凝聚人心、激发干劲的作用，培养员工团队精神，增强员工爱厂意识，激发员工工作热情，挖掘员工内在潜能，还可以促进基层形成节约、安全、环保、创新、和谐等文化氛围，为"三基"工作提供强大的文化支撑，从而推动产量、科技、效益、创新、人才大厂的全面建设，以文化的大繁荣推进企业的大发展。

第四，构建文化大厂是坚持以人为本、构建和谐企业的重要举措。和谐企业从心开始。员工精神和文化上的和谐，是构建和谐企业的思想根基。只有员工个体和谐，才能有健康的心理及和谐有序的内心世界，不断增强应对各种矛盾和困难的承受能力，持续激发创造能力。通过加强文化大厂建设，大力倡导以人为本和以文化人的管理理念，满足员工精神需求、丰富员工精神世界、增强员工精神力量，引导员工树立和谐的思想观念和思维方式，为构建和谐企业提供坚强思想保证、强大精神动力、有力舆论支持、良好文化环境。

二、指导思想

深入贯彻落实党的十七届六中全会精神，坚持社会主义先进文化前进方向，以科学发展观为主题，以社会主义核心价值体系建设为主线，以传承"三老四严""四个一样"为核心，以推进"六个大厂"建设为重点，以培养高素质的员工队伍为目标，坚持继承与创新相结合、研究与建设相结合、统一性与多样性相结合的原则，弘扬优秀传统文化，发展企业先进文化，深化理论研究，完善文化体系，推动实践创新，为实现打造"六个大厂"的战略任务，提供强大的精神动力和文化支撑。

三、建设目标

——企业精神充分彰显。"三老四严""四个一样"优良传统成为广大员工共同的思想基础和价值追求，转化为推动企业发展的强大动力。

——文化理念广泛认知。发展理念、管理理念等企业文化理念成为企业和员工的群体意识和行为习惯。

——文化融合效果凸显。以文化发展推动管理升级，"三基"工作全面加强，基础工作扎实，管理科学规范，生产安全环保。

——文化素养日益增强。打造一支政治坚定、勤奋敬业、技术精湛、执行有力、诚信廉洁的新时期"三老四严"队伍，实现员工与企业共同发展。

——人文环境友好和谐。员工工作环境和生活质量进一步改善，企业内部与外部环境友好、团结稳定。

——企业形象不断提升。知名度和美誉度进一步提升，树立起社会公众广泛认同的蓬勃发展、诚实守信的良好形象。

——文化活动蓬勃开展。有效利用各类文化资源和文化载体，构建多层次、全方位、立体化的全员共建共享文化平台。

四、遵循方针

一是坚持走建设先进文化之路。坚持不忘本来、吸收外来、着眼将来的原则，注重发展先进文化，不断赋予传统文化新的时代内涵。加强对优秀传统文化思想价值的挖掘和诠释，注重吸纳融汇当代优秀文化成果，使优秀传统文化成为推进"六个大厂"建设的重要支撑，鼓舞员工前进的强大力量。

二是坚持走文化科学发展之路。深入贯彻落实科学发展观，以科学发展为主题，推动文化大厂建设与产量大厂、效益大厂、科技大厂、创新大厂、人才大厂建设协调发展，不断提高文化发展的质量和效益，增强文化发展后劲，实现文化又好又快发展。

三是坚持走文化强基固本之路。把建设社会主义核心价值体系作为根本任务，融入员工教育、精神文明建设和党的建设全过程，贯穿打造"六个大厂"各领域，体现到油田开发管理的各方面，使其成为全体员工的自觉追求，不断巩固全厂干部员工共同的思想道德基础。

四是坚持走文化以人为本之路。坚持文化建设为了员工、依靠员工，文化建设成果由员工共享。充分尊重员工的首创精神，贴近实际、贴近基层、贴近员工，深入挖掘员工的创造潜能，大力开展员工乐于参与的文化活动，积极搭建形式多样的文化活动平台，及时总结推广源于基层、生动鲜活的文化创新经验，更好地激发群众投身文化大厂建设的热情。

五是坚持走文化创新发展之路。坚持解放思想、实事求是、与时俱进，坚持百花齐放、百家争鸣，把创新精神贯穿文化建设全过程，不断激发文化创造活力，使文化创新的观念得到尊重、文化创新的举措得到支持、文化创新的成果得到弘扬。

六是坚持走文化强企兴业之路。以马克思列宁主义、毛泽东思想、邓小平理论和"三个代表"重要思想为指导，着力推动精神文明和物质文明全面发展，不断开创文化创造活力持续迸发、文化生活更加丰富多彩、员工思想道德素质和科学文化素质全面提高的新局面。

五、主要任务

第一，抓教育，筑牢企业核心价值观。文化是民族的血脉，是人民的精神家园，是企业的发展之魂，是员工的精神追求。第一采油厂作为大庆精神的重要发源地之一,"三老四严""四个一样"等优良作风,激励着一代代人为油拼搏,奋发大干,成为攻坚克难、战胜挑战的重要武器。要始终把传承弘扬"三老四严""四个一样"优良传统作为神圣的使命,结合社会主义核心价值体系建设,依靠坚持不懈的教育灌输,牢固确立企业核心价值观的地位。深入开展理想信念教育。认真开展以爱国主义为核心的民族精神、以改革创新为核心的时代精神和以社会主义荣辱观等为主要内容的社会主义核心价值体系的宣传普及活动,引导干部员工牢固树立中国特色社会主义共同理想和正确的世界观、人生观、价值观,不断增强爱国情怀、荣辱意识和感恩之心。广泛开展"形势、目标、任务、责任"教育。以学习贯彻"纲要"为重点,突出"爱党、爱国、爱企、爱岗"主题,利用网络、报纸、电视、短信、板报等媒体广泛宣传油田公司和厂的发展战略、任务和目标,使确保持续稳产、打造"六个大厂"、铸就永续辉煌的形势任务、发展战略和宏伟目标深入人心,激励引导广大干部员工认清形势,明确责任,坚定信念,奋发进取,多做贡献。持续开展优良传统教育。把弘扬传统作为员工教育的重要内容,利用传统教育基地、企业精神教育基地、文化休闲场所等资源,保持"三老四严""四个一样"优良传统的教育强势,让广大员工时刻工作和生活在优秀传统文化的熏陶中。通过编发故事集、举办演讲比赛、邀请老会战、老专家、老师傅做传统教育报告等行之有效的载体,使优秀传统文化成为新时代鼓舞员工前进的精神力量,使广大干部员工成为优良传统的忠诚传承者和企业先进文化的积极发展者,以思想文化新领悟、传统文化新诠释、企业文化新成就,推进各项事业新发展。

第二,抓阵地,丰富企业文化载体。牢牢把握文化阵地在展示、传播、普及企业文化中的主渠道作用,着力加强文化阵地建设。加强企业精神教育基地建设。不断提高大庆油田历史陈列馆、厂会战传统教育展览和中四队"三老四严"传统教育室等企业精神教育基地的科学化管理水平,丰富陈展内容和宣教手段,为员工教育创造良好条件。加强生产一线文化阵地建设。针对生产一线点多、面广、线长,交替上岗、野外工作的特点,全面加强小型、流动的一线文化阵地建设,在基层小队设立"文化墙"、站区道路两旁设立简报板、宣传栏等设施。同时,利用好网络、电视、报刊、手机短信等传播媒体,打造文化传播的流动阵地,使员工时时感受到浓厚的文化氛围。加强业余文化阵地建设。成立各种兴趣活动小组以及文体协会,发动有专长的员工,积极策划组织丰富多彩、喜闻乐见的群众性文化体育活动,增强企业文化活力;在党和国家的重要纪念日、企业发展的重要节点等时期,组织各类比赛和各种文艺演出等活动,提升企业文化品位。加强和改进新闻宣传工作。牢牢把握正确导向,坚持团结稳定鼓劲、正面宣传为主,壮大主流舆论,提高舆论引导的及时性、权威性和影响力。加强网络思想文化建设,加强社会主义核心价值体系宣传,加强舆情分析研判,加强热点难点问题引导,从员工关注点入手,科学解疑释惑,有效凝聚共识。健全应急报道和舆情监管机制,增强针对性,提高时效性,密切干群关系,促进企业和谐。

第三,抓示范,强化榜样引领作用。持续开展向先进集体、先进人物学习活动,弘扬正气,激励员工。抬高典型选树标准,增强说服力。全力培养选树一批贡献突出,影响深远,代表第一采油厂精神风貌的新典型。要普及中十六联先进水平,每个单位培育选树2—3个在油田公司乃至全国石油系统叫得响、过得硬的标杆单位和先进人物,进一步提高全厂先进典型的层次、数量和规模。扩大典型培养范围,增强感召力。各单位、各部门要分层面、分类别总结选树各类典型,实现从技术到管理、从前线到后线、从机关到基层、从干部到员工,人人做有标准、学有榜样、赶有方向、超有目标,吸引更多的干部员工学先进、赶先进、争当先进,进一步带动全厂各项工作全面发展。加大典型宣传力度,增强影响力。通过媒体宣传、报告会、演讲会等形势,大张旗鼓地宣传典型事迹,进一步营造创先争优的浓厚氛围,激励广大干部员工学习进取、岗位成才、敬业奉献,实现以典型引导带队伍,以典型示范提素质,以典型激励促发展。

第四,抓基层,发扬群众首创精神。坚持把文化大厂建设的立足点放在基层,大力弘扬群众首创精神,让"三老四严""四个一样"等优良传统发扬光大。加强制度文化建设。丰富完善以岗位责任制为核心的制度文化,从完善岗位规范和管理流程入手,加强以文本为载体的制度化管理体系建设。坚持"岗位责任制的灵魂是岗位责任心",把文化理念固化于各项规章制度中,体现在日常管理上,体现在生产实践上,体现在基层建设上,最终形成岗位员工的自觉行为导向,更好地引导和规范员工行为。加强行为文化建设。以"三老四严""四个一样"为核心,进一步总结提炼体现企业精神和先进管理理念的形象标准、行业准则、行为规范,大力宣传和推广形成于基层的行为文化,让广大员工普遍认同,成为自觉行动。加强管理文化建设。围绕精细管理、安全环保、科技创新、人才培养等重点工作和重点领域,开展专项管理文化的创建活动。把文化渗透融入企业经营管理的各个环节,实现文化与管理"一体化",不断提升企业管理水平。加强环境文化建设。努力推进基层环境文化建设,积极改善基层站队活动室、练兵场、荣誉室等文化教育场所的条件,创造舒适宜人、温馨和谐的人文环境。

第五,抓创新,做出新的时代诠释。文化引领企业风气之先,是最需要创新的领域。要始终把厚重的文化底蕴作为创新的源泉,不断赋予以"三老四严""四个一样"为核心的企业文化新的时代内涵。坚持文化引领,培育特色文化。"三老四严""四个一样"的核心内容是诚信,忠诚企业,爱岗敬业。要紧紧围绕继承弘扬"三老四严""四个一样"开展企业文化建设,"三老四严""四个一样"发源地的单位要走在探索研究的前列,各系统要紧密结合自身特点对"三老四严""四个一样"做出新的诠释。要围绕经营管理、日常生产、党的建设、基层建设、队伍建设等各项工作,深入总结提炼各层面在"三老四严""四个一样"方面的表现形式。例如在安全文化、廉洁文化等专项文化建设上,在新时期应该怎样做,做到什么程度,以不断发展的观点对"三老四严""四个一样"进行诠释。通过共同努力,让每一个单位、每一项工作、每一名员工都体现"三老四严""四个一样"的时代品质和深刻内涵,凸显文化的传承性、延展性和时代性,用特色文化引领创新发展。坚持文化研究,促进理论创新。以对"三老四严""四个一样"深入研究为切入点,围绕价值理念、工作标准、行为规范等方面,在内涵上丰富,深入挖掘其时代价值,反映企业要求、展示员工风貌;在外延上拓展,使其涵盖岗位要求、行为规范和形象标准,体现管理要素,符合发展实际。努力形成更多的企业文化建设成果,为"三老四严""四个一样"等优良传统做出新的时代注解。同时,积极探索思想政治工作新方法,加强人文关怀和心理疏导,培育员工自尊自信、理性平和、积极向上的良好心态。坚持文化融合,推进发展实践。积极促进文化大厂建设与油田开发、经营管理、思想政治工作的深度融合,把企业文化作为推进创新实践的动力和源泉,不断推进开发技术的创新,经营管理模式的创新,员工培训方式的创新,以文化大厂建设推进产量大厂、科技大厂、效益大厂、创新大厂、人才大厂建设,努力实现"打造六个大厂,铸就永续辉煌"的奋斗目标。

六、保障措施

一是强化组织保障。各单位、各部门要建立文化大厂组织机构和实施方案,确立工作目标,制定具体措施,明确工作职责,形成党政齐抓共管、各部门合力推进的文化大厂建设格局。厂党委将把此项工作纳入工作考核,并择机召开经验交流会。

二是强化制度保障。建立文化大厂建设的运行制度、考核评价制度、奖惩制度、动态管理制度等基础性制度,使现有制度体系的内容与本单位企业文化相一致,确保文化大厂建设工作的顺利进行。

三是强化培训保障。通过举办培训班、组织座谈、学习研讨、到先进单位参观学习等形式开展学习交流活动,吸纳优秀研究成果和先进建设经验,拓宽视野、创新思维,打造一支业务素质过硬的文化大厂建设队伍。

(庆油采一党发〔2012〕1号文件)

用诚信文化打造井下作业创新管理品牌

第一采油厂作业大队党委

井下作业既是夺油上产的有效措施,又是维护油水井正常生产的必要保障。近年来,第一采油厂为了保证原油生产任务,作业工作量持续攀升,2016年作业总井次已经达到1.5万次,百余支作业队伍马不停蹄、持续作战。作为厂内唯一一支井下作业专业化队伍,作业大队责任重大、使命光荣,但作业任务重、作业队伍多、作业质量参差不齐等问题和矛盾制约着作业大队稳健发展的步伐。面对庞大的作业生产规模,提高施工质量,降低作业重复率,是提升作业运行整体效率的迫切要求。作业大队自2017年1月起,践行诚信文化,推行诚信作业,实现了生产任务和施工质量双提升的良好成效。

一、认清形势、找准定位,探寻诚信文化的"生长土壤"

第一采油厂经过56年高效开发,已进入"双特高"开采阶段后期,面临着开发矛盾叠加、技术难度增大的严峻挑战。注采系统矛盾突出,影响储量有效动用;压力系统不尽合理,影响后期提液补产。地质开发所面临的难题,需要通过调整开发方案和实施诸多技术措施来解决,这些都要靠井下作业来落实。面对复杂的地质开发难题,提高施工质量,实现精准施工,是落实各项开发技术措施的关键所在。

随着油田开发的持续深入,开采难度逐年增加,建设投资刚性增长,成本压力不断加大,效益空间越来越小,加之国际油价一直低迷,第一采油厂已逼近盈亏平衡点。降本增效是关乎长远发展和维护员工切身利益的重要任务,但近年来高频次、大规模的井下作业施工,占用着大量的生产成本。面对繁重的企业经营任务,提高施工质量,延长油水井生命周期,是降低作业成本、提高经济效益的有效途径。

多年来,作业大队发挥队伍优势,通过加强内部管理,采取有效措施,施工质量和效率一直保持较好态势。但是,作业效率与厂对作业大队的厚望和重托相比还有差距,施工质量与开发形势要求相比还有不足。正视这些差距和不足,研究方法和对策,破解难题和矛盾,是作业大队长远发展的工作重点和努力方向。

作业大队人在深刻领会总体工作部署和具体工作要求中，探寻到了提质提效最理想的答案，用诚信的文化理念抓生产管理，来实现提高施工质量和施工效率的目标，诚信作业管理模式应运而生。

二、转变观念、创新管理，培育诚信文化的"神奇种子"

对于一厂人来说，前辈的会战苦战，光荣的开发历史，留下了一份得天独厚的精神基因。诚实守信早已经融入了每个作业大队人的血液当中，而推行诚信作业就是"三老四严"的严实精神、严实作风在井下作业队伍中的具体体现。

诚信作业是以诚实守信的文化理念为核心，以自我约束、自我管理、自我检查、自我考核、自我处理、自我完善为运行原则，以提高作业施工质量和效率为目标，促进作业生产整体管理水平进一步提升的管理模式。新的模式在应用到实际工作中，必然受到老思想和旧观念的冲击，遇到很大的阻力和压力。因此，必须科学地、客观地抓好推进落实，从思想上、行动上进行规范统一，让诚信作业管理模式深入推进，诚信文化才能够真正地落地生根。

一是诚信固本，确保举措落实处。推行好诚信作业，关键是要形成有利于落实新理念新要求的体制机制，在制度建设、监管模式、考核激励、评价体系、配套保障上不断取得突破。作业大队摒弃了以往"重效率轻质量"的错误观念，坚决做到"两手抓，两手都要硬"；完善了配套的组织机构和管理制度，确保新模式管理规范、体制健全；构建了三级监督模式，实现作业施工全过程监控；制定了全新的评价体系和奖惩办法，促进典型引领和奖金激励的作用发挥；加强了配套设备设施的保障力度，提高施工过程中的质量效率。

二是诚信立身，推动发展不停步。管理者和岗位员工是诚信作业管理模式落实执行的最基本单元。人的自身行为如果得不到根本的转变，将是新模式推行过程中最主要的矛盾。叫人干人不干，制度调动千千万。要使诚信作业真正见到实效，必须牢牢抓住这个主要矛盾，以规范行为为发力点，通过制度约束促进行为养成，使其从"不敢不诚信"到"不得不诚信"再到"不能不诚信"，逐步实现规范统一的诚信行为，积极主动地参与到诚信作业当中，发挥人的主观能动性，推动新的管理模式不断地向纵深推进。

三是诚信铸魂，打造文化新风尚。企业文化的强大精神力量，是企业长远发展的重要保障。精神的力量在于它能鼓舞和激发出人的潜能和创造力，统一思想和统一行动具有同样的重要意义。推动诚信作业向纵深发展，就是要把诚信的理念根植进作业人的思维方式中，不仅仅局限于诚信干好一项工作，更是要做到思想诚信、言行诚信。通过思想教育、文化活动、评比竞赛等方式，给员工营造出浓厚的诚信氛围，抢占员工的精神阵地，将诚信作业的奋斗目标、行为准则、工作方法统一到诚信文化的建设当中，进而形成具有大队特色的诚信文化体系。

三、提质提效、固本强基，做精诚信文化的"修剪养护"

诚信作业不会凭空完成，需要向诚信作业的方向努力。提质提效工作中的不足就是需要努力的方向。以往的作业施工中存在质量意识淡薄、操作标准不规范、日常监管有死角、失信成本较弱化等突出矛盾，这需要做大量细致的工作，找准症结、对症下药，修剪枯枝、拔掉腐叶。

首先，强机制、明责任上科学用力，铲除意识形态中的"病根"。以构建科学的管理机制、制度体系为打赢提质提效攻坚战的"关键点"，健全体制机制，完善配套制度，明确管理责任，着力推进诚信作业向纵深发展。

一是强力落实工作职责。"火车跑得快，全靠车头带"，要想切实抓好提质提效工作，深入推进诚信作业，就必须要有一个责任清晰、分工明确的管理机构。大队成立了工作领导小组，党政主要领导亲自挂帅，主管领导分工负责，机关各办、工艺队具体实施管理。同时，还针对质量工作构建了"大队—小队—班组"三级监督模式，即班组监督员监督执行标准，技术员把关质量工序，工艺队检查关键工序，实现了质量监督工作全过程覆盖，基本杜绝违规操作、低标准执行工序的现象。

二是完善配套制度保障。"国有国法，家有家规"，推行诚信作业更要有相应配套的制度和管理办法。大队结合质量管理和生产运行工作实际，建立完善了评比制度、考核制度、检查制度和质量分析会制度，加大制度的宣贯力度，从根本上提升了管理人员的监管能力和操作人员的执行能力。创新实施了《作业队干部双岗跟班制度》《调度室机动计划制度》，有效地保证了生产过程组织协调到位、技术保障到位、计划准确到位。

三是严肃落实考核奖惩。"打蛇就要打七寸"，严密地奖惩制度，是落实责任、强化执行的关键保障。大队重新修订诚信作业考核奖惩机制，严肃考核落实，通过不间断、多频次、全覆盖地对提质提效各项工作进行专项检查和联合检查，张贴公示检查结果，做到检查考核公开透明。以奖金激励工作突出的队伍，以问责考核倒推责任落实，严肃处理失诚失信行为，保证质量责任落到岗位、落到人头。

其次，强标准、抓规范上精准发力，修剪执行过程中的"枯枝"。以狠抓源头治理、狠抓精准施工为打赢提质提效攻坚战的"着力点"，靠实举措，抬高标准，全力保障诚信作业扎实推进。

一是狠抓源头管理，做到有备无患。质量管理的源头在于开工作业前的准备工作，这其中包括施工设计的准确性、工用具的合规率，一旦这些前期工作有疏忽，往往会造成严重的后果。在施工设计管理方面，作业队接到井号由技术员认真制作施工设计，按照施工方案要求，梳理工序流程，明确质量要求，由工艺队审核、主管领导把关，确保施工设计的准确性和可执行性。在质量用具检测方面，定期送检如压力表、环规、泥浆比重计等质量用具，建立台账，规范管理，定点存放，确保质量用具灵活好用。在下井工具检测方面，大队工具车间加大工具入库前的检测力度，重点对工具的标识、防腐进行外观检测，对封隔器进行100%低压检测和2%高压抽检，对配水器进行100%投捞检测，对小件工具进行抽检，从工具源头保证施工质量。

二是狠抓水井施工，做到事无巨细。水井施工能够全面检验作业队伍的技术水平、管理能力和综合素质，同时水井也是质量隐患多发的类型井，为了能够达到优质的水井施工效果，把好"四道关"尤为重要。第一关，洗井质量关。大队设定2台清水专用罐车拉运清水洗井，保证洗井水质合格；每队配备套池储水，保证洗井水量充足；作业队必须在2台配空罐车全部就位后方可洗井，保证洗井连续；做到起管柱前加深洗井，完井后彻底洗井，保证洗井次数，井口返出液见到清水后，才算合格，保证洗井效果。第二关，井筒清洁关。作业队施工油转注井必须对套管内壁彻底刮蜡，保证套管内壁清洁；下井管柱必须表面清洁无油污、内壁通畅无杂物，下井前必须通知工艺队现场验收，做到不合格不下井；完工后达到井筒水质清洁，提高测试成功率。第三关，工具释放关。释放下井工具时，水泥车打压要平稳操作，保证压力稳步提升；封隔器释放压力必须达到15兆帕和18兆帕，保证压力达标；释放压力达标后，必须稳压15分钟，保证稳压时间；封隔器释放后，套压必须归零或套管无溢流，保证密封效果。第四关，验窜质量关。大队将水井验窜工作作为质量工作的重点来抓，每天安排专人监督指导验窜工序的执行情况，督促作业队必须使用双封隔器验窜，并核查封隔器卡点位置及套管压力变化情况。

三是狠抓现场监督，做到有所侧重。现场监督是实现诚信作业的重要手段，大队构建的三级监督模式很大程度上缓解了工艺队质检组的工作强度，使其能够对关键工序监督有所侧重。如侧重监督扶正环检测与安装，对起出的原井扶正环逐一检测，出现破损、碎裂的直接更换，出现偏磨的用环规进行判废检测，严肃查处扶正环漏装、错装的现象，保证扶正环安装齐全、准确。侧重监督油管锚坐封，不同类型的油管锚必须按不同的操作标准进行坐封，为了保证油管锚的坐封效果，质检员对坐封进行全程监督，对未按技术标准操作释放的严肃处理，最大限度地减少抽油杆偏磨。侧重监督油管整体打压,保证压力达标和稳压时间,油管打压工序必须由质检员现场监督执行,如果油管打压不合格,必须立即起出管柱,查找原因,及时处理,直到打压合格,才能进行下步工序。侧重监督管杆及工具摆放,管杆摆放必须做到10根一组、接箍朝井口、不重叠、不落地;管杆桥搭建必须高度一致,保证管杆两端不落地、中间不弯曲;工具必须摆放到工具架上,保证工具本体及丝扣清洁。

再次,强动力、促长效上持续给力,固牢长远发展中的"支撑"。以完善评价体系、推进重点项目、构建诚信文化为打赢提质提效攻坚战的"蓄力点",固本强基,放眼未来,全面推进诚信作业科学发展、长远发展。

完善评价体系定好"框架"。从年初推行诚信作业管理模式至今,在日常管理的各个环节中出现了急需解决的突出矛盾。例如,作业队"重效率轻质量"的观念有所转变,但在大队现行的管理模式中出现了质量工作评比和生产工作评比并驾齐驱的两条"轨道",让作业队在落实工作的过程中存在定义上的混淆,难免厚此薄彼。经过重新审视"诚信作业"的推行效果,总结形成了新的管理思路,对诚信的评价体系有了新的定义。大队通过细化基础工作的评比内容,将质量管理、经营管理、党建管理包含到其中,使原来单一的生产工作评比、质量工作评比变成了现在的综合性评比。再结合综合性评比的队伍排名,一部分优秀的队伍获得参加"诚信作业队"评比的资格,通过质量、效率两项工作否定项的审核,最终评选出"诚信作业队"。综合性评比具有全面性,避免了作业队难以把控方向;"诚信作业队"评比具有针对性,重点突出提质提效的工作导向,促进作业队整体工作水平不断提升。

推进重点项目打好"地桩"。为了保障好提质提效工作的深入推进,大队确定了两项重点项目—作业自动化和监督数字化。近几年,大队一部分作业队开展了自动化设备的试验工作,取得了良好的效果,不仅降低了员工劳动强度,还保证了施工质量和效率的提高。目前仅是试验阶段,距离全面实现还有差距,在与厂积极沟通下,该项目正在持续推进。自我监督是推行诚信作业的一项关键工作,在厂的要求下,大队积极探索监督数字化的构建,通过现场安装监控,视频数据实时传送,能够实现作业施工全过程受控,很大程度上缓解了监督人员少、施工现场多的监督压力,为实现自我监督加上了重要的砝码。

营造文化氛围抓住"养分"。把规范标准落实好,就能形成好的行为习惯,把行为习惯坚持住,就会形成特色的诚信文化。在完善机制体制、落实管理举措的同时,积极营造浓厚的诚信文化氛围,是把诚信作业这项提质提效工作深入推进的关键环节。大队充分发挥党、工、团的职能作用,加强思想阵地建设、墙面文化建设、特色文化建设,组织开展座谈、研讨、演讲、竞赛等形式多样的文化活动,让更多的人主动参与到诚信文化建设当中,形成"人人都是宣传员"的良好局面,营造出以诚信为导向的大队特色企业文化。

四、思想共识、上下同欲,收获诚信作业的"绿意盎然"

诚信作为作业人共同的价值观,已经成为推动并指引着采取决定和行动的原则、标准。任何一种思想、一种精神在形成的过程中,要先肯定客观价值的存在,要具有稳定性和持续性。随着社会的进步、企业的发展,人的思维方式和行为习惯也随之发生改变,但这其中唯独"诚信守信"文化理念和正确的价值观不能变。以人为本、以诚为道、以创为先,就是作业人的价值观。诚信作业不单是一项生产经营活动,而是需要长期探索、不断提升的价值体系,这其中人的主观能动性、诚信行为的体现和创新管理的效果发挥着至关重要的作用。

一是以人为本是核心。人是实现经营管理、具体落实执行的关键单元,是能否最终实现全面诚信的重要因素。推行诚信作业要重视员工群众的利益,提质提效需要做大量的工作才能实现,随之带来的是创造更大的经济效益,这是员工群众的"生命线"。落实好工作、执行好标准、履行好承诺,提质提效工作才会有质的改变。只有人自主动起来了,诚信才能实现,作业大队通过奖励来激励员工群众的行为,通过培训来提高员工群众的能力,这些都是深入推进诚信作业,实现提质提效的关键保障。

二是以诚为道是前提。诚信作业是前进发展的必由之路,更是在形势任务面前最正确的选择。统一的思想、统一的行动,是干事创业的前提,诚信不是嘴上说出来的,而是通过努力干出来的。把全体作业人的思想高度统一,形成共同的愿景、共同的价值观,还有很多工作要做,但要先确定好工作目标和奋斗方向,通过不断地深入推进,最大限度的发挥文化的力量,让员工群众能够主动地走上已经建设好的"诚信大道"。

三是以创为先是保障。在体制机制上的创新,能够给企业发展注入新的活力。创新并不是改革,而是在寻求适应形势任务需要的模式方式。创新体现在制度、管理、评价等多个方面,相互之间既存在内在联系,又有不同的具体措施。一项工作创新了,其他工作不创新,就会无法推进落实,反之,所有工作都创新了,又会不符合客观规律,这就需要有针对性地、科学地推动创新管理、落实创新举措,做到配套、高效、可操作,一切工作都要符合实际、适应需求,才能真正做到提质提效,才能最终实现诚信作业。

(2017年第一采油厂"大庆精神+"典型案例材料)

以"四百"文化引领新时期队伍创新发展

第一采油厂第六油矿中二采油队党支部

第六油矿中二采油队(以下简称中二队)建于 1962 年 11 月,是一支具有光荣传统和奋斗历史的采油队。建队 55 年来,中二队始终坚持用大庆精神铁人精神和"三老四严""四个一样"优良传统引领发展,坚持继承不走样、创新不丢根,从 20 世纪 60 年代的标杆队、70 年代的女子采油队到 80 年代的金牌队、90 年代的信息化采油队,以及现在的功勋队,中二队始终秉承严细的工作态度、严谨的工作作风、严格的管理要求,在实践中总结形成了一套以"百问不倒、百做不误、百岗创优、百项立标"为主要内容的"四百"文化理念。在"四百"文化引领下,中二队先后涌现出公司技术能手 4 人、厂技术能手 22 人;员工技能鉴定合格率 100%;"百问不倒、百做不误"员工占员工总数 85%以上;涌现出市(局)级以上标兵模范人物 15 人次,巾帼岗位建功标兵 17 人,先后有 29 人走上领导岗位,向兄弟单位培养输送各类人才近百人。

一、以"四百"赋予大庆精神新的时代内涵

"四百"文化体现了新模式新思维下的队伍发展理念。其中,每一个"百"都是在实践发展中总结形成的,都体现了大庆精神的本质要求,特别是诠释了讲求科学、"三老四严"的科学求实精神。

"百问不倒"——"大庆精神+技术培训":就是立足岗位学技术、练本领、提素质。为了适应大庆油田生产发展和安全生产管理要求,中二队根据员工队伍现状,突出岗位培训、技能训练和知识更新培训,以一专多能的专业知识培训为主要内容,构建了岗位学习、反馈学习、反思学习、共享学习、培训学习、竞赛学习、互换学习、观摩学习、自主学习等学习模式,实现了每名员工都做到"百问不倒",使之不仅熟练掌握操作技能,更增强了具体分析、判断、解决生产问题的能力,推动了员工队伍朝着"一岗精、二岗通、三岗懂"的方向不断发展。

"百做不误"——"大庆精神+岗位练兵":就是做好每个细节,实现操作零失误。在大庆油田改革发展和竞争激烈的新形势下,中二队在管理中精益求精,在大力开展理论知识学习的基础上,以提高员工综合素质为重点,进一步加强员

工实际操作水平的培训，追求"问"与"做"、"学"与"练"、"知"与"会"的统一，使员工队伍在具备"百问不倒"基本功的基础上，在岗位操作上做到"百做不误"，不但答得准，还要做得对。

"百岗创优"——"大庆精神+岗位实践"：就是人人争第一、样样站排头，每个岗位都要创一流。在实现"百问不倒"达到知道怎么做、实现"百做不误"达到事事都按标准做的基础上，重点在做好、做优上下功夫，引导员工在答准、做对的基础上，把各项工作做出高标准、高水平，通过在工作中不断总结管理经验、提炼工作方法，达到人人立足岗位创出优秀业绩。

"百项立标"——"大庆精神+定标立标"：就是定百项标准、立百项标杆。按照油田公司提出的"当好标杆旗帜，建设百年油田"发展目标，中二队结合实际提出了"百项立标"的工作目标。以采油工程、精准开发、精细管理、安全环保、技术创新、降本增效、队伍建设七大系统为基础，细化内容、量化指标，共制定了139个项目、205条采油队标准，围绕这些标准，达标、创标，努力确保各项工作走在全厂前列。

二、"四百"文化的具体实践

在"四百"文化引领下，中二队各项工作不断创新发展。每个岗位、工种建立标准、打造标杆，每个系统树立一个标杆，制定活动方案，向标杆看齐，把当好标杆旗帜纳入重要议事日程，融入日常工作的各个方面，作为年度工作的重要目标，切实把标杆意识根植到员工思想中，积极推动各项工作争一流、上水平、站排头。主要体现为"七个创优"：

一是支部建设创优。时刻把党员群众的期盼作为党支部工作的追求，在增强意识、强化能力、加强引领、服务群众、协调利益、化解矛盾、寻求发展等方面下功夫，健全并有效落实队务公开、民主议事决策、党员联系群众等民主制度。以"四个坚持"为抓手，突出党支部战斗堡垒作用，即坚持学习，与时俱进、苦练业务，为企业发展保驾护航；坚持创新，革故鼎新、开动脑筋，为企业发展提供不竭动力；坚持交流，海纳百川、集思广益，在支部建设上提升水平；坚持引领，举旗立标、攻坚克难，在创先争优上勇站排头。以"三个一"活动为载体，突出党员先锋模范作用。新时期党员的先锋模范作用，应当具有鲜明的时代特征，通过每月开展一次党小组实践活动，每季度召开一次党员大会，每年开展一次党员评优，强化党员的责任意识，提高党员的政治素质，时刻注意党员的自身形象，实现了谋划发展有党员带头、急难险重有党员带头、关爱员工有党员带头、以队为家有党员带头的"四个带头"。

二是班子建设创优。在提高自身素质上，班子成员把学习贯彻党的十九大精神作为首要的政治任务，把政治理论学习作为一项工作、一份责任、一种追求，作为提高综合能力的根本途径，制定学习计划，明确目标任务，落实学习措施，采取集体学习、专题研讨、小组讨论等多种形式，无论工作多忙、任务多重、时间多紧，坚持每周五的学习制度，做到理论学习常抓不懈，形成了自觉学习的良好习惯。通过学习，全体党员的理想信念更加坚定，认识问题、解决问题的能力不断提升，真正做到学而信、学而用、学而行，切实把党的十九大精神落实在岗位上、落实在行动中。在谋划队伍发展上，自觉做到"四讲"，即讲奉献不求回报、讲理论联系实际、讲政治服务大局、讲创新谋求发展。在维护班子团结上，自觉做到"五个相互"，即政治上相互信任不猜疑、思想上相互交流不隔阂、工作上相互支持不拆台、失误上相互谅解不指责、生活上相互关心不冷漠。在示范引领上，自觉做到"八个向我看齐"，即承载使命，勇担重任向我看齐；解放思想，追求卓越向我看齐；吃苦耐劳，艰苦奋斗向我看齐；严格要求，以身作则向我看齐；学习技术，提升技能向我看齐；坚持标准，规范操作向我看齐；积极进取，勇于创新向我看齐；团结协作，促进和谐向我看齐。在作风建设上，自觉树立"三个形象"，即勇攀高峰、甘于奉献的形象；模范引领、公正廉洁的形象；爱岗敬业、履职尽责的形象。

三是制度建设创优。坚持从制度管理入手，用公平的制度建立规范的秩序，用规范的秩序营造良好氛围，用良好的氛围约束干部员工，注重规范管理长效机制的建立，倡导干部员工做到"讲实话、办实事、鼓实劲、干实活、见实效"。同时狠抓落实，着力解决工作中的突出问题，着力推进制度建设，着力加强落实管理，强化责任制和责任追究。根据生产实际和人员配置，重新修订《中二队管理手册》和《中二队操作手册》，内容涵盖岗位职责、企业标准、流程简图、规章制度和员工信息，实现了制度全面可操作、指标量化可分解。根据区域化管理要求，量化责任机制，制定了《中二队制度手册》，内容包括《生产管理联动机制》《奖金考核办法》《区域化管理承包制》《员工技术培训制度》等，用完善制度来巩固工作成效，为各项工作有条不紊地开展提供了坚实的制度保障，实现了管理无盲区。

四是生产管理创优。围绕水驱"九率"、聚驱"七率"，实施产量督导管理、产量变化预警、产量异常联动处理"三项机制"，有效提高了生产管理效率。在技术管理上，试点应用油水井参数自动录取和上传，使用自动量油系统，实现了无人值守。在安全管理上，统一思想，提高认识，形成了"安全就是以实际行动践行对生命的尊重"的安全理念，把安全生产工作当成一件大事，纳入重要日程，真抓实干，不断强化安全工作的领导意识、效益意识、责任意识，抓生产从安全着想，抓安全从生产出发，并做到"五同时"，即在计划、布置、检查、总结、评比的同时，不忘记安全工作。实行安全生产目标管理，建立健全安全网络体系。层层签订安全生产目标管理责任书，达到纵向从上到下，一级抓一级、一级管一级；横向从里到外，实行分块负责。纵向到底、横向到边，使人人肩上有压力、项项工作有目标，形成一个人人讲安全、处处讲安全、层层抓安全的全方位、立体化、纵横交错的严密的安全生产管理网络体系。做到"三个严抓"，即严抓风险管控，推进安全教育常态化、标准操作规范化、应急演练实战化；严抓隐患治理，落实责任查隐患、强化监督控隐患、消项管理治隐患；严抓生产清洁，交标准井、干标准活。以全方位监管，实现了安全生产零事故。

五是技术能力创优。深入开展评选"爱岗敬业标兵""立足岗位讲诚信"系列活动，组织技术人员围绕新工艺、新技术开展专题研讨和技术讲座，组织操作人员围绕提升操作水平和解决实际问题开展培训，切实解决生产问题，提升培训效果，不断增强员工爱岗敬业的自觉性和对企业的归属感。开展以岗位应知应会、操作标准、工作质量、工作效率、综合素质提升五个方面为主要内容的"新员工练兵"活动，实施轮岗交叉培训学习、综合能力测评等措施，有效促进了岗位员工能力素质提升，使全队干部员工在适应企业发展、提高业务水平等方面走在全矿采油队前列。

六是成本控制创优。创新"大资产"管理机制，将低值易耗品等同资产管理，创新收旧、修旧管理机制，确定收旧范围，制定修旧计划，月度修旧指标与修旧任务相结合，盘活废旧物资，有效降低成本费用，逐步构建起大成本格局。实行区域化管理，节省单井用人，人均管井 16 口，减少用人比例 30%。积极开展节能降耗六项活动，在管理层开展"为管理算成本""合理化建议"征集活动；在技术层开展"立项攻关""论文评比"活动；在操作层开展"创新创效""金点子"征集活动。成立创新创效工作室，共申报国家专利 9 项，在国家级期刊发表论文 14 项，涌现厂级以上革新成果 33 项，多项成果在大庆油田内广泛应用，累计节约成本 80 余万元。如皮带使用方面，通过优化生产参数和加强日常巡检，将单井年消耗皮带控制在 3 条以内，全队每年节省成本 17 万元。

七是队务环境创优。按照"十室两库一卫一堂"模式进行建设，对房间进行科学规划与设计，功能齐全，整洁美观。创立最健康的一餐在食堂、最温馨的港湾在寝室、最优美的环境在岗位的"三最"家园文化理念；制定办公设施统一化、宿舍内务规格化、物品使用清晰化、食堂管理标准化、员工伙食营养化、工作环境舒适化"六化"管理标准，实施定期召开伙委会、定期进行内务管理讲评、定期维护队部设施"三个定期"内务管理。建设"小菜园",以班组为单元分菜地,空闲时比一比谁种的菜长势好、谁收获的果实多。使"小菜园"成为供应员工餐桌的"菜篮子",改善工作环境的"景观点",凝聚员工力量的"粘合剂"。

三、"四百"文化时代内涵的启示

"四百"文化强调的工作态度,以及在组织纪律、工作作风等方面所体现的要求与大庆精神的实质要求一脉相承,以"四百"文化引领发展的探索实践,为基层文化建设带来了深刻的启示。

一是基层文化创建务必凸显与时俱进的内涵。"四百"文化不是凝固僵化的教条,而是一个不断与现实互动的开放的文化体系。在队伍建设的不同时期,"四百"文化不断发展和新形势接轨,既符合大庆油田振兴发展奋斗目标的新要求,也反映着当下队伍发展实践对传承弘扬优良传统作风的需要。实践证明,只有找准优良传统与新形势新任务新要求的契合点,才能使基层企业文化始终成为推动队伍发展的强大精神动力。

二是基层文化创建务必体现推动发展的需要。在大庆油田振兴发展征程中,需要认识、掌握、驾驭的事物及规律无可计数,推进这一过程的实践也充满了这样那样的困难,基于这些现实情况,基层文化创建必须坚持从实际出发这一基本原则。"四百"文化以新时代需要为出发点,以增强文化的驱动力和操作性为着力点,为基层企业文化创建探索了有效路径。

三是基层文化创建务必发挥目标引领的作用。"四百"文化建设过程中,"当好标杆旗帜,建设百年油田"奋斗目标的引领作用至关重要,始终围绕"当好标杆旗帜"不偏离,才能使干部员工干有方向、干有抓手、干有目标。实践充分证明,在基层文化建设上,一方面,必须确立明确的方向和目标,定位更高的起点,树立更高的标准;另一方面,必须立足自身实际,确保制定的目标"跳一跳"能够得着,只有这样,才能有力推动队伍建设科学有序地向前发展。

(2017年第一采油厂"大庆精神+"典型案例材料)

"三老四严立身，原油稳产立功"文化研究

第一采油厂党委宣传部

一、课题背景

半个多世纪的开发建设历程里，大庆精神铁人精神和"三老四严""四个一样"等会战优良传统深深植入大庆石油人的脑海里、融入大庆石油人的血脉中。实践使大庆人深刻认识到：大庆精神铁人精神和会战优良传统，缔造了大庆油田半个多世纪的辉煌，更是新时期大庆人开创未来的强大动力。以"三老四严立身，原油稳产立功"为主题的优良传统文化继承创新研究，是新时期传承优良传统，为企业有质量、有效益、可持续发展凝聚力量的有力载体。

二、课题研究的具体内容

光荣的使命依靠光荣的传统，面临责任和使命、机遇和挑战，坚持把弘扬优良传统文化作为制胜法宝，把深入开展"双立"活动作为新形势下全面加强党建思想政治工作的重要举措。

一是以实事求是立身，务实进取树形象。新时期，发扬实事求是的优良传统，坚持一切从实际出发。各级组织在上情下传、下情上达上"讲实话"；领导干部带头深入基层调研，开展工作中"求实情"；广大岗位员工坚持取全取准第一手资料，做到问题一件一件解决，务必水落石出，成绩一点一滴积累，务必脚踏实地，坚守岗位"做实功"。

二是以自觉求严立身，恪尽职守强作风。新形势下，各级组织坚持严字当头干工作，切实将"责任落下去"，人人职责分明，事事都有人管；坚持高标准，出手过得硬，工程质量不达标，坚决返工重来，设备质量不合格，坚决不许开工；从加强干部员工队伍教育入手，引导广大岗位员工继承发扬岗位责任制、"四个一样"等优良传统，一切行动都严格按照企业的规章制度执行，做到坚持原则、严肃认真，干标准活、上标准岗、交标准班，切实使"习惯成自然"。

三是以艰苦奋斗立身，攻坚啃硬保稳产。多年来，第一采油厂始终坚持在队伍中大兴艰苦奋斗之风，带领广大干部员工秉承"有条件要上，没有条件创造条

件也要上"的优良传统，不图安逸，不怕困难，在战胜困难中不断进步，在迎接挑战中坚定前行。特别是油田步入双特高开采阶段，面临资源接替不足、成本刚性增长等一系列矛盾和挑战，发挥大庆精神铁人精神和"三老四严""四个一样"等优良传统的独特政治优势，化压力为动力，变挑战为机遇。

四是立科技创新之功，勇于开拓攻难关。多年来，始终坚持发展科技、鼓励探索创新，着力打造一支勇于攻关、善于创新的干部员工队伍。新时期，紧紧围绕建设"三型"人才队伍建设，积极探索加快创新人才培养和创新成果推广的有效途径。激励和引导技术人员结合大庆油田及本单位发展实际，在加快破解核心技术的瓶颈难题上下功夫。激励和引导岗位员工结合工作实际，在做好生产过程中的技术革新和技术改造上下功夫。

五是立管理提升之功，永创一流站排头。原油稳产立功，必须坚持管理创新型道路。不断加强以岗位责任制为核心的制度建设，把握"责任在领导、重点在基层、关键在岗位"的核心，抓干部、重引领，抓基层、重实效，抓岗位、重执行，做到"细"字为源，"实"字为基，引导广大干部员工既认清自身的优势潜力，找准努力的方向，又正视差距不足，努力对标提升。

六是立降本增效之功，开源节流提效益。坚持健全体制机制，在源头治理上下功夫，不断探索完善优化资源配置、优化队伍结构、优化岗位设置、优化成本支出的新途径。动员和组织广大干部员工，适应新形势，明确新目标，突出效益开发，堪当主力重任。

三、实现路径

一是发挥稳产业绩激励作用，鼓舞提振队伍士气。继1974年厂原油产量达到1000万吨，1991年原油产量攀升到1500万吨高峰并连续稳产8年后，2006年9月1日厂实现了累计生产原油5亿吨。2010年—2012年生产原油1111.32万吨、1111.49万吨、1111.01万吨，圆满完成了1111万吨三年硬稳定。截至2015年11月6日，累计生产原油6亿吨。厂党委和厂坚持将稳产节点作为深化"双立"活动、强化队伍教育的有利契机，通过宣传引导、总结经验，外塑形象，内强素质。各基层单位利用中心组学习、班前早会等载体，开展主题教育、专题学习和座谈讨论，进一步统一思想、提振士气、集中精力，把握有限的时间，把全部力量凝聚到以稳产为中心的各项工作中，使全厂上下心往一处想、劲往一处使，形成了"发展责任共担、发展思路共谋、发展措施共举、发展成果共享"的浓厚氛围。

二是发挥愿景目标引领作用，坚定发展必胜信念。进入新时期，厂党委和厂始终以"双立"主题实践活动贯穿企业改革发展全过程,以发展目标凝聚队伍,用发展愿景激励实践,教育引导全员进一步认清形势,不断促进思想政治优势向企业核心竞争力转化。在发展目标的有力引领下,全厂干部员工面对国际油价持续走低带来的挑战,突出效益主题,强化战略引领,深入推进开源节流和控本增效,建立了专业化、标准化、信息化模式,健全完善了物资管理一体化、生产管理专业化方法,劳动组织进一步优化,生产效率进一步提高,主要成本费用支出得到有效控制。深入抓好新时期岗位责任制的传承发展,探索形成了"两检三查一整改"管理办法,建立了"全要素绩效考核、工效挂钩"机制,试点推行"集中监控、无人值守、大班组运行、专业化维修、信息化管理"方法,深入推进"两册"建设,摸索出一条适应一厂发展、突出一厂特色的管理创效新路。

三是发挥传统教育导向作用,树立过硬工作作风。围绕"三老四严""四个一样"优良传统,广泛开展宣传教育活动,让优良传统内化于心、外化于行。努力做到宣教内容"求实"、宣教形式"求活"、宣教载体"求新"。组织全厂干部员工,到优良传统发源地等会战传统教育基地参观学习、交流经验;到铁人纪念馆、大庆油田历史陈列馆等油田内部企业精神教育基地参观学习。教育引导全厂干部员工直面挑战、勇担重任,为第一采油厂在大庆油田高举大庆红旗、坚持稳健发展的实践中,堪当主力重任、永做贡献大厂,完成以原油生产为中心的各项工作任务筑强了保障。

四是发挥先进典型示范作用,全面促进对标提升。注重典型宣传,让典型成为"点""光""源",辐射出去带全面,使大庆精神铁人精神薪火相传。大力选树表彰,让典型成为闪光点。近年来,厂结合发展实际,以不同年龄、不同层次、不同行业划分,坚持每年评选独具特色的先进典型。实施能力关怀,让典型成为关注点。给钱给物不如给个好能力,把发挥典型作用与"人文关怀"相结合,积极为典型成长铺路子、搭台子、架梯子。通过典型引领,极大激发了基层员工岗位建功的积极性、开拓进取的主动性、探索创新的创造性。

五是发挥企业文化和思想政治工作凝聚作用,持续增强内在动力。大力实施文化兴企战略,促进大庆精神铁人精神传承。组织制定了《推进文化大厂建设指导意见》,在广大干部员工中开展"践行理念、服务实践"等活动,通过推广企业文化建设成果,让传承大庆精神铁人精神,发扬"三老四严""四个一样"外化到企业生产、经营、管理、科技、党建思想政治工作等各个方面,使现有制度体系内容与企业文化相一致,形成党政齐抓共管、各部门合力推进的文化大厂建设格局。

四、结论与认识

新时期新阶段，第一采油厂把继承发扬"三老四严"优良传统融入"三老四严立身，原油稳产立功"的生动实践，努力构建独具特色的企业文化，为推动第一采油厂新时期新发展，增强文化软实力，注入了强大生机和活力。主要有以下几点启示。

一是继承以"双立"主题优良传统文化，必须与上级要求高度一致。通过传承优良传统，将贯彻中央精神、推进文化大发展大繁荣的内在要求、社会主义核心价值观落到了实处，为践行"三严三实"提供了有效载体，为继承发扬优良传统，强化标杆意识和标杆担当筑强了重要保证，为完成好以原油稳产为中心的各项工作起到了积极推动作用。

二是继承以"双立"主题优良传统文化，必须坚持实事求是、与时俱进。通过优良传统文化研究，实现了在解放思想中谋求发展，在探索实践中总结经验，经过不断研究新情况，解决新问题，迎接新挑战，做到了优良传统文化与发展相契合、与时代同步伐、与企业共成长，不断创新进取，保证了优良传统文化永不过时，艰苦奋斗的优良作风永不褪色。

三是继承以"双立"主题优良传统文化，必须始终服务中心工作。坚持全面服从、服务企业的中心任务和发展目标，通过优良传统文化继承创新研究，实现了企业文化自觉融入企业生产经营全过程之中，将优良传统文化体现在生产、经营、管理、科技、党建思想政治工作等全厂各项工作的各个环节，为企业发展提供了源源不断的精神动力和思想保证。

四是继承以"双立"主题优良传统文化，必须赋予第一采油厂的鲜明特色。第一采油厂作为"三老四严""四个一样"优良传统发源地，文化的发展和传承具有独特优势，优良传统文化研究强化了独具特色的企业文化建设，通过传统文化引领员工思想，以更加有效的方法、更加生动的形式吸引全员参与到"双立"活动中来，科学评价工作成效，真正做到内化于心、外化于行。

（2019年第一采油厂党建思想政治工作优秀案例材料）

传承"钢铁四队"文化
打造钢筋铁骨、无坚不摧的铁军队伍

第一采油厂第七油矿南四采油队党支部

一、背景介绍

南四采油队地处萨尔图油田南一区西部，是 1960 年组建的具有光荣传统的综合采油队。在 59 年的发展历程中，始终坚持以"钢铁品质、过硬标杆"的核心理念引领发展，用"钢筋铁骨、无坚不摧"的精神内涵攻坚克难。随着形势的发展变化，南四采油队周边环境由荒原一片变成商户林立的街市，管理任务成倍增长，安全风险急剧加大。面对各种困难，南四采油队提出了"闹市区里夺金牌、高危区里保安全、繁华区里树形象"的发展定位和争当"六个标杆"的发展目标，以新时代高举旗帜的标杆作为，彰显"钢铁四队"人攻坚克难的责任担当。

二、具体措施

一是塑钢铁魂，始终坚定当标杆的信念。通过讲钢铁史、明钢铁志、立钢铁标，不断增强当标杆的责任、勇气和动力。南四采油队建队时条件十分艰苦，全队只有一间破磨坊、一口锅、一把勺子、一个青铜盆和两捆苇草。仅凭这些家当，职工们怀着为国争光、为民族争气的雄心壮志，艰苦创业、白手起家，创出仅用三天时间打出一口五好井的纪录。8丙19井井长蒋三大以井为家，投产时七天七夜不离井场，经常是一边啃着窝头，一边摇着清蜡绞车。建队当年，综合四队就被会战领导小组授予"钢铁"采油队荣誉称号，1961 年又被授予"五好标兵采油队"荣誉称号。至此，"重任压不垮、问题难不倒、艰险挡不住"的"钢铁四队"享誉大庆油田，钢铁作风成为四队人代代相传的精神之魂。新时期新形势下，四队人以"钢铁品质、过硬标杆"核心理念引领发展，提出了"闹市区里夺金牌、高危区里保安全、繁华区里树形象"的发展定位，彰显"钢铁四队"人攻坚克难的责任担当。2017 年获油田公司先进集体、厂标杆站队荣誉称号。

二是炼钢铁身，始终锻造当标杆的作风。会战时期孕育形成的"钢筋铁骨、无坚不摧"的钢铁文化，始终激励着四队人熔炼意志、永立标杆。党支部坚持全面从严治党向基层延伸，以"固钢铁堡垒、创过硬标杆"为主题，以"定目标之向、强达标之功、聚夺标之力、攻创标之难、领当标之先"为主线，瞄准"三个定位"，发挥"六个作用"，激励干部员工投身油田开发各项工作当中。在"两学一做"学习教育过程中，党支部积极探索新形势下企业党建工作的新途径，进一步改进党支部工作方法，创新"3+党建"模式，为基层组织不断注入新的生机与活力。推进"新媒体+党建"模式。发挥新媒体传播速度快、影响面广、资源共享等优势，结合"石油党建"APP推广，创建"钢铁先锋"公众号，做到支部工作"三个实时"，实现党员教育"人员全链接、内容全覆盖、过程全响应"。推进"会战传统+党建"模式。从建队时学"两论"、创标杆、当"五好"中找路径，通过"五项措施"强化、"五条要求"律行、"五种形象"示范，加强班子建设。持续"两抓""四勤四看""四个为主"等优良传统教育，注重作风养成、注重员工生活、注重思想工作，坚持把"严在点滴处、细在毫发间、准在无误中、狠在持久时"作为日常要求，将"不造一处假，不漏一次检，不冒一点险，不误一刻工，不松一丝劲，不失一分责"，作为全体员工的岗位标准，打造一支攻坚啃硬、无坚不摧的钢铁队伍。推行"标准化+党建"模式。以《党支部分类定级管理办法》为依托，以"六个一"创建活动为抓手，坚持支部建设标准化。制定了《优秀党支部创建实施办法》，明确了创先争优抓什么；建立了12项党支部工作制度，明确了具体工作怎么抓；规范了学习讨论一段、思想汇报一段、工作讲评一段、安排要求一段、党务公开一段的党员大会"五段法"，强化了党员的组织观念、纪律意识、执行习惯。坚持党员管理标准化。通过建立动态评价体系、管理监督体系、岗位建功体系，引导党员立足岗位，对标立标，努力争创公司、厂级管理先进岗位；把握"填卡、评分、挂旗"三个环节，建立了党员评比台、党员承诺台，引导党员"亮目标、亮承诺、亮工作"，使党员的先锋模范作用看得见、摸得着、叫得响。党支部2018年被评为油田公司先进党组织。

三是强钢铁功，始终练就当标杆的本领。通过全员提能、团队集智、岗位创新，持续提高技术能力、培养管理能力、激发创新能力。在服务油田开发上不断创新工作模式，成立互学成长团队、互助建功团队、迅雷突击队、尖兵攻击队、巡逻察险队五个队伍，做到学习上相互督促，工作上相互帮助，引导青年在各项生产管理任务中当先锋、打头阵，点燃了激情，释放了活力。同时结合生产实际，提出打造优质岗、安全岗和创效岗，通过制定标准、完善措施、定期开展总结评比等环节，引导青年们"赛承诺、赛技能、赛业绩"，激发了青工的干劲与活力，发挥出了各自的特长。

四是筑钢铁基，始终夯实当标杆的根本。坚持制度执行、过程管控、对标升级，做到规范标准无差错，精细节点无盲区，全面创优无缺陷。在油田开发上，推进资料管理"三化"，日常分析"三个一"，机采管理"三抓"，使开发各项工作保持较高水平。在控制产量自然递减上，注入端以注够水、注好水、注有效水为原则，以提高分层注水合格时率为抓手，严抓注水调控、严密测试跟踪、严控作业运行、严格故障处理，真正实现了油田开发"两降一超"。在生产管理上，采用紧急反应法、产量监控法、指令执行法，不断创新管理方法、提升管理水平。在产量监控上，做到即时对比核实、实施波动监控，实时跟踪分析、加强措施监控，适时有序调整、推进运行监控，通过管理提升，实现了"四百三优"。在降本增效上，推进采油工程"两图联用"泵况管理、"区域调控"单耗控制；油田开发"五化"控液、"四精"注水；生产管理"1221"设备运转提效、"333"时率提升法等十五法，做到了节能有人抓、降耗有人管。在队伍建设上，通过铸铁军之魂、强铁军之责、严铁军之纪、亮铁军之剑，引导员工传承钢铁作风，创建过硬标杆。在生活管理上，将最优美的环境、最可口的饭菜、最热情的服务、最温馨的家园作为标尺，不断提升后勤工作管理水平。在饮食管理上推进"四化"，在食品安全上严把"六关"，在就餐服务上实施"四问"，真正保证员工"最好一餐在食堂"。2015年、2016年荣获油田公司"金牌采油队"称号，2016年、2018年被评为油田公司创效示范队和优秀节能示范站队，2017年被评为厂最佳食堂。

五是扬钢铁威，始终展示当标杆的自信。抗外力之扰、控隐患之险、传精神之光，用优质的管理、优异的业绩、优良的作风，在商业闹市区里树立"钢铁四队"的时代形象。南四采油队由于地处萨尔图铁西繁华商业区，环境复杂，人口密集，安全形势严峻。辖区内相继建成九龙达、旧物、粮油、农贸、建材、花鸟鱼等10多个交易市场，共有房屋371栋，隐患治理难度大，每年发生管线穿孔80余次，对应急抢修和环境保护提出极高要求。多年来，南四采油队坚持"第一责任，第一目标"理念，以安全无事故、员工无伤害、环境无污染、执行无违章，建设本质安全环保型采油队为目标，按照体系全覆盖无盲区、风险全辨识无死角、监督全过程无缺口、隐患全防控无漏点、应急全响应无延误、责任全到位无空白的管理要求，实施"三分五定"明责履职法、"三到五制"安全隐患管理法、"三识五控"风险管控法、"三应五动"应急管理法、"三查五化"现场监督法、HSE标准化采油队创建、绿色清洁采油队创建、安全随我行岗位实践的"5×3"HSE管理法，做到管控严密、治理有力、应急迅速、联动快捷。先后被评为油田公司"绿色基层队（站）""基层HSE样板站队"。

三、效果意义

钢铁文化的持续凝聚，助推了南四采油队管理升级和安全生产，各项经营指标保持稳中向好的态势。

一是为加强队伍建设明晰了新方向。以理念创新带动管理创新，是基层管理工作创新的重要环节。通过总结提炼"钢铁品质、过硬标杆"的核心理念，"钢筋铁骨、无坚不摧"的精神内涵，"闹市区里夺金牌、高危区里保安全、繁华区里树形象"的发展定位，有效规范员工行为，在新的管理理念引领下，员工的积极性、主动性、创造性进一步提高。多年来，涌现出集团公司优秀共产党员李庆林、黑龙江省杰出青年岗位能手高广太、油田公司杰出员工付宝利、厂杰出员工于宁、厂巾帼建功标兵李倩等一大批先进典型。

二是为提升管理水平搭建了新平台。南四采油队敢闯敢试，结合本队实际，从细微入手，打造"六个标杆"新理念，通过强化制度约束，严格考核，通过围绕员工关心的重点难点问题精准发力、优化服务，使各项工作突出高标准，达到项项有人抓，事事有人管，分层注水合格时率由2016年底的73.17%提高到目前的90.07%，提高了16.9%，系统效率由32.1%提升到34.5%，检泵周期延长到757天。真正实现了油田开发"两降一超"，即原油生产连年超产，年含水上升率和自然递减率逐步减缓，累计生产原油969万吨。

三是为党建思想工作注入了新活力。通过创新"3+党建"模式，把党建宣传工作与新媒体相结合，与会战传统相结合，与标准化制度相结合，促进党建工作与生产经营深度融合，为企业发展提供内生动力，为推动油田开发、生产经营、队伍稳定等各项工作目标任务凝心聚力、提供保证。

（2019年第一采油厂党建思想政治工作优秀案例材料）

匠心铸效　创建效益型联合站

第一采油厂第五油矿南Ⅰ-1联合站党支部

一、背景介绍

第一采油厂第五油矿南Ⅰ-1联合站主要担负矿油气集输、原油脱水及部分污水处理回注等任务，现有员工70人，党员14人，管理各类储罐15座、压力容器36座、机泵112台。建站28年来，南Ⅰ-1人始终以平稳输油为己任，以质量效益为中心，固本强基保安全，创新管理争一流，先后获得油田公司先进党组织、无泄漏先进站、环境保护绿色站、工人先锋号等荣誉称号。近年来，全站以高质量发展为统领，立足"当好标杆旗帜，建设百年油田"，提出建设"效益型联合站"发展目标，大力实施"匠心铸效"文化工程，坚持用精细管理、精准操作、精益创效、精心做事引领员工，2018年创出了建站以来"油质最佳、水质最优、能耗最低、管理最好"水平，被油田公司授予先进集体、效益型联合站荣誉称号。

二、具体措施

第一，人人具备工匠之能。南Ⅰ-1联合站将技能素养作为厚植"匠心铸效"文化的第一要务，把生产需求、员工需求和培训需求有机结合，紧贴生产提素质，立足岗位搞培训。一是学习育匠人。开展"百问不倒，应知一口清"活动，每岗每天随机抽取两名员工，利用"班前一刻钟"或"班后十分钟"，对安全常识、设备原理、节能点项等内容进行提问，抓实业务知识和应知应会的学习。推行"5+0.5"业务培训，即周五利用半天工作日时间，由站培训师、技师、技术员通过集中授课，为员工讲解站内设备的工作原理、特点性能和操作要领，掌握故障处理方法，员工也可以结合自己感兴趣的内容点参加培训，营造了持续学习和互动学习的浓厚氛围。二是练兵提匠术。把岗位练兵落细、落小、落实，围绕站内各岗位工艺流程开展学流程、走流程、画流程活动，成立"大拿"工作室和技师之家，引导员工关注细节、发挥专长，练好扎实的基本功，相继创造了"王伟加密封填料法""张化君换轴承法"等一系列操作绝活。还举办了革新讲坛，鼓励员工走上讲台，分享创新思路与经验，展示创新成果，提升创新能力。三是竞赛强匠技。坚持开展群众性的技能竞赛，即每月举办一次业务考试，每季举办一次技术比武，每年评选一次技术能手，以赛促训，以赛促练，真正达到考一次试，业务知识上一个台阶；赛一个工种，培养一批技能操作骨干的效果。此外，还将考试竞赛结果纳入全年培训考核和班组月度奖金考核，从机制上调动全员学技能、练本领的积极性。同时，与第二采油厂刘丽工作室结成技术联盟，做到课题共商、资源共享、成果共创，队伍技术素质不断提升。

第二，时时融入工匠之心。南Ⅰ-1联合站充分发挥党支部的政治优势和组织优势，持续开展宣传教育，引导干部员工不忘初心，大力弘扬实干、创新、专注、执着、精益求精的工匠精神，培育爱岗敬业、争创一流、艰苦奋斗、勇于创新的干部员工队伍。一是用传统教育熔炼传承心。开展会战优良传统教育，总结提炼出"老王的'百宝袋'""一班不一般""第二十五个油样"等"匠心"小故事，倡导和弘扬扎根岗位的"沉降罐"品格、持续学习的"压缩机"精神和节能创效的"吊柱"作风，制作了"匠心铸效"文化手册，创作了站歌，设计了队史文化时光轴，提升了全站干部员工"功成不必在我，功成必定有我"的思想境界和"创新创效从我做起"的责任担当，用特色文化展示历史、铭记光荣、传承品质。二是用创新实践增强责任心。将责任心养成作为培育"匠心铸效"文化的灵魂，创新实施"五责"工作法，不断强化责任意识，使员工在创建效益型联合站的实践中，全心投入，拼搏奉献。"五责"即班子责任状、班组责任田、岗位责任制、员工责任心、党员责任区，通过搭建"能耗综合管理平台"、绘制责任心指数、开展党员"三包八负责"责任区竞赛、班组经济技术角、导师带徒学技等活动，将责任落实与考核指标、积分绩效、评先树优挂钩，促进干部勇担责、党员真尽责、员工勤履责。三是用典型引领激发进取心。积极选树工匠型个人和班组典型，探索建立"工匠"命名、奖励、评优、推荐四项机制，涌现出"创新型工匠"刘艳军、"修旧型工匠"王伟、"学习型工匠"孙忠涛、"制作型工匠"王军、"敬业型工匠"张化君、"安全型工匠"白雪冬等一批先进典型，同时充分发挥典型的示范引领作用，通过座谈交流、讲典型小故事、评比"三立"之星等方式，宣传其先进事迹，推广典型经验，做到一个先进典型带动一片、影响一面，使员工实现从个别到普遍的跨越。近年来，先后有23名员工和5个班组受到厂级以上表彰奖励，8人得到提拔任用，为工匠打造了受尊重、受信赖的成长路径和工作氛围。

第三，事事铸强工匠之法。南Ⅰ-1联合站把培育"匠心铸效"文化与提升管理水平有机结合，坚持文化引领，坚持举旗立标，坚持创新方法，推动管理升级，努力做到工作质量全优、生产指标先进、工作业绩一流，为建设效益型联合站打下坚实基础。一是铸强安全之法。安全是最大的效益。全站上下积极践行"违章问责,一追不放;案例学习,时讲不断;岗位操作,百做不误;风险识别,千思不怠;应急处置,万变不惊"的"一'时'百千万"安全理念,应用"风险辨识两环五控法",实施风险作业"唱票"制,突出现场"5S六化""目视化"管理,开展"我的岗位我识别、我的岗位无危险"活动,实行承包商施工"六审两验七查"制度,通过一系列举措,增强了队伍的安全意识和安全生产能力。在文化的引领下,岗位干部员工认真执行管理规定和操作标准,不打折扣,不走捷径,确保了安全生产无事故。二是铸强精细之法。南Ⅰ-1人将做优业务作为对企业负责的具体体现,在指标管理上精益求精。探索实行了生产运行"五定"法,即界面定高度、压力定限度、阀门定开度、温度定梯度、药量定浓度,使脱前含水指标控制在5%以下,外输油含水控制在0.2%以下,污水含油和悬浮物保持在"双10"以下,质量合格率、一类设备等10项指标达到100%。完善四项节能制度,建立四个能耗台账,实行节能"四法",即"三杜绝一改造"节水法、"三优化一细分"节电法、"三降低一调整"节气法、"三严格两对症"节药法,围绕"螺丝螺栓、仪器仪表、电器电料、管件阀门、使用工具"五方面开展群众性修旧利废活动,全站管理和效益指标位居大庆油田前列。三是铸强革新之法。近年来,结合注聚带来的影响及老站设备、设施存在的问题,坚持困难面前不低头,组织干部员工成立创新创效攻关小组,开展培养小能手、挖掘小点子、实施小革新、研制小发明、进行小改造"五小"活动,实施"改吊柱、改硅板、改程序、改工艺"和"增加自动复位装置、增加启停报警功能、增加仪表备用电源、增加加药远程调整、增加空冷变频控制、增加看窗清理功能"的"四改、六增"技术攻关项目,团队攻关能力进一步增强,生产运行更加高效,为全站发展拓展了空间,赢取了主动权。

三、效果意义

在创建效益型联合站的过程中,南Ⅰ-1联合站用"匠心铸效"文化引领员工弘扬大庆精神大庆传统,增强了员工对责任使命的认同感,使文化深入员工心田,落实到行动上,展示在形象里,体现于发展上,创造了良好的经济效益、人才效益和文化效益。2018年节能创效233余万元(节水10600立方米,节电201.6万千瓦·时,节药18.25吨,节气40.2万立方米),修旧创效33余万元,革新创效200万元以上;通过着力打造"百问不倒、百做不误、百难不惧、百创不怠"型员工队伍,同时具备两岗操作证的人数达90%以上,具备四岗操作证的10人,创效工匠5人,1人在省技术大赛中获奖,输出技术骨干15人;通过着力建设"三信"班子、"五优"党员队伍和"五心"党支部,班子优秀率达

100%，党员群众满意率达100%；南Ⅰ-1人对工作的专注投入、恪尽职责，以及超越自我的追求，凝聚形成了特色鲜明的南Ⅰ-1风格。全站员工对企业发展充满信心，更加关爱企业、爱岗敬业，"匠心铸效"蔚然成风。南Ⅰ-1联合站成为效益型联合站的标杆，成为第一采油厂对外展示良好形象的名片。

（2019年大庆油田企业文化优秀案例交流材料）

后 记

庆祝建厂60周年系列丛书《飘扬的旗帜——大庆油田第一采油厂英模人物、英模集体事迹汇编》《奋进的脚步——大庆油田第一采油厂典型经验汇编》《攀登的标尺——大庆油田第一采油厂油田开发技术回顾》《攀登的标尺——大庆油田第一采油厂优秀技术革新成果汇编》与全厂员工见面了。其中所收录的英模事迹、典型经验和科技成果,体现展示了一厂发展不同时期干部员工的精神面貌和创新实践。

丛书编撰得到厂党政领导的高度重视和厂机关各部室、各基层单位的大力支持和协助,参阅、摘录了一些同仁文章,在此一并表示感谢。同时,我们仍不无遗憾,由于时间跨度较大,资料收集有一定难度,尽管做了很大努力,仍有一些事迹、经验和成果未能收录其中,在此谨表达深深歉意。

由于时间仓促和水平有限,书中难免有不足之处,恳请读者批评指正。